COLECCIÓN
LA PLURALIDAD CULTURAL EN MÉXICO

Núm. 5

Coordinador

José del Val

COORDINACIÓN DE HUMANIDADES
Programa Universitario México Nación Multicultural

COORDINACIÓN DE DIFUSIÓN CULTURAL
Dirección General de Publicaciones y Fomento Editorial

La ruta mixteca

LA RUTA

MIXTECA

EL IMPACTO ETNOPOLÍTICO DE LA MIGRACIÓN TRASNACIONAL EN LOS PUEBLOS INDÍGENAS DE MÉXICO

Stefano Varese
Sylvia Escárcega
Coordinadores

Universidad Nacional Autónoma de México
México 2004

Primera edición: 2004

Ciudad Universitaria, 04510, México, D. F.
Programa Universitario México Nación Multicultural
Dirección General de Publicaciones y Fomento Editorial

ISBN: 970-32-1679-X (obra completa)
ISBN: 970-32-1677-3 (tomo 5)

Impreso y hecho en México

Prólogo[1]

Jonathan Fox

Los indígenas migrantes enfrentan una problemática compleja que requiere una combinación de enfoques que tome en cuenta su carácter dual: son pueblos originarios y son pueblos en transición. Los estudios aquí presentes nos enseñan con precisión qué tanto los poderes como las culturas dominantes los discriminan –como indígenas y como migrantes, en México y en los Estados Unidos–. Al mismo tiempo, nos recuerdan que ellos no son ni víctimas pasivas ni migrantes anónimos sino actores sociales que están tejiendo nuevas formas de comunalidad y constituyéndose así en sujetos sociales.

Esta compilación se enfoca en indígenas migrantes oaxaqueños y, en el camino, nos provoca reflexionar en términos más generales sobre los posibles destinos de todos los pueblos indígenas mexicanos en el umbral del siglo XXI. Aprovecho el honor de usar este espacio para delinear seis reflexiones generales que surgen de la lectura de los estudios que siguen a continuación.

Primera, igual que la sociedad nacional, la población migrante es multiétnica y está diversificándose cada vez más. Este proceso

[1] Estos comentarios se deben mucho a conversaciones con Gaspar Rivera Salgado, Rufino Domínguez Santos, Juan Romualdo Gutiérrez Cortés y Centolia Maldonado del FIOB, pero lo que sigue es únicamente la responsabilidad del autor. Gracias a Sylvia Escárcega por sus comentarios en una versión previa.

está cambiando la composición étnica de las nuevas zonas de asentamiento, redefiniendo sus relaciones interétnicas. Según el censo de 2000, 10.5 por ciento de la población nacional es indígena. Una fracción creciente de esta población ya ha migrado de sus pueblos de origen y ha formado nuevas comunidades –en las grandes ciudades del país, en las zonas de agroexportación del noroeste, y en los Estados Unidos–. Hasta hace poco algunas comunidades indígenas habían migrado muy poco, mientras que otras tienen una larga tradición de migración hacia las grandes ciudades, al norte del país y, en el caso de los mixtecos, zapotecos y purépechas, también hacia los Estados Unidos desde la época del Programa Bracero (1942-1964). Sin embargo, ahora que el Estado mexicano ha dejado de invertir en la economía campesina desde hace dos décadas y que la crisis del empleo rural se ha vuelto cada vez más aguda y permanente, los padrones de migración están extendiéndose hacia regiones indígenas que históricamente no tenían mucha tradición de salida o cuyos movimientos se limitaban a los mercados laborales regionales (como es el caso de los chiapanecos, quienes trabajaban en los cafetales de la costa y en las obras petroleras de Tabasco). Por todo esto, la población indígena migrante se está diversificando notablemente; ahora encontramos mayas chiapanecos y mayas yucatecos en California y Texas, mixtecos poblanos en Nueva York y ñahñús en Colorado.

Segunda, en muchos pueblos, la migración está cambiando la definición de membresía comunitaria para poder mantener los lazos con los paisanos ausentes. Para algunas comunidades el proceso de asentamiento de los migrantes es mucho más permanente que antes. Por ejemplo, para los que están en los Estados Unidos sin documentos, es cada vez más peligroso y caro ir y venir a las fiestas anuales de sus pueblos de origen. Como respuesta a la migración, muchas comunidades han flexibilizado su definición de ciudadanía comunitaria, permitiendo la aportación a larga distancia de las cooperaciones comunitarias o el cumplimiento indirecto con la ayuda mutua o el tequio. Al mismo tiempo, ante la amenaza de la pérdida de liderazgo local, otras comunidades siguen siendo exigentes respecto a la necesidad de cumplir personalmente con el tequio para mantener el estatus de ciudadano pleno de la comunidad.

Tercera, los cambios en las relaciones de género provocados por la migración también están cambiando los procesos de membresía comunitaria. Para muchas mujeres migrantes hay un cambio en la división de trabajo porque comienzan a ganar salarios como jornaleras. Además, en algunas de las nuevas comunidades de asentamiento –sobre todo en las menos aisladas– las mujeres están expuestas a costumbres e instituciones sociales diferentes y a veces entran en contacto con otros actores sociales con visiones igualitarias de las relaciones de género. También, en las comunidades de origen, en donde la salida de migrantes sigue siendo predominantemente masculina, los grandes cambios demográficos han multiplicado las cargas de trabajo para las mujeres que se quedan. Estos cambios, a veces, también promueven un mayor acceso a los espacios públicos de poder local. En algunas comunidades las mujeres están participando en las asambleas y cumpliendo con los tequios familiares, aunque muchas veces a nombre de su esposo o familiares ausentes, lo que podría ser considerado una especie de ciudadanía indirecta. Las experiencias con ciudadanía comunitaria plena para las mujeres, con voz, voto y el derecho de ser elegidas, son todavía escasas. Falta todavía mucha investigación sobre la diversidad de experiencias para poder generalizar sobre la amplia gama de cambios en las relaciones de género que se están dando en los ámbitos comunitarios y familiares.

Cuarta, la creciente dispersión geográfica de la población indígena, junto con este nuevo sentido de membresía comunitaria a larga distancia, está cambiando la clásica relación estrecha entre identidad étnica y territorio. En algunas regiones de asentamiento se puede hablar de una especie de "reterritorialización" –o una redefinición del concepto de territorio– como ha señalado el antropólogo Michael Kearney. Sin embargo, este proceso sugiere que un concepto de identidad étnica que se limita a un sentido de membresía definido por residencia en un pueblo rural de origen, corre el riesgo de dejar afuera a una proporción creciente de la población indígena nacional. Muchas comunidades están respondiendo a este reto a través de la construcción incluyente de nuevas relaciones entre los migrantes "desterritorializados" y sus pueblos de origen a través de las asociaciones de paisanos –una relación que podría llamarse "ciudadanía comunitaria translocal"–. Otros migrantes están construyendo nuevas formas de pertenencia e identidad a través de las organizaciones plenamente panétnicas y multirregionales, como es el caso del Frente Indígena Oaxaqueño Binacional.

Quinta, la migración está cambiando la relación entre idioma e identidad étnica. Para los indígenas asentados en la ciudad de México, Los Ángeles o en las zonas agrícolas de San Quintín y el valle de San Joaquín de California, las posibilidades para la transmisión intergeneracional de los idiomas ancestrales son mucho más limitadas que en sus comunidades de origen. Las culturas dominantes tienen mucho peso frente a los jóvenes, sobre todo en las zonas urbanas, aunadas a la ausencia de programas de educación bilingüe e intercultural en idiomas indígenas. No obstante, algunos migrantes indígenas que llegaron como niños o jóvenes a los Estados Unidos han logrado el trilingüismo. Históricamente el Estado mexicano ha limitado su definición de identidad indígena al dominio de lenguas indígenas. En cambio, el censo de 2000 reconoce la autoidentificación por primera vez, lo cual podría abrir en el futuro nuevas posibilidades para ampliar el concepto de pertenencia étnica.[2] Entre los mismos migrantes, está por verse

[2] Véase Enrique Serrano Careto, Arnulfo Embriz Osorio y Patricia Fernández Ham, coordinadores, *Indicadores socioeconómicos de los pueblos indígenas*, 2002, México, INI/PNUD/PNUD (www.ini.gob.mx).

cómo su definición de comunidad cambiará para poder incluir a aquellos que ya no hablan el idioma indígena o que prefieren comunicarse principalmente en otro idioma –lo cual resulta necesario, por ejemplo, en las organizaciones panétnicas.

Sexta, a pesar de los obstáculos del racismo, la pobreza y el desarraigo, los migrantes indígenas están forjando su propia sociedad civil. Al umbral del siglo XXI, en la ciudad de México, Tijuana, Los Ángeles y Fresno, las organizaciones de migrantes indígenas están ganando espacios de interlocución ante las autoridades públicas y, a veces, ante otros actores sociales y civiles también. En California están forjando sus propios medios de comunicación, con el programa de radio *La hora mixteca* y el periódico binacional *El Oaxaqueño*. Al mismo tiempo, falta mucho para ganar reconocimiento, espacio público y derechos plenos ante los sistemas de administración de justicia, salud, educación y los medios de comunicación masiva. Además, el proceso de tender puentes y construir coaliciones equilibradas con otros sectores sociales y actores civiles y políticos es aún incipiente.

En el camino, los migrantes indígenas están aportando sus esfuerzos y prácticas hacia la diversa lucha para la autodeterminación y la justicia social para todos los pueblos indígenas de México.

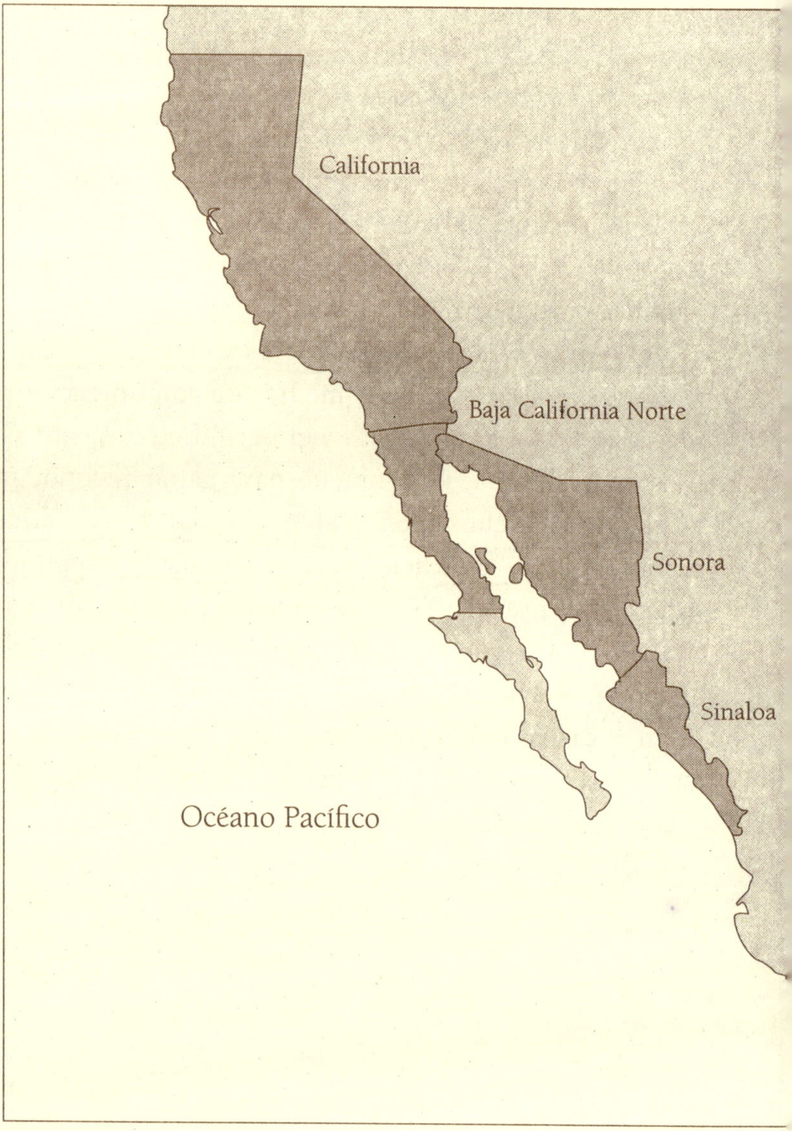
California
Baja California Norte
Sonora
Sinaloa
Océano Pacífico

Golfo de México
)axaca
0
500
Km

Introducción

Sylvia Escárcega Zamarrón y Stefano Varese

Una mirada retrospectiva a la migración trasnacional mixteca

Durante las últimas cuatro décadas y de manera creciente a partir de los años ochenta, numerosos indígenas mexicanos han migrado a los campos y ciudades de los Estados Unidos en busca de oportunidades económicas y laborales, así como motivados por cuestiones políticas, sociales e, inclusive, ceremoniales. Indígenas mixtecos, zapotecos, triquis, chinantecos, nahuas, purépechas e incluso mayas peninsulares y de los Altos de Chiapas se ocupan en los campos agroindustriales, construcción, jardinería, empleo doméstico, industria ligera, maquiladoras y restaurantes. Este fenómeno de "indianización" de la fuerza laboral indocumentada forma parte de una larga cadena histórica de trabajadores migrantes de minorías étnicas o nacionales que se han ido alternando en los campos, fábricas y casas californianas desde finales del siglo XIX. Chinos, japoneses, filipinos, "okies",[1] mestizos mexicanos, vietnamitas, camboyanos, hmongs y, finalmente, indígenas de México y Latinoamérica han ocupado los ciclos de reposición de una fuerza laboral barata y relativamente controlable que ha contribuido

[1] "Okies" es el nombre popular que se dio a la población rural pobre, y en su mayoría anglosajona, que emigró desde Oklahoma a California durante la depresión de los años treinta.

de manera fundamental al crecimiento de la economía californiana y a la diversificación y enriquecimiento cultural de los Estados Unidos.

Los miles de indígenas oaxaqueños que se trasladan periódicamente a California siguiendo la ruta migratoria de las agroindustrias del noroeste de México, tienen impacto no sólo en las economías locales y regionales, sino que también inciden sustancialmente en la cultura y en la política de las distintas comunidades de hispanohablantes de los Estados Unidos.[2] Éstas empiezan a repensarse y redefinirse en función de esta masiva y, sin embargo, semiclandestina presencia de etnias indias. Nuevas conformaciones étnicas emergen al mismo tiempo que redefinen las relaciones interétnicas en los espacios sociales marginados de California. Las fronteras étnicas, dinámicas y permeables, se están reestructurando mientras que, a su vez, la reproducción etnopolítica de las comunidades indígenas de la ruta mixteca es afectada. Las nuevas circunstancias laborales, la experiencia de la discriminación racial, lingüística y cultural y las distintas realidades socioculturales a las que están expuestos los migrantes, se constituyen en un nuevo y amplio bagaje cultural que incide de manera sustancial en las relaciones sociales intra e intercomunales, así como en la relación de la comunidad indígena con el Estado. En el ir y venir, real e imaginario, entre Oaxaca, el norte de México y California, los migrantes van construyendo un nuevo espacio trasnacional en donde se redefinen las relaciones sociales y la cultura. Como consecuencia, el quehacer diario, las prácticas organizativas y políticas de los migrantes indígenas se van readap-

[2] Aquí incluimos a las comunidades latinas, hispanas, latinoamericanas, mexicoamericanas y aquellas comunidades que se identifican particularmente con su país de origen. La autodenominación de estas comunidades responde a una serie de procesos históricos que han sido y continúan siendo objeto de exploración académica. Para agruparlos, hemos optado por el título de comunidades hispanohablantes, pero hay que notar que los lazos sociales y culturales entre los miembros de esas comunidades se expresan a través de otros aspectos (por ejemplo, familiares, religión, política, etcétera) y no necesariamente por el hecho del idioma.

tando, no sólo en las estrategias sino también en su discurso ante un contexto cambiante.

Es importante recordar que las migraciones, movimientos estacionales, rutas cíclicas de mercados e intercambio y peregrinaciones ceremoniales son fenómenos que conforman la milenaria trayectoria histórica mixteca. Lo que ha cambiado recientemente son los itinerarios y las distancias. Lo que se presenta ahora como un obstáculo nuevo, y no particularmente amenazador, es la frontera entre dos países, dos estados, dos naciones. Es por ello que los estudiosos hablan del concepto "migración trasnacional" para poder describir y analizar el movimiento continuo y sostenido entre naciones. Cabe subrayar que este concepto no sólo se refiere al ir y venir de personas, sino también al de las ideas, los objetos materiales, las relaciones sociales y económicas, las prácticas políticas y culturales, con las cuales se crea un espacio simbólico, altamente significativo, que influye la vida diaria del migrante y del no migrante. El movimiento y la migración forman parte consustancial de la cultura mixteca: la salida temporal de la comunidad por cualquiera de las razones económicas, políticas, sociales y ceremoniales mencionadas refleja antiguas estrategias de supervivencia individual y colectiva. Como afirma Rufino Domínguez Santos en este volumen: "...por ello me veo obligado a nombrar a los ñuu savi como migrantes históricos".

Pensamos que este libro, que sale a la luz con retraso por los usuales contratiempos de la vida académica y política tanto del norte como del sur, no ha perdido su actualidad y vigencia. El trabajo que se realizó en 1994 por todos los autores en este libro y demás colegas y amigos participantes tiene que ser reconocido como uno de los primeros esfuerzos para entender desde una perspectiva amplia y binacional, que tomara en cuenta posiciones académicas, visiones de las comunidades y organizaciones de migrantes, e instancias gubernamentales, el fenómeno de la migración trasnacional mixteca. Muchos de los datos aquí presentados siguen vigentes como datos históricos y etnográficos que manifiestan la realidad migratoria en la ruta mixteca en la década de los noventa. A pesar de la relativa antigüedad de la migración trasnacional de los indígenas de México, que se inició por lo menos a partir del Programa de Braceros de los años cuarenta, la literatura antropológica y testimonial del fenómeno continúa siendo relativamente escasa. Por ejemplo, hacen falta más estudios de carácter cuantitativo que arrojen luz hacia cambios demográficos y económicos que complementen de manera comparativa el trabajo presentado en este volumen por David Runsten y Michael Kearney. Si bien las causas de la migración siguen siendo básicamente las mismas, los flujos y destinos han aumentado considerablemente. Más grave era el que hasta hace poco las voces indígenas habían estado ausentes de la literatura especializada (o se percibían apenas como murmuraciones). Sin embargo, recientemente empiezan a aparecer como manifestaciones colectivas de sus organizaciones y en espacios académicos comprometidos con una investigación activista.[3]

La Organización del Pueblo Explotado y Oprimido (OPEO) de Livingston; la Casa del Mixteco, la Asociación Cívica Benito Juárez (ACBJ) y la Radio Bilingüe de Fresno; la Organización Regional de Oaxaqueños (ORO) y la Federación Oaxaqueña de Comunidades y Organizaciones Indígenas en California (Focoica) en Los Ángeles; y especialmente el Frente Indígena Oaxaqueño Binacional (FIOB) con sedes tanto en California como en la Mixteca, son algunas de las organizaciones de los migrantes indígenas que han estado activas durante las últimas décadas en la arena política de California y Oaxaca, o lo que se conoce como Oaxacalifornia[4] según la propia definición de los

[3] Un esfuerzo considerable y pionero en el estudio de la migración trasnacional indígena es el libro coeditado por Jonathan A. Fox y Gaspar Rivera-Salgado, 2004a, *Indigenous Mexican Migrants in the United States*.

[4] Michael Kearney comenzó a utilizar este concepto de un autor anónimo de manera más académica para referirse a un espacio socioeconómico, geográfico y político de características trasnacionales. Sin embargo, es un concepto que los migrantes han utilizado desde, por lo menos, principios de la década de los ochenta (comunicación personal, 2004).

migrantes.[5] No solamente han llamado la atención de la sociedad civil en las dos naciones, sino también de sus respectivos estados, buscando respuestas más comprometidas y reivindicativas tanto a problemas como a manifestaciones políticas, sociales, económicas y culturales que forman parte del quehacer trasnacional de los migrantes. Es precisamente a las dirigencias y activistas de los indígenas migrantes mixtecos, zapotecos, triques y chinantecos que se deben los avances más significativos en lo que se perfila como la política de la "diáspora" indígena mexicana y la atención que el gobierno y la sociedad política del país ha puesto a estos pueblos desterrados (y reterritorializados en un espacio trasnacional).

Tres gobernadores del estado de Oaxaca se han visto en la obligación de realizar giras políticas oficiales al estado de California, para atender las demandas de los migrantes indígenas. Una primera respuesta oficial fue la iniciativa que el gobierno del estado de Oaxaca tomó en 1999, para abrir un área institucional de atención al migrante indígena trasnacional.[6] El gobierno federal mexicano, a su vez, creó en 2002 el Instituto de los Mexicanos en el Exterior, dependiente de la Secretaría de Relaciones Exteriores, nombrando como su director a un migrante mixteco. Se trata, obviamente, de respuestas políticas astutas e inevitables a un fenómeno de movilización y concientización social imparable y de peso en la contabilidad electoral del país. No son aislados los casos de apoyos económicos sustanciales que los migrantes indígenas trasnacionales hacen a candidatos

[5] Éstas no son las únicas organizaciones que agrupan a varios grupos oaxaqueños, que se han formado en los Estados Unidos. Otras organizaciones son, por ejemplo, la Red Internacional Indígena de Oaxaca (RIIO), el Consejo Indígena Binacional de los Valles Centrales de Oaxaca (CIBVCO), la Coalición Oaxaqueña Binacional (Cobi), la Nueva Alianza Oaxaqueña, la Unión de Comunidades Serranas de Oaxaca (UCSO) y la Coalición de Comunidades Indígenas de Oaxaca. Para un estudio sobre las asociaciones de migrantes y su activismo político véase Rivera-Salgado, 1999; Fox y Rivera-Salgado, 2004a.

[6] Véase *Coloquio Nacional sobre Políticas Públicas de Atención al Migrante. Memoria*, Gobierno Constitucional del estado de Oaxaca, Oaxaca, 1999.

políticos en procesos electorales de los municipios oaxaqueños. Ni es desechable el impacto político que miles de migrantes indígenas capacitados y politizados en los campos, fábricas, maquiladoras, restaurantes, escuelas, la academia y centros de investigación, industria de la construcción, barrios y campamentos de trabajo de California, llegan a tener en sus propias comunidades rurales de Oaxaca. Hace unos cuantos años, en una oficina postal de la ciudad de Madera, California, un campesino zapoteco vallisto de Tlacolula nos comentaba que el giro postal de poco más de mil dólares, que estaba enviando a su pueblo, era la contribución de ciudadanos de Tlacolula residentes en el valle central de California a la campaña electoral del candidato de su preferencia a la Presidencia Municipal.

Sin embargo, el apoyo económico más significativo de los migrantes es hacia la vida familiar y comunitaria en sus lugares de origen. El economista mixteco Ignacio Sarmiento, catedrático de la Universidad Autónoma Benito Juárez de Oaxaca, en un estudio que realizó en 1993 encontraba que el monto global de remesas enviadas a los municipios de Oaxaca por los migrantes mixtecos en los Estados Unidos, correspondía al presupuesto anual total del gobierno del estado de Oaxaca. De tal manera, Ignacio Sarmiento sostenía que el mayor ingreso del estado de Oaxaca era el rubro de la exportación de mano de obra indígena, muy por encima del turismo, el café o la madera.[7] Hoy en día, es indiscutible que eso es la realidad.

[7] Entrevista filmada en 1993 con el maestro Ignacio Sarmiento en *Invisible Indians: Mixtec Farmworkers in California*. Hoy en día, es indiscutible que las remesas familiares y colectivas que envían los migrantes constituyen el segundo ingreso del país. Notimex informó que las remesas familiares a México ascendieron a 13 266 millones de dólares en 2003 y los estudiosos calculan que la cantidad puede ser aún mayor (noticia que salió en varios periódicos mexicanos en julio de 2004). De esta cantidad, no sabemos cuánto puede representar lo que mandan los migrantes mixtecos, pero por los proyectos que se realizan en sus comunidades, podemos saber que son sustanciales. Muchas de estas remesas se emplean para gastos familiares y otras se emplean en proyectos de infraestructura en las comunidades, y aun otras en proyectos de autodesarrollo. Para el impacto sobre las remesas colectivas en las comunidades indígenas del estado de Oaxaca y otras referencias véase Fox y Rivera-Salgado, 2004a.

Estamos asistiendo a un complejo fenómeno social de reconfiguración etnopolítica y ciudadana, es decir, al surgimiento de un nuevo ciudadano: un indígena oaxaqueño, mixteco, zapoteco, chinanteco o trique, binacional, trasnacional, local y global al mismo tiempo, involucrado de hecho en las políticas locales de su comunidad de origen y en la política de México, California y los Estados Unidos, ubicado por igual en los extremos del capitalismo global avanzado y en la economía pequeño-mercantil y de subsistencia, testigo de algunas prácticas democráticas y, sin embargo, condicionado al ejercicio limitado de sus derechos políticos y ciudadanos en ambos países. Este nuevo ciudadano busca mayor representatividad y responsabilidad política y social a través de organizaciones que rebasan, no solamente fronteras físicas, sino también fronteras conceptuales al diseñar su lucha en numerosos espacios políticos. El fracaso de los gobiernos en dar respuestas concretas y efectivas a los planteamientos de la sociedad civil, ha acelerado la formación de una conciencia político-cultural para proponer nuevas alternativas de justicia social. Ante esto, el nuevo ciudadano indígena igualmente busca solidificar sus alianzas y lazos intracomunitarios, como con otros grupos, sobrepasando barreras étnicas, sociales, políticas y religiosas. La perspectiva trasnacional, así como se ha desarrollado en los noventa y a principios del siglo presente, nos permite explorar este complejo fenómeno de manera más amplia y flexible, ya que se entiende a la condición étnica no solamente como una consecuencia estructural, sino como una respuesta del migrante indígena al contexto que encuentra en su ruta; respuesta que retoma también de un bagaje cultural que no obedece simplemente a la lógica del capital simbólico.

Como es sabido, el 1 de enero de 1994 entró en vigencia el Tratado de Libre Comercio (TLC) entre Canadá, México y Estados Unidos, acompañado por reacciones armadas y políticas de los pueblos y comunidades indígenas de Chiapas y del resto de México, quienes veían en el TLC una amenaza a su propia supervivencia y a las posibilidades de lograr justicia social. En la oposición crítica del Ejército Zapatista de Liberación Nacional (EZLN) y del movimiento indígena mexicano, el TLC abría de lleno las puertas a la intrusión descontrolada de la globalización "desde arriba", cuyos resultados devastadores podían constatar en otras regiones del llamado "Tercer Mundo". A los apologistas de la globalización del capitalismo tardío, como una solución al subdesarrollo, el movimiento indígena y los migrantes oponen un análisis histórico del origen y causas de la "deportación económica" forzada de amplios sectores de la población de México. Los migrantes se ven en la obligación de dejar sus comunidades y familias por las fallas estructurales de un sistema incapaz de proveer trabajo y justicia social a la mayoría de la población. Sin embargo, la ruta de los mixtecos no responde a un sistema de justicia económica y social y ni siquiera a un mejor Estado de bienestar social (Social Welfare). Por lo tanto, no es gratuito que las conciencias políticas y laborales surjan como una necesidad y respuesta en la ruta mixteca. Contrariamente a las expectativas de los autores intelectuales del TLC, la migración de los mexicanos desposeídos a los Estados Unidos y Canadá no ha disminuido, más bien ha aumentado a pesar del incremento de las medidas represivas del control fronterizo.

En ambos lados de la frontera, en las comunidades rurales de Oaxaca o en los campos agroindustriales de Baja California, California y Oregon, y en todos los ámbitos intermedios, los mixtecos encuentran explotación económica, opresión política, discriminación cultural y una situación general de injusticia social. Esto ha agudizado la percepción de los migrantes y la necesidad de formar diversas organizaciones laborales y políticas que puedan responder a todos estos cuadros de represión. Como lo ha señalado Michael Kearney (1996a), para los mixtecos, la migración al noroeste de México y a California, posibilita un (re)encuentro con otros miembros de su propia etnia y de otras etnias indígenas. Hay varias consecuencias de este (re)encuentro: por una parte, se amplía la conciencia étnica superando el localismo y la fragmentación características de la Mixteca; por otra parte, se configuran comunidades indígenas y quehaceres trasnacionales, lo que resulta en organizaciones panindígenas cuya plataforma político-cultural abarca, desde una visión indígena, la lucha por los derechos humanos, las reivindicaciones laborales, la cultura, la ecopolítica y una nueva concepción ampliada de la ciudadanía.[8] Por esto y por lo que señalan los autores incluidos en este libro, afirmamos que la migración y las organizaciones trasnacionales mixtecas representan varias propuestas de lo que Richard Falk (1993) ha llamado "globalización desde abajo". Una globalización que tiene como eje fundamental la diversidad y heterogeneidad cultural en un nuevo espacio de democracia y justicia social.

Este volumen está compuesto por nueve contribuciones tanto de académicos de disciplinas e instituciones diversas, como de participantes activos en la ruta mixteca, ya sea como migrantes u organizadores sociales. No existe una frontera demarcada entre el académico y el activista, entre el indígena y el no indígena, el volumen es un esfuerzo colectivo que plantea analizar el fenómeno migratorio desde varias perspectivas que obedecen a diferentes posiciones sociales, sin favorecer necesariamente a ninguna de ellas. Los problemas que surgen en la ruta migratoria deben ser evaluados en el diálogo entre todos los actores sociales para buscar soluciones culturalmente apropiadas y socialmente dignas. A esta convicción debemos varios esfuerzos en los que se ha tratado de establecer una conversación

[8] Los esfuerzos organizativos de los mixtecos han sido documentados, entre otros, por Clark Alfaro, este volumen; Domínguez Santos, este volumen; Fox y Rivera-Salgado, 2004a; Kearney, 1988, 1994, 1995, 1996a, 1996b, 2000, 2001; Nagengast y Kearney, 1990; Rivera-Salgado, 1999, 2002.

continua entre académicos y activistas en la ruta mixteca y en otros espacios migratorios en donde los indígenas están presentes. Creemos que la pluralidad cultural además de significar la inclusión de las voces de diferentes grupos étnicos, también significa la inclusión amplia de varias epistemologías. Hemos dividido las contribuciones de este volumen en cuatro temáticas generales que nos permiten darle una vista etnográfica y teórica desde varias perspectivas a la migración trasnacional indígena.

La primera temática, "Redes y comunidades", nos da una muestra desde la perspectiva de dirigentes e investigadores sobre cómo los migrantes van estableciendo lazos sociales y políticos entre los pueblos que existen y conforman el espacio trasnacional Oaxacalifornia. El texto de David Runsten y Michael Kearney sintetiza los resultados de una encuesta demográfica de los migrantes oaxaqueños en los campos agrícolas de California que se realizó en 1991. Este tipo de estudio, hasta ahora único, es de fundamental importancia tanto para la comprensión del proceso como para su definición precisa en términos numéricos. El trabajo arroja luz teórica sobre las causas, efectos y patrones del fenómeno migratorio indígena, así como sobre el impacto de la legislación migratoria norteamericana, como por ejemplo, el Acta de Reforma y Control de Inmigración (IRCA) de 1986 que intentó controlar la inmigración ilegal por medio de sanciones a los empleadores y un programa limitado de amnistía.

El artículo del dirigente mixteco Rufino Domínguez Santos quien, durante más de dos décadas, ha sido participante activo en las luchas de los trabajadores agrícolas migrantes en California, expone el surgimiento de las organizaciones indígenas en el norte de México y en los Estados Unidos como respuesta a las agresiones laborales y políticas a las que son expuestos continuamente los migrantes y los problemas que han enfrentado las organizaciones para solidificarse. El autor hace también una reflexión crítica sobre la importancia del movimiento de resistencia latinoamericana en contra de la celebración del Quinto Centenario del Descubrimiento de América para las organizaciones indígenas binacionales; lo que nos habla de los incipientes esfuerzos realizados en el ámbito trasnacional por llevar la lucha indígena a un espacio aún más amplio: el internacional.

El investigador Víctor Clark Alfaro enfoca su trabajo en la lucha de los migrantes de las diferentes comunidades de la ruta mixteca en defensa de los derechos humanos. En el caso de los migrantes indígenas, su propia condición étnica es un agravante más en las relaciones de dominación, opresión y explotación que padecen, por lo que la lucha social por erradicar la discriminación étnico-racial se vuelve un componente fundamental en la defensa de los derechos humanos. La ponencia está enriquecida por la exposición de una serie de casos específicos de violaciones de derechos humanos de los migrantes mixtecos y triquis.

La segunda temática, "La ruta indígena Oaxacalifornia", aborda las causas y consecuencias de la migración en varios puntos de la ruta trasnacional. Éstas son expuestas por investigadores indígenas y no indígenas que se encuentran en diversas posiciones sociales y nos proporcionan varias perspectivas. La contribución de Juan Julián Caballero y Manuel Ríos Morales es la exploración, de manera comparativa, de la migración de los zapotecos de la Sierra Norte (bene xhon) y de los mixtecos (ñuu savi) desde la perspectiva de las comunidades en Oaxaca. El análisis se centra en las repercusiones que la migración tiene en la reproducción económica, política y cultural de la comunidad y es particularmente significativo por la pertenencia de ambos autores a sus comunidades étnicas y por su compromiso de investigación aplicada ante la preocupante negación de una identidad comunal e indígena, debido a la migración trasnacional.

El trabajo de Everardo Garduño aporta una rica perspectiva etnográfica e histórica para explorar las causas económicas y sociales de la migración mixteca al valle de San Quintín, así como los cambios y adaptaciones que sufrió la población migrante tanto en el orden social, como en los aspectos básicos de su cultura: alimentación, asentamiento, idioma, salud, socialización y organización comunal. Este trabajo concluye con una evaluación de las organizaciones de migrantes que nacen de estos procesos de adaptación a nuevos espacios sociales y culturales.

Finalmente, el análisis de Lourdes Sánchez Muñohierro presenta, desde la perspectiva de una investigadora que trabaja para el Estado, la situación, organización laboral y condiciones de vida de los jornaleros agrícolas migrantes en su mayoría mixtecos. Se basa en datos de encuestas oficiales realizadas a principios de la década de los noventa por el Programa Nacional de Solidaridad con Jornaleros Agrícolas (Pronsjag) en la agricultura del noroeste del país. Para la autora, la migración a los centros agroindustriales conlleva un proceso de proletarización y sindicalización del campesinado indígena. Este aporte es interesante porque nos habla de los esfuerzos del Estado a principios de los noventa para construir políticas de atención al migrante a largo plazo.

La tercera temática, "El quehacer trasnacional", intenta ahondar en las prácticas culturales en la vida diaria de los migrantes en Oaxacalifornia desde el punto de vista de la antropología. Bonnie Bade nos propone un análisis etnográfico de algunas experiencias concretas de mujeres mixtecas migrantes en California quienes se enfrentan con un sistema de salud "institucional y tecnológico" ajeno a su cultura e insensible a sus necesidades. Frente a esta carencia, las mujeres mixtecas buscan complementar sus necesidades de salud acudiendo a sus conocimientos y recursos indígenas y operando en sistemas que la autora llama "transmédicos" en tanto, "yacen más allá de los confines tanto de la medicina clínica como indígena". El más allá que menciona la autora se refiere al contexto estructural en el que se encuentran la medicina clínica y los conocimientos y prácticas de salud indígena.

Sylvia Escárcega hace un análisis etnográfico de las políticas de identidad entre jóvenes migrantes mexicanos en la escuela pública californiana. Estas políticas de identidad se dan dentro de un contexto de doble hegemonía: por un lado, el discurso homogeneizante del Estado mexicano y por el otro lado, el discurso igualmente homogeneizante chicano. El estudio enfoca cómo se posiciona el joven mestizo de migración reciente, en esta arena en la que se conjugan género, clase y raza. A continuación la autora propone una serie de hipótesis sobre la política de la identidad entre jóvenes migrantes indígenas en la que la etnicidad jugaría un papel aún más central y en la que a los discursos homogeneizantes mencionados arriba, se agrega el de los mestizos. La autora hace una llamada a la problematización de la identidad étnica.

La última parte, "Una reflexión de la trasnacionalización indígena", es una discusión que enmarca y explica, desde una perspectiva sobre todo teórica, los temas tratados en el libro. La hipótesis central de Stefano Varese es que en esta etapa tardía del desarrollo capitalista "global", la migración trasnacional de población rural mexicana está produciendo una "indianización" del panorama étnico de California y nuevos fenómenos de etnogénesis que afectan en especial a la población "latina" de los Estados Unidos. Varese analiza las causas estructurales de la migración indígena y somete las explicaciones convencionales que los economistas dan a este fenómeno a una crítica "indígena". Para el autor, la migración trasnacional de los indígenas, su exilio, aun en su dimensión dramática, tiene una connotación altamente positiva: capacita a los migrantes en su propia organización política.

Quedan muchos retos en este campo de la investigación sobre la migración indígena trasnacional. Algunos de éstos han sido encarados recientemente por investigadores y activistas, mexicanos y estadunidenses, en dos conferencias comprehensivas a ambos lados de la frontera. La primera fue organizada por el gobierno de Oaxaca con el nombre de "Coloquio Nacional sobre Políticas Públicas de Atención al Migrante" en mayo de 1999, en la cual se trató de establecer un diálogo entre la "voz institucional" y académicos y líderes alrededor del fenómeno migratorio. La segunda conferencia fue organizada por Gaspar Rivera-Salgado (University of Southern California), Rufino Domínguez Santos (FIOB) y Jonathan A. Fox (University of California, Santa Cruz) en octubre de 2002 bajo el título de "Indígenas Mexicanos Migrantes en Estados Unidos: Construyendo Puentes entre Investigadores y Líderes Comunitarios".[9]

Otras instituciones importantes en los estudios de migración son El Colegio de la Frontera Norte en Tijuana, México, el Instituto de Investigaciones Sociológicas de la Universidad Autónoma Benito Juárez y el Departamento de Estudios Antropológicos del Instituto Nacional de Antropología e Historia en la ciudad de México. Además, varios otros investigadores afiliados a las siguientes instituciones han hecho valiosas contribuciones: el Centro de Investigaciones y Estudios Superiores en Antropología Social, el Instituto de Investigaciones Sociológicas y el Instituto de Investigaciones en Humanidades de la Universidad Autónoma Benito Juárez, el Instituto Nacional de Antropología e Historia en Oaxaca, el Departamento de Antropología de la Universidad Autónoma Metropolitana en la ciudad de México. Asimismo, el interés por el estudio de la migración mixteca ha aumentado considerablemente entre los académicos afiliados a universidades estadunidenses, aparte de todos los que están mencionados en este libro.

Los nuevos aportes de estos investigadores y activistas son el estudio de la problemática de género de la mujer indígena migrante, el rol de las asociaciones cívicas de los migrantes en California, la políticas públicas del Estado hacia los migrantes, la relación entre migrantes, ciudadanía

[9] Véase Fox y Rivera-Salgado, 2004a o http://lals.ucsc.edu/conference. El libro saldrá publicado en español en este año por la editorial Miguel Ángel Porrúa y la Universidad Autónoma de Zacatecas.

y gobernabilidad, las formas cambiantes de ciudadanía y membresía en las comunidades indígenas, las formas organizativas binacionales y la creación de identidades colectivas. Sin embargo, después de cerca de 13 años desde que se realizó la encuesta de redes y comunidades mixtecas en California (véase Runsten y Kearney en este volumen y también su reporte de 1994), no se ha vuelto a llevar a cabo una investigación sistemática sobre la dimensión demográfica de la migración indígena ni por organizaciones no gubernamentales, académicos y ni siquiera por parte de los dos estados involucrados: México y Estados Unidos. El censo de 2000 registra como categoría genérica para California a 155 mil indígenas de origen hispanoamericano sin especificar etnicidad ni origen nacional.[10] Suponemos que gran parte de ellos son indocumentados y lo que parece indicar, entonces, es una conciencia política bastante aguda entre los indígenas que están dispuestos a arriesgar su estadía en Estados Unidos para poder aclarar su etnicidad.

Hay que recalcar que los estudios sobre migración mixteca que se han realizado en la década de los noventa y principios del siglo XXI toman muy en serio no sólo la dimensión étnica empírica del fenómeno, sino también la relación constitutiva que existe entre cultura y política como parte de un marco teórico.[11] Un área que requiere de investigaciones etnográficas de campo, a profundidad, es el impacto de la migración trasnacional en las comunidades "rurales"[12] del

[10] Para un estudio detallado sobre esta categoría de "indígena hispanoamericano en el censo de 2000 y su distribución, especialmente en California, véase Huizar Murillo e Isidro Cerda, 2004.

[11] Véase por ejemplo, Velasco Ortiz, 2002.

[12] Michael Kearney (1996a) ha hecho una crítica convincente de los problemas que surgen, tanto a nivel teórico como a nivel empírico, al conceptuar a las "comunidades" indígenas como una parte de los binomios campo-ciudad y entidad rural-entidad urbana, entre otros. En este sentido, utilizamos la palabra "rural" simplemente para indicar que estas comunidades se encuentran localizadas geográficamente en zonas que no califican oficialmente, por su número poblacional, como "ciudades". Asimismo, Kearney hace una crítica del término "comunidad" tal como hasta hace poco se ha caracterizado dentro de las ciencias sociales (como una entidad integrada, fija, estática y estable) a partir del estudio de las prácticas trasnacionales. Nuestro uso de dicho término debe entenderse en este contexto: las comunidades están en perpetuo flujo y cambio.

estado de Oaxaca. Si bien el aspecto económico ha sido analizado, quedan incógnitas centrales en las repercusiones que la migración y el retorno cíclico de los migrantes tienen en la reconfiguración política y cultural de las comunidades.[13] Estas líneas de investigación deberán explorar empíricamente las articulaciones específicas de lo local en lo global y de lo global en lo local, tomando siempre en cuenta las reconfiguraciones de la etnicidad. En la medida en que el fenómeno migratorio trasnacional ha crecido de manera masiva en todo el mundo y que la cuestión étnica sigue estando en el centro de los movimientos y tensiones sociales y políticos, es de esperar que la problemática de la migración indígena pase a tener un lugar fundamental en el quehacer de las organizaciones internacionales[14] y de la comunidad de estudiosos y activistas sensibles al tema indígena. Como lo expresan Juan Julián Caballero y Manuel Ríos Morales en este volumen: "Queremos estar atentos a la manera en que los organismos internacionales habrán de resolver problemas comunes que rebasan nuestras fronteras y las autofronteras étnicas. Estos problemas reclaman planteamientos más objetivos, justos y respetuosos de los derechos humanos". Cabe añadir que ante la creciente influencia de los activistas indígenas en las políticas de los organismos internacionales, las soluciones tendrán que ser resultado de un diálogo entre estados, pueblos indígenas, académicos y activistas.

Este libro se originó dentro de la serie de los Coloquios del Seminario de Estudios de la Cultura instituidos hace más de una década

[13] Desde hace varios años hay un equipo de investigadores y estudiantes encabezados por Federico Besserer de la Universidad Autónoma Metropolitana, Iztapalapa, que se ha dedicado a estudiar el impacto de la migración trasnacional en varias localidades de las mixtecas oaxaqueña y poblana y de la ruta mixteca. Véase por ejemplo, Besserer, 1999a, 1999b, 2003; Gil Martínez de Escobar, 2003; López Ángel, 2000, 2003.

[14] Hasta ahora, a pesar de que la migración ha sido objeto de estudio y políticas de numerosos organismos internacionales, la especificidad de la migración indígena ha sido relativamente ignorada, inclusive en aquellos espacios en donde el activismo indígena tiene presencia. Seguramente habrá mayor atención de las Naciones Unidas ante las recientes declaraciones de su secretario general, Kofi Annan, sobre la importancia de atender el fenómeno migratorio.

por Guillermo Bonfil Batalla cuando dirigía el Consejo Nacional para la Cultura y las Artes de México. El Coloquio La ruta mixteca: el impacto etnopolítico de la migración trasnacional en las poblaciones indígenas de México, se realizó en el Museo Nacional de Culturas Populares en la ciudad de México el 1 y 2 de agosto de 1994 bajo la coordinación y el generoso apoyo de la profesora Elba Gigante, en ese entonces secretaria ejecutiva del Seminario de Estudios de la Cultura. Sin la gran visión de Elba Gigante, quien se dio cuenta de la importancia y actualidad de estos temas y sin su colaboración y la del personal del Seminario de Estudios de la Cultura, el coloquio y este libro no se hubieran podido realizar. Hay otras personas a quienes agradecer por sus contribuciones, sus ideas, y su creatividad intelectual. El antropólogo José M. del Val, en ese entonces director general de Culturas Populares, nos hospedó generosamente en el Museo de Culturas Populares en Coyoacán; a José M. Valenzuela le debemos el sugestivo título *La ruta mixteca*, que nos propuso cuando organizamos el seminario; a los amigos, colegas y dirigentes indígenas que invitamos a la reunión, a los que llegaron y a los que no pudieron estar, Margarita Nolasco, Rodolfo Stavenhagen, Ernesto Díaz-Couder, Donato Ramos Pioquinto, Ignacio Sarmiento, Filemón López, Juan Lita Ruiz agradecemos su participación real o distante. Muchas de sus ideas, trabajos y experiencias están seguramente reflejadas en los capítulos de este libro. La ponencia que presentó la economista Carol Zabin no aparece en el libro, ya que una versión ampliada del texto inglés fue publicada con la coautoría de Sally Hughes en *International Migration Review*, bajo el título "Economic Integration and Labor Flows: Stage Migration in Farm Labor Markets in Mexico and the United States" (v. 29, núm. 2, 1995). Las traducciones del inglés al español y el trabajo de revisión y corrección de las otras ponencias fueron realizados por Sylvia Escárcega. El mapa de Oaxacalifornia fue realizado generosamente por Loukas Barton, estudiante de doctorado en la Universidad de California, Davis. En la medida de lo posible, hemos tratado de mantenernos fieles a las voces de los participantes tales como se presentaron en la reunión y en los textos escritos, manteniendo sus estilos propios y originales de presentación.

Postdata

Al finalizar esta etapa de la ruta, nos han llegado algunas sugerencias y preguntas tanto desde el campo riguroso de los dictaminadores como del menos formal de colegas y activistas. Algunas de las observaciones y críticas las hemos atendido en la reescritura de esta introducción, otras se han quedado en el tintero de reflexiones que demandarían nuevos textos más amplios, más informados por nuevos resultados empíricos, e iluminados por renovados debates colectivos que recojan todas las voces de los actores sociales involucrados. Queremos, sin embargo, apuntar unos pocos temas que han sido tratados en el libro y que se prestan para ulteriores líneas de investigación y reflexión. En primer lugar la noción de etnopolítica que aparece en el subtítulo y en varias partes del libro. El término *etnopolítica* tiene unas pocas décadas de uso bastante esporádico en textos euroamericanos de ciencias políticas y antropología. El prefijo *etno* en antropología ha venido a significar análisis que se centran en la visión, historia y prácticas culturales del pueblo (etnia) estudiado. En el contexto de este libro, S. Varese es el autor que más ha hecho uso de la noción de etnopolítica como un instrumento analítico que se centra en la "voz indígena", tratando de respetar su autonomía intelectual, y que privilegia de igual manera las múltiples categorías analíticas de los fenómenos sociales: economía, política, cultura (etnicidad), clases, género, ecosistemas e ideología. El énfasis en la centralidad de la cultura como componente del identitario social e individual responde a una necesaria reacción histórica (y no negación) al excesivo economicismo de las ciencias sociales de derivación estructural. Para Varese todo análisis social de pueblos indígenas *(pueblos-sin-Estado)* debe constituirse a partir de la comprensión de la particularidad y profundidad histórica y cultural del pueblo/comunidad estudiado. El trato etnopolítico del estudio presupone, por lo tanto, no sólo una ajuste metodológico que privilegie la voz indígena o permita mínimamente su traducción, sino un cambio paradigmático en la esfera epistémica (Varese, 2002, 2003a, 2003b). Una aproximación etnopolítica trae a la mesa del debate una reconceptualización crítica de las disciplinas sociales y humanísticas de la tradición euroamericana (y del prejuicio eurocéntrico) y abre las puertas de la "hegemonía académica" a los pueblos indígenas y a los grupos y clases subalternas para propuestas contrahegemónicas y alternas. Y es en esta coyuntura, en este enlace articulatorio que se encuentran y pueden dialogar teoría y práctica, academia y activismo, visión desde abajo y visión desde afuera, y sin duda aspiraciones políticas de justicia social y democracia cultural comunes y compartidas aun en su diversidad y divergencia.

Bibliografía

Besserer, Federico, 1999a, *Moisés Cruz, la historia de un transmigrante*, Culiacán, Universidad Autónoma de Sinaloa y Universidad Autónoma Metropolitana, Iztapalapa.

——, 1999b, "Estudios transnacionales y ciudadanía transnacional, en *Fronteras Fragmentadas*, Gail Mummert (ed.), Zamora, El Colegio de Michoacán.

——, 2003, *Contesting Community: Cultural Struggles of a Mixtec Transnational Community*, disertación de doctorado, Standford University.

Estado de Oaxaca, 1999, *Coloquio Nacional sobre Políticas Públicas de Atención al Migrante. Memoria*, México, Gobierno Constitucional del Estado de Oaxaca.

Falk, Richard, 1993, "The Making of the Global Citizenship", en *Global Visions. Beyond the New World Order,* J. Brecher, J. Brown Childs y J. Cutler (eds.), Boston, South End Press.

Fox, Jonathan A., y Gaspar Rivera-Salgado (eds.), 2004a, *Indigenous Mexican Migrants in the United States,* La Jolla, Center for U.S.-Mexican Studies y Center for Comparative Immigration Studies, University of California, San Diego.

——, (comps), 2004b, *Indígenas migrantes mexicanos en los Estados Unidos,* Mexico, Editorial Miguel Ángel Porrúa/Universidad Autónoma de Zacatecas.

Gil Martínez de Escobar, Rocío, 2003, "Estrategias de desarrollo transnacional de una comunidad indígena oaxaqueña: Santa María Tindú", trabajo presentado en *Primer Coloquio Internacional sobre Migración y Desarrollo: Transnacionalismo y Nuevas Perspectivas de Integración*, Universidad Autónoma de Zacatecas, 23-25 de octubre.

Grieshop, James (producer), 1993, *Invisible Indians: Mixtec Farmworkers in California,* Video Documentary. Script, Michael Kearney, Stefano Varese, James Grieshop, Davis, University of California.

Huizar Murillo, Javier e Isidro Cerda, 2004, "Indigenous Mexican Migrants in the 2000 U.S. Census, "Hispanic American Indians", en *Indigenous Mexican Migrants in the United States*, Jonathan A. Fox y Gaspar Rivera-Salgado (eds.), La Jolla, Center for U.S.-Mexican Studies y Center for Comparative Immigration Studies, University of California, San Diego.

Kearney, Michael, 1988, "Mixtec Political Consciousness: From Passive to Active Resistance", en *Rural Revolt in Mexico and U.S. Intervention*, Daniel Nugent (ed.), La Jolla, Center for U.S.-Mexican Studies, University of California, San Diego.

——, 1994, "Desde el indigenismo a los derechos humanos: etnicidad y política más allá de la mixteca", *Nueva Antropología* 14(46): 49-67.

——, 1995, "The Effects of Transnational Culture, Economy, and Migration on Mixtec Identity in Oaxacalifornia", en *Bubbling Cauldron: Race, Ethnicity, and the Urban Crisis*, Michael Peter Smith y Joe R. Feagin (eds.), Minneápolis, University of Minnesota Press.

——, 1996a, *Reconceptualizing the Peasantry. Anthropology in Global Perspective*, Boulder, Westview Press.

——, 1996b, "Indigenous Ethnicity and Mobilization in Latin America", *Latin American Perspectives* 23, 5-16.

——, 2000, "Transnational Oaxacan Indigenous Identity: The Case of Mixtecs and Zapotecs", *Identities* 7(23), 173-95.

——, 2001, "Struggle and Difference: The Jiujitsu of Transnational Indigenous Resistance and Domination", en *History in Person: Enduring Struggles and Identities in Practice*, D. Holland y J. Lave (eds.), Santa Fe, Nuevo México, School of American Research Press.

López Ángel, Gustavo, 2000, "Mixtecos: lengua, migración y procesos organizativos", en *Conflictos migratorios transnacionales y respuestas comunitarias*, Leigh Binford y María Eugenia D'Aubeterre, Puebla, Gobierno del Estado de Puebla.

——, 2003, "Membresía e identidad en procesos migratorios translocales: la experiencia de la Asociación Micaltepecana, trabajo presentado en *Primer Coloquio Internacional sobre Migración y Desarrollo: Transnacionalismo y Nuevas Perspectivas de Integración*, Universidad Autónoma de Zacatecas, 23-25 de octubre.

Nagengast, Carol, y Michael Kearney, 1990, "Mixtec Ethnicity: Social Identity, Political Consciousness and Political Activism", *Latin American Research Review* 25(2): 61-91.

Rivera-Salgado, Gaspar, 1999, *Migration and Political Activism: Mexican Transnational Indigenous Communities in a Comparative Perspective*, disertación de doctorado, University of California, Santa Cruz.

——, 2000, "Cross-Border Grassroots Organizations and the Indigenous Migrant Experience", en *Cross-Border Dialogues: U.S.-Mexico Social Movement Networking*, David Brooks y Jonathan A. Fox (eds.), La Jolla, Center for U.S.-Mexican Studies, University of California, San Diego.

Runsten, David, y Michael Kearney, 1994, *A Survey of Oaxacan Village Networks in California Agriculture*, Davis, California Institute for Rural Studies.

Varese, Stefano, 2002, "Oaxacalifornia. Migración indígena transnacional, diáspora, identidades y derechos colectivos", en *Lo transnacional, instrumento y desafío para los pueblos indígenas*, Françoise Morin y Roberto Santana (eds.), Quito, Ediciones Abya Yala.

——, 2003a, "Indigenous Epistemologies in the Age of Globalization", en *Critical Latin. America and Latino Studies*, Juan Poblete (ed.), Minneápolis/Londres, University of Minnesota Press.

——, 2003b. "Language of Space: The Territorial Roots of the Indigenous Community in Relation to Transcommunality", en *Transcommunality. From the Politics of Conversion to the Ethics of Respect*, John Brown Childs (ed.), Filadelfia: Temple University Press.

Velasco Ortiz, Laura, 2002, *El regreso de la comunidad: migración indígena y agentes étnicos (Los mixtecos en la frontera México-Estados Unidos)*, México, El Colegio de México y El Colegio de la Frontera Norte.

Sitios de internet

Latin American and Latino Studies Department-University of California, Santa Cruz, 2002, conferencia: *Indígenas mexicanos migrantes en Estados Unidos: construyendo puentes entre investigadores y líderes comunitarios.* http://lals.ucsc.edu/conference

Postdata bibliográfica

Anotamos en orden cronológico otras de las publicaciones recientes que contienen textos o referencias importantes en relación con el fenómeno migratorio de los indígenas de México.

Atilano Flores, Juan José, 2000, *Entre lo propio y lo ajeno. La identidad étnico-local de los jornaleros mixtecos*, México, Instituto Nacional Indigenista, Programa de las Naciones Unidas para el Desarrollo.

Barabás M. Alicia, y Miguel A. Bartolomé (coords.), 1999, *Configuraciones étnicas en Oaxaca. Perspectivas etnográficas para las autonomías*, vols. 1, 2 y 3, México, Instituto Nacional de Antropología e Historia, Instituto Nacional Indigenista.

Gutiérrez Sánchez, Javier, 2000, *La migración indígena en la frontera sur. Causas y perspectivas*, México, Instituto Nacional Indigenista, Programa de las Naciones Unidas para el Desarrollo.

Hernández-Díaz, Jorge, 2000, *Reclamos de la identidad: la formación de las organizaciones indígenas en Oaxaca*, Oaxaca, Universidad Autónoma Benito Juárez de Oaxaca.

Instituto Nacional Indigenista, 2000, *Estado del desarrollo económico y social de los pueblos indígenas de México, Segundo Informe*, México, INI, Programa de las Naciones Unidas para el Desarrollo.

Lartigue, François, y André Quesnel (coords.), 2003, *Las dinámicas de la población indígena. Cuestiones y debates actuales en México*, México, Centro de Investigaciones y Estudios Superiores en Antropología Social e Instituto de Recherche.

Ramírez Morales, César, 2000, *Buscando la vida. Mujeres indígenas migrantes*, México, INI, Programa de las Naciones Unidas para el Desarrollo.

Rubio, Miguel Ángel, Saúl Millán, Javier Gutiérrez (coords.), 1999, La *migración indígena en México*, México, INI, Programa de las Naciones Unidas para el Desarrollo.

Valencia Rojas, Alberto, 2000, *La migración indígena a las ciudades*, México, INI, Programa de las Naciones Unidas para el Desarrollo.

Parte I
Redes y comunidades

Encuesta sobre las redes de los pueblos oaxaqueños en la agricultura de California[1]

David Runsten y Michael Kearney

Originalmente nos propusimos realizar una encuesta sobre los trabajadores agrícolas mixtecos porque seguían apareciendo en las noticias como aquellos sufriendo las peores condiciones de vida y abusos en el empleo, en comparación con cualquier otro trabajador agrícola en la agricultura de California. En el estudio resultante, *Los migrantes mixtecos en la agricultura de California: un nuevo ciclo de pobreza* (Zabin *et al.*, 1993), se hizo un reporte sobre una encuesta a 131 trabajadores agrícolas mixtecos conducida en 1990-1991. Pero en el proceso de conducir la encuesta, nos dimos cuenta de que había muchos más migrantes mixtecos en la agricultura de California de lo que se había pensado antes y que necesitábamos una mejor visión de la situación.

La Fundación Ford, por medio del Programa de Política Económica Rural del Instituto Aspen, nos otorgó una beca suplementaria para hacer una encuesta en las áreas rurales de California en busca de mixtecos. Nos gastamos virtualmente cada dólar en los encuestadores quienes, durante agosto y septiembre de 1991, visitaron las áreas

[1] Este capítulo es una selección del trabajo de los autores, que se publicó en inglés en 1994 como: *A Survey of Oaxacan Village Networks in California Agriculture*. Davis: California Institute for Rural Studies.

de concentraciones de mixtecos que se conocían. Debido a nuestro presupuesto limitado, excluimos ciudades grandes en nuestra inspección y nos enfocamos a un grupo específico de áreas agrícolas. Por esta razón, los datos presentados deben ser vistos como un esfuerzo piloto para trazar las redes de migrantes mixtecos y no como un censo completo. De sur a norte, las áreas inspeccionadas fueron:

- Noroeste del condado de San Diego,
- Santa María (condado de santa Bárbara),
- Bakersfield, Arvin y Lamont (condado de Kern),
- poblados seleccionados en el oeste del condado de Tulare,
- poblados seleccionados de Kerman a Biola en el este del condado, de Fresno,
- Madera y sus alrededores y
- partes de los condados de Santa Cruz y Santa Clara.

Además de las 567 encuestas conducidas en los lugares anotados, este reporte se basa también en:

- las 131 encuestas de los trabajadores agrícolas mencionadas arriba, las cuales fueron completadas sobre todo en las regiones de Fresno-Madera y San Diego (Zabin *et al.*, 1993);
- aproximadamente 50 entrevistas cortas conducidas principalmente en el condado de San Diego en 1989;
- 30 encuestas con trabajadores mixtecos en la cosecha del jitomate conducidas en Fresno, San Diego y San Quintín (Baja California) en 1991-1992 (Runsten *et al.*, 1992), las cuales fueron incluidas en un estudio para la Comisión de Trabajadores Agrícolas;
- varias historias de vida de líderes mixtecos; y
- varias listas independientes de migrantes y sus pueblos.

¿Cuántos mixtecos trabajan en la agricultura de California?

El objetivo principal de esta encuesta era hacer un conteo directo en California, dentro de los límites financieros y humanos del proyecto, de todos aquellos que se identificaran a sí mismos como mixtecos. ¿Cuántos trabajadores indígenas de Oaxaca se encuentran en la agricultura de California? Nosotros contamos 6 687 indígenas oaxaqueños en 47 poblados de California (4 081 hombres, 1 151 mujeres y 1 455 niños de 12 años o menos). Al proyectar este conteo en los poblados no encuestados nos da un total de 10 565 indígenas. Haciendo correcciones de 10-15 por ciento en cada lugar de la cobertura de la encuesta, un estimado justo de la población total triplicaría esa figura a 31 695 indígenas. Concluimos que un estimado razonable del número de indígenas mixtecos oaxaqueños en California en 1991 (excluyendo a los zapotecos en Los Ángeles) sería entre 20 mil y 40 mil indígenas –y los números seguramente han crecido en los últimos años desde que se realizó la encuesta.[2]

Un estimado razonable de la población de mixtecos en California durante la estación pico hoy día (1994), puede calcular 50 mil mixtecos. Si 75 por ciento de esta población trabaja en la agricultura, entonces los mixtecos constituyen cinco por ciento de la fuerza laboral agrícola de California. Por supuesto no todos migran a los Estados Unidos de América todos los años, por lo que la población total de mixtecos migrandos es mucho mayor. Este primer conteo de los indígenas oaxaqueños en California, aunque está lejos de ser un censo

[2] Nota de los autores del libro: En el Censo del 2000 es difícil determinar la cantidad de mixtecos que se encuentran representados en la figura de 155 mil "indígenas hispano americanos" contados en California, pero cabe señalar que junto con los zapotecos, los mixtecos son el grupo indígena más numeroso en California. Este mismo censo señala que la mayoría de estos "indígenas hispano americanos" se encuentran en California del Sur (véase la introducción para referencias). Esta cifra obviamente nos dice poco respecto a los cambios en las dimensiones demográficas desde que se realizó este estudio, por lo que éste sigue siendo el único instrumento disponible, del cual tenemos conocimiento.

completo, sí nos proporciona un conteo mínimo absoluto el cual está ahora disponible para usarse junto con otra información para estimar los números actuales.

¿De dónde vienen?

Un segundo objetivo de la encuesta era identificar el patrón geográfico de las comunidades de expulsión en Oaxaca. Una suposición de investigación sobre la migración mixteca es que ésta es provocada, en gran medida, por el deterioro ecológico y el estancamiento económico en la región mixteca. La encuesta rindió una larga lista de pueblos en Oaxaca que puede ser usada para investigar la migración desde la región y su relación con una variedad de factores económicos y ambientales. Mucho del trabajo publicado sobre la migración mexicana se ha enfocado a un grupo estrecho de pueblos en el oeste de México; la investigación presentada aquí es un ejercicio para ampliar nuestro conocimiento de la migración de México a los Estados Unidos.

De acuerdo con nuestro estudio, los indígenas oaxaqueños que trabajan en California provienen de 203 pueblos –junto con otros seis pueblos más reportados, pero que no pudimos confirmar– que representan a 81 municipios (de los 570 municipios de Oaxaca) de 22 distritos oaxaqueños (de 30 distritos). Sería justo decir que virtualmente todos estos pueblos tienen representantes trabajando en la agricultura de California.

Juxtlahuaca, Silacayoapan y Huajuapan fueron los distritos de mayor expulsión a las áreas que nosotros estudiamos. Tomados juntos, estos tres distritos envían a 5 200 de las 6 687 personas encontradas o sea 78 por ciento. Mientras que Silacayoapan y Huajuapan abarcan al mayor número de municipios migrantes a los Estados Unidos, en términos de proporción de municipios migrando, Juxtlahuaca clasifica primero, luego Silacayoapan, Putla, Zaachila y Huajuapan.

¿Hacia dónde migran?

Un tercer objetivo de la encuesta era el de obtener información acerca de la distribución espacial de los mixtecos en California. Esta información es relevante tanto para asuntos sobre la incorporación de los mixtecos en los mercados laborales agrícolas, como para la composición económica y étnica cambiante de las comunidades rurales de California, la cual está acompañada por un supuesto aumento en la pobreza rural y por el fenómeno de "ghettoization" (Palerm, 1991).

Los oaxaqueños han migrado a California desde los años sesenta con un aumento significativo a la mitad de la década de los setenta y aún más grande en la década de los ochenta. En 1990-1991 entrevistamos a migrantes que se encontraban entre las primeras personas de sus pueblos en llegar, y la llegada de nuevos pueblos a la California rural no muestra señales de amenguamiento. Existe una profundización de la migración en varios pueblos, pero también hay una ampliación, lo que sugiere un gran potencial de migración futura hacia los Estados Unidos.

Sin embargo, los migrantes oaxaqueños tienden a agruparse en comunidades particulares en California: encontramos que nueve poblados en California con migrantes provenientes de 20 o más pueblos oaxaqueños, envían 52 por ciento de toda la correspondencia de pueblo a poblado en México.[3] Nuestros encuestadores contaron por lo menos algunos oaxaqueños en 47 poblados en California y las redes de pueblos nos refirieron a otros 53 poblados, para un total de cien lugares en California en 24 condados –algunos llegan sólo por temporada–. Aunque parece un número grande, los oaxaqueños hacen un viaje largo y difícil por una ruta limitada si consideramos que hay aproximadamente dos mil localidades con población en California.

[3] Nota de la traductora: los autores utilizan el término *town* (poblado) para referirse a los asentamientos poblacionales en California; y *village* (aldea o pueblo) para los asentamientos poblacionales en Oaxaca y otras partes de México.

El impacto de IRCA

El Acta de Reforma y Control de Inmigración (IRCA) de 1986 tuvo un impacto diferente en los mixtecos que en los mestizos de las regiones de expulsión tradicionales. La evidencia que nosotros tenemos indica que cerca de la mitad de los migrantes de Oaxaca que van a los Estados Unidos fueron legalizados por IRCA. Sin embargo, ésta es una proporción relativamente pequeña de la población de los pueblos. Mientras que en las comunidades mestizas del occidente y centro de México, IRCA sirvió para legalizar una acumulación considerable de familias asentadas en los Estados Unidos, con los mixtecos legalizó principalmente a hombres que migraron de manera circular. Esto, por lo tanto, causó un cambio repentino en la evolución de la migración desde Oaxaca, pues esencialmente confirió estado legal a un grupo de trabajadores agrícolas de temporada, que venían a través de redes de pueblos que no habían establecido todavía patrones de empleo estables y continuos a lo largo del año en los Estados Unidos. El estado legal ha facilitado la migración de ida y vuelta y también ha conllevado al asentamiento, pero no ha cambiado el patrón de empleo de los mixtecos, el cual responde más al tiempo de vida de la red en los Estados Unidos, que al estado legal de los migrantes.

Debido a que las redes oaxaqueñas no están tan desarrolladas como las redes de los pueblos mestizos y a que no controlan el acceso a trabajos en varios lugares, los pobladores oaxaqueños son una población más pobre que los grupos mestizos. Como resultado, los mixtecos tienen los trabajos menos deseados, los trabajos menos pagados en agricultura, están sujetos a mayores violaciones de la ley laboral (como el no pago de salarios) y migran más que los migrantes mestizos mejor establecidos. Los mixtecos han sido utilizados por contratistas de la fuerza laboral agrícola y por otros empleadores agrícolas para socavar los mercados de trabajo agrícola existentes; al acelerar la migración, la estabilización de dichos mercados laborales se vuelve más problemática sin haber mayor número de protecciones laborales.

Aunque ha habido algún reconocimiento de la presencia grande y creciente de los mixtecos en California –especialmente en las áreas rurales– hasta esta encuesta no se había hecho ninguna base de datos a la que se pudiera referir para responder a preguntas como: ¿cuántos hay?, ¿dónde están localizados? y ¿de qué regiones de Oaxaca vienen? Esta encuesta ha sido diseñada para responder a éstas y otras preguntas relacionadas y, al hacerlo, compilar datos preliminares sobre la demografía y los patrones de migración mixtecos. Los datos demográficos son particularmente relevantes para la composición étnica y económica cambiante de los pueblos de California. Más aún, los resultados tienen un uso potencial para las varias organizaciones mixtecas de ayuda propia que se han formado en California para enfrentar los problemas que encuentran los migrantes oaxaqueños. Además de proveerles información sobre la distribución y composición de sus miembros, se espera que estos datos sean útiles para que ellos planeen y coordinen sus actividades y puedan obtener financiamiento.

Destinos en California

Entrevistador: *¿Cuántos paisanos están en California?*

Mixteco: *¡Hay un chinco!*[4]

Los migrantes oaxaqueños tienden a concentrarse en comunidades particulares en California. Contamos por lo menos algunos oaxaque-

[4] Anna García preguntó repetidamente por una clarificación en cuanto a la cantidad descrita por el término "chinco". Después de mucha investigación ahora podemos asentar que un chinco es una cantidad mayor a lo que puede ser contado con las manos, es decir, más de 10. Nota de la traductora: "chinco" se refiere a la palabra "chingo" que se utiliza en otras partes de México.

ños en 47 pueblos y las redes de pueblos nos refirieron a otros 53 pueblos, para un total de cien lugares en 24 condados de California. Por lo tanto, los 203 pueblos oaxaqueños enlistados están migrando –varios de ellos solamente temporalmente– hacia cien lugares en California, más hacia un número considerable de lugares fuera de California. Ya que no obtuvimos referencias de todos los pueblos, debemos añadir otra docena de lugares; sin embargo, hay una gran repetición en los reportes. Esto parecería un número grande de pueblos, pero dado que hay aproximadamente dos mil poblados en California, la ruta que realizan los migrantes oaxaqueños está limitada a cerca de cinco por ciento de todos los lugares habitados en 41 por ciento de los 58 condados.

La última columna del cuadro 1 es la suma de los pueblos oaxaqueños que encontramos representados en algún poblado de California, más el número de pueblos que reportaron miembros en ese poblado. Debido a nuestros recursos limitados y al nivel de esfuerzo desigual en los diferentes lugares, las figuras en el cuadro 1 pueden ser mejor indicador de la importancia relativa de los diferentes poblados en California que el número actual de personas. Por ejemplo, en Madera está 37 por ciento de los oaxaqueños contados en la encuesta, pero esta cifra es en parte debida al alto nivel de esfuerzo que se realizó en Madera. En Fresno se enlistó 39 por ciento de los pueblos que tiene Madera, pero solamente 13 por ciento de la población, debido en parte al menor esfuerzo realizado en Fresno por nosotros (y probablemente también al menor número de mixtecos en esa ciudad).

En todo caso, los nueve poblados en California con migrantes de 20 o más pueblos oaxaqueños cuentan con 52 por ciento del envío de correspondencia entre pueblo oaxaqueño y poblado californiano; y los 22 poblados con más de diez pueblos cuentan con 72 por ciento. De aquellos 22, sólo encuestamos 17 y esos 17 cuentan con 78 por ciento de las personas contadas en la encuesta. Éste es un grado significativo de concentración de población en los destinos californianos, considerando que estos migrantes vienen de más de 200 pueblos.

TABLA 1

DESTINOS DE OAXAQUEÑOS EN CALIFORNIA

Condado en California	Poblado	Hombres	Mujeres	Niños	Total	Pueblos Oaxaqueños
Alameda	Union City			No fue visitado		4
Contra Costa	Concord			No fue visitado		1
Fresno	Biola	40	12	10	62	6
	Burrel			No fue visitado		
	Caruthers	34	20	25	79	12
	Clovis			No fue visitado		
	Del Rey	5	1	0	6	2
	Easton	8	0	0	8	8
	Fowler	65	0	0	65	4
	Fresno	195	55	58	308	48
	Kerman	159	28	26	213	25
	Orange Cove	1	0	0	1	3
	Parlier	23	3	7	33	8
	Raisin City			No fue visitado		1
	Reedley			No fue visitado		1
	Sanger	15	6	4	25	5
	Selma	26	3	4	33	16
Kern	Arvin	107	57	76	240	13
	Bakersfield	95	30	33	158	11
	Delano			No fue visitado		1
	Lamont	12	6	12	30	4
	McFarland	28	5	9	42	4
Los Ángeles	Arcadia			No fue visitado		1

Condado en California	Poblado	Hombres	Mujeres	Niños	Total	Pueblos Oaxaqueños
	Burbank			No fue visitado		1
	Inglewood			No fue visitado		1
	La Puente			No fue visitado		1
	Los Ángeles			No fue visitado		20
	Pasadena			No fue visitado		1
	Pomona			No fue visitado		2
	San Fernando			No fue visitado		2
	San Gabriel			No fue visitado		1
	Santa Mónica			No fue visitado		2
Madera	Chowchilla			No fue visitado		1
	Madera	1443	385	616	2444	122
Merced	Livingston	2	1	3	6	3
	Los Banos			No fue visitado		1
	Merced			No fue visitado		3
Monterey	King City	1	1	0	2	2
	Salinas			No fue visitado		4
	Seaside	100	100	100	300	1
Napa	St. Helena			No fue visitado		1
Orange	Anaheim			No fue visitado		2
	Garden Grove			No fue visitado		1
	Orange			No fue visitado		1
	San Clemente			No fue visitado		1
	Santa Ana			No fue visitado		11
Riverside	Rancho California			No fue visitado		2
	Riverside			No fue visitado		1
	Temecula			No fue visitado		2
Sacramento	Sacramento			No fue visitado		1
San Bernardino	Colton			No fue visitado		2
	Highland			No fue visitado		1

Condado en California	Poblado	Hombres	Mujeres	Niños	Total	Pueblos Oaxaqueños
	Ontario			No fue visitado		1
	Redlands			No fue visitado		1
	Rialto			No fue visitado		1
	San Bernardino			No fue visitado		5
San Diego	Bonsall			No fue visitado		5
	Carlsbad	268	9	10	287	39
	Chula Vista			No fue visitado		1
	Del Mar			No fue visitado		13
	El Cajon			No fue visitado		1
	Escondido	120	50	50	220	15
	Fallbrook	47	9	3	59	11
	Leucadia			No fue visitado		1
	National City			No fue visitado		1
	Oceanside	120	58	48	226	27
	Rainbow			No fue visitado		1
	Ramona	1	0	0	1	3
	San Diego			No fue visitado		12
	San Luis Rey	234	5	0	239	43
	San Marcos	22	0	1	23	9
	Valley Center			No fue visitado		1
	Vista	86	32	22	140	40
San Francisco	San Francisco			No fue visitado		5
San Joaquin	Stockton			No fue visitado		8
San Luis Obispo	Oceano			No fue visitado		1
	San Luis Obispo			No fue visitado		1
San Mateo	Half Moon Bay			No fue visitado		1
	Pescadero	16	0	0	16	2
Santa Barbara	Guadalupe			No fue visitado		2
	Santa María	189	90	86	365	41

Condado en California	Poblado	Hombres	Mujeres	Niños	Total	Pueblos Oaxaqueños
Santa Clara	Gilroy	19	6	8	33	9
	Milpitas	10	0	0	10	7
	Morgan Hill	98	4	6	108	3
	Mt. View	20	2	0	22	3
	San José	64	18	15	97	18
	Sunnyvale	18	5	4	27	3
Santa Cruz	Davenport	23	3	2	28	3
	Santa Cruz	86	28	33	147	10
	Watsonville	15	0	0	15	8
Sonoma	Santa Rosa			No fue visitado		11
Tulare	Cutler	14	1	2	17	3
	Dinuba	4	0	0	4	2
	Exeter	16	13	22	51	4
	Farmersville	67	63	106	236	7
	Lindsay			No fue visitado		4
	Porterville			No fue visitado		1
	Visalia			No fue visitado		6
Ventura	Oxnard	3	1	2	6	11
TOTALES		3954	1109	1395	6458	**779**

¿Cuántos trabajadores oaxaqueños se encuentran dentro de la agricultura de California? Ésta fue la pregunta que nos hicimos cuando diseñamos la encuesta. Aunque no hemos recolectado suficiente información para dar una respuesta definitiva, vale la pena considerar la magnitud posible de población. Contamos 6 687 oaxaqueños en 47 poblados californianos, pero esos poblados representan solamente 47 por ciento de los lugares que conocemos. Por otra parte, encuestamos varios de los poblados con las mayores concentraciones de migrantes; sabemos que fuimos a 17 de los 22 poblados con diez o más pueblos que dicen estar migrando a ellos.

Con base en los datos de la encuesta, estimamos el número de migrantes oaxaqueños en la agricultura de California usando el siguiente procedimiento: primero separamos los poblados en dos grupos y asumimos que los cinco poblados con los números más altos de pueblos identificados, pero que no encuestamos, rendiría cada uno el mismo promedio de población que los 17 que sí encuestamos. Después asumimos que los otros 48 poblados que no visitamos rendiría cada uno el mismo promedio de población que los 30 poblados que sí visitamos. Sobre esta base, los 53 poblados que no encuestamos rendirían otros 3 878 oaxaqueños, para un total de 10 565.

Los estimados de cobertura de nuestros encuestadores en los poblados que visitamos típicamente va de 10 a 50 por ciento, por lo que el estimado más conservador duplicaría nuestro total a 21 130. Un estimado más justo probablemente triplicaría el total a 31 695. Nosotros creemos que un estimado razonable del número de oaxaqueños, en California en el año de 1991, en su mayoría indígenas mixtecos (excluyendo a los zapotecos en Los Ángeles), sería entre 20 mil y 40 mil.

Nuestro estimado del número total de migrantes mixtecos en la temporada pico es una muestra de la población en cualquier año. Sin embargo, no todo aquel que migra a los Estados Unidos lo hace todos los años. Por lo tanto, la población de mixtecos migrando a los Estados Unidos es más grande de lo que esos resultados implican. Nuestra hipótesis es que podría ser el doble de esos estimados, pero no tenemos información concreta sobre la cual justificar dicho número.

El número de migrantes oaxaqueños seguramente ha crecido en los últimos tres años. Anna García reporta que el número de mixtecos en Parlier se duplicó en el año posterior al que hicimos la encuesta. Muchas mujeres y niños han venido a los Estados Unidos a reunirse con esposos y padres quienes fueron legalizados como Trabajadores

Agrícolas Especiales (Special Agricultural Workers o SAWS) bajo IRCA. Un estimado razonable de la población mixteca en California durante la temporada pico puede ser de cerca de 50 mil. Si 75 por ciento de estos mixtecos están trabajando en la agricultura (22 por ciento son niños), entonces los mixtecos comprenderían cerca de cinco por ciento de la fuerza laboral agrícola estimada en California.

Los mixtecos no son el grupo principal que trabaja en la agricultura de California. Este papel todavía es jugado por mestizos del México occidente central, quienes han sido la principal fuente laboral para la agricultura de California por décadas. Pero los mixtecos están concentrados en ciertas áreas y trabajos, y esto ha tenido un efecto significativo en ciertos mercados laborales así como el número de mixtecos va creciendo. ¿Cuáles son dichos mercados laborales? Si vemos en los 22 poblados que fueron mencionados por diez o más pueblos, éstos caen en grupos regionales claros.

En el condado de San Diego, hay ocho de dichos poblados: Carlsbad, Del Mar, Escondido, Fallbrook, Oceanside, San Diego, San Luis Rey y Vista. Debido a su importancia como punto de entrada a los Estados Unidos, la agricultura en San Diego continúa empleando al mayor número de trabajadores oaxaqueños. Claudia Smith, directora de la Oficina de Asistencia Legal Rural de California (California Rural Legal Assistance o CRLA), describe su reacción a este mercado laboral agrícola:

> En todos mis viajes a través de los estados y a través de las áreas rurales de este estado, nunca he visto salarios ni condiciones de trabajo tan deprimentes como las que he visto aquí en el norte del condado de San Diego. La dimensión de los abusos aquí, que van desde empleadores rehusándose a pagar salarios como a la falta de agua en los campos, es muchas veces peor que en cualquier otra parte del estado.[5]

[5] En Zabin, 1992, p. 24. Para mayor discusión sobre los migrantes mexicanos en San Diego, varios de los cuales son mixtecos, véase Eisenstadt y Thorup, 1994; Chávez, 1992.

Otra concentración importante de mixtecos se encuentra en Los Ángeles y Santa Ana. Ya que no encuestamos esta área, solamente tenemos información anecdótica de que los mixtecos están trabajando en jardinería ornamental y fábricas o vendiendo paletas en carritos ambulantes. También hay una población grande de zapotecos en el oeste de Los Ángeles.

Hay otra concentración de mixtecos en Arvin y Bakersfield al sur del Valle de San Joaquín trabajando en las operaciones de verduras y azadonando los cultivos. Hay números más pequeños dispersos en le cinturón cítrico en el lado éste de las colinas del Valle de San Joaquín.

Más al norte se encuentra el principal destino de la migración mixteca: los condados de Madera y Fresno. Madera fue mencionada por informantes de 122 pueblos; es el centro del universo mixteco en California. De un total de 203 pueblos incluidos en este reporte, 60 por ciento migra a Madera. Madera es también, naturalmente, un centro de asentamiento: encontramos mujeres de 48 pueblos y niños de 36 pueblos, lo que significa que de los 87 pueblos encuestados, 41 por ciento reportó niños en Madera. No es un accidente que los programas especiales para hacer frente a la presencia de niños mixtecos fuesen implementados primero en las escuelas de Madera. Los destinos importantes en el condado de Fresno incluyen Caruthers, Fresno, Kerman y Selma. La mayoría de la gente trabaja en la agricultura en la cosecha de jitomate, azadonando cultivos, entresacando y recogiendo frutas con hueso, podando árboles y viñas y trabajando en todos los aspectos de la producción de uvas.

Hacia la costa hay cuatro destinos distintos. Al norte de Los Ángeles se encuentran Oxnard y Santa María, en donde los mixtecos se han convertido en una parte importante de la fuerza laboral en fresa y verdura. En la costa central los mixtecos se encuentran concentrados en San José y Santa Cruz. San José es muy parecido a Los Ángeles, puesto que hay trabajadores en fábricas y servicios. En Santa Cruz el trabajo es de tipo agrícola y muchos oaxaqueños trabajan en los hongos, fresas y verduras. Probablemente en el futuro, ellos asumirán una mayor importancia en las principales ciudades agrícolas de la costa central, Watsonville y Salinas, pero esto no ha ocurrido todavía. Finalmente, al norte de San Francisco hay un asentamiento importante en Santa Rosa y la migración temporal a la cosecha de la uva de vino está aumentando.

Es interesante subrayar que los mixtecos se han convertido en un componente importante de la fuerza laboral en la mayoría de los cultivos que requieren trabajo intensivo: fresas, jitomates frescos, uvas, frutas con hueso y cítricos. Junto con la lechuga, estos cultivos fueron los que principalmente utilizaron el Programa de Braceros en California en los últimos años del mismo (Runsten y Le Veen, 1981) y continúan siendo la principal área de conflicto sobre las condiciones y salarios de los trabajadores agrícolas. Muchos de estos cultivos tienen grandes requerimientos de fuerza laboral temporal, lo que ha llevado a movimientos anuales significativos de fuerza laboral, proveyendo una oportunidad para aquellos nuevos trabajadores que están dispuestos a aceptar trabajos de corto plazo. Por ejemplo, los mixtecos se han convertido en la principal fuerza laboral en la cosecha del jitomate fresco en el sur del Valle de San Joaquín, en parte debido a sus temporadas relativamente cortas (al principio y al final del verano). En contraste, los migrantes de Michoacán continúan dominando la cosecha larga del jitomate en Stockton (Runsten *et al.*, 1992). Similarmente, los mixtecos se han convertido en el principal grupo trabajando en la cosecha de la uva pasa en la región de Fresno-Madera, la cual requiere aproximadamente 50 mil trabajadores por unas cuantas semanas al final de agosto (*cfr.* Alvarado *et al.*, 1992; Zabin *et al.*, 1993). Lo mismo es cierto en las cosechas de moras en Oregon (*cfr.* Zabin y Oseki, 1990; Zabin *et al.* 1993) y de aceitunas en Orland, Corning y Visalia; es menos cierto en las cosechas de cítricos y fresas en Santa María. En estos últimos casos, como en el de los jitomates y fresas en San Diego, los empleadores realizaron esfuerzos conscientes para usar migrantes mixtecos para debilitar las estructuras de fuerza laboral existentes y bajar los salarios reales.[6]

De especial interés es la ausencia completa de cualquier mención en la encuesta sobre el Condado Imperial o el Valle Coachella. La gran fuerza laboral utilizada en esta región desértica está compuesta sobre todo por personas que viajan diariamente, quienes cruzan la frontera cada día desde Mexicali. En el pasado, los mixtecos han sido transportados en números apreciables por los contratistas desde Riverside al desierto de California y Arizona para recoger cultivos de cítricos por temporada. También hay un asentamiento mixteco sustancial en Mexicali. La omisión del Valle Imperial es un aspecto interesante de la demografía mixteca y merece estudio futuro.

Otros estados

Además de la información sobre localidades en California, los informantes nos dieron los nombres de otros estados en donde otros miembros de la comunidad están viviendo y trabajando: Alaska, Arizona, Florida, Georgia, Idaho, Illinois, Michigan, Missouri, Montana, Nebraska, Nevada, Nueva Jersey, Nueva York, Carolina del Norte, Oregon, Pensilvania, Carolina del Sur, Texas, Utah, Virginia, Washington y Wyoming. Un total de 23 estados incluyendo California fueron mencionados y Canadá fue mencionada por cuatro pueblos.

Oregon es por mucho el destino más importante fuera de California; 78 pueblos reportan gente allí. La gran mayoría de los pueblos reportados

[6] Este proceso fue discutido por primera vez por Richard Mines en relación con los cítricos de Ventura (véase Mines y Anzaldúa, 1982; también Loyd *et al.*, 1988). Ha sido examinado ampliamente en nuestro reporte inicial, Zabin *et al.*, 1993.

en Oregon están localizados en el valle Willamette, ya que la migración a Oregon se ha centrado alrededor del trabajo en la fresa, moras y los encurtidos de pepinos en esa región. En nuestro trabajo de campo inicial descubrimos que tanto los agricultores como los contratistas de Oregon habían ido a México para reclutar trabajadores mixtecos y triquis directamente. En algunos pueblos, esta migración precedió a su empleo en California, pero debido a que el carácter del trabajo en Oregon es más bien de temporada, los migrantes se trasladan naturalmente al sur para trabajar en California. Otros pueblos comenzaron a migrar a Oregon vía Madera, ya que los dos lugares se complementan considerablemente en las tareas temporales. Un patrón típico es migrar a Oregon en la primavera después de entresacar la fruta, trabajar en las cosechas de la mora y el pepino, luego regresar a Madera en agosto para la cosecha de la uva pasa (Zabin y Oseki, 1990; Bade, 1993; Zabin *et al.*, 1993). Este patrón de migración es particularmente típico de familias que están trabajando en conjunto, ya que estas cosechas necesitan grandes números de trabajadores en temporadas pico y, por lo tanto, acomodan a familias. Los migrantes también vienen a trabajar en los viveros y a plantar árboles de pino para las operaciones forestales o a recoger fruta en el Río Hood y Medford. Los mixtecos también han aparecido en el condado de Umatilla para la cosecha de verduras, aunque pueblos particulares no fueron mencionados en esta encuesta.

En una etapa inicial del proyecto revisamos los datos del Programa de Educación para Migrantes en Oregon y encontramos que los pueblos de origen en México estaban tan pobremente registrados que los datos eran esencialmente inútiles. Sin embargo, los datos mostraron que de 1985 a 1990 aproximadamente 26 poblados en Oregon registraron a estudiantes que transfirieron de Oaxaca. De este grupo de 26 poblados, 24 están localizados en el valle Willamette y la mayoría de los estudiantes se encuentran sobre todo en Hillsboro y Canby, siguiendo muy detrás Woodburn y Hubbard. Los otros dos poblados reportados además del valle Willamette fueron Medford, al sur de Oregon y Stanfield, al este del condado de Umatilla.

Washington, reportado por 44 pueblos, es el siguiente destino en importancia para los mixtecos. La mayoría de los migrantes trabajan en manzanas, espárragos y cerezas en el oeste y en papas y uvas en el este. Sin embargo, el sorprendente número de pueblos sugiere que conocemos relativamente poco acerca de todo el trabajo que está siendo realizado por los oaxaqueños en Washington.

Florida es el tercer destino más citado y 26 pueblos migran allí para trabajar en los jitomates, verduras y cítricos. Mientras Burns (1993) reporta que los migrantes mayas de Guatemala están centralizados en Indiantown, West Palm Beach, Homestead, Boynton Beach, Imokalee y Okeechobee, los mixtecos reportaron asentarse en Naples (en el sudoeste), Miami, Arcadia (al norte de Fort Myers) y Apopka (por Orlando). Los trabajadores que recogen jitomates migran de ida y vuelta entre California y Florida en números importantes; los migrantes de San Juan Mixtepec son un ejemplo.

Veinte pueblos reportaron migrantes en Nueva York, la mayoría va hacia la ciudad de Nueva York, que parece tener lugar para todos; entre las tareas citadas estaban vender flores en la calle y trabajar en restaurantes. Ocho pueblos van a Idaho, sobre todo para el betabel y las papas. Otros trabajos incluyen recoger fruta en Carolina del Norte y Georgia, restaurantes en Reno y Las Vegas, en el estado de Nevada, y hongos en Pensilvania. El resto de los estados fueron poco mencionados, diez fueron mencionados solamente una vez.

Muchos de estos destinos son sitios de trabajo temporal, pero como se ha encontrado en varias ocasiones en los estudios de migración, la migración temporal habitual eventualmente impele al asentamiento. Este es el caso claro en Oregon, en donde hay un asentamiento importante de mixtecos en el valle Willamette.

Tesis sobre la migración mixteca a los Estados Unidos

Sí, los mixtecos migran a los Estados Unidos en grandes números

Los datos presentados aquí demuestran que los mixtecos migran a los Estados Unidos en números sustanciales y que esta migración es importante y está acelerándose. Cuando Dagodag (1975) reportó haber encontrado 151 pueblos de origen de Michoacán en los datos del Servicio de Inmigración y Naturalización (SIN) en el sur de California, fue considerado significativo; nosotros reportamos el haber confirmado 203 pueblos oaxaqueños en la California rural. La afirmación de que los oaxaqueños no migran surge repetidamente en la literatura sobre migración. Parece estar sustentada en el reporte de Ken Roberts, quien dice que el estudio que realizó el Centro de Investigaciones Agrarias (CDIA), conducido a principios de los años setenta, no encontró migración circular a los Estados Unidos desde la Mixteca Baja; aunque reconoció la gran migración hacia fuera de la región mixteca: "No había migración circular hacia los Estados Unidos, lo cual no es sorprendente dada la distancia geográfica y cultural que separa a las dos sociedades y la falta de recursos para financiar el viaje, cruzar la frontera y la búsqueda necesaria de trabajo" (1982: 313).

Si se examina el estudio del CDIA (Barbosa-Ramírez, 1976), uno se da cuenta inmediatamente de que fue conducido en un área bastante pequeña de la Mixteca, que es considerada parte de la Mixteca de la Costa y es referida en el estudio como "Mixteca Baja de la Costa" (195); esta región consta de 17 de 24 municipios en el ex distrito de Jamiltepec. En 1991 encontramos a un grupo de negros de Pinotepa Nacional en Cutler, California, pero ellos no fueron contados o incluidos en el reporte presente debido a que no son mixtecos. No encontramos ningún mixteco de dichos municipios en California, ni en Baja California. El estudio del CDIA se enfocó en una parte de la

Mixteca que ha sido lenta en migrar, posiblemente porque los investigadores estaban buscando ese tipo de área.

Desafortunadamente, la conclusión de Roberts en este estudio particular, de escala pequeña, ha sido generalizada. Por ejemplo, Jones ejemplifica esta impresión: "La Mixteca Baja (Oaxaca) no envía migrantes [a los Estados Unidos] debido a la distancia, la mezcla étnica (grandes números de indios) y las demandas de los bajos salarios..." (1984a: 7).

Las tres supuestas razones sugeridas por Roberts y Jones acerca del por qué los mixtecos no migran son incorrectas. Primero, "la Mixteca Baja" usualmente se refiere a un área de Oaxaca alejada de la costa, es decir, los distritos de Silacayoapan, Huajuapan, Coixtlahuaca, Cuicatlán y Nochixtlán. Segundo, como nuestra investigación lo demuestra, al momento en que estos artículos fueron escritos, grandes números de mixtecos estaban migrando a los Estados Unidos desde la Mixteca Baja y esta migración se ha estado acelerando desde hace más de diez años.[7]

Barrera uno: la distancia

La distancia desde la Mixteca hasta la frontera, combinada con la pobreza de la región, fue de hecho citada por varios informantes como la razón por la que la migración a los Estados Unidos no continuó en números grandes después del final del Programa de Braceros. Sin embargo, este obstáculo ha sido bastante sobrepasado gracias a la transportación gratis para trabajadores mixtecos que proporcionan los agricultores del noroeste de México a los campos de Sinaloa, Sonora y Baja California. Algunos informantes, quienes

[7] Por ejemplo, el gobierno mexicano reportó, en el mismo año en que apareció el libro de Jones, que las remesas de los Estados Unidos a la Mixteca en 1983 representaron 56 por ciento del total de remesas a la región. Véase Mario García Sordo (1984).

llegaron en los años setenta, nos dijeron que una vez estando en lugares como Ensenada, ellos estuvieron en contacto con personas que iban a los Estados Unidos y se dieron cuenta de que era posible cruzar la frontera. En 1991 Zabin entrevistó a una familia en San Quintín que había enviado recientemente a un hijo a Madera. Al cruzar la frontera sin las ayuda de los "coyotes", el viaje a Madera le había costado solamente cien pesos. Los contratistas de trabajo agrícola de Oregon y California también reclutan en Baja California.

Por supuesto una vez que la red de migración se establece, la distancia no es un obstáculo serio. Esto puede ser observado no solamente en la constante migración de ida y vuelta entre los mixtecos, sino también en las corrientes de migración desde El Salvador a Los Ángeles, de Guatemala a Florida vía Arizona y de Asia a los Estados Unidos.

Barrera dos: los "indios" no migran a los Estados Unidos

Uno pensaría que la larga historia de migración dentro de México de ciertos grupos indígenas, como los mixtecos, habría sido suficiente causa para que los investigadores se diesen cuenta de que los mixtecos migrarían eventualmente a los Estados Unidos. El limitar sus investigaciones al oeste de México como la "principal región de expulsión" ha llevado a los investigadores a ignorar esta migración. Aparte de los mixtecos, zapotecos, chinantecos y triquis entrevistados en California en el curso de esta investigación, también hemos encontrado otomíes de Hidalgo, tarascos de Michoacán, nahuas de Puebla y una variedad de grupos mayas de Guatemala trabajando en la agricultura de California.

Barrera tres: demandas del ingreso bajo

La migración continua de indígenas a las regiones circunvecinas de México ha demostrado tanto la necesidad de un ingreso monetario como la insuficiencia de los recursos naturales en las áreas de expulsión para poder mantener a la población local. Uno de los hallazgos más importantes en nuestras encuestas de mixtecos en California fue su indiferencia relativa hacia sus pueblos en Oaxaca. Muchos dijeron que irían a Baja California o Sinaloa antes que a Oaxaca. Mientras que esto varía de pueblo en pueblo y varios todavía continúan teniendo una alta migración de tipo circular, esto contrasta claramente con los deseos manifestados por los migrantes de lugares como Michoacán.

Migración interna mexicana: ¿quién es mixteco?

Debido a que los mixtecos han estado migrando a varias regiones de México por décadas, un número creciente de ellos no ha nacido en la Mixteca, sino en otras regiones. Por ejemplo, considere el grupo doméstico de Madera que se muestra en el cuadro 2. Note que en ese grupo doméstico, hay siete de Oaxaca, uno de Guerrero, dos de Sinaloa, uno de Baja California Sur, uno de Sonora y cinco de los Estados Unidos y, sin embargo, todos ellos son mixtecos asociados con el pueblo oaxaqueño de Santa María Tindú. En nuestras encuestas, hemos incluido niños nacidos en otros estados mexicanos y en los Estados Unidos como pertenecientes al pueblo en Oaxaca. En este sentido, consideramos a los mixtecos como una "tribu" cuyas relaciones y etnicidad trascienden fronteras, como una comunidad verdaderamente trasnacional.[8]

Esto apunta al problema de preguntar a la gente solamente en dónde nació (el método utilizado para recolectar datos para el SIN, por ejemplo) y luego presuponer patrones migratorios con base en dicha información. Por ejemplo, Federico Besserer ha observado que hay

[8] Véase Kearney y Nagengast, 1989, para una discusión extensiva sobre los mixtecos y las comunidades trasnacionales; y Besserer, 1999, para un relato de las experiencias trasnacionales de un mixteco.

muchos jóvenes que se consideran de San Juan Mixtepec y quienes nunca han estado en San Juan Mixtepec.[9] Mucha de la gente enlistada como proveniente de la ciudad de México y sus alrededores, Sinaloa, Sonora, Baja California (Norte y Sur), Morelos y Veracruz de hecho fácilmente puede ser parte de la diáspora indígena oaxaqueña, junto con los mixtecos y otros grupos indígenas de Puebla y Guerrero. Cornelius (1992) presenta datos de dos encuestas realizadas en 1987-1988 en el sur de California que muestran que los migrantes nacidos en estos nueve estados representan 37.5 por ciento de los trabajadores entrevistados en firmas y 51 por ciento de los trabajadores recientemente llegados entrevistados en la calle. Ahora bien, aunque la mayoría de estos trabajadores pueden no ser indígenas, los datos no están reportados de alguna manera que nos lo pueda indicar. Estamos confrontados con un panorama bastante truncado de quiénes son estos migrantes y un concepto muy limitado de la comunidad. Esto puede dar razón del fracaso continuo para apreciar el ámbito de la migración indígena.

CUADRO 2

GRUPO DOMÉSTICO MIXTECO DE TINDÚ EN MADERA

Sexo	Edad	Pueblo de nacimiento	Estado de nacimiento	Año de arribo a los EU
M	41	Santa María Tindú	Oaxaca	1972
F	38	Santa María Tindú	Oaxaca	1985
F	18	Santa María Tindú	Oaxaca	1985
M	20	Culiacán	Sinaloa	1985
F	15	Empalme	Sonora	1988
M	13	Culiacán	Sinaloa	1988

[9] Comunicación personal, 1994.

Sexo	Edad	Pueblo de nacimiento	Estado de nacimiento	Año de arribo a los EU
M	8	Santa María Tindú	Oaxaca	1988
M	3	Bakersfield	California	
F	2	Fresno	California	
M	1	Fresno	California	
M	40	Santa María Tindú	Oaxaca	1983
M	38	Santa María Tindú	Oaxaca	1975
F	22	Acapulco	Guerrero	1985
F	17	Santa María Tindú	Oaxaca	1988
M	16	La Paz	Baja California Sur	1985
F	1	Madera	California	
M	1	Fresno	California	

Para las comunidades oaxaqueñas la migración interna mexicana es más importante que la migración hacia los Estados Unidos. En contraste, los investigadores constantemente reportan que la migración interna no tiene importancia para las comunidades mestizas del occidente central (e.g. Cornelius y Martin, 1993) o que puede ser ignorada en la investigación (e.g. Massey, Goldring y Durand, 1994). Por ejemplo, en San Juan Mixtepec, 65 por ciento de los grupos domésticos incluían migrantes a los Estados Unidos, pero 79 por ciento de los grupos domésticos tenían miembros que habían migrado a los campos agrícolas del noroeste de México (Edinger y Edinger, 1989). Otros pueblos reportan que la mayoría de los migrantes trabajan en la ciudad de México. El prejuicio hacia el occidente central de México en los estudios sobre migración, crea modelos de migración por pueblo (Massey, Goldring y Durand, 1994) que no incluyen el tipo de migración por etapas que observamos entre los mixtecos. También conlleva a la sorpresa que Cornelius (1992) expresa al encontrar migración por etapas a la ciudad de México o Baja California entre los mixtecos y la tentación de reportarlo como un fenómeno nuevo.

Los patrones de la migración mixteca varían

Trabajos anteriores sobre la migración mixteca a los Estados Unidos (Stuart y Kearney, 1981; Kearney, 1986) se han basado en materiales etnográficos y encuestas en unos pocos pueblos mixtecos. Mientras que en gran parte son correctos en cuanto al delineamiento del progreso de la migración mixteca de la localidad a la ciudad de México, al noroeste de México y a los Estados Unidos, encontramos algunas variaciones que merecen atención.

Primera, Kearney tendía a descontar la importancia del Programa de Braceros porque pocos braceros eran de los pueblos que él estudió. Sin embargo, en esta encuesta encontramos muchos pueblos que reportaron grandes números de braceros desde la segunda Guerra Mundial hasta el final del programa en los años sesenta. Como lo notamos en reportes iniciales de este proyecto (Zabin, 1992; Zabin *et al.*, 1993), la mayoría de los pueblos dejaron de migrar desde Oaxaca a los Estados Unidos al final del Programa de Braceros, en parte debido a la distancia, pero también por las barreras del idioma y porque los intermediarios, que habían facilitado la migración, habían regresado a Oaxaca. Hay ejemplos de pueblos que continuaron migrando ilegalmente en los años sesenta, aunque en pequeños números. La participación en el Programa de Braceros creó una conciencia clara de la posibilidad del trabajo agrícola en los Estados Unidos, especialmente en California, ya que éste era el estado que empleó al mayor número de braceros en los últimos años de programa. De hecho, muchos de los primeros migrantes de varios pueblos oaxaqueños en entrar en los Estados Unidos, en los años sesenta y setenta, habían sido braceros antes.

Segunda, así como lo señala Kearney, aunque el reclutamiento y la transportación de mixtecos a la agricultura del noroeste de México era (y continúa siendo) una etapa crucial en el asentamiento de una migración de larga escala hacia los Estados Unidos, existía un buen número de pueblos que no reportaron miembros en el noroeste, especialmente pueblos en donde la migración era canalizada hacia la ciudad de México o Morelos.[10] Si la migración al noroeste es el tipo de migración "por etapas" más importante, no es la única ruta. Similarmente, mientras que San Jerónimo y otros pueblos se han asentado en Baja California o en la frontera, muchos pueblos no lo han hecho así.

Finalmente, los pueblos de Oaxaca han estado entrando en la migración definitiva hacia California desde los años sesenta, con un aumento significativo hacia la mitad de los años setenta y un aumento aún mayor en los años ochenta. En 1990-1991 entrevistamos a un número de migrantes que estaban dentro de las primeras personas de sus pueblos en llegar y la llegada de nuevos pueblos no parece que vaya a menguar. Hay una profundización de la migración hacia los Estados Unidos en varios pueblos, pero también hay una ampliación, lo que sugiere un gran potencial de migración futura hacia los Estados Unidos.

Los mixtecos migran a pocos lugares dentro de una región

Visto desde la perspectiva de los pueblos, ningún pueblo enlistó más de 33 destinos en los Estados Unidos (Santiago Naranjas). Otros pueblos de expulsión de importancia incluyen Santa Catarina Naltepec, la cual enlistó 26; y San Miguel Cuevas, Santa María Tindú y San Juan Mixtepec, cada una enlistando 24. Éstos son pueblos en donde entrevistamos a varios informantes y ampliamente por lo menos a

[10] Algunos estudios de la migración a la ciudad de México incluyen los de Butterworth, 1975, y Hirabayashi, 1993.

una docena de personas en diferentes regiones de California, Oregon y Baja California. Esta lista de destinos inevitablemente incluye lugares en que los oaxaqueños trabajan sólo temporalmente.[11] Los otros 200 pueblos migran a menos lugares.

Jones (1984b) concluyó que aunque los migrantes de un pueblo en particular migraban a regiones específicas en los Estados Unidos, ellos tendían a dispersarse dentro de las zonas de destino. Él citó "el estudio de Cornelius sobre La Unión, en donde se encontró que la muestra de 285 emigrantes estaba viviendo en no menos de 110 diferentes localidades en los Estados Unidos, 57 de ellas en California solamente" (52). Por otra parte, Massey, Goldring y Durand (1994) argumentan que un pueblo típicamente expande el número de sus destinos a través del tiempo, hasta que la red gana capataces u otros empleadores en lugares particulares, en donde su situación como intermediarios del mercado laboral tiende a canalizar migración futura hacia esos lugares. Éste fue también el argumento de los estudios de caso en Massey *et al.* (1987) pero los números actuales de destinos no están reportados en ningún lugar. Es difícil, por lo tanto, juzgar si los pueblos mixtecos exhiben mayor o menor número de destinos que los pueblos de expulsión mestizos; en parte porque no sabemos en dónde se encuentran dentro de los ciclos del flujo migratorio, en relación con los pueblos mestizos del occidente central de México.[12] Sospechamos que se encuentran en una fase temprana del ciclo, ya que cuentan con pocos de dichos capataces o empleadores. En ese caso, el número de destinos no parece tan grande, especialmente cuando la mayoría de los migrantes se encuentran en pocos lugares, como es típico en la migración a través de red.

[11] Por ejemplo, Rufino Domínguez cree que de los 24 destinos reportados por los miembros de San Miguel Cuevas, sólo en unos cuantos de ellos hay miembros establecidos todo el año.

[12] Ya que el modelo de migración propuesto para los pueblos mestizos no puede ser apropiado para los pueblos oaxaqueños, el proceso de comparación se hace más difícil.

Lo que es sorprendente acerca de la migración mixteca es la voluntad de los mixtecos por cubrir grandes distancias para el trabajo temporal. No solamente han migrado desde el sur de México hasta los Estados Unidos, la gente también migra comúnmente entre California y Florida por trabajos que duran tan sólo unos cuantos meses. Una ruta que incluye San Diego, Oregon, Madera y Washington –en ese orden– antes de regresar a Oaxaca es relativamente común. En este sentido, las "comunidades hijas" de muchos de los miembros de los pueblos en los Estados Unidos han funcionado más como estaciones pequeñas dentro de una ruta temporal extensa que como asentamientos permanentes, pero esta migración de largo alcance eventualmente conlleva a la aparición de más comunidades hijas distanciadas. El ámbito limitado de las comunidades hijas se debe probablemente al comienzo relativamente reciente de dicha migración y puede cambiar en el futuro, particularmente debido a los efectos estabilizadores de IRCA.

El impacto de IRCA *fue diferente para los mixtecos*

Nosotros realizamos un estudio sobre el impacto de IRCA en el pueblo de San Juan Mixtepec y sus alrededores y descubrimos que IRCA tuvo un impacto diferente sobre los mixtecos que sobre los mestizos de regiones de expulsión tradicionales. Edinger y Edinger (1989) condujeron una encuesta de una muestra escogida al azar de 232 grupos domésticos en mayo y junio de 1989, para un total de 1 133 pobladores.[13] Entre lo que se encontró está lo siguiente:

[13] Al momento en que se realizó la encuesta, el SIN no había terminado de adjudicar todas las solicitudes SAW. Los números reportados, por lo tanto, no refleja ninguna negación por fraude en la última ronda. Sin embargo, Edinger y Edinger encontraron relativamente poca evidencia de fraude en el pueblo; al contrario, ellos encontraron varios trabajadores agrícolas calificados quienes no solicitaron y notaron que las solicitudes fraudulentas vinieron en su mayor parte de los mexicanos urbanos.

- 96 por ciento de los grupos domésticos contenían a alguien que ha migrado. Los migrantes representan 39 por ciento de la población.[14]
- 65 por ciento de los grupos domésticos contienen alguien que ha migrado a los Estados Unidos, la mayoría hombres de 18 a 40 años de edad. Los migrantes a los EU representan 18 por ciento de la población.
- 79 por ciento de los grupos domésticos contienen alguien que ha migrado para trabajar en la agricultura en el noroeste de México (Sinaloa, Sonora, Baja California); la mayoría de ellos mujeres, niños y hombres más ancianos. Los migrantes mexicanos al noroeste representan 30 por ciento de la población.
- Los migrantes a la ciudad de México representan dos por ciento de la población.
- 8.6 por ciento de los habitantes del pueblo recibieron estado legal en los Estados Unidos bajo IRCA y 99 por ciento de los legalizados calificaron bajo el programa de Trabajadores Agrícolas Especiales (SAW).
- 47.3 por ciento de los migrantes a los EU recibieron estado legal.
- 29 por ciento de todos los grupos domésticos contienen alguien que ha sido legalizado bajo IRCA; la proporción era de 45 por ciento para los grupos domésticos que tenían a alguien migrando a los Estados Unidos.

Al examinar las composiciones de los grupos domésticos, Edinger y Edinger concluyeron que aproximadamente 25 por ciento de los habitantes de San Juan Mixtepec podrían convertirse eventualmente en residentes permanentes de los Estados Unidos a través de IRCA y las provisiones de reunificación familiar subsiguientes.

[14] Cada uno de los enunciados enlistados son ciertos por sí mismos. Sin embargo, debido a que algunas personas migran a más de un lugar y a que cualquier grupo doméstico puede contener migrantes con diferentes destinos, los enunciados no son categorías mutuamente excluyentes y no suman cien por ciento.

A pesar de que San Juan Mixtepec está completamente dominada por la migración, el impacto de IRCA en el pueblo es diferente que en los pueblos mexicanos del occidente central, como aquellos analizados por Cornelius (1990). Esto es debido a: *1)* el gran número de pobladores que no migran a los Estados Unidos y que en su lugar, migran a otras regiones de México, sobre todo al noroeste y, por lo tanto, no pueden calificar para la legalización en los EU;[15] *2)* la falta de estado legal entre los pobladores antes de IRCA; *3)* la naturaleza temporal y circular de mucha de la migración debido a la abrumadora concentración de migrantes en la agricultura; y *4)* la inhabilidad de varios migrantes, quienes calificaron para amnistía, para dar seguimiento a sus solicitudes.[16]

Como resultado, la evidencia que tenemos indica que cerca de la mitad de los migrantes de Oaxaca a los EU fueron legalizados por IRCA (Zabin, 1992; Edinger y Edinger, 1989).[17] Sin embargo, por los factores anotados arriba, ésta es una proporción relativamente pequeña de la población del pueblo. Al contrario de las comunidades mexicanas mestizas del occidente central, en donde IRCA sirvió para legalizar la acumulación de familias establecidas en los EU además de los migrantes circulares y en donde un número importante de

[15] No contamos con números que se pueden comparar exactamente. Cornelius (1990) reporta que los migrantes a los EU representan aproximadamente la mitad de la población mayor de 15 años de edad en los tres pueblos que él estudió (Gómez Farías, 56.7 por ciento; Las Ánimas, 47.4 por ciento; Tlacuiltapa, 47.7 por ciento). En contraste, Edinger y Edinger reportan que los migrantes a los EU componían 18 por ciento de todos los residentes de San Juan Mixtepec, uno de los pueblos oaxaqueños que migra más fuertemente; ya que algunos de los menores de 15 años de edad eran migrantes a los EU, es difícil estimar la proporción con aquellos mayores de 15 años de edad, pero probablemente no es más de un tercio.

[16] Al contrario del fraude extenso perpetrado por las personas urbanas y educadas de México en el programa SAW, los Edinger encontraron que muchos de los mixtecos quienes calificaron para el estado SAW no presentaron sus solicitudes por una variedad de razones culturales, financieras y logísticas.

[17] Nuestro reporte anterior (Zabin *et al.*, 1993) notó que 36 por ciento de los trabajadores agrícolas mixtecos entrevistados para ese estudio estaban sin documentar. Sin embargo esa encuesta fue conducida en un número pequeño de lugares en los EU y con una muestra relativamente pequeña de aquellos que podían hablar español, por lo que pudo estar predispuesta hacia aquellos más capacitados para legalizarse.

migrantes habían obtenido ya estado legal antes de IRCA, entre los mixtecos principalmente legalizó a los hombres migrantes circulares en una población con pocos miembros legalizados previamente. Esto causó entonces un cambio repentino en la evolución de la migración de Oaxaca, ya que confirió estado legal a un grupo de trabajadores agrícolas esencialmente temporales, que venían a través de redes de pueblos que no habían establecido todavía patrones de empleo estables y continuos a lo largo del año en los Estados Unidos. El estado legal, pues, facilitó la migración de ida y vuelta, pero no cambió el patrón de empleo, el cual es más una función del tiempo de presencia de la red en los Estados Unidos que del estado legal.

A pesar de que IRCA no ha afectado el proceso de la migración indocumentada, la cual ha continuado sin menguar, la legalización ha llevado a una reunificación familiar significante (Zabin, 1992). Debido a que la mayor proporción de mixtecos son migrantes recientes, ahora constituyen la mayor proporción de la población indocumentada que antes del IRCA. El traer a las familias de México también ha creado muchas situaciones en donde algunos miembros de la familia son legales y otros no lo son. Ya que IRCA hizo inaccesible para los indocumentados algunos de los mejores y más permanentes trabajos, constituye una más de las barreras que existen para salirse de la agricultura para una población que de por sí enfrenta problemas por el idioma y la educación, así como discriminación.

La aparente incongruencia entre los patrones de empleo y los de asentamiento que ahora observamos entre la población mixteca es importante y es lo que trataremos a continuación.

El asentamiento en los EU puede ocurrir sin el trabajo a lo largo del año

Aunque uno puede discutir acerca de cómo se debe definir el asentamiento, la mayoría de los investigadores han concluido que el asentamiento ocurre cuando el empleo estable motiva la reunificación de la familia nuclear o al matrimonio (e.g. Alarcón, 1994). Sin embargo, los mixtecos han demostrado que no necesitan tener trabajos permanentes para asentarse; el estado legal por sí mismo parece haber motivado mucho al asentamiento. Hay poca evidencia de que los mixtecos legalizados por el SAW estén dejando el trabajo agrícola, aunque encontramos más evidencia de mixtecos viviendo en áreas urbanas y trabajando en fábricas y servicios de lo que esperábamos inicialmente. Hay, pues, creciente evidencia de reunificación familiar y asentamiento. Las mujeres componían 17 por ciento (o 22 por ciento de los adultos) y los niños 22 por ciento de la muestra encuestada, a pesar de que al enfocarnos en las áreas agrícolas, nuestra encuesta estaba predispuesta en contra de las familias.

Debido a que las redes oaxaqueñas no están tan desarrolladas como las redes de los pueblos mestizos y no controlan el acceso a los trabajos en muchos lugares, los pobladores oaxaqueños son una población más pobre que los grupos mestizos. Como fue discutido ampliamente por Zabin *et al.*, (1993), en comparación con el trabajador agrícola promedio, los mixtecos trabajan en más trabajos a corto plazo y de baja paga, hacen más pagos a los intermediarios del mercado laboral y son más frecuentemente víctimas del no pago de salarios y de otras violaciones de la ley. El traer familias a los Estados Unidos al mismo tiempo que insertarse en este tipo de mercado laboral es garantizar virtualmente la transferencia de la pobreza rural de México a los Estados Unidos. Estas familias ciertamente utilizarán los pagos de transferencia del gobierno disponibles para ellos, ya que se encontrarán entre los grupos más pobres en los Estados Unidos. Este proceso apunta hacia la extrema pobreza y la falta de alternativas en Oaxaca.

Bibliografía

Alarcón, Rafael, 1994, *Chamitlán in Madera: the Settlement Process*, Davis, California Institute for Rural Studies.

Alvarado, Andrew, Herbert O. Mason y Gary Riley, 1992, *The Labor Market in Central California Raisin Industry: Five Years after* IRCA, Labor Market Division, Employment Development Department, Series, California Agricultural Studies, 92-4.

Bade, Bonnie, 1990, *Migrant Farm Worker Needs Assessment*. A Report for the University of California Agricultural Extension Program, Riverside, Department of Anthropology, University of California.

——, 1993, Problems Surrounding Health Care Service Utilization for Mixtec Migrant Farmworker Families in Madera, California, Davis, California Institute for Rural Studies.

Barbosa-Ramírez, A. René, 1976, *Empleo, desempleo y subempleo en el sector agropecuario (dos estudios de caso)*, México, D. F., Secretaría de Agricultura y Ganadería/ Centro de Investigaciones Agrarias.

Besserer, Federico, 1999, *Moisés Cruz: Historia de un transmigrante*. México, Universidad Autónoma Metropolitana, Iztapalapa y Universidad Autónoma de Sinaloa.

Burns, Allan, 1993, *Maya in Exile: Guatemalans in Florida*, Filadelfia, Temple University Press.

Butterworth, Douglas, 1975, "Rural-Urban Migration and Microdemography: A Case Study from Mexico", *Urban Anthropology* 4, 265-283.

Chávez, 1992, *Shadowed Lives: Undocumented Immigrants in American Society*, Forth Worth, Texas, Harcourt Brace College Publishers.

Cornelius, Wayne A, 1992, "From Sojourners to Settlers: The Changing Profile of Mexican Immigration to the United States", en *U.S.-Mexico Relations: Labor Market Interdependence*, Jorge Bustamante, Clark W. Reynolds y Raúl A. Hinojosa (eds.), Stanford: Stanford University Press.

——y Philip L. Martin, 1993, The Uncertain Connection, Free Trade and Mexico-U.S. Migration, Monograph Series núm. 5, La Jolla, Center for U.S.-Mexican Studies, University of California, San Diego.

Dagodag, William Tim, 1975, *Public Policy and the Housing Patterns of Urban Mexico-Americans in Selected Cities of the Central Valley*, Dissertation, Ann Arbor, Michigan, University Microfilms.

Edinger, Steven T., y Evan Edinger, 1989, *"Immigration Reform" comes to a Small Mexican Town: the New Immigration Law and the Case of San Juan Mixtecpec, Oaxaca*, Davis, California Institute for Rural Studies.

Eisenstadt, Todd A., y Cathryn Thorup, 1994, *Caring Capacity versus Carrying Capacity: Community Responses to Mexican Immigration in San Diego's North County*. Monograph Series núm. 39, La Jolla, Center for U.S.-Mexican Studies, University of California, San Diego.

García Sordo, Mario, 1984, "Cada año, 70% de la población de La Mixteca oaxaqueña emigra", *Unomásuno*, 21 de febrero.

Hirabayashi, Lane R., 1993, *Cultural Capital: Mountain Zapotec Migrant Associations in Mexico City*, Tucson, University of Arizona Press.

Jones, Richard C., 1984a, "Introduction", en *Patterns of Undocumented Migration: Mexico and the United States*, Richard C. Jones (ed.), Totowa, Nueva Jersey, Rowman and Allanheld.

——, 1984b, "Macro-Patterns of Undocumented Migration between Mexico and the U.S.", en *Patterns of Undocumented Migration: Mexico and the United States*, Richard C. Jones (ed.), Totowa, Nueva Jersey, Rowman and Allanheld.

Kearney, Michael, 1986, "Integration of the Mixteca and the Western U.S.-Mexican Border Region via Migratory Wage Labor", en *Regional Impacts of U.S.-Mexican Relations*, Ina Rosenthal Urey (ed.), Monograph Series núm. 16, La Jolla, Center for U.S.-Mexican Studies, University of California, San Diego.

—— y Carole Nagengast, 1989, *Anthropological Perspectives on Transnational Communities in Rural California*, Working Group on Farm Labor and Rural Poverty Working Paper núm. 3, Davis, California Institute for Rural Studies.

Loyd, Jack, Philip L. Martin y John Mamer, 1988, *The Ventura Citrus Labor Market*, Giannini Foundation Information Series, núm. 88-1, Berkeley, University of California.

Massey, Douglas, Rafael Alarcón, Jorge Durand y Humberto González, 1987, *Return to Aztlán. The Social Process of International Migration from Western Mexico*, Berkeley, University of California Press.

——, Luin Goldring y Jorge Durand, 1994, "Continuities in Transnational Migration: An Analysis of Nineteen Mexican Communities, *The American Journal of Sociology*, 99 (6): 1492.

Mines, Richard, y Ricardo Anzaldúa, 1982, *New Migrants vs. Old Migrants: Alternative Labor Market Structure in the California Citrus Industry.* Monograph Series núm. 9, La Jolla, Center for U.S.-Mexican Studies, University of California, San Diego.

Palerm, Juan Vicente, 1991, *Farm Labor Needs and Farm Workers in California, 1978 to 1989*, California Agricultural Studies 91-2, Sacramento, State of California Employment Development Department, Labor Market Information Division.

Roberts, Kenneth D., 1982, "Agrarian Structure and Labor Mobility in Rural Mexico", *Population and Development Review*, 8: 2 (junio).

Runsten, David, y Philip Le Veen, 1981, *Mechanization and Mexican Labor in California Agriculture*, Monograph Series núm. 6, La Jolla, Program for U.S.-Mexican Studies, University of California, San Diego.

——, Roberta Cook, Anna García y Don Villarejo, 1992, Fresh Market Tomatoes in California and Baja California: Regional Labor Markets and IRCA. Report for he U.S. Commission on Agricultural Workers, Davis, California Institute for Rural Studies.

Stuart, James, y Michael Kearney, 1981, *Causes and Effects of Agricultural Labor Migration from the Mixteca of Oaxaca to California*. Working Paper núm. 28, La Jolla, Program in United States-Mexican Studies, University of California, San Diego.

Zabin, Carol, 1992, *Migración oaxaqueña a los campos agrícolas de California: Un diálogo*, current Series Brief núm. 2, La Jolla, Center for U.S.-Mexican Studies, University of California, San Diego.

—— y Grace Oseki, 1990, "Oregon Farm Labor Picture, Summer 1990", Rural California Report 2 (4), 4-5.

——, Michael Kearney, Anna García, David Runsten y Carole Nagengast, 1993, Mixtec Migrants in California Agriculture: A New Cycle of Poverty, Davis, California Institute for Rural Studies.

Migración y organización de los indígenas oaxaqueños

Rufino Domínguez Santos

A *Ñuu- Yucu*, mi pueblo;
donde desarrollé mi primera
lucha práctica, hace 15 años.

La raíz de la migración de nosotros los mixtecos es palpable, tomando en cuenta los siguientes puntos: *1)* La miseria y marginalización extrema, impuesta hace 502 años, por los invasores europeos; *2)* la tierra erosionada e improductiva, debido al saqueo de las maderas por las grandes compañías de aserraderos y al mal cuidado de los bosques por autoridades del distrito, miembros del Partido Revolucionario Institucional (PRI); *3)* los productos que se siembran en la región solamente son: maíz, frijol, calabaza, chile, productos de lo más básico y común en toda la región; *4)* falta de precios de garantía a los productos arriba mencionados y a los ganados, los cuales no tienen un precio en el mercado que garantice la supervivencia; *5)* la ausencia total de empleos y un salario real pagado de acuerdo con el costo de la vida en cada época. Tenemos que tomar muy en serio estos cinco puntos, para entender este fenómeno de migración que se da en los ámbitos nacional e internacional, tanto entre los pueblos indígenas como los no indígenas.

Estos cinco puntos se aplican de manera especial a nuestro *Ñuu-Savi*, que en nuestra lengua quiere decir "pueblo de la lluvia". La palabra "Mixteca" fue asignada por los antiguos aztecas y significa "país de las nubes". No tenemos una fecha exacta de cuándo empezó la migración, pero sabemos que ha venido sucediendo desde años y años atrás, seguramente desde la invasión de nuestra cultura por los españoles. Por ello me veo obligado a nombrar a los *ñuu-savi* como migrantes históricos. En un principio, se daba la migración interna hacia la costa del estado, Pinotepa Nacional, porque es un área rica en comparación con la Mixteca. Ahí hay trabajo de agricultura en la cosecha de mangos, cocos, algodón, café, plátano, etcétera. Otros se empleaban como arrieros o pastores; las mujeres vendían ropas bordadas a mano; pero el movimiento en busca de empleo se daba como un círculo migratorio de años y meses. Esto era lo que contaban mi abuelita paterna y mi papá Primo Domínguez Tapia.

Mientras unos seguían yendo a Pinotepa Nacional, otros empezaron a ir al estado de Chiapas a la pizca de algodón y café entre otros productos, caminando por varias semanas, buscando siempre trabajo para sobrevivir. En aquellos tiempos, en la Mixteca, habían casas hechas de zacates, ramas y palos; era rico el que construía casa de adobe. Como por el año de 1917, llegaron los primeros mixtecos al estado de Veracruz, al famoso corte de cañas de azúcar y otros trabajos del campo. Familias enteras iban a trabajar, e inclusive los niños de cinco años en adelante ya trabajaban duro. Entre 1925 y 1940 empezaron a llegar a la capital del país: el Distrito Federal o conocido en nuestra lengua como *Ñuu-Coyoó*, que quiere decir "encima del pantano". Con la diferencia de que aquí los migrantes se empleaban en obras de construcción, jardinería o en casas privadas. La cantidad de mixtecos en el Distrito Federal se incrementó más que en Veracruz, en números significativos. Muchos se establecieron con el pasar de los años y actualmente hay mixtecos que viven de manera permanente en Veracruz y en *Ñuu-Coyoó*. Muchos de ellos ya no se consideran indígenas, se les ha olvidado el mixteco y casi todo lo de nuestra linda cultura; ni siquiera se consideran oaxaqueños. Esto es por miedo a sufrir discriminación y racismo por parte de los mestizos, muchos de los cuales no ocultan su rechazo hacia nosotros los indígenas diciendo palabras como "ignorantes", "indios patas rajadas", "oaxaquitas", o "oaxacos", por mencionar sólo algunas de las muchas palabras peyorativas que hay.

Después de la década de los cuarenta llegaron los primeros indígenas al estado de Sinaloa, al valle rico de Culiacán, para la siembra y cosecha del jitomate. Trabajaban para los grandes agricultores y por esos años eran faenas bastante forzadas, más de lo que el cuerpo aguantaba, como condición para poder subsistir. No había viviendas, luz, agua potable y la jornada de trabajo era de más de diez horas diarias, los siete días de la semana, sin derecho a organizarse o a la sindicalización. Aquí es donde se dan las primeras luchas de los indígenas mixtecos, en las décadas de los sesenta y setenta, las cuales sufrieron fuertes represiones por parte de los patrones. Las huelgas y manifestaciones se hicieron debido a los descontentos por las malas condiciones de todos los trabajadores agrícolas. Éstos empezaron a demandar lo siguiente: el derecho a la sindicalización, jornada de ocho horas, aumento salarial, construcción de viviendas dignas con luz y agua potable, aguinaldo, respeto a las mujeres, alto a la carrilla, etcétera. Los líderes principales eran mixtecos en su mayoría, organizados bajo la bandera de la Central Independiente de Obreros Agrícolas y Campesinos (CIOAC). Algunas de las demandas fueron parcialmente cumplidas a causa de las grandes movilizaciones de los trabajadores. Tambien en esos años empezaron a llegar a Sonora, y finalmente a las dos Californias, norte y sur, migrantes en una situación similar a la de Sinaloa. Por esta misma razón, en estos lugares se desarrollaron iguales luchas y peticiones las cuales siguen siendo las mismas hasta estos momentos. En el siguiente apartado hablaremos sobre las organizaciones indígenas oaxaqueñas.

Se fundan las primeras organizaciones

En 1981 se funda el Comité Cívico Popular (CCP) en la ciudad de México por los trabajadores del Metro, todos ellos de la comunidad de San Miguel Tlacotepec, ante problemas de la comunidad como: corrupción en la presidencia municipal, gobernada en ese entonces por priístas, y mal manejo de la educación por parte de los directores de las escuelas primaria y secundaria. Todos ellos fueron destituidos de sus cargos por la gran presión que realizó el CCP. En ese entonces tenía una visión localista y no se identificaba como indígena, tampoco hubo esfuerzo por organizar a los demás pueblos. No fue sino hasta 1987 que se denominó Comité Cívico Popular Mixteco (CCPM), ya estando en los Estados Unidos y ante el surgimiento de diferentes organizaciones indígenas en México y el continente americano. Comenzó a organizar a otros pueblos, ampliando su objetivo regional y rescatando algunos líderes viejos luchadores de Huajuapan y Juxtlahuaca, quienes fueron mis mejores maestros en la formación de mi conciencia. Ahora el comité es una importante fuerza en la Mixteca y en el condado de San Diego, California. Yo hubiera pertenecido a esa organización, si es que hubiese tenido un objetivo regional desde sus inicios.

El 11 de abril de 1984, en el rico valle de Culiacán, Sinaloa, se constituyó la Organización del Pueblo Explotado y Oprimido (OPEO), formada por los trabajadores agrícolas migrantes mixtecos de la comunidad de *Ñuu-Yucu* (San Miguel Cuevas). El objetivo era seguir con la lucha que se empezó en 1980, ante los abusos de la autoridad municipal en contra de la mayoría del pueblo como, por ejemplo, el cobrarles fuertes cantidades de dinero por migrar fuera del pueblo.

Se vivieron momentos muy represivos, quemaron y tumbaron tres casas, encarcelaron a decenas de comuneros, violaron a varias mujeres y asesinaron a cuatro de nuestros compañeros. El primer asesinado fue Esteban Vega Ventura, el 6 de junio de 1982, luego Samuel Acevedo Laguna e hijo en 1983 y Miguel Ventura Santos en 1986. Todos estos crímenes han quedado olvidados y sin castigo a los autores intelectuales y materiales, manipulados, defendidos y dirigidos por los priístas de Juxtlahuaca. Había varias amenazas de muerte en contra de los principales opositores, pero con la organización del pueblo logramos, en dos años, destituir a los responsables del hecho. Con esta experiencia continuamos organizándonos en nuestro camino de la migración, apoyando a la CIOAC en Sinaloa y Baja California, hasta 1984. El OPEO es reconocido en el Valle de San Joaquín en California y Oregon. Tiene varias representaciones de varios pueblos en la Mixteca que viven de manera permanente en California.

La Asociación Cívica Benito Juárez (ACBJ) se organizó en 1985 en la ciudad de Fresno, California. La formaron trabajadores agrícolas de la comunidad de San Juan Mixtepec y algunos de Tepejillo, en especial por un notable compañero llamado Bernardo Cruz, quien desempeñó un brillante papel pero que ya ha partido para descansar en paz, en un accidente automovilístico en el estado de Oregon. ¡Gracias compañero! porque dejaste huellas con tus acciones para nuestra lucha. El objetivo de la ACBJ era defender a los trabajadores de la explotación por parte de rancheros y contratistas del Valle de San Joaquín. También ha promovido la venida de dos gobernadores de Oaxaca, Heladio Ramírez López en 1988 y Diódoro Carrasco Altamirano en 1993. Estas visitas no han beneficiado a nuestros pueblos en ambos lados de la frontera; los gobernadores no han hecho más que gastar mucho dinero en sus viajes, lujosos hoteles y comida. Los que vivimos aquí ni siquiera disfrutamos de ello.

Éstas son las principales organizaciones que tienen más tiempo de haberse formado y que han tenido un papel serio ante los problemas, a pesar de los errores que se han cometido. Con la migración han llegado a los Estados Unidos no solamente la costumbre, tradición, cultura y los condimentos de la comida popular oaxaqueña, sino que también han llegado organizaciones formadas en México para enfrentar los problemas de manera binacional. En la región mixteca tenemos estos problemas:

1. Uno de los problemas más graves son los conflictos de tierra entre pueblos. Durante décadas y hasta más de cien años, la mayoría han estado enfrentándose con violencia armada, costando la vida a decenas de personas inútilmente. Además, se han perdido millones de pesos de las cooperaciones de los habitantes para los gastos económicos de la comunidad por los litigios, aunque muchos de nosotros quienes vivimos fuera de nuestros pueblos, seguimos pagando nuestras cuotas en beneficio de los mismos pueblos. Durante estos conflictos los que se han beneficiados son el gobierno y su burocracia: los ingenieros, licenciados, ministerios públicos, funcionarios de la Secretaría de la Reforma Agraria, etcétera. Nunca han actuado para resolver los problemas, engañando a las dos partes en conflicto dándoles la razón.
2. La falta de servicios básicos en varias comunidades, clínicas de salud, carreteras, puentes, agua potable, luz eléctrica, correos, telégrafos, teléfonos, etcétera; ahí en donde existen, no funcionan bien.
3. La ausencia de los niños en las escuelas debida a que a temprana edad migran con sus padres, en busca de una supervivencia, y no llegan a tener una educación mínima.
4. El saqueo indiscriminado de las maderas, en donde todavía hay, por parte de las compañías aserraderas que engañan a los pueblos con promesas para la explotación de los bosques.

5. No existe preocupación alguna por reforestar las montañas de la Mixteca que han quedado desérticas.
6. Falta de apoyo técnico en el campo para sembrar productos no regionales y la ausencia total de créditos para esto.

En Sinaloa, Sonora y las dos Californias, Norte y Sur, los trabajadores agrícolas tenemos problemas de falta de viviendas dignas, electrificación, agua potable, educación de los niños, racismo, discriminación, atención médica ineficiente y el no registro de un sindicato (como la CIOAC para defender mejor a los trabajadores ante los patrones de la carrilla), respeto a las mujeres, mejores prestaciones, contratos colectivos. Estos últimos son indispensables para la defensa del salario y el respeto a los trabajadores.

Aunque desde los tiempos de la contratación vinieron mixtecos por primera vez a Estados Unidos, no fue sino hasta la década de los ochenta cuando se incrementó la migración en masa de familias. Ahora somos cientos de miles, no solamente mixtecos, sino también zapotecos, triquis y de todos los 16 pueblos indígenas de que se compone Oaxaca. A pesar de que Estados Unidos es el país más rico en el mundo, no quiere decir que no haya problemas e, inclusive, son similares a los que hay en México, como por ejemplo:

1. Falta de viviendas. En el condado de San Diego, por ejemplo, por mucho tiempo los migrantes han estado viviendo debajo de la tierra, escarbando como topos o en casas de cartón y plástico construidas por ellos mismos. En el norte de California, Oregon y Washington hay temporadas de cosecha en las que se vive debajo de los árboles, parques y carros, porque la renta es muy alta y el salario no alcanza.
2. El abuso en los campos agrícolas por parte de los rancheros o sus contratistas, quienes no cumplen con la ley laboral del estado en cuanto al salario mínimo, seguridad y salud; tampoco permiten la

sindicalización de los trabajadores, sino que utilizan a los contratistas, que son más explotadores y cometen más atrocidades, impidiendo a la Unión el tener contratos de trabajo con cualquier compañía o patrón.

3. El problema de idioma es muy grande ya que la mayoría de nosotros hablamos sólo un poco o nada de español, siendo, entonces, víctimas más fáciles ante el inglés; sobre todo ante las leyes de este país, las cuales son totalmente diferentes de las de México y no las conocemos. Hay unos ejemplos claros de esto, como el de Santiago Ventura Morales, quien fue arrestado el 13 de julio de 1986 por la policía del estado de Oregon, acusándolo de un asesinato que nunca cometió. Él fue condenado a cadena perpetua, sin haber tomado en cuenta su idioma indígena; además los que atestiguaron lo hicieron de manera forzada por los policías. La sorpresa fue para el estado, cuando se formó el Comité para la Liberación de Santiago Ventura Morales, encabezado por Donna Slepack, en coordinación con diferentes organizaciones nacionales e internacionales. Durante cuatro años y medio se luchó para demostrar no solamente su inocencia, sino para evidenciar el sistema jurídico de ese estado. El 9 de enero de 1991 fue liberado después de grandes presiones populares en donde participó activamente el OPEO junto con otras organizaciones indígenas. El otro caso es de Adolfo Álvarez, un indígena triqui de *Yuta-Sanií*, a quien lo detuvo la policía y fue interrogado en inglés, después en español, llegando a la conclusión de que él estaba loco por hablar otra lengua. Lo llevaron a un manicomio en 1990 pero fue puesto en libertad en junio de 1992, después de la intervención del compañero Santiago Ventura, bajo la organización del OPEO, demostrándose una vez más la incomprensión del estado. Éstos son unos de los ejemplos más conmovedores sobre la problemática del idioma entre nosotros, los indígenas migrantes, aún en la época de los "500 Años de Resistencia y Genocidio de los Indígenas Americanos".

4. Otro problema es que el Servicio de Inmigración y Naturalización ("la migra") utiliza fuerzas excesivas en los arrestos que realiza diariamente, como el sucedido en 1987 en la ciudad de Madera, California, cuando Ismael Ramírez, un joven mixteco de escasos 17 años, fue perseguido, arrestado y brutalmente golpeado y quien murió en el hospital de Fresno debido a los golpes que recibió. El crimen quedó impune y el responsable, en lugar de ser destituido de su cargo, fue ascendido de posición y transferido a otro estado. Éste no es caso único sino que es parte de la vida diaria de los migrantes. El 5 de noviembre de 1992, en la ciudad de Farmersville, California, la migra entró a arrestar a varias personas en sus propias casas, siendo deportadas más de 30 mujeres y hombres, con la complicidad de la policía local, lo cual está prohibido por la ley. Al día siguiente se realizó una manifestación de más de mil personas repudiando estas prácticas, sucedió de nuevo el choque con la policía y fueron varios a la cárcel, entre ellos varios mixtecos, como Teresa Arzola Ramos. A partir de entonces se formó el Comité de Paz y Justicia de Farmersville (CPJF), integrado por mixtecos y mestizos para denunciar este gran abuso. Éstos son ejemplos bien claros de las violaciones de derechos humanos que sufren los migrantes en losEstados Unidos.

Las organizaciones mixtecas realizaron dos encuentros en la ciudad de Fresno, uno en el mes de mayo y el más reciente el 6 de agosto de 1988. Este último fue el más importante por los compromisos que se acordaron, pero que nunca fueron cumplidos por el CCPM, ACBJ y OPEO, para formar una coordinadora general y trabajar juntos en la construcción de una sola organización en el camino de la unidad. Los acuerdos fueron un total fracaso ya que los principales líderes no actuaron ni siquiera en la comunicación con otros y cada quien empezó a trabajar por su lado. Pero todavía se puede insistir en una *unidad real*; tenemos que entender verdaderamente que estamos luchando en contra de las injusticias y que la unidad no se puede realizar con intereses particulares. Tenemos los mismos objetivos de lucha e, incluso, hemos sido compañeros de muchos años.

Por otro lado, los hermanos zapotecos, de los cuales miles se encuentran en las zonas urbanas de Los Ángeles, en 1988 fundaron la Organización Regional de Oaxaca (ORO) y el Comité Tlacolulense en Los Ángeles (Cotla). Las organizaciones se hicieron con la finalidad de difundir la cultura oaxaqueña en sus diferentes aspectos, uno de los eventos más famosos es el de *la Guelaguetza*, bailable ancestral de nuestros pueblos de hace miles de años y que actualmente se sigue realizando por parte del gobierno estatal en Oaxaca. Es una herencia rica de nuestros antepasados que se realiza en el cerro del fortín en la ciudad de Oaxaca, en donde cada año la gente se reúne para dar gracias a la Diosa del Maíz, para que llueva en abundancia y para compartir los productos de cada región del estado. Desde 1988 se realiza consecutivamente *la Guelaguetza* en la ciudad de Los Ángeles, cada vez con más asistencia del público. En este último evento de 1994 hubo una asistencia superior a diez mil personas, lo que significa que será unas de las festividades más importantes en un plazo muy cercano, por la magnitud del evento. Pero no queremos que *la Guelaguetza* se convierta solamente en un pasatiempo sino que realmente rescatemos nuestra historia con dignidad. Lo importante es que el evento mantenga su autonomía ante el gobierno y los partidos políticos de ambos países.

Se forma el Frente Mixteco-Zapoteco Binacional (FM-ZB)

El día 5 de octubre de 1991 fueron convocadas las siguientes organizaciones: ACBJ, CCPM, OPEO, ORO y Cotla en la ciudad de Los Ángeles, California, en preparación para contrarrestar la celebración del mal llamado "500 años del descubrimiento de América" y ante el surgimiento de muchos organismos indígenas en México y en nuestro continente americano. Las cinco organizaciones acordaron formar el Frente Mixteco-Zapoteco Binacional (FM-ZB) como un órgano de coordinación de las actividades lanzadas como "Campaña de 500 Años de Resistencia, Genocidio y Etnocidio". Entre otras tareas planteadas, los objetivos fueron llevar los mensajes a las radiodifusoras y hacer foros públicos. Sin embargo, el Frente sufrió una crisis interna por su mal liderazgo por el coordinador general de aquel entonces pero se fortaleció después. Se cumplieron los propósitos en varias ciudades. El FM-ZB estuvo presente con buenos contingentes el 12 de octubre de 1992, manifestándose en contra de tal "celebración", en San Francisco, Livingston, Los Ángeles y San Diego. Después de esto empezaron a solicitar sus ingresos al Frente otras organizaciones como: el Comité Social Unificador Mixteco (CSUM), Movimiento de Unificación de Jornaleros Independientes (MUJI), Club Tequixtepec (CT) y Comité de Unidad y Justicia de Farmersville, todas ellas fundadas en 1990-1992.

Así se empezaron a plantear innumerables peticiones ante el gobierno de Oaxaca para exigirle teléfonos en las comunidades rurales, caminos, correos, escuelas, electrificación, agua potable, clínicas de salud, entre otras cosas. Hoy en día (1994) se empiezan a ver resultados positivos ante estos planteamientos aunque no en su totalidad. Las peticiones se han venido planteando desde la visita a California de Heladio Ramírez López, gobernador del estado de Oaxaca, los días 15 a 16 de abril de 1989. En Watsonville recibió una fuerte protesta encabezada por el CCPM y en Madera donde el OPEO fue la única organización que protestó abiertamente. El 3 y 4 de octubre de 1993 vino a los Estados Unidos el gobernador de Diódoro Carrasco Altamirano, encontrando que la mayoría de las organizaciones estaban coordinadas con el FM-ZB, el cual había adquirido una gran capacidad de organización en todos los lugares en donde el gobernador estuvo. Éste se comprometió a atender las peticiones del Frente en público y delante de algunas "organizaciones" aisladas, manipuladas por los consulados y por el PRI. Sin duda alguna, el FM-ZB ha funcionado, consiguiendo victorias en diferentes asuntos y que los gobiernos lo reconozcan y lo respeten.

El FM-ZB es un instrumento de presión política con documentos básicos, elaborados a la manera de la lucha de los propios integrantes pero dentro de las leyes de ambos países. Por ello, se han creado dos organismos con registro legales, uno en México llamado Centro Binacional para el Desarrollo Indígena Oaxaqueño, A. C. (CBDIO-AC) y el otro en Estados Unidos bajo el mismo nombre, con la diferencia de que es una organización no lucrativa. Los estatutos se han adaptado a la manera de las leyes de los dos países para recibir fondos para diferentes proyectos que se están planteando en ambos lados de la frontera. Estos organismos son los brazos legales del Frente en su lucha reivindicativa en favor de todos los trabajadores.

En cuanto a los logros que hemos tenido en los Estados Unidos, el 22 de diciembre de 1992 se consiguió la liberación de Roberto Antonio, Mario Antonio, Epifanía González, Néstor Miguel, Brígida Antonio y Reyna Antonio José, quienes fueron encarcelados durante tres meses en Brownsville, Texas. Todos ellos son mixtecos y fueron liberados con la ayuda de la Asistencia Legal Rural de California (CRLA) y el FM-ZB. El 9 de enero de 1993 se firmó un convenio entre el Frente y CRLA, con el objetivo de orientar a todos los trabajadores indígenas migrantes sobre sus derechos laborales, con el nombre de "Proyecto de los Pueblos Indígenas". Este proyecto empezó a operarse el 11 de octubre del mismo año, bajo mi responsabilidad, y a un año de trabajo no puedo decir que ha habido grandes éxitos, sin embargo sí se ha logrado asistir a varios talleres de orientación laboral en diferentes lugares de California, sobre cómo solucionar distintos problemas en los lugares de trabajo. El proyecto es cada vez más conocido, no solamente en el estado, sino también en el ámbito nacional. Ha sido criticado dentro de CRLA y fuera de ella, sin fundamentos, pero seguirá adelante porque la presencia indígena es numerosa y hay necesidad de seguir trabajando.

El 4 y 5 de septiembre de 1993, el FM-ZB y la Unión de Campesinos de América de César Chávez (UFW) se reunieron para analizar la situación de los trabajadores agrícolas y conocer más de cerca las actividades de ambos. Finalmente firmaron un acuerdo de 12 puntos de cooperación y reconocimiento; sin embargo, a un año del mencionado convenio, las cosas no se miran muy bien pero cuando menos hay respeto entre las dos organizaciones. Nosotros, como Frente en el valle de San Joaquín, hemos asistido a los eventos que la UFW organiza en todo momento pero ellos nunca han asistido a los nuestros. El cumplimiento conviene a los dos, porque solamente así ganaremos una lucha en bien de todos los trabajadores.

En Oaxaca es en donde más se ha avanzado en lo referente a la organización y en los problemas concretos, por medio de la firma de dos convenios. Uno es con el gobierno estatal de "peso sobre peso" y el otro con la Sociedad de Producción Rural Tesoro de la Montaña, de carácter económico, para crear pequeñas empresas productivas en el estado y vender productos oaxaqueños. Éste es sin duda un paso positivo para los pueblos indígenas de Oaxaca, aunque no es la alternativa para el fin de la miseria y la migración. De igual forma, la ilusión con el Tratado de Libre Comercio (TLC), que se firmó el año pasado, no nos ayudará en nada, si no se toma en cuenta el crear empleos con un salario real, de acuerdo con el costo de la vida.

El FM-ZB ha hecho también dos grandes acciones en México, una en Oaxaca y la otra en Baja California. La primera es la movilización del día 22 de junio del presente año, en donde participaron mujeres, niños y hombres, que realizó la comunidad de San Mateo Tunuchi para liberar a su agente municipal Celso Cruz Ramos, en compañía de otros que se encontraban en la misma cárcel por un conflicto de terrenos del pueblo. La movilización nos enseña que solamente organizados podemos alcanzar grandes victorias. La otra acción es reciente y grave, porque la marcha que se inició en San Quintín con destino a Mexicali, para exigir al gobierno panista de Ernesto Ruffo Appel el cumplimiento de lo que prometió meses antes, terminó en actos represivos. Los hermanos indígenas, migrantes agrícolas, llegando a Tijuana, tomaron pacíficamente el centro del gobierno y fueron reprimidos violentamente por las fuerzas del estado, el 10 de agosto de 1994, con un saldo de 32 encarcelados y 20 heridos. El incidente fue reprobado por la opinión pública nacional e internacional y el gobierno se vio obligado a sentarse en la mesa de la negociación. Éstas han sido algunas de las experiencias más importantes que ha tenido el Frente desde los inicios de su lucha y a pesar de las intimidaciones que recibimos para no seguir con nuestra causa; pero se equivocan en ello porque avanzaremos siempre adelante, movilizando a nuestros pueblos.

Hago una crítica seria y responsable a todos los académicos, antropólogos e historiadores, que han estado estudiando el fenómeno migratorio de nosotros, para que no nos estudien solamente como piezas arqueológicas, sino como seres humanos que tenemos causa y efecto de lo que hacemos. Tienen la obligación moral de apoyar de manera técnica, material, física y moral el esfuerzo y la lucha que desempeñamos. Los estudios nos benefician hasta cierto punto, no se reprueban, lo que repruebo es la ausencia de un apoyo directo o indirecto por parte de ellos. Les hago un llamado a que reflexionen sobre esta observación y sí necesitamos mucho por parte de ustedes.

Hacia una nueva fase del FM-ZB

El avance organizativo del Frente demanda que se integre a otros pueblos indígenas provenientes del estado de Oaxaca. Al principio, solamente habían mixtecos y zapotecos, ahora han ingresados oficialmente los hermanos triquis, mixes y chatinos. La Coordinadora General convocó a una Asamblea General Binacional en la ciudad de Tijuana el 3 de septiembre de 1994, a la que asistieron más de 80 delegados efectivos y fraternales, que vinieron de Oaxaca, Baja California, México y California, Estados Unidos, con una sorprendente participación de las mujeres, nunca antes habíamos reunido a tantas mujeres en esta clase de eventos. La Asamblea, por unanimidad, decidió cambiar el nombre a Frente Indígena Oaxaqueño Binacional (FIOB). Éste es el nombre que representa al estado, sin excluir a ningún pueblo indígena y está abierto para los que quieran incorporarse. En la mencionada reunión se reformaron los documentos básicos y se eligieron a los nuevos coordinadores regionales y generales ante la presencia de representantes del gobierno del estado de Baja California, Oaxaca y el gobierno federal, quienes se comprometieron, una vez más, a cumplir las peticiones del nuevo FIOB en sus respectivos lugares. Finalmente, después de un evento cultural con bailables típicos y banda de viento oaxaqueña, marchamos por todo el centro de Tijuana hasta llegar a la frontera con San Isidro, para no denunciar solamente al gobierno Mexicano, sino también al de los Estados Unidos, por la reciente medida racista y xenofóbica, la llamada Proposición 187, en contra de la comunidad migrante; por acusarnos directamente de que, por causa nuestra, el estado vive una crisis económica; y, de manera más específica al señor Pete Wilson, gobernador de California, porque a unos días de haber asumido la gubernatura, empezó a sembrar odio hacia los migrantes en su discurso diario. Nosotros repudiamos esa actitud irresponsable y fuera de toda legalidad. Así pues, comienza una nueva etapa de lucha para nosotros los indígenas migrantes y no migrantes, la cual es un reto grande dentro de nuestro país y fuera de él, para cada uno de los integrantes comprometidos con el Frente.

A manera de conclusión y propuestas

No solamente en México estamos organizados y organizando a los indígenas; vemos en todo el continente americano, desde Alaska a la Patagonia, que estamos ya bien conscientes de lo que vinieron a hacer los europeos, a invadir nuestras tierras e imponer por la fuerza una cultura extraña. Por esto y ante la celebración del quinto centenario de resistencia, las organizaciones han tomado fuerza luchando por los derechos legítimos sobre la tierra, cultura, costumbres y el derecho inalienable de recuperar territorios perdidos a la fuerza por los españoles cuando llegaron en 1492. El FIOB tiene que demostrar lo que verdaderamente es una lucha binacional e internacional, porque ésa es su bandera. Tenemos tantos problemas en México y en Estados Unidos, que si no se combinan y se da atención a los dos países, no estaremos construyendo los objetivos futuros: el de solidarizar con todos los hermanos indígenas del continente americano para formar o integrarse a una organización continental; el de ser un instrumento capaz de unir a diferentes organizaciones oaxaqueñas, como lo hemos venido haciendo; el no dejar el trabajo de sindicalización en ambos lados del Río Bravo, porque la mayoría de nuestra gente que migra trabaja en el campo y el único medio para garantizar el salario justo y buen trato en los lugares de trabajo es, y será siempre, la lucha sindical; y el de negociar con los gobiernos de ambos países, pero siempre manteniendo una distancia de independencia y autonomía, para seguir provocando cambios en los dos países.

El FIOB no estuvo tan activo en la campaña en contra de la Proposición 187 en California, lo cual fue un error muy grande, que desanima un poco, debido a la falta de un verdadero trabajo colectivo para resolver los problemas que más nos unen, no solamente a los indígenas, sino a todo el pueblo latinoamericano. Debemos aliarnos con ellos en esta lucha común, no debemos permitir el quedarnos con visiones localistas y nacionalistas. Ahora tenemos que lanzar una campaña para que los que se puedan, se hagan ciudadanos en los Estados Unidos para poder votar y así rechazar cualquier gobierno o futuras proposiciones malas en contra de los derechos más elementales de todos los pueblos del mundo. Este país siempre ha presumido de tener democracia, libertad y justicia. Ahora legalizan todo lo contrario en contra de los más pobres e indefensos. No debemos permitir la implementación de la Proposición 187, ya que es un paso hacia el neofacismo, neonazismo, racismo y la discriminación. Los gobiernos tienen que aceptar sus responsabilidades en la provocación de las crisis económicas; culpar a alguien más para lavarse las manos es su táctica. Nuestro deber como organización es unirnos con las demás organizaciones sindicales, sociales, culturales, políticas, obreras y campesinas, para construir un frente común ante los problemas que nos afectan a todos.

Siempre he soñado y propuesto la unidad de las organizaciones mixtecas, pero tal parece que esa unidad es cada vez más lejana porque, aunque habemos líderes buenos, solamente nos interesa nuestro pueblo y no salimos de ahí. Esa lucha simplemente localista no es madura, sin conciencia de lo que estamos haciendo, aquí es donde falta la educación de todos los miembros de la organización y preparar a nuevos líderes. Sin esto, el objetivo de una lucha binacional no será cumplido. En un futuro lejano, si se lograra la unidad sabremos organizarnos mejor para luego organizar a nuestras comunidades. Sí no lo logramos, vendrán más organizaciones y correremos el riesgo de estar divididos. El Frente está en sus mejores momentos para trabajar seriamente en estos puntos y, sobre todo, para levantar conciencia en los pueblos que tienen problemas de límites de tierra para que los resuelvan de manera pacífica y negociada; para llamarlos a unirse para luchar en contra del verdadero culpable de estos problemas sociales: los gobiernos con todas sus maquinarias burocráticas. Tenemos que profundizar nuestra lucha para que se enseñen nuestras lenguas en las escuelas públicas y privadas, así como la historia de miles de años atrás, de lo que fueron nuestras tierras, ricas en todos sus aspectos, antes de la llegada de Cristóbal Colón.

A 502 años de la sangrienta invasión, los pueblos indígenas oaxaqueños migrantes y no migrantes estamos entendiendo las raíces, identidad, historia y cultura para defenderlas ante las fuerzas manipuladoras de los gobiernos y sus medios, que quieren acabar con nuestro ser indígena. Somos los verdaderos ascendientes de nuestros antepasados, que nunca temieron la muerte, por más cruel e inhumana que fuera la hoguera, horca, cortada de orejas y lengua y todo aquello que hicieron los invasores para imponer su cultura, que a final de cuentas está perdiendo fuerzas entre nosotros. El FIOB es parte de un movimiento continental indígena junto con nuestros hermanos que luchan en Ecuador, Chile, Panamá y en todos los países en donde estamos resistiendo encarcelamientos, asesinatos y el despojo de nuestras tierras. Estamos preparados para gobernar los países, dirigir a los pueblos y combatir las injusticias con nuestra verdadera democracia.

Los mixtecos y sus derechos humanos en el norte

Víctor Clark Alfaro

La política de derechos humanos

Es a partir del sexenio salinista cuando se reconoce oficialmente la existencia de violaciones a los derechos humanos y se institucionalizan éstos como política de Estado a través de la Comisión Nacional de Derechos Humanos (CNDH) creada en 1990. Ésta se abroga para sí la figura escandinava de *ombudsman*, palabra extranjera que a la sociedad nada dice y que se traduce como "defensor del pueblo".

La Comisión Nacional de Derechos Humanos se crea por presiones externas, que tuvieron un peso determinante en el contexto de las pláticas del Tratado de Libre Comercio, con el propósito de dar una necesaria imagen de democracia y derechos humanos; por presiones de organizaciones no gubernamentales de derechos humanos norteamericanas; y por razones internas, debidas a la crisis de legitimidad gubernamental, crecientes reclamos sociales, el asesinato de Norma Corona Sapien (defensora de los derechos humanos en Sinaloa) y graves violaciones en la llamada "guerra contra las drogas".

Como consecuencia, también se crean en 1992 comisiones y procuradurías estatales de los derechos humanos. En su conjunto, son paraestatales de los derechos humanos que han servido como catalizadoras de numerosas quejas y demandas, creando más expectativas que soluciones en muchos casos. Sin independencia, responden al ritmo de intereses políticos. No tienen la autonomía necesaria y la capacidad para obligar al cumplimiento de sus recomendaciones. Numerosas violaciones en los ámbitos político y laboral se cometen contra el indígena y son, éstas precisamente, violaciones que están fuera de su ámbito de acción, así como igualmente lo están los asuntos jurisdiccionales.

La Comisión Nacional de Derechos Humanos ha incorporado, con especial énfasis, programas relativos a los asuntos indígenas, a través de una Coordinadora de Asuntos Indígenas, sin embargo, su impacto en términos reales, ha sido poco. En el estado de Guerrero se crea la Procuraduría Social de la Montaña (1987), con el propósito de promover "la defensa y bienestar de las etnias en la sierra del estado". En Oaxaca se crea la Procuraduría para la Defensa del Indígena (1986) y en Baja California, la Procuraduría de los Derechos Humanos (1991), la cual ha tenido un papel marginal en la defensa de los derechos de miles de indígenas migrantes en el corredor Tijuana-Ensenada-San Quintín.

En el campo jurídico, en relación con los indígenas, la aportación más importante del salinismo ha sido el reconocimiento constitucional de su existencia. La Constitución Política Mexicana no incluía un texto en el que se garantizaran los derechos de las minorías étnicas. Se reformó la fracción VII, párrafo segundo, del artículo 27, que a la letra dice: "la ley protegerá la integridad de las tierras de los grupos indígenas"; y el primer párrafo del artículo cuarto constitucional, el cual reconoce la composición pluriétnica de la nación y el respeto a las prácticas y costumbres jurídicas indígenas en juicios y procedimientos agrarios. El párrafo adicionado, publicado el 28 de febrero de 1992, es el siguiente:

> Artículo 4. La nación mexicana tiene una composición pluricultural sustentada originalmente en sus pueblos indígenas. La ley protegerá y promoverá el desarrollo de sus lenguas, culturas, usos, costumbres, recursos, y formas específicas de organización social, y garantizará a sus integrantes el efectivo acceso a la jurisdicción del Estado. En los juicios y procedimientos agrarios en que aquellos sean parte, se tomarán en cuenta sus prácticas y costumbres jurídicas en los términos que establezca la ley.

La adición, sin embargo, hace mayor énfasis en su cultura, sin tomar en cuenta los derechos económicos, políticos y sociales. No obstante esta aportación, los mecanismos utilizados para su reglamentación, en ambas reformas, no han sido del todo democráticos. El gobierno creó una "comisión", que no representó los intereses de los directamente afectados; y realizó una "consulta popular" que fue rechazada por los pueblos indígenas, por no corresponder a sus expectativas. A la fecha aún no se aprobaba la ley secundaria o reglamentaria que indicará cómo se va a regular esta disposición y la fracción VII, párrafo segundo, del artículo 27 constitucional.

En el ámbito internacional, a fines de los ochenta, los informes de organismos de derechos humanos empezaron a incluir dos temas: derechos indígenas y derechos de una región olvidada hasta entonces: la frontera México-Estados Unidos, tratando en particular el tema migratorio. En 1986 Amnistía Internacional dedica su informe anual sobre México a los derechos humanos en zonas rurales, concretamente en Oaxaca y Chiapas:

> A lo largo de muchos años, Amnistía Internacional ha recibido denuncias de los derechos humanos en zonas rurales de México. Al parecer, campesinos e indígenas han sido víctimas de homicidios y desapariciones de motivación política, torturas, y encarcelamiento bajo acusaciones penales falsas. La mayoría de las denuncias recibidas últimamente provienen de zonas rurales del sur del país (Amnistía Internacional 1986: 11).

Americas Watch, en su informe de 1990, incluye un capítulo sobre la violencia rural en dos estados: Chiapas y Veracruz. Las violaciones cometidas en la insurrección de campesinos indígenas y mestizos el 1 de enero de 1994 en Chiapas, fueron documentadas por los organismos mencionados. Las numerosas organizaciones no gubernamentales de derechos humanos enfocadas al tema indígena, cada vez han jugado un papel más relevante.

El 27 de junio de 1989, la Organización Internacional del Trabajo adoptó un convenio sobre Pueblos Indígenas y Tribales en Países Independientes, mejor conocido como Convenio 169, que fue ratificado por México. Este convenio reconoce la relación especial de los indígenas con sus tierras y territorios y los aspectos colectivos de esa relación. De importancia trascendente son las declaraciones de Barbados I (1971) y Barbados II (1993), documentos que han servido de base reorientadora para una política más comprometida con los pueblos indígenas.

Además de los anteriores documentos, los siguientes instrumentos generales han abierto espacios importantes: la Declaración Universal de los Derechos Humanos (sobresaliendo los artículos 1, 2, 4, 7, 17, 26 y 27); el Pacto Internacional de Derechos Económicos, Sociales y Culturales (artículos 1, 2, 3, 13, 15 y 25); el Pacto Internacional de Derechos Civiles y Políticos (artículo 27); la Declaración Americana de los Derechos y Deberes del Hombre; la Carta Internacional Americana de Garantías Sociales y la Convención Americana sobre Derechos Humanos.

Los siguientes documentos específicos, como parte de las acciones de las Naciones Unidas en cuanto a los pueblos indígenas, son importantes: la Convención para la Prevención y la Sanción del Delito de Genocidio; la Convención Internacional sobre la Eliminación de todas Formas de Discriminación Racial; el estudio del problema de la discriminación contra las poblaciones indígenas; la Resolución sobre el Procedimiento de Solución Amistosa sobre la Situación de los Derechos Humanos de un Sector de la Población Nicaragüense de Origen Miskito; la Convención Interamericana relativa a los Congresos Indigenistas Interamericanos y al Instituto Indigenista Interamericano; el Proyecto de Declaración Universal sobre Derechos Indígenas (1982); el Proyecto de Declaración sobre los Derechos de los Pueblos Indígenas (1991) y la declaración en 1993 del Año Internacional de los Pueblos Indígenas.

A pesar de los instrumentos internacionales y de los esfuerzos gubernamentales y sus limitaciones para detener las violaciones a los derechos de los indígenas, no han sido suficientes. Se requieren soluciones globales que no pueden darse en el estrecho margen de las decisiones de un solo país. El complejo problema de las violaciones a los derechos humanos de los indígenas en México y de éstos como migrantes en Estados Unidos, sin dejar de ser un asunto de dimensiones binacionales, tanto en sus causas como en sus soluciones, encontrará su salida en la medida en que los indígenas se organicen. Ésta es la clave. Son sus procesos de organización un medio para un fin: transformar su situación de injusticia por una nueva realidad, mas justa, libre y democrática. Frente a un medio agresivo, el recurso para enfrentarlo y defenderse es agruparse por pueblos, barrios, comités, etcétera. De aquí que sea importante dar referencia a sus organizaciones, como una respuesta a las violaciones a los derechos humanos que en su contra se cometen.

Las formas de organización de los indígenas migrantes en el norte de México y de éstos como indocumentados y legales en varios estados de los Estados Unidos, en particular California, no son procesos aislados del movimiento de organización indígena que, desde hace más de dos décadas, se gesta en América Latina.

Migración indígena

Las causas de la migración en medio de la crisis política y económica son cada día más graves. No sólo tienen los migrantes indígenas razones económicas, sino también políticas, motivos, estos últimos, que se acentuaron a partir de las elecciones de 1988 y subsecuentes procesos electorales. Desde esa perspectiva, la migración tiene dos vertientes: una política y otra económica, aunque el gobierno niega reconocer la primera. Por lo menos diez integrantes de la Comunidad Tlacolulense en Los Ángeles (Cotla), argumentan motivos políticos que los obligaron a abandonar su pueblo. No recurrieron al asilo político por haber obtenido su estancia legal a través del programa de la ley Simpson-Rodino.

La falta de democracia y derechos humanos, como razones que obligan a los mixtecos a migrar, se encuentran a su vez también en el norte, tanto del lado mexicano, como en Estados Unidos. Esta ambivalencia no les plantea una alternativa de mejoramiento sustancial.

Como consecuencia de la crisis de la economía internacional que impacta a Estados Unidos y México, los indígenas han visto disminuidas, aún más, sus probabilidades de mejorar su situación recurriendo a la migración, aunque de las escasas alternativas, sigue siendo la "mejor". En su país las oportunidades de empleo se han reducido; y del "otro lado", su búsqueda de trabajo se da cada vez más en estados no fronterizos (Oregon, Washington, Alaska) y más lejos de sus pueblos. Paralelamente, la escasez de empleo provoca una población de migrantes desesperados por "trabajar en lo que sea" y mayores abusos laborales.

El espectro de violaciones a los derechos humanos cambia de matiz de su comunidad a la ruta migratoria en sí misma, como en los lugares de destino en el norte de México y en Estados Unidos. En los pueblos se trata de una violencia institucional aneja, en la que el asesinato como último recurso practicado por la autoridad deja, generalmente, a la violación en medio de la impunidad. En ranchos y municipios alejados por su ubicación geográfica, hay pocas posibilidades de que las violaciones sean documentadas o denunciadas públicamente más allá del propio espacio local.

Los siguientes casos documentados por el Centro Regional de los Derechos Humanos de la Mixteca, constituido el 21 de marzo de 1993 en Tlaxiaco, Oaxaca, son sólo una muestra:

1. Con fecha del 23 de febrero de 1993 fueron asesinados tres campesinos de la comunidad de Guadalupe Hidalgo, Tilantongo, distrito judicial de Nochixtlán, Oaxaca, por elementos de la Policía Preventiva del estado, destacamentada en la ciudad de Tlaxiaco, sin que a la fecha se castigue a los responsables materiales e intelectuales de estos crímenes.
2. Con fecha del 13 de abril de 1993, a las 12 horas, el campesino Manuel Sánchez Gonzáles fue golpeado y robado por la Policía Judicial, destacamentada en la ciudad de Tlaxiaco, la cantidad de 540 mil viejos pesos, así como le robaron su pistola calibre 22. A la fecha no se ha castigado a los elementos de la Policía Judicial por abuso de autoridad, lesiones, robo y los que resulten.
3. Con fecha del 22 de abril de 1993, a las 12 del día, fue asesinado el campesino en el campo de aviación Tlaxiaco, Alfonso Jiménez Reyes, por elementos de la Policía, Judicial, destacamentada en Tlaxiaco. El campesino se encontraba durmiendo a esa hora y la policía lo apresó y mató.

Las violaciones como la persecución política, tanto de caciques como de autoridades, el despojo de tierras, etcétera, tienen incidencia en las decisiones para migrar. En términos de derechos humanos, la migración exacerba las violaciones. Si bien es cierto que la migración les ha abierto expectativas, por otro lado, les ha enfrentado a nuevas formas de violaciones del mundo no indígena con el que no han tenido relaciones sociales o políticas. "El norte" puede ser una posibilidad de cambio material, de adquirir una televisión, un estéreo y quizá un vehículo, pero no representa un avance sustancial en la condición de sus derechos. La migración, en sí misma, con todas sus esperanzas, es también violación, abuso y discriminación, así como la probabilidad de morir asesinado por un agente de la Patrulla Fronteriza o convertirse en peón acasillado en algún campo agrícola californiano.

La calidad de sus derechos se ve disminuida por el trato como "mercancía barata" a la que se puede exigir largas jornadas de trabajo y la que puede soportar ínfimas condiciones de salud y vivienda: "Estaremos aquí [Estados Unidos] los indocumentados; por nuestra pobreza y porque en ranchos y construcciones hace falta la mano de obra no calificada y además barata" (Comité Cívico Popular Mixteco, 1988).

Desde la visión economista del migrante como "mercancía exportable", es la reserva de mano de obra más barata del país. El trato al indígena deja al descubierto una perspectiva en la que éste es un objeto al que se puede violar sus derechos, su dignidad, vender, discriminar y explotar. Esta realidad expone lo muchas veces negado oficialmente: "existen ciudadanos de segunda". Sigue resultando más cómodo para el capital y el Estado la fuga de mexicanos a Estados Unidos, como vía de escape y reducción de las tensiones sociales y políticas, lo que pudiera revertirse de sellar Estados Unidos hipotéticamente su frontera, proyecto realizado con éxito por la Patrulla Fronteriza en la frontera de El Paso, Texas, con la operación conocida como "hold the line" (1993-1994).

Los indígenas, al igual que el resto de los migrantes, con mayores dificultades para cruzar a Estados Unidos por lugares tradicionales como El Paso, Texas, y San Ysidro, California, han buscado nuevas rutas. Ahora cruzan también por la frontera con Arizona, donde el número de aprehensiones aumentó 60 por ciento, en comparación con el promedio normal. A diferencia de otros migrantes y por razones económicas, los mixtecos hacen menos uso de los servicios de "polleros". Sus paisanos en la frontera les ayudan a cruzar, sin ser precisamente "polleros". Otros se han especializado en esa actividad teniendo, como parte de su clientela, a paisanos de su pueblo a quienes ayudan a cruzar generalmente con mucha seguridad.

Las violaciones a los derechos humanos se inician con las razones políticas y/o económicas que obligan a los indígenas a abandonar sus pueblos. Estas violaciones se extienden de sur a norte en las rutas migratorias y se prolongan en sus puntos de destino. En ambos lados de la frontera, los abusos y arbitrariedades, explotación y precariedad, continúan en sus lugares de trabajo y en sus condiciones socioeconómicas de vida.

Los indígenas migrantes han tenido una capacidad de resistencia a agresiones y discriminaciones, lo que se explica inicialmente por una imperiosa necesidad económica que los obliga a aceptar condiciones ínfimas tanto laborales, como de vivienda y salud, en ambos lados de la frontera. Dos ejemplos son el valle de San Quintín, en Baja California, y el condado norte de San Diego, en California. La necesidad desesperada de un ingreso los hace adaptables a las situaciones más adversas en el condado norte de San Diego:

> Miles de indígenas son conocidos ahora como los habitantes de las cuevas (cave dwellers), ya que tienen como morada agujeros escarbados en las faldas de las cañadas, en el suelo mismo, a orillas de los arroyos semisecos o en diminutas casuchas de cartón o madera escondidas entre los matorrales para no ser localizados por la "migra". Los agentes de migración han bautizado sus viviendas como "los agujeros de las arañas" (spider holes). En los últimos meses (1987), en Salinas han aparecido "casas" en los árboles (Clark Alfaro, 1991: 18).

Como campesinos de las zonas más pobres (Mixteca Baja y Alta) de uno de los cuatro estados más pobres de México, Oaxaca, en el norte también se articulan con la tierra. Se emplean como jornaleros en las zonas agrícolas más prósperas (Sinaloa, Sonora y Baja California y Baja California Sur), que concentran su producción hortícola para exportación; y en California, para el mercado regional y nacional. Sin embargo, la migración masiva indígena acompañada de campesinos de otros estados (Jalisco, Guanajuato, Zacatecas, Michoacán), provoca una sobreoferta laboral en la agroindustria que los abarata como mano de obra.

El norte mexicano como posibilidad de cambio y "el otro lado", como el sueño americano pronto les muestran otra realidad. La vida de miles de indígenas empleados en la agroindustria tiene numerosas insuficiencias, condiciones de trabajo duras e injusticias inapelables. La vida extralaboral es, en la mayoría de los casos, lamentable. Si en Estados Unidos tienen oportunidades de adquirir algunos bienes materiales, éstos no compensan sus condiciones de vida.

La diferencia con el mundo no indígena en su propio país, adquiere una dimensión distinta en los Estados Unidos, en donde en la escala social no sólo continúan estando en la base de la pirámide, sino que nuevos elementos en contra se agregan a su, ya de por sí, situación de marginalidad en su propio país. En México han sufrido toda clase de vejaciones y, en el mejor de los casos, han tenido que luchar por sobrevivir con sus culturas frente a los intentos de integración a un mundo diferente de ellos. En los Estados Unidos la diferencia cultural se acentúa, en una sociedad individualista, consumista, pragmática y con un racismo latente en amplios sectores de la sociedad.

Los que han llegado a California, en este momento histórico, se ven envueltos en medio de una crisis económica, recesión, desempleo y la acusación en contra del migrante, por parte de políticos y sectores conservadores, de ser los culpables de todos los problemas, incluyendo el sida. Hay que enfatizar que la violación a los derechos humanos de los mixtecos como migrantes, no es un problema exclusivo del indígena. Otros migrantes a la frontera, igualmente vulnerables, también sufren de violaciones muy similares: sobre todo los menores de edad, mujeres solas y extranjeros indocumentados (principalmente centro y sudamericanos). Hay discriminación por parte de la autoridad y violaciones a su integridad porque los migrantes desconocen sus derechos, aunque los elementales los obvian. La diferencia entre la población migrante indígena y la no indígena no es la violación en sí, sino la etnicidad y la discriminación como elementos adherentes a esas violaciones por parte del no indígena.

Debido a quejas, denuncias y presiones sociales, a partir de los noventa, las violaciones a los derechos humanos del lado mexicano en contra de los migrantes disminuyeron en 75 por ciento, de acuerdo con el Centro Binacional de Derechos Humanos (CBDH). El gobierno tomó como medidas: la creación de la Comisión Nacional de Derechos Humanos (CNDH) en 1990; la cancelación de retenes de la Policía Judicial Federal en las rutas migratorias; y el establecimiento del programa "Paisano" (diciembre de 1989). Este último programa intentó recuperar la confianza perdida de miles de mexicanos en los Estados Unidos, que al regresar a su pueblos tradicionalmente eran extorsionados por las autoridades. El programa enfatizó más el regreso de los migrantes, desatendiendo su retorno a los Estados Unidos, y no incluyó un apartado dedicado a indígenas migrantes. El programa "Paisano", que garantizaba un trato de "turista" al migrante, finalmente se perdió en la burocracia gubernamental.

Las violaciones a los derechos indígenas contienen elementos que hacen fermentar convulsiones sociales, que al conjugarse en un espacio y tiempo se potencian al máximo, resultando en violentos reclamos como es el caso de los Altos de Chiapas, donde se vieron compelidos al "supremo recurso de la rebelión contra la tiranía y la opresión" (párrafo tercero del preámbulo de la Declaración Universal de los Derechos Humanos).

Mixteca alta: California

En un momento histórico, en el que del lado estadunidense, fomentado por políticos y sectores conservadores existe un clima antiinmigrante y xenofóbico, que acusa al migrante indocumentado e ilegal como culpable de problemas sociales y económicos no resueltos; en medio de altos porcentajes de desempleo, que han obligado a los indígenas a extender sus redes migratorias más al norte y a emplearse en trabajos nunca antes realizados en lugares tan inhóspitos como Alaska, en la pesca del salmón, en Nueva York en la economía informal como vendedores ambulantes o en la construcción en Hawai, los procesos de organización indígena no se debilitan, sino que, irónicamente, se fortalecen como respuesta a esa situación de condiciones adversas.

La embestida xenofóbica tiene mayor incidencia social en los indígenas, quienes, por su físico, son el "modelo del mexicano" al que habría que discriminar y perseguir. Como elemento antisocial la discriminación no les es nueva a los indígenas. Ya están acostumbrados y quizá ese "ya estar acostumbrados" los hace más tolerantes. La discriminación más abierta no viene precisamente de los sectores conservadores que promueven leyes y proclamas antiinmigrantes, sino de los mismos mexicanos no indígenas. En los centros de trabajo el patrón sabe perfectamente que un capataz o mayordomo desindianizado o mestizo será aún más enérgico y discriminador con sus paisanos.

En la década de los ochenta surgen, en diferentes puntos de California, comités locales de mixtecos con relaciones entre sí y vínculos con sus comunidades de origen. Débiles inicialmente en su acción políticasocial, se ven fortalecidos al principio de los noventa con la conformación de un Frente que incluyó no solamente mixtecos, sino también a zapotecos residentes en Los Ángeles: el llamado Frente Mixteco-Zapoteco Binacional (FM-ZB). Los zapotecos tenían una historia de más de 30 años de organización en diversos comités, interesados fundamentalmente en apoyo económico a sus pueblos y en el reforzamiento de sus costumbres y tradiciones.

Con la integración del FM-ZB en 1991, la organización de indígenas migrantes se hace más compleja y estructurada. Se extiende con ramificaciones a Oaxaca, Baja California y California. Adquiere un nivel pluriétnico, plurilingüístico y pluricultural, con una perspectiva binacional, incluida en su quehacer político, que les da una dimensión única y con posibilidades de acción política, económica y cultural insospechadas. Convirtiéndose, además, en un modelo de organización para otros mexicanos migrantes en los Estados Unidos.

El 3 de septiembre de 1994, el Frente realizó su reunión anual en Tijuana, entre otros propósitos con el objetivo de cambiar de nombre a su organización a Frente Indígena Oaxaqueño Binacional (FIOB). La razón es que otros pueblos indígenas se incorporaron al Frente: triquis, mixes y chocholtecos. En el futuro existe la posibilidad de que otros pueblos indígenas se afilien al Frente, lo que enriquecerá la pluralidad del mismo.

A partir de 1988, políticos y religiosos empezaron a viajar a los Estados Unidos, particularmente a California, para visitar a los migrantes organizados. En 1988 el obispo de Zacatecas viajó, por primera vez, a Los Ángeles para reunirse con los miembros de su diócesis. Enseguida una larga lista de líderes de partidos políticos y funcionarios de gobierno descubrieron a los que antes abandonaron: a los migrantes como potencial de clientela política. Los mixtecos y zapotecos no fueron la excepción. Los gobernadores de Oaxaca Heladio Ramírez en 1989 y posteriormente Diódoro Carrasco en 1993, viajaron a California a reunirse con sus paisanos. Este significativo suceso, marcó una relación distinta entre las organizaciones de los indígenas migrantes y el gobierno de su estado. La relación se invertía: ya no eran las organizaciones las que tenían que viajar, sino el gobernador que viajaba a escuchar sus demandas en California. Este hecho revaloró la situación política de los indígenas, su importancia como migrantes organizados en el extranjero y sus posibilidades de influir, desde el exterior, en los asuntos de su estado incluyendo el campo de los derechos humanos.

En las ocasiones en las que los gobernadores han visitado California, su relación con las organizaciones ha tenido un sentido distinto del que pudiera establecerse en su propio estado. En California, el gobernador está en un país extranjero y son los indígenas los que mejor conocen el terreno; saben que el gobernador, por ejemplo, en caso de enérgicas protestas, no tiene posibilidades de enviar a policías a reprimirlos, de tal forma que la relación se da con respeto pero con un sentido de mayor igualdad. La misma relación se ha establecido con otras autoridades mexicanas con las que se han reunido.

Mixteca de la frontera: Tijuana

Los migrantes

La experiencia de los indígenas en tránsito a los Estados Unidos, al igual que la del resto de los migrantes, no está exenta de atropellos y abusos policiacos. Las denuncias se han centrado fundamentalmente en la extorsión acompañada del maltrato físico y verbal. De 1987 a 1994, el Centro Binacional de Derechos Humanos ha recibido numerosas quejas de indígenas, principalmente mixtecos, quejas cuyo número disminuye a partir de los noventa, igual que el resto de denuncias presentadas por migrantes al CBDH, debido a presiones sociales que han resultado en acciones gubernamentales.

La extorsión policiaca es aún una práctica profundamente arraigada en la estructura gubernamental que se ha constituido en un elemento complementario de la economía de esta burocracia. El interés económico por los migrantes se ha vuelto un hecho consuetudinario que ha dificultado la erradicación de dicha extorsión. Las autoridades policiacas que participan de los abusos son todas. Los índices de corrupción son altos. La voluntad y deseo permanente en el discurso político por erradicar actos ilícitos, se convierte, frente a la denuncia, en demagogia. Por muchos años los migrantes constituyeron la materia prima de una pujante "industria de la extorsión". Los siguientes testimonios ilustran un aspecto mínimo de las numerosas violaciones cometidas en contra de los indígenas migrantes antes de cruzar a los Estados Unidos, en donde se prolongan las violaciones:

Noé Santos
Mixteco
Edad: 39 años
Lugar del incidente: central de autobuses de la ciudad de México.
Fecha y hora del incidente: 11 de noviembre de 1991, 11 p.m.

Llegamos a sentarnos como cualquier pasajero, en la sala de espera, íbamos dos. Llegaron dos personas conmigo y me dijeron que a dónde iba y que si tenía boleto para viajar, yo les dije que no, que iba con el propósito de irme a dormir allí, "aquí no esta permitido", me dijo. El otro me tomó de un brazo y me sacó, y el otro me iba siguiendo; y me preguntan a dónde iba a ir, y me subieron a un carro, y me opuse y me dieron una patada y me subieron, y no lejos de allí me dieron cinco vueltas, y mi amigo se quedó en la estación, y me empezaron a sacar todo: la bolsa de la camisa y pantalón, y me esculcaron la maleta y allí traía 225 mil pesos, y le dije agarre aunque sea 200 mil y deje el resto, porque no tenía pa comer. Se pararon en una calle con luz y al bajarme me agarraron del cabello y me aventaron y me caí y me patearon los dos. Y un matrimonio vio eso y me levantaron y me preguntaron si me habían robado, y dijeron "esos son agentes" y me regalaron 5 mil pesos.

César Ramírez
Mixteco
Edad: 18 años
Lugar del incidente: Sonoita, Sonora.
Fecha y hora del incidente: 15 de octubre de 1992, 10 p.m.

Paró el camión y subió el oficial y le dijo al chofer que nos bajaran a todos los hombres con una identificación. Bajamos. A mí se me olvido mi identificación en el pueblo; y nos dijo "tú no traes", y nos arrimó como a seis personas a una caseta donde estaban descansando varios agentes, y otro judicial joven nos dijo que por esta vez "iba a ser un correctivo disciplinario", que consistía en una multa de 50 mil pesos para que nos dejaran ir. Yo le di 50 mil pesos y él me preguntó por qué iba a dejar mi país, y le dije que por necesidad, y me dio cuatro bofetadas y me dijo "te voy a dejar porque ya me diste el dinero". Y me preguntó cómo comienza el himno nacional, y le dije, y dijo "ya te puedes ir". Y yo alcancé a ver que le pegó a otro, y le dio un golpe en el estómago y se estaba revolcando.

Sergio Castro
Mixteco
Edad: 28 años
Lugar del incidente: centro de la ciudad (Tijuana)
Fecha y hora del incidente: 4 de noviembre de 1993, 9 p.m.

Veníamos caminando y me agarraron primero y luego a ellos (estaba acompañado de tres amigos), y me dejaron afuera y a nosotros nos subieron a la patrulla, y allí nos comenzaron a esculcar todo. Decían que si no traíamos droga, que a dónde íbamos y nos dijeron "ya váyanse", pero nos habían quitado todo, 100 mil pesos. Eran dos policías, se decían "pareja", decían "pasa la mochila". No sabemos cómo

> son, estábamos muy exaltados, no los podemos identificar, ya no queremos ir, no queremos líos.

Su desconocimiento de las leyes, la falta de experiencia urbana, lo transitorio de su paso por la frontera, las escasas probabilidades de que la denuncia tenga efectos y su necesidad urgente de llegar a su lugar de destino impiden a las víctimas permanecer por más tiempo para presentar denuncias penales, identificar agresores, etcétera, lo que permite que numerosas violaciones queden en el anonimato.

Para la primera generación de mixtecos que se legalizaron en los Estados Unidos, a través del programa de la ley Simpson-Rodino (1986), hubo un cambio sustancial en sus derechos. En el condado norte de San Diego salieron de sus escondites: agujeros, cañones y barrancas. Ya no permanecieron por meses sin ver a su familia, a la que habían dejado en Tijuana mientras trabajaban en California. Ahora viven en la colonia Obrera, en donde han mejorado sus condiciones. A partir de su legalización se dio un *boom* en la construcción de casas y una mayor cercanía con su familia. Ahora tienen mayores posibilidades de ahorrar y acceso al crédito en California, lo que les permitió adquirir vehículos de modelos recientes y la "gran oportunidad" de cruzar, como muchos, por la garita internacional Tijuana-San Ysidro, en donde diariamente 70 trabajadores de la colonia Obrera, aproximadamente, cruzan.

Sus organizaciones

Las comunidades de mixtecos establecidas en Tijuana, se han organizado a través de las mujeres vendedoras ambulantes en la zona turística de la ciudad en tres grupos: Asociación de Mixtecos Benito Juárez, Cooperativa de Vendedores Ambulantes Benito Juárez y Solidaridad Carlos Salinas de Gortari. Las dos primeras son dirigidas por hombres (uno indígena y otro mestizo) y la tercera por una mujer mixteca. Con el tiempo, sus líderes han ido creando cacicazgos sin una visión indigenista de sus demandas y reivindicaciones. Sus planteamientos se reducen a uno: ganar espacios de venta ambulante. Esta situación es aprovechada por los líderes para manipular y utilizar a las mujeres con fines políticos y económicos personales:

> En las organizaciones a las que están afiliadas las paisanas, uno de los fines centrales es piderles [*sic*] que voten por un partido (el Partido Revolucionario Institucional). Es como una forma de manipulación y ésta se da por la necesidad que las mujeres tienen de conseguir un permiso para vender en la vía pública o para contar con una persona que las ayude, entre comillas. Esa necesidad de las paisanas es aprovechada por los Filemones y los Juárez. Las mujeres han entrado en una dinámica de control político sobre todo de dos organizaciones, que les compra su conciencia por unas migajas (profesor Tiburcio Pérez Castro, 1994, comunicación personal).

Como otro ejemplo que ilustra esto, el 10 de agosto de 1994, el candidato del Partido Revolucionario Institucional a presidente de la República visitó Tijuana y, como ha sucedido en otras ocasiones, los indígenas fueron acarreados y en las elecciones inducidos al voto:

> Cuando llegaron varios paisanos a votar, que no sabían ni leer ni escribir, les dieron sus boletas y había unos muchachos que les decían "voten aquí", señalando el círculo del PRI, pero los que estaban en la mesa les decían que el voto es secreto, pero la mayoría de los paisanos votaban en bola, y unos muchachos les decían por quién votar (profesor Gonzalo Montiel, 1994, comunicación personal).

Una cuarta organización es el Comité Comunitario de Planificación (Cocopla), dirigido por profesores mixtecos, el cual enfoca su atención a programas de desarrollo comunitario en la colonia Obrera.

Es precisamente en la colonia Obrera, tercera sección, parte alta, donde se localiza la comunidad de mixtecos más numerosa en Tijuana: 1 049 habitantes (según datos de la Escuela El Pípila, 1991).[1] Las demandas de la comunidad por obtener servicios han logrado que se les dote de mayores beneficios que a las colonias de la periferia: se han obtenido tres escuelas, agua, luz, teléfonos públicos y privados, tienda Conasupo y guardería, provocando el recelo de vecinos mestizos, "porque a la colonia de las oaxacas, sí les dan servicios y a nosotros no".

En 1986 el gobierno del estado cooptó a los líderes y desarticuló a la primera organización independiente de mixtecos: la Asociación de Mixtecos Residentes en Tijuana (Asmirt). Este suceso canceló y retrasó, por varios años, un incipiente intento de vinculación con grupos de trabajadores agrícolas y organizaciones de mixtecos en California, con el propósito de articularlos a los mixtecos jornaleros agrícolas organizados en el valle de San Quintín. Hecho que sucedió años después, con la formación del Frente Mixteco-Zapoteco Binacional. La Asmirt surgió fundamentalmente para defender a las indígenas vendedoras ambulantes de la persecución policiaca, logrando que la sociedad y autoridades conocieran que las mal llamadas "Manas", oaxacas o oaxaquitas, pertenecían a la cultura mixteca y detener la persecución policiaca.

Relato de una represión

Cuando terminaba de redactar este capítulo, el aún Frente Mixteco Zapoteco- Binacional iniciaba una marcha de protesta el 8 de agosto de 1994, del valle de San Quintín a Mexicali (550 kilómetros),

[1] De la población total, 1 039 son bilingües y 10 monolingües.

capital del estado de Baja California, por "la incapacidad de los gobiernos estatales de Baja California[2] y Oaxaca" para dar solución a las siguientes demandas:

1. Lograr el cumplimiento total y concreto de las demandas planteadas por las organizaciones el 4 y 16 de mayo del presente año (1994), a los gobiernos de Baja California y Oaxaca.
2. Establecimiento de un salario mínimo constitucional para los trabajadores agrícolas que cubra las necesidades básicas de sus familias.
3. Destitución del delegado municipal de Lázaro Cárdenas, B. C., por su incapacidad administrativa y el maltrato de su cuerpo policiaco hacia los trabajadores indígenas oaxaqueños.
4. Mejoramiento y eficacia en los servicios médicos del Instituto Mexicano del Seguro Social (IMSS) en el valle de San Quintín.
5. Dotación de terrenos (lotes) a 550 familias de trabajadores.
6. Mejoramiento en los servicios de procuración de justicia en el valle de San Quintín.

El 9 de agosto por la tarde, la marcha, casi imperceptible para la población, entraba en Tijuana. No más de cien indígenas agotados y en medio de un extenuante calor se dirigieron a la garita internacional México-Estados Unidos para celebrar un breve mitin y de ahí dirigirse al centro de gobierno. Al anochecer, en asamblea, decidieron tomar las instalaciones del centro de gobierno del estado. A primera hora del día siguiente (10 de agosto), llegaron las autoridades estatales. Sin informarse cuáles eran sus demandas, ni establecer diálogo,

[2] A partir de 1989, Baja California se convirtió en el primer estado de la República con un gobernador perteneciente a un partido de oposición: el Partido Acción Nacional.

la subsecretaría de gobierno, acompañada de policías judiciales, ordenó entrar en el edificio, entre golpes, gritos y llanto de niños, pero la respuesta enérgica de los indígenas lo impidió, resultando una indígena triqui con lesiones leves:

> Estaba yo en la puerta del edificio cuando llegó esta señora y dijo: "vamos compañeros abrir", hablando y actuando con una actitud muy déspota, ella y dos judiciales, porque las otras personas no la siguieron, fue cuando más se indignó y actuó golpeándome y sangrándome en el brazo y diciendo que la autoridad era ella nada más (Margarita Guzmán Hernández, triqui).

Media hora después, la misma autoridad, acompañada del director de la policía municipal y del subprocurador de justicia, intentaron fallidamente negociar:

> *Subsecretaria*: Déjenos entrar para hablarle al gobernador, adentro están los teléfonos.
> *Líder indígena*: Hable de otro teléfono.
> *Subsecretaria*: Siempre están ocupados. Necesito hablar de mi oficina. Déjenos entrar y allí hablamos de lo que quieran.
> *Líder indígena*: Hable como nosotros, de un teléfono público.
> *Subsecretaria*: Siempre están ocupados.
> *Líder indígena*: Ustedes traen celulares, hablen de ellos. Mire, respetamos su autoridad, pero queremos hablar con el gobernador. Una hora después llegó el secretario general de gobierno, para "negociar" sin mayores argumentos que el "déjenos entrar y hablamos".

Los líderes del Frente mantuvieron firmes su postura y decidieron no entregar el edificio hasta que no se les asegurara una reunión con el gobernador del estado, un representante del gobierno de Oaxaca y funcionarios de dependencias federales y estatales. Finalmente: "*Secre-*

tario de gobierno: Ay les dejo mi numero de teléfono por si cambian de opinión".

El gobierno del estado preparó con anticipación el clima adecuado para reprimir a los indígenas, induciendo la idea a la opinión pública de que los manifestantes estaban vinculados: *1)* al tráfico de armas; *2)* al Ejército Zapatista de Liberación Nacional; *3)* a un grupo desestabilizador; o *4)* a la guerrilla. Además dijeron que el líder del Frente venía de los Estados Unidos "a engañar a los indios" (gobernador del estado). Los siguientes párrafos son extractos del boletín del prensa emitido el 9 de agosto, por dos diputados panistas en relación con la marcha:

> En investigaciones realizadas por los diputados Rafaela Martínez Cantú y Gustavo Dávila Rodríguez se prevé la posibilidad de actividades subversivas entre los grupos indígenas con un movimiento llamado Frente Mixteco-Zapoteco Binacional (FM-ZB). Esto obedece a los rumores muy persistentes de internación de armas en la región. El móvil de actividades parece ser, tiene un claro tinte partidista auspiciado por el Partido de la Revolución Democrática (PRD), y oscuros grupos de apoyo subversivos provenientes de los Estados Unidos. Nuestras dudas se manifiestan en el sentido de que estas actividades se están realizando precisamente cuando se están llevando a cabo los cierres de campaña de los candidatos del PAN y del PRI con un claro enfoque de desprestigio y, por otro lado, el nombre usado es el de otro "Frente".
>
> Por otro lado, los vehículos usados tienen calcomanías y propaganda del PRD con placas extranjeras de California y Oregon, EUA.
>
> Por todo lo anteriormente expuesto hago un llamado oportuno a nuestras autoridades federales para que tomen cartas en el asunto y, al mismo tiempo, hacerlos responsables a estos grupos extremistas del Partido de la Revolución Democrática, así como a esos de origen oscuro provenientes de los EUA, de cualquier brote de violencia que llegue a generar derramamientos de sangre y

con la intención clara de empañar el próximo proceso electoral (*El Heraldo de Baja California,* 10 de agosto de 1994).

A las tres de madrugada del 11 de agosto, el gobernador ordenó el desalojo de los manifestantes del centro de gobierno:

Aproximadamente a las 3:20 am. del día de hoy, llegaron más de 200 policías municipales y judiciales del estado y sin aceptar dialogar, nos golpearon a todos, nos subieron a patrullas y cuando estábamos en la cárcel... nos querían obligar a firmar boletas en las cuales nos acusaban de estar en estado de ebriedad y de haber atacado a los policías, por eso nos negamos a firmar y nos unimos brazo a brazo para impedir que pasaran a uno por uno y es cuando nos separaron a golpes y de nuevo hubo enfrentamientos, golpearon al compañero Arturo Pimentel y a todos nosotros y nos metieron a las celdas.

Quiero aclarar que en el momento del desalojo, hicimos todo lo posible por detener el enfrentamiento y dimos a conocer que estábamos dispuestos a dialogar o a retirarnos pacíficamente y lo que hicieron las autoridades policiacas fue reprimirnos. A mí me jalaron de los cabellos, me golpearon y gritaron infinidad de ofensas. Reafirmo, fueron dos enfrentamientos, uno en el desalojo del centro de gobierno y el otro en las oficinas de la cárcel municipal, en donde un policía de apellido Torres, dio la orden de golpearnos y meternos a la cárcel (Julio César Alonso, cárcel municipal, 11 de agosto de 1994).

Los siguientes son testimonios de indígenas detenidos en la cárcel municipal acusados de "dormir en la vía pública y estar en estado de ebriedad":

Florentina Sandoval García
Triqui
Edad: 23 años
Escolaridad: 5° primaria

Al momento cuando se me detuvo, yo me encontraba totalmente dormida, llegaron los agentes policiacos, me despertaron con puntapiés y empujones y jalones, y maltrataron físicamente a mis dos hijos, porque ellos estaban dormidos y los agentes los obligaron a caminar dormidos. Después de que se me detuvo me decomisaron mis útiles de trabajo...

Esperanza Mendoza Hernández
Triqui
Edad: 32 años
Escolaridad: 2° primaria

Llevaron a los hombres, levantaron a los niños y mujeres jaloneándolos y empujaron para correrlo fuera del palacio [centro de gobierno], al mismo tiempo fueron golpeando niños y mujeres dejándolo sin zapatos y ropa y después correteados más de cuatro cuadras como si fueran animales. Algunos de ellos fueron correteados hasta Ensenada por la Policía Judicial [del Estado] [se refiere a la víctima que logró, junto con otros indígenas huir en vehículo]. Entrando a Ensenada un judicial en carro nos paró para que diéramos los datos... y dijo que nos iban a sacar de Ensenada para que no tuviéramos problemas y nos fuimos a las oficinas del INI y llegó dos patrullas...

Nicolás Santiago Morales
Mixteco
Edad: 19 años
Escolaridad: 6° primaria

Estaba descansando en el pórtico del centro de gobierno, cuando instantáneamente llegaron un cuerpo de policía preventiva municipal y estatal, en donde se interpusieron en mi persona, poniéndome una patada en el estómago y posteriormente me golpearon [*sic*] en el piso entre de tres de la Policía Municipal y después me ventaron, agarrándome del cabello y me subieron de la patrulla.

Por la mañana (11 de agosto), el gobierno del estado emitió dos boletines de prensa, el primero titulado "Abierto el centro de gobierno para efectuar actividades normales" en donde, entre otras cosas, afirmaba que:

> Ante la negativa por parte del Frente Mixteco-Zapoteco para dialogar con las autoridades, el gobierno del estado efectuó un operativo para abrir el acceso a las oficinas de gobierno que permanecían bloqueadas por los manifestantes.
>
> Los mixtecos zapotecos que en numero aproximado a 40 personas permanecían bloqueando las entradas al edificio de gobierno, fueron conminados por enésima vez a permitir que se abrieran las puertas de acceso, sin resultado positivo, incluso se opusieron a ello por lo que las autoridades detuvieron y trasladaron a la cárcel pública a 32 personas, entre ellos a una mujer.
>
> Los detenidos fueron presentados ante el juez calificador en turno, ante quien se negaron a identificarse o proporcionar sus nombres...
>
> Asimismo, el médico legista certificó las condiciones en que llegaron todos a la cárcel municipal, no habiendo ningún lesionado.
>
> Por su parte el licenciado Rodolfo Valdez Gutiérrez, secretario general de gobierno señaló que numerosas ocasiones se acercó al grupo de manifestantes mixteco zapoteco para establecer el diálogo... sin encontrar respuesta positiva antes por el contrario sólo más condiciones para evitar las pláticas.

El gobierno continuó de mala fe distorsionando la realidad. El boletín anterior contiene las siguientes imprecisiones: *1)* Nunca hubo negativa del Frente para dialogar, lo único que solicitaba era una entrevista con el gobernador; si las autoridades hubieran fijado una fecha para la entrevista, el Frente habría entregado las instalaciones inmediatamente; *2)* no eran 40 las personas que tomaron el edificio, sino aproximadamente 100, el número de detenidos no fueron 32, sino 34 personas: *3)* el médico legista de la cárcel pública nunca los certificó, porque los detenidos se opusieron; el Centro Binacional de Derechos Humanos, en compañía de un doctor, certificó a tres dirigentes con golpes leves dos de ellos y el tercero, el coordinador general del Frente, con una herida de dos centímetros en la cabeza, golpes y hematomas en diferentes partes del cuerpo; *4)* es falso que el secretario general de gobierno en "numerosas ocasiones se acercó al grupo de manifestantes mixteco-zapoteco para establecer el dialogo. Sólo fueron dos ocasiones.

El segundo boletín de prensa, titulado "Mejoras sustanciales en la zona de San Quintín", indicaba entre otras cosas que: "Las condiciones de trabajo en la zona rural de Baja California son sustancialmente mejores que en cualquier otro estado de la República".

El estado subestimó a los indígenas al no concederles capacidad de planeación, organización y liderazgo. Desde su óptica, grupos extremistas "o de origen oscuro" debían estarlos manipulando. No se concebía que el indígena por sí mismo se organizara y protestara. Al principio, el estado minimizó la marcha, considerándola como una protesta más; sin embargo, cuando los indígenas decidieron tomar el centro de gobierno, la marcha se convirtió en un "problema político", que el gobierno del estado manejó con una visión colonialista hacia el indígena.

La falta de habilidad del gobierno del estado para negociar, de sensibilidad social y conocimiento de la realidad indígena, un desprecio latente y una discriminación casi institucionalizada, los llevó a cometer errores con un alto costo político inicial. En Baja California existe una falta de educación gubernamental para responder a las protestas sociales, en particular a la de los indígenas. Se carece de una perspectiva indigenista, que se deja en manos de la delegación estatal del Instituto Nacional Indigenista (INI), sin orientar a autoridades municipales, estatales y federales sobre la cultura indígena.

Casualmente la marcha se realizó, sin haberse planeado con esa intención, días antes del periodo electoral (21 de agosto), lo que despertó suspicacias del gobierno del estado: el gobernador del estado manifestó: "Hay una coincidencia de la toma del centro de gobierno, con la visita de Zedillo (a Tijuana en su cierre de campaña)". La conducta represiva del gobierno del estado reflejó su temor a manifestaciones de descontento que pudieran enturbiar el proceso electoral, fue condenada unánimemente por sectores sociales y políticos del estado.

Cinco días después de la solicitud pública de audiencia del Frente con el gobernador, éste los recibió. En las reuniones con las autoridades se llegaron a acuerdos satisfactorios para las organizaciones del Frente en San Quintín. Previamente, debido a las acusaciones de vinculación con la guerrilla, los dirigentes del Frente presentaron denuncias penales en contra del gobernador y dos diputados panistas, por los delitos de difamación y calumnias; en contra de la subsecretaria de gobierno por abuso de autoridad, y seis denuncias por robo, ya que en el desalojo les robaron dinero y artesanías.

Este episodio mostró un problema inicial de comunicación entre la autoridad y los indígenas: falta de conocimiento de su cultura y sobre todo la percepción gubernamental de los ritmos y mecanismos de los indígenas para negociar. El gobierno estatal panista ha estandarizado el mismo discurso a todos los sectores populares y cuando ha reprimido a trabajadoras sexuales (1992), homosexuales (1992), vendedores ambulantes (1991), colonos (1991) o internos en la cárcel municipal (Mexicali, 1994). Las formas para negociar no han variado, como sucedió con los indígenas.

Los líderes del Frente nunca, a pesar de haber sido reprimidos, cerraron las puertas al diálogo, y cuando éste se dio mostraron capacidad de discusión, negociación y habilidad para obtener los beneficios demandados para sus comunidades, dando una lección política y de madurez al gobierno del estado. Mostraron, igualmente, capacidad de convocatoria al acudir a su propuesta funcionarios estatales y federales, solicitados por el Frente, incluyendo del gobierno de Oaxaca.

Respuesta binacional del Frente Mixteco-Zapoteco Binacional

Con la marcha el Frente puso a prueba los mecanismos binacionales de apoyo político-social de sus organizaciones en caso de represión, solidaridad, ayuda económica, etcétera. La noticia del violento desalojo rápidamente se difundió en ambos lados de la frontera entre las organizaciones del Frente y se respondió con prontitud con declaraciones de solidaridad y protesta en California. El 12 de agosto la Organización del Pueblo Oprimido y Explotado (OPEO) de Livingston, realizó una manifestación frente al Consulado de México en Fresno y una conferencia de prensa. En Los Ángeles, la Organización Regional Oaxaqueña (ORO) envió cartas de protesta al gobierno mexicano. En San Diego, el Comité Cívico Popular Mixteco (CCPM) envió una delegación de apoyo a Tijuana y planeó un foro de análisis. En Oaxaca, líderes del pueblo de Macuiltianguis (zapotecos) hicieron declaraciones a la prensa, lo mismo que el Comité Cívico Popular Mixteco Sección Juxtlahuaca y la Coordinadora de Comunidades y Ejidos Forestales de Oaxaca. En Tijuana, desafortunadamente, las organizaciones mixtecas cooptadas por líderes caciquiles, impidieron que sus agremiados brindaran apoyo a sus paisanos, excepto en casos aislados e individuales.

Mixteca de la costa: San Quintín

Las condiciones de los derechos de más de diez mil jornaleros agrícolas permanentes en el valle de San Quintín, localizado a 300 kilómetros al sur de Tijuana (cifra que alcanza los 25 mil trabajadores en épocas de cosechas), son las que corresponden a un grupo social empobrecido, desposeído y explotado en extremo en el campo mexicano. La migración familiar a San Quintín, integra al trabajo agrícola a hombres, mujeres y niños como estrategia para obtener mayores ingresos para la economía doméstica. Tanto la población permanente, como los trabajadores agrícolas temporales, sufren tratos injustos por parte de los productores empleadores y falta de prestaciones laborales que marca la ley.

La organización sindical, como la vía mas idónea para la defensa de sus derechos laborales, se ve inmersa en medio de presiones del capital y del Estado, que prefieren favorecer organizaciones sindicales oficiales e independientes débiles, que les permitan mantener bajos los costos de producción. Con numerosas vicisitudes, se ha ido consolidando lentamente un proceso de organizaciones y sindicatos independientes. En 1984 se establece la Central Independiente de Obreros Agrícolas y Campesinos (CIOAC), debilitada en 1986 por la división provocada por agentes gubernamentales y problemas entre los mismos dirigentes. Su líder es expulsado y posteriormente funda el Sindicato General de Obreros Agrícolas (Singoa). A principios de los noventa, el espectro de organizaciones indígenas independientes en defensa de los jornaleros se amplía: los triquis se organizan en el Movimiento de Unificación y Lucha Indígena (MULI), el Movimiento de Unificación de Jornaleros Independientes (MUJI), la Organización del Pueblo Triqui (OPT), el Comité Social Unificador Mixteco (CSUM) y la Organización de Lucha Benito Juárez (OLBJ). Todas estas organizaciones incorporadas al Frente. Se prevé que el Tratado de Libre Comercio desarrollará nuevas relaciones entre organizaciones y sindicatos con similares en Estados Unidos y Canadá. Ya en 1993, el Frente firmó en California convenios con la United Farm Workers (UFW) de César Chávez y con Asistencia Legal Rural de California (CRLA).

Las violaciones en San Quintín son numerosas. Las condiciones laborales no reúnen los mínimos elementales. La vivienda es un ejemplo de diferenciación étnica y clasista. En la empresa ABC a las trabajadoras, en su mayoría mujeres jóvenes de Sinaloa, se les proporciona departamentos con todos los servicios. Mientras los indígenas han sido segregados en guetos, conocidos como "campamentos", en donde galerones –integrados por 20 cuartos redondos, piso de tierra y sin servicios sanitarios– integran sus viviendas. Este hacinamiento provoca promiscuidad y frecuentes conflictos interpersonales. Por ser trabajadores temporales no tienen posibilidad alguna de crear antigüedad en el empleo que permita una indemnización sustancial: no hay pago de vacaciones, aguinaldos, jubilación y, todavía menos, prestaciones de seguridad social que les corresponde por ley. Se contrata por temporada y se considera un trabajo eventual sujeto al tipo de cultivo, a las fluctuaciones del mercado nacional e internacional y a los cambios climáticos que afectan los cultivos.

Hay familias encerradas por años en un círculo vicioso, de contrataciones entre campos agrícolas de Sinaloa y Bala California y viceversa. Niños que nacen y se desarrollan en los campos sin posibilidad alguna de educación formal:

> Las condiciones de vida en las que se desarrollan los hijos de jornaleros, tales como el hacinamiento dentro de las viviendas, la carencia de servicios sanitarios, la insalubridad del medio ambiente, la mala alimentación y las limitadas posibilidades de integrarse al sistema educativo, provocan que la infancia, periodo de crecimiento físico, intelectual y emocional, se vea seriamente afectada, (Programa Nacional de Solidaridad con Jornaleros Agrícolas, 1991)

Miles de peones agrícolas, incluyendo menores que laboran jornadas de más de seis horas, no reciben ni prestaciones ni la protección que la ley establece, como lo señala la Ley Federal del Trabajo. Cientos de mujeres que cumplen dobles jornadas como amas de casa y peones agrícolas carecen de servicios médicos mínimos, teniendo que recurrir a remedios caseros y a comadronas para atender sus partos. Por el contacto constante con plaguicidas y fungicidas, sin protección alguna, son frecuentes las quejas de dolores de cabeza, de la vista, problemas gastrointestinales e intoxicaciones. Hay productos químicos que no han sido homologados por disposiciones internacionales, lo que provoca la utilización de productos prohibidos en Estados Unidos.

El Tratado de Libre Comercio ha introducido nuevos elementos que contribuyen a agravar las anteriores condiciones. Uno de sus primeros efectos, manifiestos ya antes del Tratado, es el desplazamiento hacia el tercer mundo de los productos que ocupan mano de obra barata:

> En Ventura, el área cultivable de tomate ha declinado de 760 hectáreas en 1980 a 96 hectáreas en 1984. En San Diego la disminución es más significativa: de 2 120 hectáreas en 1980 a 1 160 hectáreas en 1984. En 1985 se esperaba que en el condado de San Diego el número de hectáreas cultivadas fuera alrededor de 800 hectáreas, tal vez menos. El valor total de la producción de tomate en San Diego ha disminuido de 51 millones de dólares a 37 millones en menos de cinco años.
>
> Hay una disminución del área cultivable en San Diego y Ventura, al tiempo que se expande la zona cultivable entre Maneadero y San Quintín. En años recientes, capitales del condado norte de San Diego han empezado a asociarse con productores locales del valle de San Quintín (Clark Alfaro, 1991: 20-21).

Al tiempo que los productos más fácilmente mecanizables, por ejemplo los granos, tienden a ubicarse en países del primer mundo, podemos esperar una mayor demanda de mano de obra en la agroindustria del norte del país, precisamente en la que se emplean los indígenas. Este desplazamiento de capital no va acompañado de un mejoramiento de las condiciones laborales; por el contrario, la abundancia de mano de obra barata mantiene sus condiciones de pobreza, necesarias para permitir al capital ser competitivo frente a sus competidores del norte. Este hecho nos explica por qué no se incrementa el costo del trabajo, ya que es en éste en donde reside la oportunidad para competir en el mercado internacional. Lo anterior tiene un impacto negativo en las condiciones de trabajo y de vida de los jornaleros, es decir en la calidad de sus derechos humanos.

Los esfuerzos de las organizaciones y sindicatos independientes son insuficientes para defender sus derechos y se complican con la carencia de recursos y falta de líderes de tiempo completo; además compiten con los sindicatos oficiales: Central de Trabajadores de México (CTM), Central Revolucionaria de Obreros Mexicanos (CROM) y Central Nacional Campesina (CNC). A la Central Independiente de Obreros Agrícolas y Campesinos (CIOAC) no se le ha concedido su registro como sindicato, a pesar de haberlo solicitado a los gobiernos priístas y panistas.

La policía

Uno de los mayores problemas cotidianos que sufren los indígenas es su relación con la policía. Los cuerpos policiacos (municipal, estatal y federal) en el valle tienen como prácticas comunes: la prepotencia, impunidad y métodos ilegales utilizados para "investigar". Su imagen ante los indígenas corresponde a la de un cuerpo policiaco represor al servicio del Estado.

Aun cuando el número de quejas presentadas al Centro Binacional de Derechos Humanos (CBDH) en contra de policías en Tijuana, principalmente por los delitos de tortura, han disminuido en 70 por ciento a partir de 1991, en San Quintín no han cambiado las cosas. El CBDH continúa recibiendo quejas en ese sentido. El número de quejas por tortura y otros delitos afines disminuye en los centros urbanos del estado, pero no en la zona rural de San Quintín.

Una de las principales demandas de las organizaciones del Frente se refiere precisamente a la justicia:

> Solicitamos la salida inmediata del delegado de San Quintín, juntamente con sus cuerpos policiacos y el juez calificador y demás delegados que funcionan en este valle de San Quintín, por malos tratos de represión ante la ciudadanía en general y mucho más razón hacia nuestra raza indígena.
>
> Solicitamos su intervención ante las autoridades correspondientes, para que dejen la libre circulación de nuestros paisanos de raza indígena en el territorio nacional. (Carta del Movimiento de Unificación de los Jornaleros Independientes [MUJI] dirigida a los gobernadores de Baja California y Oaxaca, 20 de abril de 1994).

Los siguientes testimonios son muestra palpable de esas violaciones y reflejan un claro exceso en el uso de la violencia policiaca:

1. Detención arbitraria, incomunicación, golpes con las manos e introducción de la cabeza en recipiente con agua.

Filemón Vivas Hernández
Mixteco
Edad: 42 años
Escolaridad: 6° grado
Lugar y fecha del incidente: San Quintín, B. C, 20 de octubre de 1989
Cuerpo policiaco: Policía Municipal
Delito: Intentar cambiar un cheque falso.

> Me detuvieron frente al parque municipal y me esposaron y me llevaron a la delegación; y después me trasladaron al agente de Ministerio Público los agentes, era alto, delgado, feo, bigote negro, sin patilla, voz gruesa. Lugar donde me metieron es un cuarto chico, sin ventanas, tenía un escritorio y una silla, sin alfombra y allí me golpearon en abdomen, y después me metieron en el tanque de agua [la cabeza]. La hora de tortura fue a las 20 hora[s] de la noche. Y después me trasladaron al municipio de Ensenada a cumplir sentencia.

2. Golpes con arma de fuego, insultos e incomunicación prolongada sin alimentos.

Justo Isidro de Jesús Roberto
Trique
Edad: 37 años
Escolaridad: 6° grado
Lugar y fecha del incidente: San Quintín, B. C., 21 de septiembre de 1993
Cuerpo policíaco: Policía Municipal de Camal
Delito: Intento de rapto.

Y llegaron a onde yo estaba y me agarraron y me golpiaron entre dos, con un arma de fuego... me golpearon fuertemente, insultándome aunque no fuera la verdad, forzosamente quieren que le dijera la verdad, me golpiaron en el campo y después me trasladaron a Vicente Guerrero [delegación]; estuve 24 horas, de ahí a San Quintín con la Judicial [del estado]. Me detuvieron cinco días sin comer y luego a la Cárdenas [colonia Lázaro Cárdenas] me detuvieron 14 días más, mientras arreglándome mi documento de sentencia para el reclusorio municipal de Ensenada. Me pidieron 3 000 [pesos] para salir de fianza. La chica declaró que no ningún daño ante la Ley y juez. Cuando me golpearon me quebraron una costilla derecha, porque me golpearon con arma de fuego.

3. Golpes con las manos en diferentes partes del cuerpo, aplicación del método de "la bolsita", consistente en cubrir la cabeza de la víctima con una bolsa de plástico, la que se amarra al cuello de la víctima o se pega con cinta adhesiva.

Ignacio Merecias Cruz
Trique
Edad: 25 años

Escolaridad: 1° grado
Lugar y fecha del incidente: Colonia Guerrero, 10 de febrero de 1994
Cuerpo policiaco: Policía Judicial del estado
Delito: Portar arma prohibida (rifle calibre 22).

No te muevas somos agentes, inmediatamente me golpearon y me esposaron quitándome el arma. Me llevaron detenido a disposición del Ministerio Público, incomunicado en un cuarto oscuro, de dos metros por dos. Posteriormente como una hora, llegaron dos individuos, me vendaron los ojos introduciéndome en otro cuarto, sentándome en una silla, diciéndome "vas a ver hijo de la chingada, dinos quién vende las armas y te dejamos ir. Pueden conseguir dinero para que de una vez te vayas". Me espanté y no comprendiendo su vocabulario, dijeron "vamos a darle una calentada, pareja". Me acomodaron bolsas de plástico en mi cabeza, cubriéndome toda la cara. En segundos me hacía falta la respiración con mayor dificultad. En instantes me empezaron a golpearme de mi cara para abajo. Después de unas horas y al otro día, me presentaron al Ministerio Público a mi declaración, pero antes me forzaron a firmar una declaración por escrito donde decía por delito de acopio de armas y con la amenaza de que si yo dijera esto a mi defensor, que me ajustaría cuentas con ellos.

Los métodos utilizados en las "investigaciones" tienen como finalidad obtener de la víctima una rápida confesión, sin importar la inocencia o culpabilidad del detenido. El torturador no desconoce los efectos a corto y largo plazos del castigo inflingido: por ejemplo, cuando golpea con las palmas de las manos las orejas de la víctima, sabe que esos golpes pueden causar sordera permanente. El objetivo de la tortura es dejar daños físicos y psicológicos, que en muchos casos acompañarán a la víctima el resto de sus días.

Las detenciones arbitrarias, torturas, incomunicaciones ilegales y multas injustificadas, resumen las agresiones más frecuentes de la autoridad policiaca hacia el indígena. Lo relevante es que la autoridad es agresora y violenta al indígena por ser precisamente indígena. Sentimientos racistas, nada distintos de los de la Patrulla Fronteriza estadunidense, están presentes en su conducta.

Comentarios finales

El mecanismo más inmediato del gobierno mexicano, cuando las violaciones a la dignidad de los migrantes alcanzan su clímax en los Estados Unidos, es la socorrida "queja diplomática". Fuera de esta práctica y de ocasionales reclamos de funcionarios de primero y segundo niveles, las fórmulas institucionales establecidas para frenar binacionalmente los problemas derivados de la migración (la Comisión Fronteriza de la Cámara de Diputados; la Comisión Fronteriza contra la Violencia, de la misma Cámara; la Reunión Anual Interparlamentaria de Senadores; la Reunión Anual de Gobernadores Fronterizos y la Reunión Anual del Mecanismo de Enlace sobre Incidentes Fronterizos México-Estados Unidos), hasta ahora no han tenido la efectividad requerida en el momento que se les necesita, lo que evidencia su fracaso y el escaso éxito que las quejas diplomáticas tienen para presionar o negociar con el gobierno estadunidense.

La firma del Tratado de Libre Comercio no sólo acentuó la dependencia y la subordinación de México a los Estados Unidos, sino que dejó entrever con claridad que la relación asimétrica de poder entre ambos países hace muy complicado para México el influir en la modificación de una política migratoria agresiva y xenofóbica. La fuerza con capacidad para influir en esa política reside, a largo plazo, en los migrantes legales e indocumentados. En Los Ángeles, por ejemplo, la mayoría de la comunidad hispana en los distritos electorales no tienen derecho al voto por su condición de "ilegalidad"; son los anglos, una minoría, quienes deciden con su voto el destino de la mayoría. Hasta ahora, los migrantes no tienen representación para la defensa de sus intereses dentro de los partidos más importantes, el Republicano y el Demócrata. Debido a este abandono, en el futuro los migrantes tendrán que recurrir a su fuerza latente, aún no utilizada en toda su magnitud.

Paradójicamente, en California son los indígenas de México, provenientes de las poblaciones más marginadas y discriminadas, los que están políticamente mejor organizados, no obstante factores en contra como la calidad de indocumentados de una gran mayoría, sus condiciones laborales, de vivienda, etcétera. Otros mexicanos no se organizan con propósitos políticos sino sociales, cívico-religiosos, culturales y económicos para la organización de la fiesta del santo patrono de la comunidad, bailes, kermeses, encuentros de baloncesto, etcétera. El elemento político es lo que diferencia a los indígenas del resto de las organizaciones de migrantes de otros estados, que no tienen el mayor interés en el tema político y las cuales, casualmente, son más afines al Partido Revolucionario Institucional. Los indígenas migrantes cuentan con líderes altamente politizados y con mayor inclinación a partidos de oposición.

Si bien es cierto que en California están organizados los migrantes de Zacatecas, Durango, San Luis Potosí, Tlaxcala, Veracruz, Michoacán y Guanajuato, todos con propósitos económicos, sociales, deportivos y religiosos, ninguna organización tiene una orientación y actividades políticas, y una perspectiva binacional, como la del Frente Indígena Oaxaqueño Binacional (FIOB). Sin embargo, los objetivos culturales también están presentes en el Frente. Desde 1988 la Organización Regional Oaxaqueña (ORO) en Los Ángeles, integrante del Frente, ha organizado la tradicional fiesta zapoteca de *la Guelaguetza*, con tal capacidad de convocatoria que en la fiesta de agosto de 1994 reunieron a ocho mil espectadores, convirtiendo la celebración, sin intervención de autoridades mexicanas (consulado) y bajo el total control de las mismas organizaciones, en la actividad cultural más importante organizada par migrantes mexicanos en los Estados Unidos. A partir de 1992 las organizaciones del Frente en Los Ángeles establecieron relaciones con los consejales méxico-americanos del condado, quienes los han apoyado en eventos culturales. De igual forma, mantienen una relación institucional con el consulado mexicano con los mismos fines.

Las violaciones a los derechos humanos son parte de la biografía personal de numerosos migrantes indígenas. Pero no son violaciones más graves que las que se cometen en contra de otros sectores de la población igualmente vulnerables, con condiciones de trabajo y de vida deficientes y en muchas ocasiones degradantes. Tampoco son más graves, en el contexto de la migración internacional, que las violaciones en contra de migrantes de África a Europa, por ejemplo. Sin embargo, lo que hace a esas violaciones de derechos humanos hacia los indígenas migrantes distintas de otras es la condición étnica.

La breve historia de sus organizaciones en el norte, es la larga historia de su lucha y defensa de sus derechos humanos, en respuesta a la falta de democracia que provoca injusticia y desigualdad. A largo plazo, el desarrollo de nuevas redes trinacionales (Canadá-Estados Unidos-México) de trabajadores urbanos y organizaciones de jornaleros agrícolas, así como también sucede con organizaciones de productores, contribuirá a fortalecer la defensa de sus derechos laborales, con una dimensión más allá de lo binacional. El Frente ha ganado espacios en la prensa californiana y notas sobre sus actividades se publican en los diarios más importantes del estado. También ha llamado la atención de la comunidad académica de los Estados Unidos y México, siendo cada vez mayor el número de "mixtecólogos" estudiándolos.

Ante un panorama binacional de crisis económica prolongada, de apertura comercial acelerada, de implementación de políticas macroeconómicas desfavorables a los campesinos, de agresión sistemática sutil y abierta a su integridad personal y de grupo, los indígenas han ido cohesionando, como respuesta, un movimiento de organización binacional, tanto en zonas rurales como urbanas de Oaxaca, Baja California y California. Sus acciones conjuntas empiezan a tener influencia ante el resto de los migrantes y organizaciones de California. Han mostrado capacidad de interlocución con altas autoridades gubernamentales y han logrado ya un nivel de relación Frente-autoridad con funcionarios de primer nivel (gobernadores, director del Instituto Nacional Indigenista, entre otros).

A corto plazo, el Frente y sus organizaciones del lado norteamericano, están en proceso de convertirse en un grupo de poder y presión capaz de influir y/o cambiar las políticas en su estado, Oaxaca. Tienen ventaja frente a sus contrapartes mexicanas, por estar fuera del alcance de posibles cooptaciones y represiones gubernamentales. Esta fuerza social, política y económica, que anima procesos de unificación pluricultural, ya disputa espacios con negociadores gubernamentales mexicanos de primer nivel y en el futuro lo hará con autoridades estadunidenses. En este contexto, el Frente puede ser un excelente medio de presión para encontrar soluciones a casos específicos y generales de violaciones a sus derechos humanos.

Bibliografía

Academia Mexicana de Derechos Humanos, 1989, *Manual de Documentos para la Defensa de los Derechos Indígenas*, México.

Amnistía Internacional, 1989, *México: Los derechos humanos en zonas rurales. Intercambio de documentos con el gobierno mexicano sobre violaciones de los derechos humanos en Oaxaca y Chiapas*, Londres, Amnistía Internacional.

Comité Cívico Popular Mixteco, 1988, "Indocumentados que desmienten calumnias", mimeo, San Diego, California.

Clark Alfaro, Víctor, 1991, *Los mixtecos en la frontera (Baja California)*, México, Universidad Autónoma de Baja California.

——, 1991, "Conflictos migratorios en la frontera norte", en *Les llueve sobre mojado*, Jorge Durand (coord.), México, Academia Jalisciense de Derechos Humanos e ITESO.

——, 1994, "The U.S-México Border: Enforcement or Abuse? Comments", en *La Raza Law Journal*, vol. 7, núm.1.

Escuela El Pípila, 1991, *Resumen Censal de la Obrera Tercera Sección*, Tijuana, México.

López Bárcenas, Francisco, 1994. "Los derechos indígenas en México y el Convenio 169 de la OIT", *Ojarasca*, núm. 33-34.

Programa Nacional de Solidaridad con Jornaleros Agrícolas, 1991, *Diagnóstico de las condiciones de vida y trabajo de los jornaleros agrícolas del Valle de San Quintín*, B.C., México.

Walter Beller Taboada, *et. al.*, sin fecha, "Las costumbres jurídicas de los indígenas en México. Avance de una investigación", Comisión Nacional de Derechos Humanos, México.

Parte II

La ruta indígena oaxacalifornia

Impacto de la migración trasnacional entre los ñuu savi (mixtecos) y los bene xhon (zapotecos de la Sierra Norte) de Oaxaca

Juan Julián Caballero y Manuel Ríos Morales

A pesar de que el título del evento es "La ruta mixteca", en el presente documento se abordará la migración de los mixtecos y zapotecas de la Sierra Norte, las dos etnias mayoritarias del estado de Oaxaca que, de alguna forma, comparten los mismos fenómenos migratorios desde siempre. El hecho de ir de un lugar a otro no es nuevo para nuestros pueblos; esta movilización ha tenido un proceso complejo y tiende a agudizarse cuando vemos a nuestros paisanos romper las fronteras territoriales de un país a otro en busca de mejores condiciones de vida.

Tanto a nivel teórico como empírico, el fenómeno de la migración cuenta con abundantes estudios especializados, además de lo expresado en este coloquio, de ahí que este estudio no pretende proporcionar datos estadísticos de tal fenómeno. Pretendemos exponer una particular concepción sobre el fenómeno de la migración como protagonistas y con una visión desde adentro; es decir, analizaremos los impactos económicos, culturales y educativos que esta migración ha ocasionado al interior de las comunidades de los ñuu savi (mixtecos) y las de los bene xhon (zapotecos) de la Sierra Norte durante los últimos años.

Para conocer el impacto de la migración en sus diversos aspectos, debemos tomar en cuenta el número de habitantes, el tipo de actividades a las que se insertan los trabajadores, el nivel de ingresos que obtienen y el consumo que realizan para poder sobrevivir. Oaxaca, según los datos que proporciona el Censo de Población de 1990, tiene una población total de 3 019 560 habitantes, de estos, 403 457 son zapotecos y 386 274 mixtecos. En el ámbito estatal éstos forman los dos grupos lingüísticos de mayor presencia numérica y quienes mejor han podido preservar, tanto al interior como al exterior de sus contextos territoriales, sus culturas e identidades distintivas.

Es cierto que, hace alrededor de 30 o 50 años, no era frecuente ver que en nuestras comunidades migraran las personas a diferencia de lo que sucede en fechas recientes. Ocasionalmente salía una que otra persona pero, a medida que ha avanzado el tiempo, la migración ha tendido a intensificarse y, con ello, la alteración de los estilos de vida de las comunidades; es decir, se han resuelto en parte los problemas de supervivencia, pero no así los problemas en cuanto al mantenimiento del nivel de reproducción cultural del grupo. Hoy, jóvenes y adultos tienden a incrementar el número de migrantes: unos salen de su contexto social, cultural y económico en busca de estudios y otros salen en busca de un trabajo remunerado para solventar los problemas de supervivencia, tanto personales como colectivos.

Traer a cuenta el asunto de la migración y sus repercusiones en la vida comunitaria, en los ámbitos regional, nacional e internacional, es darle la dimensión que tiene, sobre todo para las comunidades ñuu savi y bene xhon. La migración en el contexto de la sociedad mexicana, es el resultado de la falta de un plan económico que propicie la producción y el uso racional de los recursos para abatir la escasez de alimentos, dar atención a la salud y otorgar una educación adecuada a la realidad de nuestros pueblos, entre otros aspectos. En la Mixteca, la migración es el resultado de una producción temporal de maíz que sólo rinde para la subsistencia, por lo que los campesinos mixtecos se ven obligados a complementar su nivel de vida con el mercado de trabajo fuera de su comunidad. Así, la causa fundamental del fenómeno migratorio es la búsqueda de salarios.

En el ámbito de la educación es importante señalar que la población juvenil que tiene posibilidades de estudiar, sale en busca de escuelas que en su comunidad no existen y así, desde temprana edad, se inicia la migración de aquellos que poseen una escolaridad especializada pero que jamás regresarán a sus comunidades de origen como profesionistas. Ambos aspectos de la migración, por lo tanto, tienen su base en la carencia de ese plan de desarrollo regional y lo que existe son las desigualdades regionales y sectoriales del estado.

El fenómeno migratorio no ha impactado de la misma manera a todos los lugares expulsores de esta fuerza de trabajo. En las comunidades de los bene xhon por ejemplo, se puede decir que la migración ha sido, en última instancia, una válvula de escape para aquellas familias o unidades de producción que se ven constreñidas ante la carencia de recursos para poder sobrevivir en el marco de la comunidad. Los sujetos migrantes con una formación especializada se ven obligados a migrar, ya que en la comunidad no se ofrece el espacio adecuado para la aplicación de sus conocimientos.

El fenómeno migratorio ha sido una constante en la mayor parte de nuestras comunidades. Históricamente se sabe que aun antes de la llegada de los españoles existían movimientos internos y relaciones entre los pueblos, lo que académicamente se denomina hoy, relaciones interétnicas. Entre los bene xhones por ejemplo, tenemos noticias del asentamiento de este grupo en Teotihuacan; o bien, en el caso de los ñuu savi, por el *Códice Nuttall* se sabe que durante esta misma época compartían el peregrinar de sus habitantes con los mexicas del centro de México. Sin embargo, el fenómeno migratorio que ahora nos ocupa adquiere otras características y aquí analizaremos qué impacto causa la migración trasnacional de estos grupos que migran.

Ñuu savi y bene xhon (bini zaa en la variante dialectal del Istmo) han compartido, desde tiempos remotos, espacios y tradiciones comunes, ciclos e historias similares, necesidades y procesos coincidentes, que de alguna manera los acerca a compartir en la actualidad fenómenos y procesos similares en el concierto de la modernidad o, para decirlo más claro, de la globalización que busca imponer una nueva visión y otros estilos de vida.

Hoy, el movimiento migratorio es un fenómeno que cala en lo más profundo del ser humano. Es un hecho que provoca angustia, miedo, temor, remordimiento y ganas de llorar; no es simplemente una nostalgia romántica o romantiquera de querer regresar a la tierra querida o a "la patria chica que nos vio nacer", como dicen los ñuu savíes; es el temor a perder los hijos, de querer participar activamente en aquella bullanguera fiesta del pueblo donde existe la posibilidad de encontrar un reconocimiento; de ser alguien y poder servir de acuerdo con los cánones tradicionales, donde existe una ética y un espíritu comunitarios, recordando el deber de participación como ciudadano. Es también recordar ese hecho desagradable de transitar por la frontera norte como "espalda mojada", que muchas veces se logra con el apoyo de "polleros" que los trasladan en el compartimiento trasero de los automóviles durante varias horas de camino, después de haber transitado entre espinos, arbustos y matorrales, exponiendo incluso la vida con tal de ganarse algún día unos billetes.

Las metas trazadas de poder ganar mucho dinero cuando estén trabajando, de lo que sea, en ese supuesto paraíso, los ha obligado a realizar promesas al Santo Patrón del pueblo de procedencia o al de otros, para que en los momentos más difíciles éste los "ayude". Después de dos o tres años de trabajo regresan a ofrecer música, incienso, flores, cohetes, castillos, velas y una serie de gastos rituales religiosos al Santo Patrón por haber logrado el propósito de llegar hasta donde se consiguen esos ansiados "billetes verdes".

Aun cuando las distancias que separan a los migrantes y sus pueblos de origen sean enormes, no existe ningún obstáculo para que sigan estableciendo los vínculos por medio del consumo de productos regionales y artículos importados que se obtienen en cada lugar. Así se establecen mecanismos de envío de dichos elementos culturales. A cambio de los recursos económicos y productos elaborados que ingresan a la comunidad, las familias que se quedan a resguardar los bienes familiares se empeñan por reunir productos locales o lo que se adquiere en la región, para que aquellos seres ausentes tengan la oportunidad de probar esos productos. Los bene xhon de la Sierra Norte envían pescado en sus diversas presentaciones, hojas para tamales o condimentos, mezcal, camarones secos, chocolate elaborado a partir de panela y cacao para el champurrado, pan de Zoochila, Capulalpan, La Trinidad y de Yalálag. La costilla de res y los "burritos" (pequeñas tiras de carne seca) constituyen la delicia de los comensales, así como otras bebidas o comidas rituales que son consumidas en las festividades del Santo Patrón organizadas por medio de las asociaciones comunitarias, ahí donde se encuentran desempeñando dichas actividades.

Plantear que los del ñuu savi y los del bene xhon comparten necesidades y puntos de vista comunes no es nada nuevo, tal vez lo nuevo sea el reconocimiento y la toma de conciencia de las instituciones gubernamentales que desean romper posiciones meramente academistas y establecer nuevos tratos con los pueblos indios.

Este trabajo colectivo pretende recuperar lo que cotidianamente se observa en las comunidades de estudio, tanto del ñuu savi como de bene xhon. Por ejemplo, uno de los problemas es que los jóvenes que si bien culminan sus estudios primarios, secundarios o de nivel medio superior muy pronto se incorporan a la población migrante, tanto interna como externa. Los estudios de caso son los que en última instancia nos ocupan en este espacio de intercambio de experiencias sobre el fenómeno de la migración. Es decir, pretendemos compartir la necesidad de observar de cerca este fenómeno que tiene repercusiones profundas no sólo económicas, sino culturales y lingüísticas, en función del surgimiento de nuevas identidades.

Tal vez sería pertinente hablar del impacto del fenómeno de la globalización del capital y de la reconstrucción de identidades en el marco de los estados-nación modernos de América Latina, particularmente de México en donde se imponen nuevas formas de relación, de producción y de consumo.

La migración en la tierra de los ñuu savi

De sobra es conocido que la Mixteca está ubicada en la región sudoeste del Océano Pacífico, abarcando principalmente el occidente de Oaxaca y se extiende al este del estado de Guerrero y sur de Puebla. Según los estudiosos de la región, la Mixteca oaxaqueña, comprende tres importantes subregiones que son: Mixteca Alta, Mixteca Baja y Mixteca de la Costa; las dos primeras subregiones ocupan una extensión de 16 mil kilómetros cuadrados y tienen una población que se encuentra distribuida en 155 municipios y aproximadamente 770 localidades. Esta región ha sido considerada como una de las más pobres de México, con nueve meses de sequía y solamente tres de lluvias inciertas y mal temporal (Anguiano, 1992: 106).

La tierra de los ñuu savi se divide en términos geográficos y económicos en *ñuu vixi* (tierra fría o Mixteca Alta) que comprende los distritos de Tlaxiaco, Teposcolula, Nochixtlán y partes de Cuicatlán, Etla, Zaachila y Sola de Vega; *ñuu vidi* (tierra templada o Mixteca Baja) que comprende los distritos de Huajuapan de León, Juxtlahuaca y Silacayoapan en Oaxaca; este del estado de Guerrero y sur del estado de Puebla; y *ñuu i'ni* (tierra caliente o Mixteca de la Costa) que comprende los distritos de Jamiltepec, Putla y la parte costera del estado de Guerrero.

Historia y destino de la migración

Según el análisis de Molina Ludy (1991: 72), aun cuando sus datos sean de 1980, en el estado puede apreciarse un panorama general de la magnitud del problema de la migración entre los bene xhones, la cual es de 21.9 por ciento y entre los ñuu savi, un 14.7 por ciento. Este porcentaje de migrantes, tanto para un grupo como para otro, creemos que ha aumentado considerablemente durante estos últimos años. Además, los migrantes han abierto otras rutas cuyo destino final es el de llegar a donde se pueda ganar "mucho dinero". El mayor porcentaje de migrantes de ñuu savíes por ejemplo, se dirige hacia los Estados Unidos y Canadá, a diferencia de los años cincuenta cuando se dirigían fundamentalmente hacia los campos agrícolas del interior de la república mexicana. Durante los últimos años, los migrantes de algunos pueblos como San Antonio Huitepec, se han dirigido básicamente hacia las áreas de Pensilvania, Carolina del Norte, Nueva York, Chicago y Washington.

La migración temporal y definitiva de los ñuu savíes se da por necesidades de subsistencia, así tenemos que los habitantes del *ñuu vidi* (Mixteca Baja) ocupan el primer lugar y el segundo, los habitantes de *ñuu vixi* (Mixteca Alta). En *ñuu vini* (Mixteca de la Costa), el porcentaje de la migración es menor, debido a que esta zona ofrece mayores posibilidades de producción de alimentos.

Quienes migran de la zona de la Costa lo hacen por necesidad de buscar estudios que no encuentran en sus comunidades y se dirigen hacia las grandes urbes como la ciudad de México, Puebla o Monterrey; relativamente pocos se dirigen por pura curiosidad de conocer otros lugares. No sucede lo mismo con los que proceden de las primeras dos zonas, la Alta y Baja, quienes se dirigen hacia el norte del país: a Baja California (concretamente el Valle de San Quintín) y hacia los Estados Unidos (Oregon, Los Ángeles, Washington, etcétera) y hasta Canadá. Aunque suele ser que quienes han migrado últimamente son jóvenes que ya no sienten estar ligados con las actividades agrícolas. Es decir, las actividades que por tradición han sido la base del sustento alimenticio y de aprendizaje de muchas generaciones de mixtecos, ya no ofrece las posibilidades de supervivencia cuando la cultura del dinero ha llegado hasta nuestras comunidades.

En suma, es evidente que las necesidades de supervivencia han provocado que la población joven y adulta busque vender su fuerza de trabajo en las grandes urbes y en los campos agrícolas de Sinaloa, Baja California y los Estados Unidos, pero también existe una población que sale en busca de estudios que no son fáciles de encontrar en las comunidades de origen; es una mínima porción la que migra para conocer otras partes y otros ambientes.

Si bien es cierto que durante los últimos años se ha intensificado la migración de las comunidades mixtecas tanto de la zona baja como de la alta, no significa de ningún modo que sea un fenómeno reciente. El movimiento migratorio hacia el noroeste de México y el sudoeste de los Estados Unidos, según Laura Velasco Ortiz, "...se ha desarrollado en estrecha relación con los cambios de la agricultura de esa región fronteriza. Actualmente miles de jornaleros agrícolas procedentes de la Mixteca nutren los campos de cultivo de la región..." (1992: 79). La misma autora establece hipotéticamente cuatro etapas migratorias; la primera se da entre 1942 y 1950 con el Programa de Braceros; la segunda abarca de 1951 a 1960 que es el periodo del auge de la mecanización agrícola y de la industria de la construcción; la tercera etapa comprende los años de 1961 a 1970 cuando se consolida el vínculo de la economía agrícola del noroeste mexicano con el capital estadunidense, se da una proliferación de la agricultura intensiva en mano de obra y el crecimiento de ciudades como el Distrito Federal y de las fronteras; y la última etapa migratoria es la que abarca de 1971 a 1980, periodo en el que se integran las rutas urbanas y rurales bajo una misma visión de migración: *en busca de mercados seguros de trabajo* (1992: 81-82).

Las oportunidades de ir de "bracero" en los años cincuenta para algunos campesinos mixtecos, fueron momentáneas. Quienes salieron por primera y única vez, no pudieron hacerlo más tarde por no contar con el mismo apoyo del gobierno. Entonces comenzó la migración interna como jornaleros en los trabajos de corte de café en la zona de la costa de Oaxaca, corte de caña de azúcar en la zona sur de Veracruz, pizca de algodón en la frontera con Guatemala (Chiapas). María Eugenia Anguiano señala que "en la década de los años ochenta los indígenas mixtecos representaron uno de los grupos étnicos más numerosos de trabajadores que se desplazaron al noroeste del país y en años recientes hacia los estados de California, Oregon y Washington en los Estados Unidos" (Anguiano, 1992: 105).

Siguiendo a Anguiano,

> a fines de la década de los setenta una parte de los jornaleros itinerantes del noroeste empezaron a dirigirse a nuevos mercados de trabajo: de Nayarit, Sinaloa y Sonora, *a)* al valle de San Quíntín, en Baja California, *b)* a los campos agrícolas del estado de California y *c)* a las áreas frutícolas de los estados de Oregon y Washington. Los migrantes se emplearon en los cultivos que demandaban su ocupación intensiva y estacional, tales como el algodón las hortalizas y frutas frescas (1992: 105).

Junto con la migración hacia los campos agrícolas, la presencia de los ñuu savi en los medios urbanos se da en los ámbitos local y nacional. Los primeros contactos con el mundo exterior son con las ciudades cercanas: Tlaxiaco, Nochixtlán, Pinotepa, Putla, Huajuapan de León, Tlapa de Comonfort, Acatlán de Osorio, Tehuacán y posteriormente con las grandes ciudades: Oaxaca, Puebla, ciudad de México, etcétera. Actualmente, los migrantes siguen concentrados en estos sitios; muchos de los cuales tienen su residencia ahí. En la zona metropolitana de la ciudad de México es donde se da la mayor concentración de los ñuu savi, sobre todo en el área metropolitana de Netzahualcóyotl, Estado de México. El incremento de la población migrante se da cuando el nuevo migrante que llega a estos sitios se va ubicando donde vive algún familiar. Quien lleva algunos años viviendo en la ciudad y tiene algún trabajo estable, se encarga de buscar trabajo para los nuevos que llegan a la ciudad.

El movimiento de los mixtecos en su desplazamiento laboral, según Anguiano,

> tiene dos características: *a)* por la cantidad de personas y por el número de salidas y retornos que efectúan, la migración de nativos de la Mixteca es un fenómeno de carácter masivo, y *b)* el traslado entre puntos geográficamente tan distantes no constituye una elección entre otras alternativas de ocupación, sino una necesidad y en ocasiones la última o única opción que tienen para sobrevivir. La creciente migración de mixtecos a miles de kilómetros de sus comunidades refleja la pobreza en que viven en sus lugares de origen, agravada por los costos económicos y sociales de la migración que deben cubrir el trabajador, su familia y su comunidad (1992: 105).

Una forma de reproducir la ayuda mutua y las relaciones solidarias y comunitarias en las grandes urbes es agruparse alrededor de un organismo que es avalado por la autoridad de su pueblo de origen. Entre otras obligaciones del comité que se forma está la de buscar cómo apoyar moral y económicamente a las autoridades de su comunidad. Si el organismo acuerda apoyar económicamente a sus autoridades, mensual o anualmente envían un fondo económico para las obras sociales de la comunidad. De esta forma se logra mantener vínculos con la comunidad de origen; sin embargo, existen elementos que nos permiten interpretar que detrás de esta "buena intención" de apoyo desde afuera hay otros intereses. Es decir, desde nuestro punto de vista, esta actitud constituye una forma de asegurar el regreso de cualquier migrante a su comunidad cuando ya no encuentre trabajo remunerado en las ciudades. En otras palabras, para que cuando regresen a su comunidad no sean mal vistos por sus vecinos, por eso a través de su organización se establece la obligación de estrechar ese vínculo con su pueblo por medio de su cooperación económica.

Es necesario resaltar que cada comunidad ñuu savíes tiene su propia organización de migrantes. Algunas de estas agrupaciones logran reproducir sus lazos comunitarios a partir de una serie de actividades culturales que se realizan durante los fines de semana o cada mes. Esto varía de una organización a otra. El grado de organización depende en gran medida del número de profesionistas de la misma comunidad que también forman parte del grupo de migrantes, pero también del grado de organización comunitaria que tienen sus pueblos de origen.

Si los migrantes no participan en la realización de actividades de la organización en beneficio de la comunidad de procedencia, las autoridades y el pueblo tienen bien presente ese hecho y en el momento en que algunos de estos migrantes tienen necesidad de algún documento expedido por la autoridad municipal, este servicio les es negado. Otro asunto que también merece mencionarse aquí es cuando alguno de los migrantes sufre un accidente y llega a fallecer donde estuvo trabajando o viviendo, sus familiares tienen que trasladarlo hasta dicha comunidad para su sepelio, pero para ello tienen que suplicar a la autoridad para que autorice el sepelio en el panteón del pueblo, no sin antes recibir una serie de reclamos y preguntas por la actitud poco solidaria y comunitaria del finado. Es decir, aun después de muerto se sigue cuestionando la actitud que se adopta si no se colabora con cooperaciones económicas y cargos en la comunidad de origen.

Durante los últimos años ha aumentado considerablemente el número de migrantes hacia los Estados Unidos. Este movimiento migratorio es más intenso en las comunidades de *ñuu vidi* (Mixteca Baja) y le siguen las comunidades del *ñuu vixi* (Mixteca Alta). De una microregión a otra la población migrante varía, todo depende de las condiciones económicas y de la agricultura de subsistencia que se practica en cada lugar.

La población que migra hacia los Estados Unidos es la que prolonga más su estancia en ese lugar. Los jóvenes, sobre todo, son los que regresan cada uno o dos años a sus lugares de origen para visitar a sus padres y a sus familiares y después de uno o dos meses de estancia regresan a su lugar de trabajo. En cambio, los adultos que son padres de familia van poco tiempo y luego retornan por dos razones fundamentales: primero para seguir cumpliendo sus obligaciones con sus hijos y, segundo, para no abandonar por mucho tiempo sus responsabilidades comunitarias. Es decir, los que migran de manera legal, que son pocos por cierto, son los que tienen la posibilidad de contar con un periodo de descanso en sus centros de trabajo, el cual aprovechan para visitar a sus padres y familiares; en cambio, la estancia en los Estados Unidos de los indocumentados, si les va bien, suele ser la más prolongada, incluso hasta cuando consideran pertinente regresar, lo hacen para no volver a salir por un tiempo.

Es doloroso reconocer que la mayoría de los migrantes hacia los Estados Unidos lo hacen por la vía ilegal, es decir, salen de su comunidad de origen en busca de trabajo asalariado en los campos agrícolas de Sinaloa o de Baja California y una vez estando en esos sitios, sin empleo en ocasiones, inician sus hazañas de aventura hacia otros lugares. A ello se debe que quienes logran cruzar la frontera son los que están en ese país en calidad de indocumentados.

La primera oleada de migrantes de los ñuu savi en los años cincuenta influyó de manera determinante en otros individuos quienes más tarde sintieron la necesidad de complementar su raquítica economía familiar a través de la venta de su fuerza de trabajo. Estas primeras salidas se produjeron en los tiempos de "descanso", es decir, cuando aparentemente se agotan las actividades relacionadas con la agricultura. Últimamente, las salidas ya son más constantes y no existe la necesidad de buscar tiempos propicios para ello. Más bien, los periodos de cultivo en las comunidades de origen se alteran constantemente debido a que las salidas deben coincidir con las actividades del lugar de destino.

Los impactos de la migración

El primer impacto que se observa con la migración es en el ámbito económico. Es cierto que la migración ha beneficiado, de alguna forma, a las propias comunidades expulsoras de mano de obra con el envío de recursos económicos desde donde los migrantes se encuentran; los beneficios se pueden establecer en dos niveles: familiar y comunitario (este último para los que siguen permaneciendo en su lugar de origen). Sobre este particular, Mario Ortiz reporta que tan sólo en 1987, al estado de Oaxaca llegó la cantidad de 76 479 433 pesos, de los cuales correspondían a la Mixteca 19 696 138.92 pesos, que equivalen a 21.83 por ciento del total de dinero que ingresa por concepto de la migración. Este dinero fue enviado a través de giros telegráficos desde los Estados Unidos de América (Ortiz, 1989: 67). Seguramente estos datos han variado considerablemente, ya que a más de una década de distancia, la migración se ha vuelto ahora casi un modo de vivir de cada familia mixteca.

Con la cantidad de recursos económicos que se envían a las comunidades, quienes se benefician directamente son, en primer término, los familiares de los migrantes. De acuerdo con lo observado en las propias comunidades potencialmente expulsoras de fuerza de trabajo (Chinango y Yolotepec, Huajuapan de León), en términos de beneficio económico, éste se refleja en la vida cotidiana de los ancianos que se quedan viviendo en sus pueblos mientras sus hijos "andan" fuera de la comunidad en busca de trabajo o estudio. Los jóvenes que se encuentran trabajando en alguna fábrica o como empleados en las obras de construcción en las grandes urbes o en los Estados Unidos, generalmente se ven obligados a enviarles a sus padres un dinero cada mes como apoyo para su supervivencia; si son varios hijos el monto del dinero es mayor, si es un hijo o dos, la cantidad de dinero es menor. Esto se refleja en la compra que realizan los viejos durante el día de tianguis en la comunidad o en la comunidad cercana: si los viejos llevan consigo billetes de 100, 200 o 500 pesos, significa que son varios los hijos quienes andan fuera de la comunidad; si, por el contrario, llevan billetes de 20 o 50 pesos, esto es signo de que sólo tienen uno o dos hijos que andan fuera de la comunidad. Junto a la construcción de otro tipo de viviendas, se compran y se introducen aparatos eléctricos, como estéreos y grabadoras, cámaras de video y televisores, así como objetos de cocina: estufas, lavadoras y ollas express entre otros. En el ámbito familiar, el dinero enviado significa un alivio económico, ya que con los recursos obtenidos se logran construir viviendas modernas[1] (aunque descontextualizadas). De esta forma se garantiza que los hijos migrantes regresen a visitar la comunidad cada vez que existe la necesidad de hacerlo o durante las fiestas más importantes del pueblo (Todos Santos, fiesta patronal, etcétera).

[1] En ocasiones, junto a la vivienda moderna se encuentra el corral de cabras, ovejas o un asno atado; alrededor de la vivienda está el cultivo del maíz, frijol, haba, garbanzo y los árboles frutales. En el interior de dicha vivienda es frecuente observar que no hay una cama, lo que hay es un rollo de petate y cobijas para dormir. Como ya no es posible hacer un fogón, quienes se quedan a resguardar la vivienda, ocupan el patio para cocinar muchas veces.

De la misma forma, los recursos que se envían desde los Estados Unidos y Canadá han servido para las cooperaciones comunitarias: para el pago de quien acuda a dar tequio[2] y quien cumpla en los cargos de topil y otros de menor rango, en representación de los migrantes. Respecto a los recursos que se obtienen por medio de la migración, dice Carlos Chimal,

> no sólo las familias emigrantes sobreviven; también las comunidades de origen se resisten a desaparecer gracias a los dólares que vienen sobre todo de California y Oregon. Aunque casi todo se va a mantener fiestas religiosas, en gastos suntuarios o cuando mucho en sustituir las antiguas viviendas circulares con techos de palma por cajones de cemento tabique... (Chimal, 1990 :37).

Este último aspecto se hace básicamente para buscar un prestigio social dentro de la misma comunidad; aun cuando no en todas las comunidades mixtecas suceda lo mismo.

No se sabe con exactitud el número de migrantes de la Mixteca que venden su fuerza de trabajo en otras partes. Lo que se puede señalar con alguna precisión es que en cada hogar están ausentes de uno a dos hijos. Durante estos últimos años, el movimiento migratorio es mayor; parece ser que la migración se ha convertido en el modo de vivir de los ñuu savi. No parece ser vida normal si ningún miembro de la familia sale; alguien tiene que salir, por lo menos de uno a dos meses para luego regresar a cumplir con la rutina que se divide en dos partes: la vida familiar y la vida comunitaria.

Con relación a los aspectos culturales, los impactos son más complejos. A diferencia de lo que sucede con los migrantes que no logran

[2] El tequio es una aportación "voluntaria" y gratuita que cada ciudadano debe proporcionar para la construcción de obras materiales que la autoridad programa. Aún se conserva esta forma de organización comunitaria, aunque los jóvenes migrantes han ido adoptando otras formas de ver el mundo que contradicen su cultura.

cruzar la frontera o que simplemente no tuvieron la oportunidad de salir de su comunidad, los migrantes que pudieron conseguir un trabajo estable en los Estados Unidos de América son los que relativamente cambian de actitud: la mayoría tiende a revalorizar las experiencias culturales de su mundo *ñuu savi*. Son los que más pugnan por reproducir la cultura mixteca allá donde se encuentran, fundamentalmente en los Estados Unidos y los que más impulsan el recobrar la identidad milenaria de los ñuu savi.[3]

Uno de los impactos más notorios de la migración durante los últimos tiempos es la ausencia de la población adulta activa que debe cumplir con los cargos municipales. En los pueblos que se quedan sin habitantes, con frecuencia son los ancianos y las mujeres quienes tienen que resguardar las instituciones tradicionales que funcionan en la comunidad, mientras que los jóvenes y los hombres de edad adulta se encuentran fuera de su comunidad en busca de un trabajo remunerativo. En la comunidad de procedencia, son los ancianos y las mujeres que no migran quienes informan a quienes llegan a la población en busca de la autoridad municipal si ésta se encuentra en la comunidad o no. Es decir, son las personas que aun cuando ya no les toque desempeñar algún cargo (ancianos) o que por tradición no les corresponde (mujeres), desempeñan el cargo de topil, topilillo o secretarias de la autoridad (cómo en Santa Catarina Chinango) en ausencia de quienes deben cumplir dichos cargos.

Anteriormente, sólo los hombres eran los que salían en busca de trabajo asalariado y después de un breve periodo regresaban a su comunidad para reincorporarse a sus actividades del campo. Hoy, ya es casi normal que familias enteras viajen para complementar su

[3] Los más conscientes sobre la cuestión de la identidad son los jóvenes que han estudiado un poco más (nivel profesional) y que tienen la oportunidad de viajar legalmente; en cambio la gente que migra de manera ilegal tiene pocas posibilidades de organizarse allá en los Estados Unidos, primero tienen que cuidarse de la "migra" y segundo, deben aprovechar al máximo su estancia por su condición de ilegal.

economía familiar y con ello experimentan un cambio del sistema de vida. Si antes no había mucha dependencia hacia la moneda, ahora la cultura del dinero se ha vuelto indispensable.

Estamos de acuerdo con algunos estudiosos en que cada tipo de migración ocasiona diferentes consecuencias en la organización laboral, familiar y comunitaria; algunos hombres regresan a tiempo para reincorporarse a sus actividades; otros no, por lo que tienen que emplear mano de obra de algún familiar o vecino en el cultivo de la milpa y de otros granos o simplemente para que realice alguna faena. A falta de tiempo, otras actividades complementarias no se llevan a cabo y la división sexual del trabajo se va rompiendo. A falta del esposo o hijo mayor, las mujeres tienen que tomar los instrumentos de trabajo como el machete, la coa, el hacha y hasta el arado para realizar las actividades de cultivo. A falta de hombres, casi todas las actividades más pesadas son realizadas por las mujeres.

La producción de artesanías en algunas comunidades del ñuu savi se ve reducida porque el migrante tiene que pasar más tiempo en su trabajo asalariado. Y como esta artesanía es una actividad que no es redituable, pronto pierde su sentido social y cultural, primero entre los migrantes y posteriormente dentro de la misma comunidad. Además de que son sustituidos por los objetos artesanales de plástico que llegan a los mercados.

Aun cuando no se perciba con mayor claridad al interior de la misma comunidad, los cambios sociales y culturales que la migración provoca adquieren, en algunos casos, dimensiones alarmantes; es decir, nadie está en contra del cambio porque ninguna sociedad es estática, sin embargo, sentimos que éstos han sido bruscos y acelerados. De la noche a la mañana se quiere transformar a los estilos de vida. Lo grave de la situación es querer olvidar y ocultar la identidad mixteca. La tendencia en muchos casos ha sido ésa: *negar la identidad.* El tequio, por ejemplo, ya no tiene el mismo sentido social y cultural que cuando se participa de manera directa junto con otros de la comunidad. Al compartir el tiempo en las actividades comunitarias, se permite también la socialización en los problemas de carácter general del pueblo; el tequio es ocasión para saludar al compadre y a los parientes que también acuden a él, además de ser una ocasión para compartir las bromas, los cuentos y los chistes. En otras palabras, los días de tequio son verdaderos días de fiesta para los comuneros.

En las actividades agrícolas ya no están presentes los rituales hacia la madre naturaleza. Es decir, ya no vemos ni sentimos esa relación armónica con el mundo natural que nos proporcionan los alimentos. Se han perdido esas ceremonias agrícolas ancestrales que se realizaban el 1 de marzo o el 3 de mayo de cada año para que la lluvia propiciara una buena temporada.[4] Aunado con la escuela y otros medios enajenantes que llegan de fuera de las comunidades, se quiere dar un salto antes de aprender a caminar y conocer el mundo, en este caso el mundo occidental.

No sólo los impactos de la migración se dan en los estilos de vida de los mixtecos en las comunidades de origen, sino incluso de quienes migran, muchos de los cuales tienen que pasar por un proceso espinoso de adaptación a otras normas e incluso sujetarse a normas jurídicas, que no corresponden a las suyas, como lo descrito por Carlos Chimal:

> Si bien en el camino de la emigración han tenido que aprender lenguas extrañas, perdido formas de vestir y peinarse, sustituido bebidas tradicionales por cervezas enlatadas y refrescos, a diferencia de anteriores grupos étnicos los mixtecos no parecen estar asimilándose del todo a la sociedad norteamericana.

[4] Hace unos 15 años, en el manantial de Cañada de Hielo de la comunidad mixteca de San Antonio Huitepec, Zaachila, Oaxaca, el pueblo, encabezado por sus autoridades municipales y con el apoyo de un sacerdote, acudía a dicho manantial para rendir el culto al agua. Sin embargo, hoy ha quedado como historia debido, entre otras cosas, a la migración, la influencia de la escuela, los medios de comunicación, el catolicismo y el protestantismo.

> Hace algunos años, un joven mixteco indocumentado se enamoró de una chica mixteca de 14 años cuya familia era residente de Riverside tiempo atrás. Como es la costumbre, el muchacho tomó a la chica, casaron y comenzaron a vivir juntos en la casa de ella. Pronto se embarazó. Pero en esos meses surgió un altercado con la familia política que terminó con una llamada a la policía. Se trataba de un incidente sin importancia, pero al llevar a cabo las averiguaciones la corte se dio cuenta de las edades de la pareja y el fiscal decidió acusarlo de violación. Luego de un año y medio de cárcel, a punto de ser condenado a cadena perpetua en una cárcel del estado, lo cual equivalía a una muerte segura porque quien ingresa ahí con tales antecedentes es repudiado por todos los reos, se solicitó el testimonio de un experto en costumbres indígenas. Michael Kearney explicó al juez y al jurado que la única falta del muchacho había sido haberse enamorado en el lugar inapropiado. Ante las dudas de los representantes de la sociedad, echó mano de Shakespeare. "No dudo", dijo, "que ninguno de los presentes no admire al más grande poeta de habla inglesa, y que todos hayan gozado y aplaudido la rabiosa defensa del amor que Romeo y Julieta hicieron de su amor, quienes por cierto contaban apenas con 15 años de edad". Eso salvó al muchacho, quien fue deportado y apenas pudo reconocer a su hijo en los pasillos de los tribunales antes de ser entregado al Servicio de Inmigración y Naturalización de los Estados Unidos, o simplemente migra (Chimal, 1990:36-37).

Por el desconocimiento de las normas jurídicas de otras sociedades, sus costumbres, lengua, visión del mundo, etcétera, muchos de los migrantes, sobre todo quienes proceden de los pueblos indígenas con una cultura y tradición milenaria, aun en contra de su voluntad tienen que soportar o adaptarse a las nuevas condiciones con tal de alcanzar su objetivo. O bien, tienen que vivir en condiciones muchas veces inhumanas como lo describe Filemón López, dirigente de la Asociación Cívica Benito Juárez en una de las entrevistas que se le hicieron (México Indígena, 1990: 40-43).

En lo que se refiere a la educación familiar y comunitaria no nos va mejor; los conocimientos que poseen aun los ancianos de la comunidad ya no se transmiten como se venía haciendo antes. Por las tardes o noches, después de las faenas cotidianas, se solía escuchar a los abuelos, tíos o padres, quienes contaban lo que había sucedido en la comunidad o en la de otros o bien, lo que podía suceder cuando no se cumplía con las promesas o simplemente se platicaba lo que se soñaba. Los jóvenes, sobre todo, que regresan de haber estado un tiempo regular fuera de su comunidad o contexto social comunitario ya no valoran dichos conocimientos. A partir de aquí comienza la sobrevalorización de lo de fuera y el menosprecio de lo indígena. En otros términos, poco a poco, la nueva actitud va influyendo para comenzar a negar la identidad comunitaria de las futuras generaciones. Las salidas constantes y el contacto que se tiene con el mundo de fuera influyen, de manera determinante, para la adopción de otro comportamiento.

Los diversos conocimientos tan profundos sobre la naturaleza comienzan a relegarse. Se le da poca importancia a la observación del universo. En fin, todo lo que se relaciona con el fenómeno natural, que necesariamente toman en cuenta los campesinos aun para la realización de diversos cultivos, hoy los jóvenes consideran que son conocimientos de gente que no está "civilizada". Ellos consideran que es pérdida de tiempo preocuparse por el rescate y revalorización cultural del mundo mixteco; piensan que hacerlo sería como retroceder más de 500 años en la era civilizada. Sin embargo, es aquí donde se refleja lo contradictorio del problema de identidad: quienes se encuentran fuera de su comunidad son los que más impulso le dan a las expresiones culturales, lingüísticas e históricas de los mixtecos; en cambio, mientras no cuentan con la posibilidad de migrar, piensan que la "civilización" está allá fuera. En tal sentido, a la escuela se le ve como el único espacio que ofrece la oportunidad de "salir", a través del aprendizaje de los conocimientos básicos de la lectura, otro idioma, etcétera.

Hace algunos años, en la comunidad mixteca de San Juan Mixtepec, Juxtlahuaca, Oaxaca, estaba ocurriendo un hecho fuera del control familiar y de la autoridad municipal. Sucede que uno de los migrantes de la comunidad, con tal de mantener entretenidos a sus hijos, desde su lugar de trabajo en los Estados Unidos envió grabadoras de video y un televisor a su casa. Dada la curiosidad de los niños, ellos consiguieron algunas películas pornográficas y algunas educativas como las caricaturas con los mensajes en inglés. El asunto no quedó ahí únicamente, como los niños asistían a la escuela primaria, el lugar donde mejor se aprecia la rebeldía de los niños, ahí pintarrajearon los muros de la escuela, escribieron mensajes en inglés, adoptaron una actitud en abierta oposición a las normas existentes en la institución, desafiaron a la autoridad educativa y municipal, etcétera. En este caso, ni la escuela y ni la autoridad lograron controlar el nuevo comportamiento de los niños.[5]

La migración en la Sierra Norte zapoteca

Al sur de nuestro país, en la confluencia que forman las llamadas Sierra Madre Oriental y la Sierra Madre del Sur; donde las montañas alcanzan sus mayores elevaciones y, consecuentemente, donde el medio geográfico presenta características propias de un ambiente de montaña y de difícil acceso, encontramos la parte central del área de la Sierra Norte zapoteca. Aquí se localiza el "Nudo del Zempoaltépetl" conjunto montañoso denominado en zapoteco *Ya'a Galj*, al hacer alusión a una conformación de veinte cerros.

Debido a los grandes contrastes naturales existentes en cuanto a clima, humedad, fertilidad, declives, lluvias, vientos, etcétera, como consecuencia de la conformación orográfica diversa, coexiste una

[5] Testimonio del profesor Marcos A. Cruz Bautista, originario de San Juan Mixtepec, Juxtlahuaca, Oax.

gran riqueza de flora y fauna donde destaca la presencia de árboles y animales propios de climas fríos como también de zonas templadas y calientes. Esa enorme variedad de especies en hábitat de montaña, hace posible la reproducción de una vida cultural y material humana, también heterogénea. Algunos grupos o comunidades sobreviven en mejores condiciones al disponer de mejores o mayores recursos y obviamente han podido escapar a los problemas derivados de la escasez de recursos, del agotamiento de la tierra, de la presión demográfica y de la pobreza extrema, factores directos que más han determinado la expulsión de la población en las zonas rurales.

La población de esta región, predominantemente zapoteca, mixe y chinanteca, se congrega en pequeñas comunidades campesinas que en la zona zapoteca no sobrepasan las 1 500 personas, excepto Yalálag, Ixtlán y Capulalpan con más de dos mil habitantes. La vida comunitaria se rige mediante tres unidades político-administrativas regionales, los distritos Villa Alta, Ixtlán y Choapan, que a través de mecanismos institucionales de poder, ejercen un control y otorgan ciertos espacios de participación, por cierto muy limitados, en el ejercicio de sus derechos políticos y culturales de *pueblos* en el marco de una sociedad y una nación pluriétnica y pluricultural. Los tres distritos disponen en conjunto, de un territorio aproximado de sólo cuatro mil kilómetros cuadrados de los 95 364 kilómetros del estado de Oaxaca, es decir, la región abarca apenas un poco más de 4.19 por ciento de los recursos, de los cuales sólo una mínima parte es apta para labores productivas que la población requiere para su supervivencia.

Aun cuando los datos reportados por el Censo de 1990 resultan poco confiables para tener un conocimiento más preciso sobre cada uno de los pueblos indígenas del México contemporáneo, en esta área y en el año indicado, se reporta una población total de 115 347 habitantes de los cuales, 88 853 son mayores de cinco años y de éstos, 76 125 hablan alguna lengua indígena: 47 893 son zapotecos

(62.91 por ciento), 25 221 chinantecos, 1 680 dominan el mixe y el resto el español, mixteco, mazateco y nahua (véase cuadro 1).

Los zapotecos, en su mayoría, son campesinos tradicionales que sobreviven dedicando la mayor parte de su tiempo a una diversidad de labores agrícolas, artesanales o asalariadas con intercambios, ayudas mutuas, préstamos y ventas. En la reproducción, la familia es la más importante unidad de producción en torno a la cual se cumplen funciones jerarquizadas y, además, las responsabilidades comunitarias. La familia es, entonces, no sólo unidad de producción sino también, unidad de decisión y disposición, unidad de legitimación y unidad básica de organización y reproducción de la vida comunitaria. La distribución de roles, trabajos y funciones depende fundamentalmente del sexo, edad, estado civil e imagen social. Los antecedentes familiares juegan un papel importante en el ámbito de las decisiones comunitarias pero también cuenta el hecho de ser niño, mujer, soltero(a), casado(a); divorciado(a), viudo(a), anciano(a) y haber cumplido honradamente los cargos conforme a usos y costumbres.

Al darse la reproducción económica a partir de un conocimiento, una tecnología, un trabajo y una organización que integra lo familiar y lo colectivo, ésta puede ser caracterizada como una *forma de producción campesina comunitaria* ya que, en torno a la unidad de producción familiar y la comunidad, se da la reproducción biológica y cultural que vincula estrechamente los ámbitos de lo individual con lo colectivo. Es decir, en torno a la familia-comunidad encontramos un conjunto de normas, principios, sanciones y compromisos (rituales, formales, tradicionales y cotidianos) que le confieren una historia, una imagen y un nombre preservados durante varios milenios, esto es, una identidad. Algunos elementos culturales distintivos de la identidad de los zapotecos de la Sierra Norte son: *shin lhawé, gwzoon, mpar, mardom, yerhé-lnii, yela-wecuéll, we-yhaá*, (el tequio, la gozona, el compadrazgo, las mayordomías, los ritos, las fiestas, la música, las danzas).

CUADRO 1

SIERRA NORTE ZAPOTECA

CARACTERÍSTICAS DE LA POBLACIÓN, 1990

Distrito	Pob. total	Hombres	Mujeres
Choapan	39 913	19 840	20 073
Ixtlán	42 471	20 990	21 481
Villa Alta	32 963	15 830	17 133
Suma	115 347	56 660	58 687
	Mayores de 5 años		
Choapan	24 403	12 066	12 337
Ixtlán	24 973	12 314	12 659
Villa Alta	26 125	12 723	14 026
Suma	76 125	37 103	39 022
	Hablan zapoteco (más de 5 años)		
Choapan	3 964	1 954	2 010
Ixtlán	18 329	9 023	9 306
Villa Alta	25 600	12 160	13 440
Suma	47 893	23 137	24 756

FUENTE: INEGI-Gobierno del Estado de Oaxaca, *Anuario Estadístico del Estado de Oaxaca, Aguascalientes*, Ags., México, 1995.

La economía campesina comunitaria de estos zapotecos gira en torno al cultivo de productos básicos combinando la siembra del maíz con el frijol, chile, calabaza y diferentes frutales sobre pequeñas extensiones que no cubren, muchas veces, las necesidades mínimas de autosubsistencia. A diferencia de otras regiones del estado, la sierra carece de superficies especializadas para el trabajo agropecuario y consecuentemente, se produce un poco de todo sin alcanzar un nivel de alto rendimiento que pueda cubrir por lo menos las necesidades del consumo regional. La cría de animales domésticos se reduce a dos o tres especies de ganado vacuno, cinco y hasta un máximo de veinte caprinos u ovinos y dos o tres porcinos que complementan la raquítica economía familiar generalizada, incluida la zona rica del Rincón, que Tyrtania describe paradójicamente en los siguientes términos:

> La región es productora de mano de obra baratísima, dispuesta a aceptar cualquier condición[...] Las comunidades zapotecas de la sierra perdieron el control del sistema en el nivel regional y [...] se limitan en la actualidad a "administrar autónomamente su miseria" en medio de una naturaleza exuberante (Tyrtania, 1992: 295, 332)

Así como todo grupo humano, los zapotecos en no pocas ocasiones, en medio de la adversidad han desarrollado, organizado y construido un espacio geográfico-social muy propio que conjunta diversos elementos: una historia, un territorio, una organización, una cosmovisión y un proyecto de vida asociado a necesidades y todo género de valores particulares, ciertamente muy similares a los de otros pueblos de origen mesoamericano y que hoy ese espacio aparentemente homogéneo, lo encontramos también disperso y fragmentado en unidades más o menos cohesionadas, algunas reagrupadas en organizaciones mayores y otras más con graves conflictos internos que conllevan la desestructuración o la pérdida de sus autoidentidades.

En el contexto natural y cultural por demás heterogéneo de la sierra, encontramos la presencia indígena zapoteca que en términos generales denominamos los bene xhon a partir del autorreconocimiento de los habitantes de una de las microrregiones que conforman la región, los cajonos. La sierra incluye cuatro formas principales de autoadscripción: *bënë xidza, béné lhej, béné xán* y *béné xhon*, donde los sujetos establecen sus propias fronteras a partir de referentes muy concretos que van desde la comunidad, el nicho ecológico, la variante dialectal, un conjunto de costumbres y una tradición asociados a determinados tipos de cultivos, trabajos, particularidades del medio ambiente y la propia cosmovisión.

Al dividir Villa Alta en una parte superior y otra inferior, en la primera, en los alrededores de Talea de Castro –su pueblo más importante– y en la porción noroccidental más lejana de Ixtlán, se localizan los zapotecos del Rincón, los *bëne' xidza*, en términos generales, su tasa de migración es relativamente menor a la de los pueblos del área cajonos y, por lo tanto, su tasa de crecimiento poblacional se mantiene casi inalterable. Las condiciones del medio geográfico, comparativamente más favorables a otras áreas, incidieron en un mejor desarrollo de las actividades agrícolas (cultivo del maíz, café, plátano y cítricos) y hasta hace poco más de tres décadas fueron factor importante para retener la migración; sin embargo, la tecnificación de los mismos cultivos en otras áreas, la falta de vías adecuadas de transporte y el desplome internacional del precio del café, entre otras causas, provocaron la inseguridad en la explotación de sus recursos naturales.

Los *bëne xidza* ocupan tres nichos ecológicos diferentes con climas de tipo frío, templado y caliente; los *bene rhej* habitan los alrededores de Ixtlán y preservan muchas formas particulares de identidad pero no así la lengua; los *bene xán*, grupo más reducido que se localiza en las fértiles y ricas pero lejanas tierras de Choapan y, finalmente, los *bene xhon*, localizados al sur del distrito de Villa Alta y en tres comunidades del distrito de Ixtlán, Laxopa, Yahuío y Guiloxi. Los primeros forman el grupo más numerosos de los cuatro y por descuido por parte de las instituciones gubernamentales, durante mucho tiempo han permanecido en el olvido y, en cambio, han podido preservar la rica herencia cultural de sus antepasados aun cuando a ella se han incorporado aspectos propios de la dominación colonial y elementos impuestos por los procesos de modernización, descampesinización, homogeneización y, recientemente, la globalización.

La migración de los bene xhon

En el distrito de Villa Alta y la parte limítrofe occidental de Ixtlán, al margen del río Cajonos donde surgen las aguas del río Papaloapan que desemboca en el Golfo de México, encontramos el área geográfico-cultural de los bene xhon. Sus comunidades son muy pequeñas y en general los recursos de que disponen son muy limitados, accidentados y no aptos para las actividades agropecuarias por lo cual, ofrecen muy pocas posibilidades de poder sobrevivir. Lo anterior ha llevado al más alto índice de migración en el distrito de Villa Alta en los poblados de Yalálag, Betaza, Solaga, San Pedro y San Francisco Cajonos, Xagacía, Zoogocho, Zoochila, Zoochina y Tavehua entre otros. Estas comunidades, desde la mitad del siglo XX, mostraron una clara tendencia de baja en su población o, en el mejor de los casos, a un estancamiento.

Hablar de la migración de los pueblos indígenas es hacer referencia a las condiciones de pobreza extrema, al agotamiento o escasez de recursos productivos, a los bajos niveles de ingreso-consumo, a los conflictos internos y, al mismo tiempo, a una intensa y costosa participación de vida comunitaria tanto de hombres y mujeres como de niños y ancianos. Por lo anterior, para poder explicar las condiciones de la migración zapoteca, es necesario ver los distintos contextos y particularidades de la cultura y de la economía. La migración zapoteca es el reflejo de una insuficiente cantidad de tierras laborables para ser usufructuada por las unidades familiares, de un inadecuado manejo y un agotamiento de la tierra, y contradictoriamente a una presión demográfica originada por una alta tasa de crecimiento poblacional frenada por los cambios inherentes a un nuevo modelo de desarrollo donde la educación formal, la comunicación, los programas de atención a la salud y castellanización imponen otras formas de consumo cultural y material.

Los datos disponibles sobre la migración zapoteca señalan que los lugares donde mayormente se registra este hecho se asocia a comunidades conflictivas y de mayor pobreza, concretamente Villa Alta y parte de Ixtlán. En el primer caso, es consecuencia directa del fenómeno de crecimiento demográfico registrado a partir de los primeros años de la década de los cincuenta. En este periodo se agotan de manera intensiva y extensiva los recursos disponibles llegando incluso a crear conflictos entre comunidades (Tabaá-Yojobi, Zoochina-Zoochila, Solaga-Talea-Otatitlán, etcétera) y, por otro lado, se inicia un cambio en la mentalidad campesina buscando otras alternativas de reproducción debido al impacto de la escuela rural mexicana, en consecuencia: "La migración indígena es producto de dos hechos sociales. Por un lado, salen del empobrecido campo mexicano porque las tierras ya son escasas para ellos, no hay empleo rural y la productividad es tan baja, que las familias no pueden mantener a los muchachos sin trabajar para que vayan a la escuela" (Nolasco, 1992: 71).

En términos generales, en la década de los setenta la migración se acentúa aún más en la sierra y lleva a otros fenómenos más complejos: el despoblamiento masivo de las comunidades desarticulando las instancias obligatorias y de cohesión, paralelamente la pérdida de ciudadanos contribuyentes en edad productiva porque es cierto: "la mayoría de los migrantes (84 por ciento) tiene una edad que oscila entre los 15 y los 30 años, lo cual demuestra el éxodo de la población económicamente activa más vigorosa, por un lado y por el otro, la falta de capacidad de absorción de la mano de obra de la economía local" (Ríos Vázquez, 1992: 31). Los migrantes son generalmente el grupo más productivo en términos de fuerza de trabajo y, en muchos casos, un grupo vulnerable en términos de producción de alimentos y, por ende, nutricionales. Un testimonio claro y extremo de esta situación es señalado por Stefano Varese en los siguientes términos:

> El municipio de Yatzachi el Bajo [...] es mayoritariamente zapoteco (más de 80 por ciento de la población se declara de habla zapoteca). El conjunto de población del municipio perdió 75 por ciento de su población total en 20 años comprendidos entre 1950 y 1970. La tendencia migratoria del municipio se mantenía constante en 1976. El 25 por ciento de la población restante, que se queda en el municipio, está constituido por mujeres, niños y viejos que tratan de subsistir dentro de una situación de minifundismo exacerbado (21.98 por ciento de las unidades de cultivo está por debajo de las cinco hectáreas, y las tierras ejidales no son cultivables ni maderables (Varese, 1978, 136).

Siendo desiguales las condiciones generales de reproducción, en el estado existen ciertos distritos con un alto crecimiento de población como Tuxtepec que en 1970 contaba con 189 920 habitantes, mientras que en 1990 alcanza la cifra de 339 413; el distrito del Centro que de 158 497 habitantes pasa a 342 338 en el mismo periodo y en tanto Pochutla con 77 642 habitantes pasa a 131 949 en el mismo periodo, mientras existen distritos sin variación significativa en su tasa de crecimiento; éste es el caso de Ixtlán. En el otro extremo observamos que Villa Alta, junto con los distritos mixtecos de Coixtlahuaca, Teposcolula y Nochixtlán, registraron entre 1980 y 1990 una tasa de crecimiento negativo que refleja, no necesariamente, una baja en su tasa de fecundidad, sino en lo fundamental, a la incapacidad del campo rural para absorber el crecimiento de su propia población, abatir los efectos de un modelo de desarrollo para poder disminuir la alta tasa de migración (véase anexo, cuadros 4 y 5).

En Oaxaca, la migración está fuertemente asociada a los contrastes del modelo de desarrollo nacional y regional que prevalece; así, mientras ciertos sectores sociales en los distritos disponen de mayores y mejores recursos económicos que inducen a la acumulación y a una clara tendencia de crecimiento en sus niveles de vida y desarrollo, en cambio, otros, básicamente de economía campesina, sólo disponen de bajos y limitados recursos y son finalmente quienes más población expulsan. La situación anteriormente descrita en el estado se resume así: "En la región de la Mixteca, los distritos que a su vez se distinguieron más por este fenómeno fueron en el siguiente orden: Silacayoapan, Juxtlahuaca, Tlaxiaco, Teposcolula, Nochixtlán y Coixtlahuaca. En la de Valles Centrales fueron Zimatlán, Centro, Tlacolula, Ocotlán, Etla, Zaachila y Ejutla y en la Sierra Norte: Ixtlán, Villa Alta y Mixe" (Ríos Vázquez, 1992: 30). Si recordamos que Oaxaca es un estado con un total de 30 distritos y el número de distritos con este problema es de 16, tenemos en consecuencia que la migración es un fenómeno que afecta a más de 50 por ciento de los distritos del estado oaxaqueño.

El paisano yalalteco Mario Molina como zapoteco expresa su preocupación y dice: "Hay una migración sorprendente de zapotecos a las grandes ciudades, con el tiempo y al ritmo de estas fugas de recursos humanos, los poblados chicos y medianos, tenderán a desaparecer" (Molina, 1993: 119). En efecto, cuando analizamos los datos oficiales de nuestra área, los reportes no son nada alentadores; en Villa Alta, de sus 25 municipios, solamente uno se registra con *atracción*, curiosamente es el más extenso, y al mismo tiempo el más alejado, y por lo mismo presenta mayores dificultades de acceso; Santiago Camotlán, otro de ellos, San Juan Juquila Vijanos se señala como poblado con *expulsión* y el resto, 23 en total, son comunidades ubicadas en la categoría migratoria de comunidades con *fuerte expulsión*. El caso de Ixtlán es menos dramático: de sus 26 municipios, uno registra *atrac-*

ción, Nuevo Zoquiapan; dos son de *fuerte atracción*: Yaneri y Yólox; cuatro presentan *equilibrio*: Abejones, Guelatao, Aloapam y Amatlán, y el resto presenta problemas de migración, cinco con la categoría de *expulsión* y 14 con *fuerte expulsión*. Choapam con sus seis municipios tiene menores problemas: uno es de *atracción*, uno de *fuerte atracción* y uno de *equilibrio*; el resto, tres de ellos, se registran en la categoría de *sólo expulsión* (véase anexo, cuadros 6, 7 y 8). El siguiente cuadro resume la condición de cada uno de los municipios en sus respectivos distritos.

CUADRO 2

LA SIERRA NORTE DE OAXACA

RESUMEN DE LAS CONDICIONES DE MIGRACIÓN

		Categoría migratoria				
Distritos	Municipios	Atracción	Fuerte atracción	Equilibrio	Expulsión	Fuerte expulsión
Villa Alta	25	1	0	0	1	23
Ixtlán	26	1	2	4	5	14
Choapan	6	1	1	1	3	00
Suma	57	3	3	5	9	37
					80.70%	

Fuente: INI, *Indicadores socioeconómicos de los pueblos indígenas de México*, México, 1993, pp. 133-143.

Historia y destino de la migración

La ruta y los caminos de la migración han sido diversos; quienes inicialmente salían, buscaron reproducirse bajo la forma clásica de una economía campesina tradicional, esto es, siguieron cultivando el maíz y su desplazamiento seguía su ciclo de cultivo en los lugares cercanos a sus comunidades de origen; en estos espacios arrendaban "un pedazo de tierra" para sembrar; más adelante surge el traslado definitivo hacia lugares con mejores condiciones de supervivencia aunque más lejanos, pero todavía dentro del territorio nacional: Choapan, Tuxtepec, Veracruz y Chiapas.

En la etapa de migración temporal, un punto importante de llegada fue la ciudad de Oaxaca donde los involucrados, generalmente infantes, se desempeñaban de "mocitos y aprendices" de algún oficio y al retornar a sus comunidades aplicaban sus conocimientos; algunos de esos oficios fueron muy bien valorados como la carpintería, la talabartería, la huarachería, la cohetería y la herrería. Sin embargo, la incorporación de esos nuevos oficios en el marco de la economía familiar-comunitaria nunca rebasó el nivel doméstico y, en consecuencia, no tuvo un gran impacto en la estructura ocupacional, sino simplemente reforzó la forma de producción campesina.

En términos generales, los cambios ocupacionales derivados de la migración infantil inicial sólo generan un complemento para sobrevivir a la economía campesina tradicional. La ruptura generacional de actividades, el paso de una economía campesina a una economía especializada y a una economía de mercado, nunca se dio porque al desarrollarse las mismas actividades en otras regiones y con mejores condiciones, obstaculizaron o desplazaron esas recientes actividades especializadas. Éste es el caso de la panela (piloncillo) y el aguardiente elaborados en el Rincón, que no pudieron prosperar porque fueron desplazados por los productores del valle (Hirabayashi, 1991). Esta tendencia se generalizó en toda la Sierra Norte y sus efectos han repercutido en la estructura ocupacional actual, en el ritmo de crecimiento poblacional y en su movilidad horizontal y vertical. Sólo algunos oficios tuvieron continuidad y han sido muy bien aceptados en las comunidades por su relación directa o indirecta con el calendario ritual religioso regional o con las actividades propias del campo; los oficios aún presentes y que no han rebasado el nivel artesanal son: la cohetería, la carpintería, la herrería y la huarachería yalalteca, que ha sobrevivido expandiéndose de Oaxaca a México pasando por Cuautla, Zacatepec y Jojutla en el estado de Morelos.

Cuando las posibilidades económicas de la familia lo permiten, muchos jóvenes salen para dedicarse a los estudios acelerando el rompimiento de la vinculación existente entre unidad de producción familiar y comunidad. La forma de producción campesina basada en el trabajo familiar de la tierra se disuelve cuando los hijos: *a)* se incorporan al mercado de trabajo urbano-industrial en calidad de mano de obra asalariada, *b)* ejercen algún oficio o una profesión después de haber estudiado una corta carrera y *c)* ingresa a las filas de la burocracia del estado en calidad de oficinistas. En conjunto, en esta área rural zapoteca se intensifica el abandono de la tierra y su cultivo, y con ello los procesos de cambio en los patrones y valores de vida comunitarios también se aceleran. Al desarticularse las relaciones entre el individuo con la unidad de producción familiar y la comunidad, surgen nuevas necesidades sociales y con ello otras maneras de expresar y preservar la misma identidad pero en un ámbito distinto; al interior de las comunidades surge la figura del *béné bábchhoj*, es decir, el *paisano* del pueblo que ya salió, que vive en otra parte, pero aun así "cuenta".

Al no "borrar de la lista" a los migrantes, muchos pueblos tienen su mayor número de habitantes fuera de la comunidad y éstos sobrepasan consecuentemente la población existente en las comunidades de origen. Las nuevas expresiones de la identidad comunitaria en los lugares de exilio son las organizaciones comunitarias y regionales (frentes unificadores, asociaciones, organizaciones, uniones, etcétera) que, en los últimos años, para estar acorde a los movimientos indígenas contemporáneos, para ser sujetos con personalidad jurídica y obtener apoyos institucionales, algunos se han constituido en organizaciones no gubernamentales en calidad de asociaciones civiles.

En la sierra, las cohortes migratorias han cambiado conforme pasa el tiempo; en Villa Alta los primeros pueblos expulsores de población –generalmente jóvenes entre los 10 a 15 años de edad, para dedicarse a los estudios, y los adultos en edad productiva– fueron: Yatzachi el Bajo, Yatzachi el Alto, Zoogocho, Solaga, Tavehua, Zoochila, Zoochina, San Pedro y San Francisco y San Miguel Cajonos; y parecía no afectarles a: Tabaá, Yojobi, Yohueche, Xochixtepec, Laxopa, Guiloxi y Yahuío, pero de manera más reciente este fenómeno también les afecta.

Un estudio por microrregiones hecho en la Sierra Norte por Donato Ramos, con referencia a los Cajonos señala:

> En esta área se produce el más alto grado de migración en la región [...] Adicionalmente, alrededor de 50 por ciento de los originarios ha emigrado hacia los centros urbanos, principalmente jóvenes de ambos sexos que buscan trabajo permanente en la ciudad de Oaxaca, valle de México y sobre todo Los Ángeles, California, Estados Unidos, desde donde apoyan la economía familiar y al desarrollo comunitario de su lugar de origen. (Ramos, 1992: 38)

En Ixtlán, después del movimiento armado de 1910 surge también la migración esporádica, afectando inicialmente a las comunidades de Ixtepeji, Netzicho, Analco, San Miguel del Río y Zoquiapan; sin embargo, las consecuencias no fueron muy graves para la familia ni para la comunidad. En cambio, la migración masiva surgida a partir de la década de los cuarenta e incrementada en los años subsecuentes, produjo un declive en muchas poblaciones dejando casas y pueblos vacíos, escuelas sin alumnos y parcelas en total abandono.

Al incrementarse el proceso de industrialización en el Distrito Federal, la mayor parte de la población migrante formó parte del sector de trabajadores obreros no calificados o, en el mejor de los casos, se insertaron en el sector de servicios o como empleados públicos. Los insuficientes salarios para sobrevivir decorosamente, la nula participación política y cultural en la "otra" sociedad y su vinculación sentimental o material con sus comunidades de origen, son algunos factores que han generado mecanismos de recreación, cohesión, valoración y búsqueda de su ser social en otros niveles y espacios; es decir, el migrante en su inserción en la otra sociedad, consciente o inconscientemente se plantea fortalecer su *yo* individual y, al mismo tiempo, fortalecer su yo histórico y social. Cuando en su convivencia cotidiana siente el rechazo, la discriminación y la inseguridad, busca refugiarse en su comunidad de origen y en esa convivencia se redescubre y llegado a este punto es cuando reinicia su retorno, un retorno a veces interior y subjetivo, que puede ser sólo imaginario, pero finalmente es el reencuentro con su propia identidad.

En el Valle de México, en 1980 se reporta la presencia de 35 333 zapotecos, cantidad superada solamente por los 83 064 habitantes nahuas (X Censo General de Población). En el Distrito Federal los zapotecos ocuparon el cuarto lugar con una población de 22 872 personas después de mazahuas, ñahñús y nahuas. Aun cuando la presencia zapoteca en la cuenca del Valle de México data desde siglos atrás, su presencia actual en el mismo espacio obedece a una nueva dinámica social de reproducción. En 1980, de una población total indígena registrada en el país de 5 181 038 habitantes, tenemos 347 006 zapotecos, de los cuales 22 872 viven el Distrito Federal y otros 8 702 se localizan en el Valle de México. Como podemos observar, hay una población de más de 31 000 zapotecos migrantes solamente en esa área metropolitana (véase cuadro 3).

CUADRO 3

POBLACIÓN MAYOR DE 5 AÑOS QUE HABLA LENGUA INDÍGENA EN EL D. F. Y EN EL VALLE DE MÉXICO, 1980

	Distrito Federal		Valle de México	
Lenguas indígenas	Total	%	Total	%
Nahuas	83 064	39.84	13 069	11.10
Zapotecos	22 872	10.97	8 702	7.39
Otomíes	22 172	10.64	16 465	13.98
Mixtecos	15 677	7.52	9 543	8.10
Mazahuas	10 648	5.11	32 687	27.76

X Censo General de Población y Vivienda, 1980.

En las circunstancias actuales, en las subáreas de la sierra existe una relación estrecha entre la incapacidad de los recursos para dar sustento a su población y la imposibilidad de preservar la identidad comunitaria como estrategia para favorecer un autodesarrollo acorde a las exigencias de la modernidad. La premisa anterior parece confirmarse en toda la región, aun en los más apartados pueblos del Rincón que buscan en la migración la alternativa más viable para reproducir su identidad personal y comunitaria, y al decir de ellos en el exilio es donde más se recrean los mecanismos de autoidentidad.

En la sierra, al agotarse las posibilidades reales de reproducción familiar-comunitaria en el marco de esa economía campesina y la migración temporal, el desplazamiento cobra nuevo sentido y forma porque la fuerza de trabajo existente se articula al mercado internacional en calidad de mano de obra no calificada y en actividades propias de la zona urbana de la ciudad de Los Ángeles, California. Actualmente muchas mujeres y la mayor parte de los varones son trabajadores asalariados en distintas actividades informales y eventuales (cocineros, amas de casa, lavaplatos, jardineros, costureras a domicilio y por destajo, trabajadores de limpieza y aseo, cuidadoras de niños y empleados de tintorerías y lavanderías). Es cierto, sólo de manera reciente algunos migrantes han logrado mejorar sus ingresos y en general sus condiciones laborales a partir de la amnistía y el otorgamiento de la residencia legal en el país norteamericano, algunos han logrado obtener una nueva ciudadanía y muchos más siguen como ilegales, sin posibilidades de modificar su estatus de inseguridad y en "la mira de ser deportado en cualquier momento".

El carácter ilegal de los migrantes en los Estados Unidos y su bajo nivel de escolaridad impiden su libre y justa contratación como mano de obra y al mismo tiempo los obligan a soportar cualquier condición de vida. Estos obstáculos, muchas veces insalvables, han permitido a los zapotecos: *1)* crear estrategias de defensa y ayuda (alianzas interfamiliares, vida conyugal, procreación de hijos en el extranjero, apoyo para vivir y encontrar empleo, trabajos a domicilio, etcétera) y *2)* recrear patrones culturales de carácter comunitario para mantener viva su historia y su proyecto de persistencia como sociedad diferencial (lengua, celebraciones religiosas, bandas de música, campeonatos de baloncesto y asociaciones comunitarias). Reconocer la irrupción zapoteca en el ámbito internacional como una cultura ajena e inserta en otro espacio y recreándose permanentemente, lleva a plantear fenómenos de persistencia y cambio de las identidades que se vuelven incluso más fuertes que los existentes en los lugares de origen y han sido llevados más allá de las fronteras nacionales durante las cuatro últimas décadas.

Los Ángeles, California (Estados Unidos), es, finalmente, el sitio donde parece detenerse la migración zapoteca serrana y donde el espacio y el tiempo cobran otra dimensión; aquí la reproducción de la cultura y la del sujeto parecieran diluirse poco a poco a través de las nuevas generaciones y la defensa y preservación de lo propio parecieran perderse en los múltiples caminos de la globalización. Mientras esto no sucede, al ritmo de los jarabes, las marchas, los sones regionales y las quebraditas, tomando una *budweiser,* y disfrutando los tamales junto con el caldo de res de la cocina típica regional serrana, e identificándose con un *padiux* y un *wellagchho-yell,* se espera que ese saludo y esa despedida sean realidad muy pronto en el pueblo de origen.

Así como las tendencias y razones de expulsión son distintas, el regreso tiene también distintos periodos y explicaciones; los regresos temporales dominan sobre los permanentes, algunas personas vuelven durante cortas temporadas de meses o acaso un año, sólo para cumplir con los cargos designados por la comunidad; pocas familias retornan para siempre durante su etapa de vida productiva, la gran mayoría opta por hacer visitas periódicas anuales durante las festividades religiosas, visitas relámpago para arreglar asuntos personales (pago de impuestos, compraventa de solares o ver a los padres) y estancias cortas en vacaciones. El regreso definitivo es una ilusión que acaba con las pesadas cargas de trabajos comunitarias y aunque constantemente se ve un ir y venir de personas, el clásico fenómeno de "comunidades fantasmas" es una realidad de los pueblos ante su incapacidad para sobrevivir transformándose de acuerdo con los cambios y con los problemas inherentes al modelo de desarrollo donde la nula productividad y la competencia son los ejes generadores de desempleados, jubilados, niños y jóvenes inadaptados o descaracterizados que al sentir el rechazo de la sociedad dominante tampoco tienen la aceptación de las comunidades de sus padres por no compartir sus valores, tradiciones, cosmovisión y las obligaciones comunes.

Impactos de la migración

Al margen de las características, de las razones, del destino y del grado de migración en las comunidades de la región de estudio, en este apartado queremos resaltar algunos impactos observados en las formas de vida de las comunidades. Queremos señalar qué pasa en el círculo de la familia, de la mujer y de los hijos a quienes, por quedarse solos o bajo la custodia de los familiares más cercanos, les afecta consecuentemente el fenómeno de la migración. Cotidianamente, muchas conductas en apariencia individuales e irrelevantes (crisis de identidad, consumo de alcohol a temprana edad, separación de la pareja, deserción escolar, madres solteras, desacato a las normas, ancianos abandonados, etcétera) se vuelven asunto común al manifestarse como desajustes de la personalidad en los círculos formales e informales de la familia y de la comunidad. Muchos de esos hechos, calificados por la propia sociedad como conductas patológicas individuales contrarias a las normas preestablecidas, afectan la buena convivencia. Es cierto, tales conductas de alguna manera funcionan como mecanismos de defensa, como estrategias de resistencia, como expresión de la falta de atención, cariño y cuidado de los padres al abandonar sus hogares pero, al revertirse en mecanismos destructores de la personalidad y de la identidad, atañen necesariamente a las formas de organización del conjunto de la sociedad.

La preservación de la cultura y de la identidad comunitarias es una responsabilidad compartida por el hombre y por la mujer en el marco de las normas, valores y principios conforme al derecho consuetudinario. Ambos están obligados a prestar servicios político-religiosos mediante un sistema jerárquico de funciones y responsabilidades, donde algunas veces éstas (las mayordomías, los cargos, los tequios, los comités, etcétera) se otorgan por méritos o reconocimiento, y en otras ocasiones como medidas de castigo por desacato a las reglas comunitarias. Las responsabilidades individuales son en primera instancia, asuntos de familia y del grupo extenso de parentesco (ahijados, compadres, cuñados, consuegros, etcétera) porque con ellos se presta y se recibe ayuda obligada en dinero, en especie o trabajo y, en segundo término, son objetos de ayuda voluntaria por parte de los vecinos, amigos y conocidos. La práctica institucionalizada de ayuda mutua se denomina *gwzoon*, expresión identitaria zapoteca que les ha permitido sobrevivir aun bajo circunstancias muy difíciles en sus nuevos lugares de asentamiento. Cuando alguien necesita ayuda, ésta se presta sobre el principio de *nheda na'á, lué wxé'*, es decir, hoy por mí, mañana por ti.

El sistema de cargos se mantiene gracias a su carácter obligatorio, la disposición de los migrantes para aceptarlos y al respeto a su sistema de usos y costumbres. Los servicios duran un año y la notificación de la elección deberá hacerse por escrito para que, al aceptar el nombramiento, la persona elegida pueda regresar para desempeñar personalmente el cargo o contratar los servicios de algún familiar o vecino, pagándole el salario correspondiente. La erogación varía desde los 15 mil hasta los 25 mil pesos anuales sin incluir los gastos rituales; la cantidad es muy elevada en la comunidad si tomamos en consideración el salario mínimo regional o el sueldo diario de los peones. Así, las condiciones del contrato por el cargo resultan claramente ventajosas para los prestadores del servicio y finalmente su desempeño se convierte en un *modus vivendi* en la propia comunidad; sin embargo, aun considerando el alto costo del cargo, difícilmente los nombrados rehuyen la responsabilidad y sólo les queda negociar las condiciones del pago. En las comunidades donde ya no existe población infantil para cubrir los primeros puestos comunitarios, los cargos de topilillos, acólitos o sacristanes poco a poco han ido desapareciendo y en algunos poblados, niños de muy temprana edad, incluso menores de un año, desempeñan esas responsabilidades y sus padres cumplen sus "cargos". En ausencia del padre, es la madre quien realiza las labores cargando su niño en la espalda para hacer ver el cumplimiento del servicio.

Para conocer el impacto de la migración en la región, no solamente debemos cuantificar el número de población desplazada, el tipo de ocupación, los ingresos y la suma de dinero enviada a los familiares desde el exterior. Los mecanismos de envío son básicamente a través de dos medios: el servicio de telégrafos, y por conducto de los amigos o familiares que vuelven esporádicamente por visita, fiestas y por el cumplimiento de los cargos. No sólo ingresa dinero, también llegan productos industrializados que desplazan los tradicionales artículos regionales. Desde las sofisticadas antenas parabólicas hasta los más necesarios aparatos electrodomésticos (planchas, lavadoras, licuadoras, etcétera) pasando y sin faltar los suntuosos productos de diversión (televisores, reproductoras de audio y video, cámaras, etcétera) así como los de uso personal (tenis, camisas, vestidos, chamarras, etcétera).

La aportación de los migrantes en las comunidades es muy importante: sólo en la oficina de telégrafos de Zoogocho ingresan actualmente 550 mil pesos al mes en promedio; una cuarta parte de esa cantidad proviene del interior del país y la otra directamente de los Estados Unidos. La cantidad aumenta durante las temporadas de fiesta y con el efectivo enviado a través de las personas que regresan. Los días jueves de plaza en aquella comunidad se observa un libre cambio de dólares, donde el pago se ajusta a la demanda de acaparadores, normalmente comerciantes fijos y ambulantes. Ahora bien, según las fuentes de información de las comunidades, la circulación mensual de dólares puede ser un poco más del triple de la cantidad pagada por la administración telegráfica del lugar.

Si comparamos los ingresos de los migrantes con el promedio anual de participación federal que un municipio recibe, curiosamente sólo a partir de la última década la primera cantidad rebasa la aportación, ello explica la construcción y mantenimiento de los edificios públicos. El contraste entre pobreza extrema de las comunidades, según los datos oficiales que no cuantifican los ingresos personales y municipales de la migración, con la presencia de elegantes edificios municipales, servicios de drenaje, agua potable, pavimentación de canchas de baloncesto o calles, reconstrucción de iglesias, etcétera, sugieren análisis más puntuales de valor del capital cultural en el contexto de la migración.

Del dinero recibido, una buena parte se invierte en la compra de materiales para la construcción de viviendas; por ello al llegar a las comunidades, encontramos casas de uno o dos pisos construidas con ladrillos, varillas, cemento y otros materiales provenientes de la ciudad de Oaxaca. Sustituir los adobes, las tejas, los carrizos, los tejamaniles, los horcones y vigas de madera por paredes de concreto y por materiales industriales más duraderos ha llevado a modificar los patrones de construcción de las casas, a cambiar los patrones de consumo-producción y a transformar incluso la distribución del espacio y su utilización. Otra parte de los recursos es captada por el estado mediante el cobro de impuestos y el pago de servicios: la Comisión Federal de Electricidad y las oficinas de Recaudación de Rentas retienen sumas importantes derivadas de la aportación de los migrantes.

A cambio de lo recibido, hacia los Estados Unidos se envía a los familiares productos regionales: desde un par de huaraches, un rebozo o una blusa, hasta la costilla de res, pescados y camarones secos; tampoco faltan los condimentos necesarios apara elaborar los tamales, el caldo de res, el mezcal, el chocolate y las bebidas rituales: el champurrado y el pozoncle, este último a base de cacao, agua, piloncillo, masa y las puntas de la guía doméstica, cocolmecatl llamada en zapoteco *yej rhuxé*, así como los panes regionales. En fin, la migración ha generado no sólo una red permanente de intercambio de productos, sino un ir y venir de sujetos sociales que traen y llevan formas de producción y consumo culturalmente diferentes y que al insertarse y adaptarse a otros contextos, recrean y modifican las identidades.

La migración conlleva formas culturales diferentes de percepción, apropiación, distribución y consumo de recursos que modifican las formas cotidianas de vida social; sin embargo, al interior de la cultura, hay aspectos subjetivos y plenamente arraigados en el pensamiento donde parece detenerse el cambio: en la concepción y visión del mundo y de la vida. De hecho, pueden cambiar y cambian aceleradamente los patrones de uso, obtención o disfrute de los bienes, pero las formas de dar satisfacción a una necesidad no necesariamente rompen la tradición y el pensamiento, por el contrario, éstos son el fundamento para la acción. Al pretender conservar en otros contextos sus formas particulares de organización social: la comunidad, la familia extensa, los barrios, las bandas, las danzas, los compadrazgos, los apadrinamientos, las bodas, los 15 años, las pastorelas, las celebraciones patronales, los campeonatos de baloncesto, su cuota "voluntaria" anual a su organización para apoyar los trabajos de su pueblo natal, los migrantes buscan recuperar aspectos significativos que les otorgan no solamente un nuevo espacio de participación social, sino fundamentalmente les permiten legitimar su sentido de pertenencia grupal y el derecho de preservar su identidad diferencial.

Los impactos directos de la migración en la región son muy diversos: en las familias se dan desajustes por la falta de atención a los hijos, quienes, en ausencia de la figura paterna, hacen más difícil el trabajo de la madre; ella suple esa carencia proporcionándoles dinero, pero muchas veces, al no poder vigilarlos, a escondidas se inician en el consumo de bebidas embriagantes. En el ámbito comunitario, la madre asume otras responsabilidades y roles anteriormente exclusivas del varón; ahora sus deberes son más complejos pues no sólo cuida su hogar y su familia, sino cumple también con las tareas y los gastos derivados del cargo de su cónyuge en el municipio o en la iglesia y, por si fuera poco, debe también dar tequio y su contribución económica o material (una determinada cantidad de botes de arena o grava, tortillas, panes, chocolates, etcétera) al ayuntamiento y a la casa de la comisión de festejos.

La contribución a las festividades religiosas es sumamente importante; el hecho de tener un carácter voluntario y al estar apoyada sobre la creencia, la fe y la satisfacción de haber logrado sus propósitos son razones por demás suficientes para; donar una o dos reses que serán consumidas durante la fiesta; dar premios para los torneos de baloncesto (novillos, becerros, cerdos, borregos o dinero en efectivo); pagar la banda de música visitante; "poner el castillo" en la noche de los maitines de la fiesta; llevar velas y flores al Santo Patrón durante los días previos a la fiesta; pagar los servicios del sacerdote durante toda la semana; "disparar los refrescos y cartones de cerveza" a los conjuntos musicales y entregar dinero en efectivo a las comisiones de danza, festejos, deportes, a la Iglesia y al municipio. En verdad, es sorprendente ver cómo cada año, durante un momento, una noche o una semana, se derrocha, se baila y se disfruta el producto de una larga temporada de trabajo. La circulación del dinero sin la búsqueda de su acumulación sigue siendo un principio que rige aún la vida de muchos de nuestros pueblos indios y donde los fenómenos de la globalización parecen aparentemente perderse.

El consumo ceremonial y ritual es parte importante de la vida individual y social y por lo tanto está presente en casi todas las actividades cotidianas; se parte del principio de la igualdad de derechos y obligaciones; la distribución de los bienes, recursos, cargos y otras responsabilidades se hace con base en tal supuesto y en realidad funciona como una regla que sirve para justificar arbitrariedades y abusos y legitimar las desigualdades sociales. Evidentemente, en esa reproducción social contradictoria, los zapotecos comparten un ideal de sociedad igualitaria donde no se busca acentuar de manera permanente los ancestrales problemas de pobreza, miseria y abandono, sino lograr una "sociedad igualitaria", lo que supone aceptar efectivamente: "Por sociedad igualitaria, no se entiende, pues, una en la que no haya diferencias económicas, sino, una comunidad en la que el estado de pobreza o de riqueza es reversible y obedece a una fluctuación cíclica de acuerdo con la duración de una vida individual, con los ciclos de desarrollo del grupo doméstico..." (Tyrtania, 1992: 267).

Sin embargo, en un régimen de competencia total y de mercado capitalista donde la pobreza o riqueza no son fenómenos cíclicos sino estados permanentes sólo para ciertos grupos de la sociedad, el sistema de retribución de oportunidades así como el desempeño de los cargos no nivela las desigualdades y así quienes más tienen son finalmente quienes más acumulan y poco a poco se consolidan en grupos con intereses muy específicos que buscan apropiarse, reproducir y obtener beneficios personales de los espacios culturales y de la toma de decisiones comunitarias. La desigualdad y diferencia social en las sociedades indias son, en consecuencia, una realidad innegable, pero lo es también la inexistencia de un acaparamiento y una opulencia extrema de tipo capitalista. La reproducción del dinero como capital en la sierra, hoy es un hecho real que está a la vista pero, a diferencia de otras regiones y tiempos, el proceso de reproducción no nace propiamente de la producción, sino del consumo y la circulación, que se explica a través del dinero de la migración.

Hemos señalado: el fundamento de la identidad entre los zapotecos migrantes se encuentra en ciertos elementos arraigados en la conciencia y en la inconciencia de los sujetos donde el sistema de creencias religiosas juega un papel importante. La fe católica es sólo una parte de ese mundo y asociado a él encontramos la música, la danza, los rituales de agradecimiento y de petición. Ante la migración, las expresiones de lo religiosos poco a poco van desapareciendo en las comunidades y en cambio resurgen en los nuevos lugares de asentamiento. Las bandas, las danzas, las bebidas y las comidas, las formas de ayuda junto con otras formas de organización, han acaparado nuevos espacios; la Colonia Yalálag, Santa Lucía del Camino, San Martín Mexicapam, Las Flores, Viejo Aeropuerto, San Jacinto Amilpas e Ixcotel, son algunos lugares donde irrumpe la cultura serrana en el valle de Oaxaca; las colonias Benito Juárez, Metropolitana, Aurora, Pantitlán, Xico en Texcoco y Santa Elena en Chimalhuacán representan, en el área metropolitana del Valle de México, lo que para los migrantes es Los Ángeles en el territorio extranacional. Al invadir otras regiones, estados y centros urbanos, la movilidad poblacional de los serranos se vuelve al mismo tiempo una movilidad étnico-cultural que conlleva un desplazamiento de la lengua, un traslado de los sistemas de cargo (religiosos y políticos) y la reproducción de las propias maneras de supervivencia social, pero además conlleva una apropiación permanente de formas culturales distintas que les permite adecuarse al medio sin destruir su identidad.

El área de Ciudad Nezahualcóyotl ha sido, en el Valle de México, el sitio donde durante los últimos 40 años, encontraron acomodo diversos pueblos indígenas migrantes: zapotecos, mixtecos, purépechas, mixes y triquis, entre otros; aquí en consecuencia, se ha formado una multiplicidad de organizaciones comunitarias indígenas y al mismo tiempo se han ido creando más de una decena de bandas y conjuntos musicales serranos (Yalálag, Zoogocho, Yatzachi el Alto, Yatzachi El Bajo, Zoochina, Betaza, Albarradas, Mixe, etcétera), quienes trasladando sus sones, jarabes, marchas y danzas, junto con la cocina y las creencias aún precoloniales, refuerzan su identidad.

El retomar las múltiples expresiones de su identidad en contextos ajenos al de origen hace a los migrantes redescubrirse como zapotecos y recrear su pensamiento simbólico, mítico y religioso, que no permite a los sujetos aceptar los cambios, las rupturas, los problemas y los conflictos vivenciales como fenómenos naturales e independientes a sus creencias y a su religión. Como todavía creyentes de un solo dios hasta cierto punto personificado en un santo patrón que también otorga identidad (de sanjuanero, guadalupano, sanpanchito, sanpedrito, etcétera) no conciben la conformación de un nuevo sujeto ajeno al sincretismo religioso católico-indígena: el "hermano" o la "hermana" se vuelve una referencia ridiculizada y generalmente caricaturizada en un(a) supuesto(a) "lector(a) del libro" o en un falso "retirado de las bebidas espirituosas" sin cuestionar si pertenece a la secta protestante, testigo de Jehová, mormones o sabatistas. La adhesión a otra religión es fuertemente cuestionada en la medida en que los adeptos no respeten las responsabilidades y las normas colectivas; es común ver a "los hermanos" alejarse del grupo comunitario pero no así de los familiares para hacer proselitismo, se niegan a seguir aportando sus "cuotas voluntarias" y dejan de participar en todo tipo de reuniones y celebraciones. Éste es el punto central de interacción que el colectivo no acepta, porque además de poner en riesgo una forma de vida, quieren seguir siendo beneficiarios de los logros colectivos sin asumir las mismas responsabilidades.

La fe, los agradecimientos o las peticiones a sus santos o vírgenes de devoción, a los espacios sagrados (casa, alimentos, agua, fuego, aire, etcétera) y a los lugares encantados (caminos, lagunas, ríos, etcétera) se realizan mediante el ofrecimiento de rezos, bebidas y comidas rituales, danzas, música, dólares, monedas, incienso, flores y velas en días y horas propicias que nos remiten a los rituales, calendarios y ceremoniales prehispánicos. Los actos más visibles refuerzan el calendario festivo regional acompañado siempre de un proceso de producción y consumo rituales que al ser expresados producen una satisfacción e incluso un prestigio para el creyente. Por consiguiente hay un momento importante en la vida de los zapotecos, donde se da una apropiación subjetiva de la realidad simbólica y ocurre como necesidad y como voluntad al mismo tiempo; por lo tanto, en la realización del acto el despilfarro, la alegría y el agradecimiento, el dar y recibir mediante la ayuda mutua (*gwzoon*), el compartir y el agradecer conjunta las responsabilidades individuales con los deberes comunitarios.

Entre los zapotecos, la música está íntimamente relacionada con la lengua, con el sistema de pensamiento y con la danza, por lo cual cumple también una función comunicativa muy importante, tanto entre los propios hombres, como entre los hombres y sus dioses o seres sobrenaturales. La expresión musical se haya impregnada de un fuerte contenido religioso, refleja el paisaje multiforme del medio ambiente, expresa además las vivencias, las emociones, los sentimientos, el dolor, el sufrimiento, la alegría y los problemas cotidianos. No es casual encontrar cantores, compositores, arreglistas, rezanderos y ejecutantes que hábilmente desarrollan una expresión musical sacra desde niños. El cambio y el impacto que conlleva la expulsión de población hacia otros contextos, se reflejan también en una transformación de la música regional; en la adopción de otros géneros, donde anteriormente era común la música sacra, las vísperas, los maitines, las fantasías, las marchas, mazurcas y valses, hoy con mayor frecuencia se oyen cumbias, ritmos tropicales o las quebraditas. Aparecen grupos musicales modernos (trovas y conjuntos) que al fundir la tradición musical zapoteca con sus formas y ritmos propios, exaltan aspectos distintivos de la cultura (la siembra, la mayordomía, el tequio, etcétera) combinadas con un repertorio propiamente urbano y popular.

En la dinámica anterior y en el contexto regional de un redespertar de la lucha por la defensa de las identidades, de la cultura y de los valores propios, la música zapoteca durante las dos últimas décadas ha sufrido grandes cambios por distintas razones, entre ellas resalta la migración en dos sentidos: por una lado como un tema musicalmente desarrollado por los propios protagonistas, y como apertura a otros géneros y ritmos musicales integrando los sones serranos con temas sociales e intérpretes autóctonos a las bandas tradicionales. Resaltan temas alusivos al paisaje abrupto de los pueblos, sus caminos, sus veredas, sus mercados, la belleza de sus mujeres, la convivencia respetuosa con la naturaleza, los distintos sentimientos nacidos de los particulares problemas existenciales y de supervivencia no muy armónica, el sometimiento de la mujer, el machismo, la infidelidad, el trabajo, etcétera. En este cambio, la expresión musical zapoteca adopta las características de una forma particular de música folklórica en el mejor sentido de la expresión, es decir, una música zapoteca que al ritmo cadencioso de los sones o los jarabes, y haciendo uso de la sátira, la ridiculización o la crítica, expone los conflictos, censura los problemas y exalta los valores propios de la identidad. En la última década del siglo XX la música cobra un nuevo giro con la aportación de compositores e intérpretes autóctonos, la lengua y el pensamiento se enriquecen, se difunden con los medios modernos de comunicación y al mismo tiempo hacen que los sujetos tengan un mejor acercamiento crítico y un mayor reconocimiento de su propia historia.

Como tema, los conflictos derivados de la migración no pasan inadvertidos, las canciones zapotecas mediante el uso del lenguaje y la construcción picaresca, denuncian los peligros subyacentes cuando se deja la pareja, la familia y la comunidad. Los arreglos musicales en este sentido, más que un ataque personal, una ofensa a la moral o una incitación a la infidelidad, son una advertencia y una denuncia de los problemas de la migración. Cuando al calor de las cervezas y los mezcales aflora el grito machista de desahogo del hombre mujeriego pero también despreciado, el *Wenda kaxé* o, al son del *Chaga nhonozua* –ahora que no está–, se baila hasta el cansancio o al amanecer, las canciones no son más que la expresión de un respirar profundo en la pesada vida del campo, un escape al sometimiento de la mujer por el varón y, por qué no, también el aflorar del deseo, el amor, la pasión, la esperanza, la rebeldía ante el abandono o el olvido; estos sentimientos expresan las canciones de San Francisco Yateé cuando dicen: "Si estas interpretaciones las escucha usted pícaras, groseras o muy sentimentales acéptelas, porque ésta es nuestra manera de ser, de los habitantes en la comarca del río Cajonos", y en los versos de sus canciones dicen:

CHÁGÁ NHONHÓ ZUA

Letra de Martín Marcial R.
acompañado por la Banda de San Francisco Yateé.

Nachhen wyá, nachhen wyá	Ahora sí, bailaré
Chaga nhonhó zua	Ahora que no está
Nachhen yhejá, nachhen gawá	Ahora sí tomaré y comeré
Chhaga nhonhó zua	Ahora que no está
Nachhen wyá, nachhen wyá	Ahora sí, bailaré
Chhaga nhonhó zua	Ahora que no está
Nachhen yhejá, nachhen gawá	Ahora sí tomaré y comeré
chhaga nhonhó zua	Ahora que no está
Bixa kire, dola kare	Me caeré y voltearé
Chhaga nhonhó zua	Ahora que no está
dola kire, dola kare	Voltearé y me caeré
chhaga nhonhó zua	Ahora que no está
Waken wxé, waken wishj	Mañana se podrá
Chhaga nhonhó zua	U otro día será
Nachhen wyá, nachhen wyá	Ahora sí bailaré y bailaré
Chhaga nhonhózua	Ahora que no está
Waken wxé, waken wishj	Mañana puede ser
chhaga nhonhó zua	U otro día será

Nachhen bixá, nachhen dolá	Ahora sí te amaré
Chhaga nhonhó zua	Ahora que no está
Wyaka kire, wyaka shkoasere	Bailaré aquí o de lado
chhaga nhonhó zua	Ahora que no está
xita kire, xita kare	Brincaré aquí o allá
Chhaga nhonhó zua	Ahora que no está

Es muy cierto, la canción resulta bastante incómoda para quienes dejan mujer o marido *"ahora sí, disfrutar, ahora que no está"*, pero como toda expresión de folklor, es una crítica caricaturizada de un fenómeno social mediante el uso metafórico de la lengua donde destaca más la sutileza que la expresión directa y abierta; es en este sentido donde aparecen dos dimensiones afectivas, la tristeza y la picardía como producción popular, según dice Daniel Castañeda: "...en la producción popular, a las cuales llamo 'lo triste' y 'lo picaresco' la orientación picaresca conlleva el doble sentido del deseo amoroso por una parte y, por otra, del desahogo crítico del pueblo para ridiculizar los actos de sus mandatarios –religiosos, militares y civiles–, o para justificar actitudes de lucha por sus libertades" (en Carvalho-Neto, 1973: 41). El cantar ridiculizado cumple una función comunicativa: apaciguar y prevenir conflictos, tensiones, dudas personales, familiares y sociales: sin embargo, no siempre sucede así. No olvidemos el aspecto negativo de la migración; el impacto ha repercutido gravemente en las comunidades donde encontramos familias desintegradas, madres abandonadas e hijos sin los cuidados necesarios.

En las comunidades los pocos ciudadanos sobrevivientes no saben qué pasará en un futuro no lejano, sus dudas no tienen respuestas cuando escuchan a los ancianos decir: "todo deja de tener validez; las cosas y los valores cambian; nuestras viejas creencias como nuestros dioses nos abandonan y se destruyen; nuestros saberes se han perdido en ese otro mundo que nos acaba ante la mirada indiferente de los poderosos y de nuestros gobernantes"; estos pensamientos seguirán siendo simplemente lamentos si los indígenas dejamos de fortalecer nuestra cultura y dejamos que sean simples ecos del pasado que tenderán irremediablemente a desaparecer como otras culturas milenarias de Mesoamérica.

Desde otra dimensión, la migración ha afectado también de manera directa la educación, la salud, la religión y otros aspectos vivenciales importantes. Los pocos niños zapotecos son sujetos de una educación de tipo asistencial e integracionista donde el principio de una educación culturalmente diferencial se pierde en el discurso demagógico tanto de directivos como de los propios maestros. Ante el decrecimiento poblacional, los centros escolares no respetan el derecho a una educación diferencial confundiendo este concepto con desigualdad y discriminación social. En las escuelas existe una notable ausencia de niños y maestros; los anteriores centros de organización completa con seis, siete u ocho profesores, hoy sólo son escuelas con uno o dos grupos atendidos por otro número igual de docentes.

Conclusiones

Persistencia y emergencia de nuevas identidades

Los ñuu savi, bene xhon, ayuuks, ñahñús, teneks, purépechas, mayas, chinantecos, tzoltziles, mazatecos, etcétera, hemos compartido en muchos aspectos una historia y experiencias de pueblos colonizados que pueden resumirse en discriminación, saqueos, despojos, manipulación, explotación. En el orden cultural hemos sido objetos de manipulación a través de proyectos etnocidas que tienden a socavar nuestras raíces culturales. Durante mucho tiempo, nuestros pueblos han sido usados como "sociedades laboratorio" en donde los países imperialistas y supuestamente "más avanzados" han querido reconstruir la historia de la humanidad y se han empeñado en encontrar explicaciones "universales" o "naturales" de nuestra pobreza o, desde su perspectiva, lo que llaman "falta de desarrollo" y a su parecer encuentran en nuestros pueblos señales inequívocas de un "atraso cultural" o "subdesarrollo" para legitimar su dominación y sus intereses expansionistas. Sin embargo, nuestros pueblos, condenados irremediablemente a la desaparición por las teorías y las ciencias colonialistas, han podido mostrar su fortaleza y hoy resurgen con luchas y reclamos étnicos reivindicativos en busca de una sociedad más democrática y plural que no los niegue ni los extermine física ni culturalmente.

Nuestros pueblos irrumpen con sus culturas particulares en los espacios de otra sociedad donde la supervivencia parece tener mejor futuro a partir de un dominio total de la acumulación y un sentido mercantilista de la producción. Esas sociedades, al ser eje de una reproducción ampliada del capital (humano, cultural y económico), encuentran su realización tanto en el uso de la tecnología moderna, como en la compraventa de fuerza de trabajo proveniente de otras latitudes. Aun cuando las condiciones de supervivencia de los migrantes en ese no muy nuevo mercado internacional de compraventa de fuerza de trabajo son desventajosas, difíciles y con pocas posibilidades de mejorar, las prefieren a la inseguridad y a la imposibilidad de hacer producir las tierras de sus lugares de origen.

En el marco jurídico, político y económico de la migración, los reclamos políticos, culturales y étnicos zapotecos no son frecuentes; la lucha por sus derechos colectivos (educación, recreación o salud) son prácticas tangenciales o no existen, y las restringidas expresiones de esta naturaleza que en la última década mixtecos y zapotecos han iniciado, se enfocan hacia sus necesidades inmediatas de seguridad en el trabajo, educación para sus hijos o legalizar su calidad migratoria. El derecho de los pueblos a defender la reproducción de su vida, su cultura y su identidad, parece naufragar en un mar de inseguridad cuando se tiene la calidad de migrante, ya que por su propia condición, la supervivencia depende más de la clandestinidad que de la lucha abierta. En este contexto aparecen estrategias de defensa, de adaptación y de recuperación étnica con diferentes matices y dinámicas, con nuevos elementos y con nuevos contenidos simbólicos. Sin embargo, en estos mismos contextos se pierden muchas expresiones y elementos propiamente zapotecos: la lengua indígena, la vestimenta y otros elementos secundarios, pero no así las formas tradicionales de organización, de ayuda, de reconocimiento y, lo más significativo, su pensamiento y su propia historia.

El reconocimiento originalmente local o comunitario poco a poco rompe también las fronteras internacionales y "al otro lado" empieza a consolidarse el reconocimiento más amplio de una nueva identidad zapoteca en condición de migrante. En otro nivel, zapotecos de la sierra, del valle, del istmo, purépechas y mixes recrean viejos elementos de identidad y generan mecanismos de resistencia cultural frente a los embates de un nuevo tipo de racismo.

Queremos acercarnos al siglo XXI con una serie de desafíos, perspectivas y posibilidades. Para quienes hemos compartido la condición de pertenecer a algún grupo étnico minoritario, esto implica, entre otras cosas: plantear nuevos mecanismos y estrategias de defensa de nuestro patrimonio cultural, incluidos los recursos naturales como la base más importante de supervivencia; exigir el respeto y sobre todo el ejercicio efectivo de nuestros derechos de autodeterminación como eje central de defensa de nuestros recursos y de nuestra historia, para eliminar las diversas formas de desigualdad social; plantear reclamos políticos tendientes a superar nuestras identidades fragmentadas; asimismo, superar aquellas posiciones nostálgicas, románticas y etnocentristas heredadas del proceso de toma de conciencia de nuestra realidad, y juntos proponer un nuevo proyecto de sociedad en donde, efectivamente, nos podamos sentir reconocidos al compartir un mismo futuro, una misma historia y una misma sociedad.

Si los avances de la revolución científica y tecnológica implican mayor diversificación de nuestras relaciones en el plano nacional e internacional, es de esperarse que enfrentemos mayores problemas de intolerancia, discriminación y segregación encubiertos por un falso respeto a la pluralidad. Los pueblos indios no esperan que se supere la desigualdad social que por siglos han vivido, sino el respeto a la pluralidad cultural que lleve a superar esas desigualdades.

Queremos estar atentos a la manera en que los organismos internacionales habrán de resolver problemas comunes que rebasan nuestras fronteras y las autofronteras étnicas. Estos problemas reclaman planteamientos más objetivos, justos y respetuosos de los derechos humanos. Nuestros pueblos han tomado conciencia del valor de su propia cultura y con mucho orgullo hoy vuelven a reasumir sus identidades, muchas veces negadas por los estereotipos y los procesos de estigmatización social impuestos por las sociedades desarrolladas; éste es el caso de los mixtecos, zapotecos, tzotziles, mazahuas o triquis en nuestro estado de Oaxaca.

La calidad de inmigrantes o minorías conlleva nuevas relaciones ante un proceso globalizador, formando las llamadas minorías culturales. Su condición de minorías resulta de su ingreso a otro territorio diferente del suyo, pero la conciencia de identidad varía de un grupo a otro. Hoy, ante el avance del fenómeno de la globalización, tenemos de pronto una mayor visión y afianzamiento de la identidad; una afirmación más vigorosa de esa identidad, pues se da un despertar de la identidad propia. Entre los habitantes se presentan diferentes respuestas: algunos migran definitivamente, en cambio otros prefieren regresar y asumir los compromisos sociales que los llevarán nuevamente a participar en el escalón social que les reditúa prestigio dentro de la comunidad.

En los próximos años, todos nos encontraremos en el concierto internacional que depara un mismo destino a los grupos étnicos minoritarios de América Latina, en el cual habremos de compartir, por consiguiente, temas, asuntos, fenómenos y experiencias similares. Éstos se derivan, por una parte, del propósito de nuestras naciones de querer resolver sus problemas internos y externos y, por otra, del afán de los países ricos por conservar su hegemonía y a la vez expandir sus dominios en nombre del desarrollo, la libertad, la democracia y la paz mundial.

En ese contexto, las nuevas identidades sociales intentan romper el viejo círculo vicioso que las ha encerrado dentro del antiguo proyecto desarrollista unilineal. Dejan de buscar simplemente estrategias de supervivencia y buscan restituirse un espacio perdido; buscan crear una nueva forma de defensa cultural.

En las condiciones actuales en que subsisten nuestras comunidades, ya no se trata de defender únicamente la tierra como antes; hoy, las tierras de cultivo han pasado a segundo término. Los solares urbanos y los que antes tenían otros usos agrícolas, pasan a tener otro destino y valor. Los solares encontrados dentro del perímetro del pueblo son más apreciados que los que se usaban para el cultivo. Dada la gran importancia que tiene la tierra para la definición de las identidades indígenas, estos cambios en la concepción del uso de la tierra motivan que cada día surjan nuevas formas de expresión de las identidades. Las reformas constitucionales no son fortuitas ni producto del azar, sino que derivan de la toma de conciencia de nuestras comunidades.

La complejidad de la identidad se pone de manifiesto para nuestros hermanos migrantes, quienes por un lado no son aceptados por la sociedad estadunidense y por el otro no son reconocidos en nuestras comunidades. Éste es un problema especialmente para las nuevas generaciones, que por su misma condición hacen derivar nuevas identidades y nuevos sujetos sociales.

Las identidades sociales son eminentemente históricas y, por lo tanto, cambiantes. Sufren una permanente adecuación y transformación pero sin perder su esencia; se adecuan mediante transformaciones y contradicciones propias de la dinámica que impone la propia sociedad. Valores, prácticas y normas sociales se trastocan y la propia sociedad crea sus propios mecanismos de defensa que en tiempos de crisis afloran a manera de dichos, cuentos, rimas, expresiones folklóricas, las cuales finalmente reflejan una realidad social.

Si bien la explicación del fenómeno migratorio se da a partir de las condiciones de vida de las regiones de procedencia, la recuperación de los espacios de identidad entre los migrantes se explica a partir de la inserción de la población en actividades marginales y de poca remuneración. Más aún, la condición ilegal hace que los niveles de remuneración sean de los más bajos y que se sufra un trato discriminatorio por parte de la otra sociedad, lo que motiva que se busquen mecanismos de defensa, ayuda y solidaridad, que poco a poco permiten recuperar espacios de identidad.

La presencia significativa de los migrantes en las áreas urbanas y la recuperación de la cultura y de la identidad diferencial en dichos espacios, hace que exista un desplazamiento de actividades que antes eran exclusivas de un grupo minoritario a otro; los reclamos étnicos se esconden y adquieren otra dimensión. Se borran las fronteras de autoidentidad o autoadscripción por el reconocimiento de un territorio comunitario y se desvanecen de dichas fronteras; así, las diferencias culturales reconocidas a partir de una descripción etnográfica y geográfica se rompen. Al interior de las regiones étnicas, las autofronteras de identidad zapoteca que establecían un reconocimiento de grupo y también discriminación, hoy se han roto al permitir la presencia de otros grupos en las comunidades, e ir modificado la concepción que se tenía sobre ellos.

Las fronteras que correspondían a cada grupo hoy se pierden y así, pueblos que aún antes de la década de los setenta eran eminentemente zapotecos y campesinos, por citar un caso, hoy son comunidades con una fuerte presencia mixe y chinanteca, grupos que han pasado a formar parte de la población aun cuando reciben un trato discriminatorio por parte de los nativos. Yalálag y San Mateo Cajonos son ejemplos de comunidades que cuentan con colonias de migrantes de otros grupos étnicos y que participan de la vida comunitaria en aquellos espacios que no están reservados para su población.

Entre los impactos que se pueden apuntar en este momento están: cambio de ocupación y de valor de las tierras de cultivo, cambio en la utilización de los espacios domésticos para obtener mayor comodidad y desplazamiento de materiales domésticos tradicionales: ocote, leña, parafina, carburo, animales de carga para transporte, etcétera. Se produce, por otro lado, el proceso de rechazo de la identidad en la medida en que mejoran las condiciones de reproducción de la vida; se reniega y se abandonan las tradiciones que se suponen son las causas de la marginalidad. Se cree que son la lengua y las prácticas culturales específicas las causantes de la pobreza, no se cuestionan las condiciones estructurales y así se reniega y se abandona la cultura comunitaria.

Bibliografía

Anguiano, María E., 1986, "Los mixtecos en Baja California", *México Indígena*, núm. 13 (nov.-dic.), 49-52.

——, 1992, "Migrantes agrícolas en la frontera norte. El caso de los mixtecos", en *Migración y etnicidad en Oaxaca,* J. Corbett, *et al.* (eds.), Nashville, IIS-UABJO-CO-ESPO-CGITO-Vandervilt University, Vanderbilt University Publications in Anthropology, vol. 43. pp. 105-116.

Arizpe, Lourdes, 1985, *Campesinado y migración,* México, SEP/Cultura.

Beltrán Morales, Filemón, "Migración e identidad étnica zapoteca", en *México Idígena,* núm. 13, año 2, 41-43.

Barceló, Raquel y Martha Judith Sánchez, 1998, *Diversidad étnica y conflicto en América Latina. Migración y etnicidad. Reflexiones teóricas y estudios de caso,* México, UNAM-Plaza y Valdés.

Besseser, Federico, 1989, "Mixtecos errantes", *México Indígena,* núm. 1 (Nueva época), 16-18.

Carvalho-Neto, Paulo de, 1973, *El folklore de las luchas sociales: un ensayo de folklore y marxismo,* México, Siglo Veintiuno Editores.

Castellanos Guerrero, Alicia, y Gilberto López y Rivas (coords.), 1991, *Etnia y sociedad en Oaxaca,* México, ENAH-CNCA-UAM, Iztapalapa.

Chimal, Carlos, y Eniac Martínez, 1990, "Movimiento perpetuo", *México Indígena,* núm. 49 (Nueva época), 33-45.

Hirabayashi, Lane, 1991, "La politización de la cultura regional. Zapotecos de la Sierra Juárez en la ciudad de México", en *América Indígena,* vol. LI, núm. 4.

Instituto Nacional de Estadística, Geografía e Informática, 1991, *Censo General de Población y Vivienda, 1990,* Aguascalientes, México.

Instituto Nacional Indigenista, 1989, "Retrato. Un viajero de Mixtepec", *México Indígena,* núm. 1 (Nueva época), 44-45.

——, 1990, "Mixtecos migrantes. Unidos allá, acá. Entrevista con Filemón López, dirigente de la Asociación Cívica Benito Juárez", *México Indígena,* núm. 13 (Nueva época), 40-43.

Mañon, Enrique (coord.), 1991, *Memoria del Seminario sobre la Migración Internacional y el Desarrollo Económico de México,* Zacatecas, México, Conapo.

——y Laura E. Espinosa (coords.), 1992, *Migración internacional en las fronteras norte y sur de México,* México, Conapo.

Molina Cruz, Mario, 1993, "Migración de yalaltecos y transportación de la identidad zapoteca a la ciudad", en *Identidad étnica y educación indígena,* México, SEP-Universidad Pedagógica Nacional, pp. 119-135.

Molina Ludy, Virginia, 1986, "Migración y distribución de la población indígena en México (1980)", *México Indígena,* núm. 13 (nov.-dic.), 62-65.

Nolasco, Margarita, 1992, "Migración indígena y etnicidad", en *migración y etnicidad en Oaxaca*, vol. 43, J. Corbett *et al.* (eds.), Nashville, IIS-UABJO- COESPO-CGITO-Vandervilt University, Vanderbilt University Publications in Anthropology, vol. 43, pp. 69-78.

Ortiz Gabriel, Mario, 1989, "Los campesinos de la Mixteca y los cambios en la estructura económica regional", en *Primeras jornadas sobre estudios antropológicos mixtecos y mixes*, CIESAS-Oaxaca (ed.), México, CIESAS-Oaxaca, pp. 53-70.

Ramos Pioquinto, Donato, 1992, "La migración por microrregiones en la Sierra Norte de Oaxaca", en *Migración y etnicidad en Oaxaca*, J. Corbett *et al.* (eds.), Nashville, IIS-UABJO- COESPO-CGITO- Vandervilt University, Vanderbilt University Publications in Anthropology, vol. 43, pp. 35-40.

——, 1996, "Migración y transformación de la comunidad indígena de Zoogocho (1940-1980)", *México Indígena*, núm. 13, Año 2, 38-40.

Ríos Vásquez, Othón C, 1992, "Estudios de la migración de los trabajadores oaxaqueños a los E.U.A.", en *Migración y etnicidad en Oaxaca*, J. Corbett *et al.* (eds.), Nashville, IIS-UABJO-COESPO-CGITO-Vandervilt University, Vanderbilt University Publications in Anthropology, vol. 43, pp. 25-34.

Tyrtania, Leonardo, 1991, *Yagavila. Un ensayo de ecología cultural*, México, UAM-Unidad Iztapalapa.

Varese, Stefano, 1978, "Defender lo múltiple: nota al indigenismo", en *Estudios de Antropología e Historia*, núm. 16, México, INAH.

Velasco Ortiz, Laura, 1992, "Notas para estudiar los cambios del comportamiento migratorio de los mixtecos", en *Migración y etnicidad en Oaxaca*, J. Corbett *et al.* (eds.), Nashville: IIS-UABJO-COESPO-CGITO-Vandervilt University. Vanderbilt University Publications in Anthropology, vol. 43, pp. 79-86.

Anexos

CUADRO 4

ESTADO DE OAXACA, MÉXICO

TASA DE CRECIMIENTO POR DISTRITOS, 1980-1990

Distrito		Tasa*
	Oaxaca	2.5
01	Xilacayoapam	0.1
02	Huajuapan	1.9
03	Coixtlahuaca	-1.8
04	Teotitlán	2.2
05	Cuicatlán	0.3
06	Tuxtepec	3.4
07	Choapam	3.6
08	Juxtlahuaca	2.4
09	Teposcolula	-0.1
10	Nochixtlán	-0.5
11	Etla	1.5
12	Ixtlán	0.3
13	Villa Alta	-0.4
14	Mixe	2.7
15	Putla	2.8
16	Tlaxiaco	2.2
17	Zaachila	2.0
18	Zimatlán	1.4
19	Centro	4.6
20	Tlacolula	0.9
21	Jamiltepec	1.1
22	Juquila	3.2
23	Sola de Vega	3.5
24	Ejutla	0.9
25	Ocotlán	2.1
26	Miahatlán	3.0
27	Yautepec	0.2
28	Tehuantepec	3.6
29	Juchitán	3.0
30	Pochutla	4.4

INEGI, *XI Censo General de Población y Vivienda*, Aguascalientes, Ags., México, 1980 y 1990.

CUADRO 5

ESTADO DE OAXACA, MÉXICO

DISTRIBUCIÓN DE LA POBLACIÓN POR DISTRITOS, 1970-1990

		1970		1980		1990	
	Distritos	Abs.	Rel.	Abs.	Rel.	Abs.	Rel.
	Oaxaca	2 015 424	100%	39 993	100%	40 470	100%
01	Silacayoapam	36 720	1.8	39 993	1.7	40 470	1.3
02	Huajuapam	85 939	4.3	92 241	3.9	110 739	3.7
03	Coixtlahuaca	15 853	0.8	13 755	0.6	11 462	0.4
04	Teotitlán	103 289	5.1	107 826	4.6	132 814	4.4
05	Cuicatlán	45 011	2.2	51 894	2.2	53 557	1.8
06	Tuxtepec	189 820	9.4	243 702	10.3	339 413	11.2
07	Choapam	27 735	1.4	28 363	1.2	39 913	1.3
08	Juxtlahuaca	45 162	2.2	50 412	2.1	63 449	2.1
09	Teposcolula	32 405	1.6	31 776	1.3	31 551	1.0
10	Nochixtlán	57 960	2.9	64 176	2.7	61 311	2.0
11	Etla	61 761	3.1	77 258	3.3	89 150	3.0
12	Ixtlán	39 503	2.0	41 164	1.7	42 471	1.4
13	Villa Alta	34 002	1.7	34 205	1.4	32 963	1.1
14	Mixe	60 156	3.0	70 082	3.0	91 362	3.0
15	Putla	54 321	2.7	60 818	2.6	80 034	2.7
16	Tlaxiaco	85 493	4.2	80 369	3.4	99 212	3.3
17	Zaachila	19 574	1.0	21 480	0.9	26 078	0.9
18	Zimatlán	40 553	2.0	46 905	2.0	53 892	1.8
19	Centro	158 497	7.9	221 034	9.3	342 338	11.3
20	Tlacolula	73 638	3.7	91 219	3.9	99 915	3.3
21	Jamiltepec	103 471	5.1	136 095	5.7	152 076	5.0
22	Juquila	55 528	2.8	75 199	3.2	102 327	3.4
23	Sola de Vega	42 314	2.0	41 660	1.8	58 214	1.9
24	Ejutla	35 984	1.8	41 347	1.7	45 119	1.5
25	Ocotlán	46 295	2.3	50 908	2.1	62 450	2.1
26	Miahuatlán	71 947	3.6	78 226	3.3	104 397	3.5
27	Yautepec	28 092	1.4	34 411	1.5	35 202	1.2
28	Tehuantepec	101 451	5.0	134 257	5.7	189 485	6.3
29	Juchitán	186 311	9.2	221 544	9.4	292 247	9.8
30	Pochutla	77 642	3.9	86 757	3.7	131 949	4.4

INEGI, *IX, X* y *XI Censos General del Población y Vivienda, 1970, 1980 y 1990*, México.

CUADRO 6

LA SIERRA NORTE DE OAXACA.

CONDICIÓN DE MIGRACIÓN DE LOS MUNICIPIOS, 1990.

DISTRITO DE VILLA ALTA

	Comunidades	Categoría Migratoria
1.	San Andrés Solaga	Fuerte expulsión
2.	San Andrés Yaá	Fuerte expulsión
3.	San Baltazar Yatzachi el Bajo	Fuerte expulsión
4.	San Bartolomé Zoogocho	Fuerte expulsión
5.	San Cristóbal Lachirioag	Fuerte expulsión
6.	San Francisco Cajonos	Fuerte expulsión
7.	San Ildefonso Villa Alta	Fuerte expulsión
8.	San Juan Juquila Vijanos	Expulsión
9.	San Juan Tabaá	Fuerte expulsión
10.	San Juan Yaé	Fuerte expulsión
11.	San Juan Yatzona	Fuerte expulsión
12.	San Mateo Cajonos	Fuerte expulsión
13.	San Melchor Betaza	Fuerte expulsión
14.	San Miguel Talea de Castro	Fuerte expulsión
15.	San Pablo Yaganiza	Fuerte expulsión
16.	San Pedro Cajonos	Fuerte expulsión
17.	Santa María Temaxcalapa	Fuerte expulsión
18.	Santa María Yalina	Fuerte expulsión
19.	Santiago Camotlán	Atracción
20.	Santiago Lalopa	Fuerte expulsión
21.	Santiago Zoochila	Fuerte expulsión
22.	Santo Domingo Roallaga	Fuerte expulsión
23.	Santo Domingo Xagacía	Fuerte expulsión
24.	Tanetze de Sargazo	Fuerte expulsión
25.	Villa Hidalgo (Yalálag)	Fuerte expulsión

INI, *Indicadores socioeconómicos de los pueblos indígenas de México*, México, 1993, pp. 133-143.

CUADRO 7

LA SIERRA NORTE DE OAXACA.

CONDICIÓN DE MIGRACIÓN DE LOS MUNICIPIOS, 1990.

DISTRITO DE IXTLAN

	Municipios	Categoría migratoria
1.	Abejones	Equilibrio
2.	Capulalpam de Méndez	Fuerte expulsión
3.	Guelatao de Juárez	Equilibrio
4.	Ixtlán de Juárez	Expulsión
5.	Natividad	Expulsión
6.	Nuevo Zoquiapan	Atracción
7.	San Juan Atepec	Fuerte expulsión
8.	San Juan Chicomezúchil	Expulsión
9.	San Juan Evangelista Analco	Fuerte expulsión
10.	San Juan Quiotepec	Fuerte expulsión
11.	San Miguel Aloapam	Equilibrio
12.	San Miguel Amatlán	Equilibrio
13.	San Miguel del Río	Fuerte expulsión
14.	San Miguel Yotao	Expulsión
15.	San Pablo Macuiltianguis	Fuerte expulsión
16.	San Pedro Yaneri	Fuerte expulsión
17.	San Pedro Yólox	Fuerte expulsión
18.	Santa Ana Yareni	Fuerte expulsión
19.	Santa Catarina Ixtepeji	Expulsión
20.	Santa Catarina Lachatao	Fuerte expulsión
21.	Santa María Jaltianguis	Fuerte expulsión
22.	Santa María Yavesía	Fuerte expulsión
23.	Santiago Comaltepec	Fuerte expulsión
24.	Santiago Laxopa	Fuerte expulsión
25.	Santiago Xiacuí	Fuerte expulsión
26.	Teococuilco de Marcos Pérez	Fuerte expulsión

INI, *Indicadores socioeconómicos de los pueblos indígenas de México*, México, 1993, pp. 133-143.

CUADRO 8

LA SIERRA NORTE DE OAXACA.

CONDICIÓN DE MIGRACIÓN DE LOS MUNICIPIOS, 1990.

DISTRITO DE CHOAPAM

	Municipios	Categoría migratoria
1.	San Juan Comaltepec	Equilibrio
2.	San Juan Łalana	Fuerte atracción
3.	San Juan Petlapa	Expulsión
4.	Santiago Choapam	Expulsión
5.	Santiago Jocotepec	Atracción
6.	Santiago Yaveo	Expulsión

INI, *Indicadores socioeconómicos de los pueblos indígenas de México*, México, 1993, pp. 133-143.

San Quintín, Baja California, en la ruta indígena

Everardo Garduño Ruiz

A Trini Ochurte, indígena kiliwa

Baja California está por cumplir un cuarto de siglo de haberse constituido en uno de los principales polos atractores de fuerza de trabajo estacional indígena en México. Pues aun cuando toda la historia de la península ha estado vinculada a los procesos de migración y aun cuando también se tienen registros en el sentido de que existió un *enganche*[1] de jornaleros indígenas en 1959, no fue sino hasta la década de los setenta cuando el valle de San Quintín, ubicado al sur del municipio de Ensenada, Baja California, experimentó el auge y la estabilidad de la producción hortícola y, en consecuencia, la estabilidad de una elevada demanda de trabajadores que el mercado laboral de la región no podía satisfacer y que fue cubierta principalmente con jornaleros de origen indígena.

En el marco de un proceso de sustitución de los centros urbanos por zonas rurales en impulso, como puntos de destino de la migración rural, San Quintín, Baja California, empezó a recibir cada verano la visita de un contingente de trabajadores que en promedio

[1] Forma en que se conoce coloquialmente al procedimiento de contratación en el lugar de origen de los migrantes, por parte de los productores.

ha sido de 30 mil personas por año; cantidad que ha representado un poco más de la mitad de la población permanente que vive en las cinco comunidades más importantes de la región.

Tradicionalmente, este flujo migratorio ha observado una composición étnica variada pero mayoritariamente mixteca. Según un estudio realizado por el Instituto Nacional Indigenista en 1987-1988, quienes han acudido a trabajar a este valle han sido en 63 por ciento de origen mixteco, 20 por ciento zapoteco, 13 por ciento triqui y el resto ha estado compuesto por nahuas, tarahumaras y tarascos (Garduño *et al.*, 1990). Por esta razón, podemos afirmar que San Quintín es un destino importante en la ruta indígena y más específicamente en la ruta mixteca.

El auge y desarrollo agrícola de esta región, la cual se ha constituido en importante destino de la migración indígena, obedece fundamentalmente al papel agroexportador que el estado ha asignado a los distritos de riego cercanos a la frontera norte. A ellos han acudido empresas trasnacionales que han encontrado en esos circuitos de riego tierras de alto rendimiento, disponibilidad de agua, climas propicios, bajos costos de producción, una posición estratégica que les permite el control simultáneo de la producción agrícola nacional y del mercado internacional de este producto, pero sobre todo una población cuyas características étnicas favorecen la sobreexplotación. El mecanismo a través del cual los productores han incrementado su tasa de ganancia, es una estrategia que alterna dos fases aparentemente opuestas: la permanente incursión en los procesos de modernización y la constante manipulación de los esquemas de vida tradicional indígena. Por una parte, han impreso un inusitado desarrollo tecnológico al proceso de producción hortícola, haciendo de esta región una de las más tecnificadas del país en ese sentido. Al mismo tiempo, han sustraído beneficios de la indefensión de la mano de obra indígena aplicando métodos de cacicazgo propios del siglo pasado. Aun cuando cada productor implementa en mayor o menor medida una u otra fase de esta estrategia, se puede afirmar que todos encuentran una rica fuente de ingresos en la sobreexplotación de los jornaleros indígenas, al negarles los derechos laborales más elementales establecidos por la Ley Federal del Trabajo y que sí otorgan a los trabajadores mestizos.

Es innegable que a partir de 1988, después de la efervescencia de los movimientos organizados que buscaban la reivindicación de los derechos laborales y culturales de estos grupos étnicos, las condiciones de vida y de trabajo de los jornaleros en San Quintín empezaron a cambiar; es también evidente que más tarde, con la aplicación del Programa Nacional de Solidaridad con Jornaleros Agrícolas y el mayor énfasis que el Instituto Nacional Indigenista empezó a tener en el Programa de Atención a la Población Migrante, dichos cambios fueron más significativos. Sin embargo, aun con las conquistas laborales de las organizaciones independientes de indígenas y la creciente atención de las instituciones del gobierno federal, las condiciones de vida en las que son alojados los indígenas migrantes continúan siendo deplorables; el saneamiento ambiental del que han sido objeto algunos campamentos a través de los llamados *barridos sanitarios* organizados por INI-Pronsjag-SSA, apenas si han modificado el cuadro de morbilidad entre esta población, pues si en 1987 la insalubridad constituía la principal causa de enfermedad, con 43 por ciento de los casos registrados, en 1993 dicha situación apareció como causa de enfermedad en 34.9 por ciento de los enfermos (INI-Pronsjag 1993).

En lo que respecta a las condiciones de trabajo, aun cuando se ha obtenido la permanencia de un salario que en todos los casos es superior al mínimo (pues oscila entre 22.50 y 26 pesos), han disminuido notablemente las jornadas extenuantes, se ha regulado la contratación de niños en los campos y se ha modificado el tipo de transporte con que eran conducidos los jornaleros al trabajo, persiste el escamoteo de los pases del seguro social, el maltrato en el trabajo por parte de algunos productores, el giro de cheques sin fondos en el pago de los salarios y la sobreutilización del transporte laboral.

Pese a lo anterior, es importante señalar que durante el tiempo transcurrido de la presente administración, sobre la cual existía la expectativa de un incremento en las movilizaciones por ser considerada una administración conservadora, las demandas de las organizaciones se han centrado en la solicitud de predios para migrantes con asiento definitivo en la región, así como de servicios para sus comunidades y han dejado de lado el trabajo sindical y el despliegue de luchas por cuestiones de tipo laboral. De hecho, durante estos años, ninguna organización ha solicitado el registro de un solo sindicato independiente, demanda que se había hecho ya tradicional entre 1984 y 1988.

Por otra parte, con la tendencia creciente al asentamiento definitivo de los migrantes en San Quintín, son cada vez más los espacios conquistados como propios por parte de los indígenas migrantes, en donde ellos han determinado sus propias formas de organización y de asentamiento y en donde han establecido las condiciones necesarias para la refuncionalización de su cultura en varios de sus aspectos.[2] Este mismo fenómeno, resultado de la diversificación en la producción agrícola que ha estandarizado las necesidades de mano de obra a lo largo de todo el año, ha posibilitado el surgimiento de diferentes núcleos de organización en estos barrios o colonias indígenas; organizaciones que si bien han observado un comportamiento fragmentario, han ingresado ya a un proceso de intercomunicación y organización en frentes amplios que buscan la integración de quienes se encuentran

[2] Este fenómeno ha definido que los grupos étnicos más importantes en Baja California, por su número, sean los de origen migrante, los cuales constituyen un volumen 30 veces más grande que el de los grupos nativos de ese estado.

trabajando en el lado mexicano de la frontera, con quienes la han cruzado e, incluso, con quienes aún viven en su lugar de origen.

Causas y trayectorias de la migración mixteca

> Lo que producía la tierra era caña, frijol, maíz y chile, pero todo era para puro gasto [autoconsumo]; o si la cosecha salía buena, se vendía la mitad. Últimamente no se quiere dar ya nada porque las tierras se están venciendo y como por allá no se acostumbra a usar el fertilizante, sino que con el mismo abono de la tierra se trabaja, pues ya poco se da.
>
> Ora que también falta dinero, porque aunque hay ríos, los terrenos no son planos como los de acá (allá son puros terrenos lomerados, quebrados de plano, barrancos y montes), no podemos comprar las bombas para subir el agua a donde haga falta. Y es que como le digo, allá no se ven lomas descubiertas como acá, sino puros montes que tiene uno que tumbar y quemar dos meses antes de la siembra (Bonifacio Núñez en Garduño *et al.*, 1990)

La cita anterior nos permite apreciar cómo desde la perspectiva de los propios protagonistas se visualiza el origen de la migración mixteca. Es evidente que al intentar explicar el porqué emigran, los indígenas perciben claramente los contrastes regionales en la calidad de la tierra y la disponibilidad de los recursos acuíferos, tecnológicos y financieros destinados a dinamizar la economía. Mientras en la región mixteca 40 por ciento de los suelos agrícolas posee una pedregosidad con dureza de media a fuerte y 60 por ciento una pedregosidad media, en el valle de San Quintín predominan dos tipos de suelo, el xerosol lúdico, cuya fertilidad y rentabilidad es alta, y el yermosol hálpico, el cual a pesar de que es característico de las zonas áridas, se destina con éxito al agostadero. Mientras en la región expulsora las pendientes predominantes van de 25 por ciento en adelante y las partes planas representan apenas 15 por ciento del total de las tierras de cultivo, la zona receptora es técnicamente un valle, cuyas elevaciones se presentan en accidentes geográficos llamados mesas, es decir, en partes planas que no van más allá de los cien metros de altura. Por otra parte, la agricultura en esta región, a diferencia de la mixteca, tiene un elevado uso de métodos de riego, pues de 36 500 hectáreas de cultivo, diez mil (24.2 por ciento) se encuentran bajo ese régimen, explotando alrededor de 500 pozos y 25 cuencas (véase INI, 1987; Estrada y Zavaleta, 1993; Garduño *et al*., 1990). Finalmente, mientras que en el lugar de origen de los migrantes cada agricultor tiene, en promedio, de una a 1.5 hectáreas para uso agrícola, Baja California, de acuerdo con datos proporcionados por el CEPAL, posee un elevado porcentaje de unidades productivas de tipo empresarial y baja proporción de unidades campesinas, debido a que 32.8 por ciento del sector ejidal son unidades exsedentarias, las cuales son capaces de funcionar a través de un mecanismo de reproducción ampliada por medio de la contratación de una fuerza de trabajo asalariada superior a la familiar (Bendesky y Rodríguez, 1986).

En efecto, la agricultura en Baja California se ha caracterizado siempre por su desarrollo y modernización, determinados éstos por su vecindad con los Estados Unidos y por tener importantes extensiones de tierra bajo el régimen de riego. Esto ha definido, por una parte, la alta rentabilidad de esta actividad, orientada fundamentalmente hacia la exportación y, por otra, su elevada demanda de fuerza de trabajo: fenómeno que ha hecho históricamente de este territorio un escenario de encuentro de capitales y trabajadores golondrinos.

Desde el surgimiento de la actividad agrícola a principios de este siglo, Baja California figuró nacional e internacionalmente como un polo de atracción de flujos migratorios provenientes de zonas con economías deprimidas y regímenes agrícolas de temporal. Antes de que el valle de San Quintín fuera descubierto como un lugar propicio para la horticultura, el valle de Mexicali encontró cubierta su elevada demanda de fuerza de trabajo, en pleno auge algodonero, con los primeros inmigrantes procedentes de Michoacán, Guanajuato, Jalisco, Zacatecas, Nayarit, así como de China, India, Rusia, etcétera. Sin embargo, al finalizar la década de los cincuenta, el mercado del algodón entró en crisis como resultado de la incorporación de nuevos países a la producción de la fibra natural y por el descubrimiento de productos sintéticos que la podían sustituir. Esto obligó a los productores a restringir el área algodonera y buscar cultivos alternativos de exportación. Fue entonces cuando se encontró agua disponible y el clima propicio en la región de San Quintín para producir hortaliza en el verano, durante los meses en los que Estados Unidos (principal consumidor) no puede producirla. Por ello, a mediados de la década de los ochenta, mientras que en San Quintín la horticultura ocupaba 5 500 hectáreas, en el valle de Mexicali no llegaba a las mil[3] (SARH, 1986).

Fue así como en la década de los ochenta, el mito de la producción algodonera del norte de México se vino abajo; en esos años, si bien el algodón siguió ocupando el primer lugar con 32 por ciento del valor total de la producción agrícola de Baja California, las hortalizas el segundo con 22 por ciento y el trigo el tercero con 14 por ciento, desde el punto de vista de la extensión, el cultivo de trigo ocupó el primer lugar, el algodón el segundo y la hortaliza el tercero; y más aún, atendiendo al rendimiento, resultado de la relación entre el valor de la producción y la superficie destinada a la misma, la hortaliza alcanzó el primer lugar ocupando tan sólo cinco por ciento de la superficie cultivada, esto debido a que el rendimiento de la horticultura en Baja California, de 35.5 ton/ha, significó el doble del rendimiento promedio nacional, el cual fue de 17.5 ton /ha. (SARH, 1986).

[3] De 1977 a 1985 el incremento de la superficie hortícola de riego tuvo una tasa de crecimiento anual de 15.4 por ciento; de estos nueve años, los últimos cuatro (1982-1985) obtuvieron más allá de la media anual, alcanzando una tasa de 19 por ciento; SARH, Distrito de Riego núm. 14, Subjefatura de Distrito de Operación y Desarrollo.

La agricultura en el valle de Mexicali se diversificó, contrayéndose consecuentemente la superficie destinada al algodón, donde además, se tecnificó la fase de pizca. Esto hizo que en dicha región la demanda de fuerza de trabajo no sólo disminuyera, sino que por la diversificación agrícola se favoreció el asentamiento definitivo en esa zona de una población mestiza que, en gran medida, había llegado tarde al reparto agrario. Por el contrario, en el valle de San Quintín, si bien la horticultura creció con la aplicación de paquetes tecnológicos de vanguardia, éstos se limitaron a las fases de preparación del cultivo, selección y empaque del producto, sin tocar la fase de recolección, como ocurre en los Estados Unidos; así, la horticultura de la zona de costa empezó a requerir grandes volúmenes de jornaleros, aunque sólo por ciclos de seis meses. Por esa razón, quienes vinieron a satisfacer esa demanda fueron aquellos indígenas que vivían la mitad del año sobre la base de una economía campesina y la otra mitad como asalariados migrantes, estableciendo como destino principalmente a la zonade costa de Baja California y no al valle de Mexicali.

Esos trabajadores provenían fundamentalmente de la Mixteca Baja de Oaxaca y desde 1959 los empresarios horticultores de Baja California los habían encontrado en la región de Sinaloa debido a que allí habían sido contratados para labores similares nueve años antes. De esa manera, el estado de Baja California pasó a constituirse en un eslabón más (quizá el más importante para quienes migran con la ilusión y el engaño de la frontera) de la ruta migratoria más importante de México –la del noroeste– compuesta por los estados de Nayarit, Sinaloa, Sonora, Baja California y Baja California Sur:[4] esta

[4] En nuestro trabajo de campo encontramos indígenas que habían emigrado a Baja California, no sólo creyendo que allí les resultaría sencillo pasarse a los Estados Unidos y obtener así un salario de dólares, sino también encontramos casos de quienes viajaron con el engaño de que Baja California era ya territorio estadunidense y que allí, en San Quintín, su salario en consecuencia sería en dólares.

ruta, por la característica estacional de su agricultura en la década de los ochenta, permitió la circulación constante de 62 por ciento de la mano de obra migrante de todo el país (INEA, 1980).

Desde esos años a la fecha, ha sido casi imposible que los investigadores establezcan cifras exactas sobre el comportamiento de la producción hortícola y más aún de los volúmenes de contratación por parte de las compañías que operan en San Quintín. Esto se debe a que los productores obstruyen toda cuantificación de sus trabajadores porque, al ocultar el volumen total de jornaleros, quedan exentos de ciertas obligaciones laborales; así como también impiden que se estime la superficie que cultivan para ocultar que explotan una cantidad de agua superior a la permitida oficialmente: explotan 42 millones de milímetros cúbicos, cuando sólo existe una recarga de 20 millones, representando una sobreexplotación de 22 millones de milímetros cúbicos (*La Voz de la Frontera*, 1988).

Sin embargo, haciendo uso de los datos oficiales, podemos darnos una idea de lo que sucedía en la década de los ochenta con relación a estos cultivos y la manera en que la situación cambió hacia la presente década: en el ciclo otoño-invierno 1984-1985 Baja California exportó 68 268 toneladas de hortaliza, que según la SARH representaron 30 por ciento del total de la producción hortícola en San Quintín (227 560 toneladas); para ello, en esta región se emplearon 5 689 hectáreas de las diez mil de riego disponibles en el lugar, de las cuales 57.4 por ciento se destinó al cultivo del tomate; por último, para los trabajos de recolección, fue necesario contratar aproximadamente a 30 mil jornaleros indígenas estacionales, los cuales fueron destinados en 83.4 por ciento a este mismo cultivo. Así, podemos apreciar que el cultivo hortícola más importante en San Quintín, tanto por su superficie ocupada como por la captación de mano de obra, ha sido el tomate de vara.

La llamada agricultura por contrato es la principal forma en que las empresas trasnacionales se han venido relacionando con los medianos y grandes productores privados de México. Mediante este procedimiento, dichos productores históricamente han tenido acceso inmediato a los recursos para el arrendamiento de tierra,[5] así como también a la introducción de paquetes tecnológicos que comprenden la asesoría técnica, sistemas de riego por goteo, polinización artificial, semillas y productos químicos importados (muchas veces prohibidos en los Estados Unidos por su toxicidad, pero aplicados indiscriminadamente en la región) y, sobre todo, han alcanzado cierta seguridad en el mercado, situación ofrecida por estas compañías en el exterior, en donde se concreta una ganancia extraordinaria que resulta de la diferencia del pago de salarios en pesos y la venta del producto en dólares.

Las empresas trasnacionales que operan ahí son las mismas que operaron en los sesenta en Sinaloa; y antes como ahora, han buscado altas tasas de ganancia a través de la sobreexplotación de los recursos naturales (que en el caso de San Quintín se trata de mantos acuíferos que se explotan al doble de su capacidad de recarga anual) y de la mano de obra, principalmente de origen mixteco. Por su bajo precio y docilidad, esta mano de obra ha permitido sostener el moderno tinglado de la producción agrícola, haciendo posible a los ejidatarios recibir ingresos por el arrendamiento o venta de sus parcelas, a los medianos y grandes productores obtener jugosas ganancias en dólares y a las empresas transnacionales apropiarse de parte del excedente generado con el control del mercado internacional e incluso parte del mercado nacional.

[5] Este arrendamiento se llevaba a cabo de manera clandestina pero generalizada antes de las reformas al artículo 27 constitucional; después, el fenómeno de arrendamiento se intensificó y tal y como lo registra un informe del Programa Nacional de Solidaridad con Jornaleros Agrícolas, con base en información proporcionada por el Distrito de Desarrollo Rural 001 de la SAHR, "La mayoría de los ejidos se organizaron internamente en grupos de trabajo y han empezado a vender sus parcelas, [aunque] otras permanecen rentadas" (Pronsjag 1994).

La empresa más importante en la región hasta 1988 era la Canelos ABC, la misma que actualmente opera en el estado de Sinaloa. Sin embargo, en dicho año, la Central Independiente de Obreros Agrícolas y Campesinos llevó a cabo una movilización masiva por aumento de salarios, pago de aguinaldos, mejoras en las condiciones de vivienda y el cese de mayordomos que acostumbraban llevar a cabo maltratos sistemáticos y hostigamiento sexual en contra de los jornaleros. Esta movilización, una de las más numerosas registradas en el valle pues aglutinó a cerca de seis mil trabajadores, obtuvo prácticamente todo lo que pedía, estableciendo un antecedente de lucha en contra de la empresa más poderosa y despótica de la región. También hizo que se debilitara la posición de la empresa no sólo frente a las crecientes demandas de los trabajadores, sino también frente a las demandas de los ejidatarios, quienes empezaron a exigir a la empresa el cumplimiento de los convenios de arrendamiento y frente a los demás horticultores que les disputaban el mercado y las tierras ejidales que rentaban.[6]

Por esta razón, una vez concluida la huelga organizada por CIOAC en contra de esa compañía, el ejido Francisco Villa empezó a exigirle la dotación de servicios que en su área urbana se había comprometido a instalar, sin cumplirlo, como parte del convenio de arrendamiento; detrás de este descontento se encontraba la eterna disputa entre los sectores oficiales de los campesinos organizados (CCI-CNC) y los intereses de la empresa Rancho Los Pinos, que intentaba a toda costa ampliar sus tierras de cultivo.

Esta presión en contra de Canelos ABC culminó prácticamente con el retiro de la empresa o, por lo menos, con la drástica reducción de su presencia en la región. Este hecho repercutió en una contracción circunstancial de la producción hortícola y, por lo tanto, en la de-

[6] Esta compañía no permitía el acceso a sus campamentos a ningún tipo de institución gubernamental, incluso federal, temiendo que a través de ellas se introdujera la agitación entre los indígenas.

manda de fuerza de trabajo estacional. Después de haberse cultivado años atrás más de cinco mil hectáreas sólo en el ciclo otoño-invierno, en el mismo ciclo de 1992-1993 se cultivaron únicamente 1 736 (SARH, 1993).

Pese a ello, al siguiente año se empezó a hacer evidente que la presencia de los cultivos de primavera-verano aumentó considerablemente, lo cual repercutió en la creación de un nuevo ciclo de contratación de jornaleros indígenas. Por ejemplo, para este ciclo, en 1993 se cultivaron 2 842 hectáreas, poco más de la superficie cultivada un año antes en el tradicional ciclo otoño-invierno. Y más aún, para los años subsiguientes se superó grandemente la crisis que resultó de la desaparición de la principal empresa productora de hortaliza, la cual controlaba todos los procesos de arrendamiento y distribución de la tierra y el producto en San Quintín. Para el ciclo otoño-invierno de 1993-1994, la superficie hortícola en ese lugar alcanzó las 5 095 hectáreas y para el ciclo primavera-verano de lo que va de este año (1994), se sembraron 3 460 hectáreas. Cabe señalar que para el ciclo que está por venir en 1994, se tienen programadas otras tres mil hectáreas; esto es, que para el final de 1994 se habrá explotado ya un total de 6 460 hectáreas (SARH, 1994).

Este proceso de crecimiento y estandarización de la producción hortícola a lo largo de los doce meses del año ha obedecido a la sorprendente recarga de los mantos acuíferos con las lluvias torrenciales de principios de 1993, gracias a las cuales, según la SARH, se podrá continuar con el mismo ritmo de crecimiento agrícola por lo menos durante 15 años. En este fenómeno también han sido determinantes el aumento de la productividad agrícola, de 35.5 ton/ha hasta 40 ton/ha y la aplicación de nuevas formas de organización del trabajo que empezaron a implementar el destajo y una forma combinada de jornada de ocho horas con estándares mínimos de recolección. Todo lo cual se expresó en una disminución considerable de la migración estacional y una tendencia cada vez más creciente al asentamiento definitivo de los migrantes. Pues si el número de campamentos de jornaleros temporales aumentó de 17 a 23, entre 1987 y 1994, el número de colonias de residentes definitivos aumentó más del doble en esos mismos años: de seis asentamientos que albergaban a 1 844 indígenas, a 13 en los que actualmente viven alrededor de diez mil.[7]

Condiciones de trabajo de los migrantes indígenas

Independientemente de la etnia a la que pertenezcan (mixtecos, zapotecos, triquis, etcétera), las condiciones de vida y trabajo de todos los migrantes indígenas en San Quintín son más desventajosas que las de los migrantes mestizos, pues por su condición étnica son discriminados por los productores y la población en general. A los indígenas, por ejemplo, se les asignan los trabajos más pesados en el campo, mientras que a los sinaloenses que acuden también periódicamente a San Quintín, se les ubica en el empaque. Los productores justifican esta situación diciendo que los indios no tienen la estatura necesaria para alcanzar la banda de selección del empaque, por lo que en este trabajo sólo se contratan no indígenas. Si este argumento fuera cierto, los productores no tendrían necesidad de establecer una selección sistemática del trabajador, sobre la base de su origen étnico, para asignar un puesto en el empaque. La posibilidad de aspirar a este trabajo, que resulta menos pesado que el del campo, debería existir en general para todos los trabajadores, independientemente de su origen étnico, pues igual encontramos en el campo indígenas de estatura alta, como empacadoras de estatura muy baja que utilizan tarimas de madera para alcanzar dicha banda. Si la justificación de los patrones fuera

[7] El número total de colonias indígenas o no indígenas en la región es de 24, lo cual significa que poco más de la mitad están habitadas por jornaleros indígenas con asentamiento definitivo en San Quintín.

correcta, entonces el criterio para contratar empleados en el empaque debería ser la estatura, no la etnia.

Por otra parte, los indígenas son acomodados en campamentos insalubres de lámina, en la mayoría de los casos con piso de tierra y sin servicio alguno, mientras que los sinaloenses son alojados en viviendas construidas de concreto, piso de cemento y equipadas con estufa de gas. En este caso, la justificación de los productores es menos sutil: "Son indios y así están acostumbrados a vivir" (don Benjamín Rodríguez, productor de San Quintín, información personal).

El campamento en donde viven los indígenas migrantes está compuesto por largas galeras de lámina que se extienden en la parte menos propicia para el cultivo; se trata de enormes cajones rectangulares divididos en cuartos de cuatro por cuatro metros.

Ciertamente, como resultado de las movilizaciones y de la aplicación del programa de Jornaleros Agrícolas, algunos aspectos en las condiciones de vida de los migrantes han cambiado. Por ejemplo, hasta hace tres años, en estos lugares no había letrinas o donde las había, eran tan pequeñas e incómodas que no se usaban.[8] Los baños eran apenas cuatro varas clavadas en el suelo cubiertas con plástico. El promedio de usuarios por baño era el mismo que en el caso de las letrinas: 51 por cada baño. El agua se obtenía de aguajes y depósitos sumamente contaminados.

Actualmente, algunos campamentos cuentan ya con piso de cemento, letrinas, baños y depósitos adecuados para el agua. Sin embargo, las características de construcción de la vivienda y su deterioro acelerado, son aspectos que no han sido atendidos suficientemente, pues las

[8] En 1987, en 14 campamentos había 148 letrinas, lo que calculando un promedio de cuatro personas por cuarto en la temporada de menor afluencia a San Quintín (7 576 jornaleros) nos daba un promedio de 51 usuarios por letrina. Los casos más extremos se registraban en el campamento denominado "El aguaje del burro", en donde había una letrina para 192 usuarios y en los campos Diez, Santa Lucía y Pabellón, en donde se concentraban 116, 400 y 128 trabajadores respectivamente, no había este servicio (Garduño et al. 1990).

viviendas continúan sin ofrecer ningún tipo de protección en contra del excesivo calor producido por la lámina, las tolvaneras de verano, ni contra las lluvias de invierno, temporada en la que se recrudece el frío al interior de las galeras, por efecto de las láminas.

Esta situación se refleja claramente en el comportamiento del cuadro de morbilidad entre 1987 y 1994. En el primer año, las enfermedades gastrointestinales, junto con la amibiasis y las enfermedades parasitarias, resultado de la falta de higiene en los campamentos, alcanzó 28 por ciento en la frecuencia de casos atendidos, mientras que en la actualidad, tal enfermedad ha arrojado apenas 13.1 por ciento. Por el contrario, la frecuencia de casos de enfermedades respiratorias, resultado de los cambios bruscos de clima y la mala condición de la vivienda, permaneció prácticamente sin alteración alguna, pues de ocupar las enfermedades respiratorias 29 por ciento en 1987, en la actualidad ocupan 28.4 por ciento (Garduño *et al.*, 1990; INI-Pronsjag, 1993).

Otros aspectos que no han sido aún abatidos son la desnutrición y subalimentación, ya que en 27 por ciento de las muertes registradas, a pesar de que la causa del deceso haya sido otra, la desnutrición o la anemia han sido decisivas para tal desenlace. Además, de acuerdo con los registros de muerte de la Agencia del Ministerio Público, de cada diez casos, siete son niños menores de dos años.

Los servicios de atención a la salud, a los que tienen acceso por derecho estos trabajadores, son ofrecidos por el Instituto Mexicano del Seguro Social, el cual cuenta en San Quintín sólo con una infraestructura limitada para un reducido número de pacientes que acuden a atención primaria, pues los casos de urgencia son canalizados a la ciudad de Ensenada. Además, el sistema de pases otorgados por esta institución a los productores, en función de la superficie que ellos mismos declaran como cultivada por su empresa, permite a los patrones manipular su declaración y con ello ocultar el verdadero número de trabajadores contratados, para eludir así el pago correspondiente por los servicios de salud de sus contratados. Por esa razón, conseguir un pase para el Seguro Social, significa para los indígenas jornaleros una verdadera proeza.

Es importante destacar que aun cuando son importantes los cambios producidos en el saneamiento de los campamentos y en el establecimiento de mejores servicios en su interior, en el valle de San Quintín las mejoras han sido resultado del Pronsjag y no de la iniciativa de los productores, quienes en no pocas ocasiones consideran que su función se limita a permitir que dicho programa ejecute sus acciones. Esta situación, a nuestro juicio, funciona como una forma subsidiaria e indirecta que otorga el Estado a las compañías hortícolas de la región. Los mismos empresarios ya han descubierto en el Pronsjag, un elemento que puede decidir su competitividad en el mercado de fuerza de trabajo, al establecer como beneficios extraordinarios para sus trabajadores potenciales, guardería, baños, letrinas, apoyo en educación, etcétera, en los que no invierte absolutamente nada, por corresponder esto a acciones del gobierno federal.

En cuanto a las condiciones de trabajo, uno de los cambios con los que nos encontramos es, en primer lugar, el hecho de que los productores se rehúsan cada vez más a contratar mano de obra infantil, debido a que la reglamentación del Tratado Trilateral de Libre Comercio establece la regulación del trabajo de infantes. Así, de ser un aspecto clave en la producción de hortalizas y en el patrón de migración en familia, el trabajo infantil se ha restringido a los fines de semana, lo cual si bien ha generado conflictos con las familias de migrantes que insisten en que sus hijos trabajen en el campo, este cambio empieza a encontrar su adecuación con la tendencia cada vez más creciente de contratación de fuerza de trabajo estable.

Por otra parte, los indígenas siguen siendo considerados trabajadores estacionales por quienes los contratan, pese a que muchos de ellos tienen más de diez años trabajando para una misma empresa.

Debido a este carácter eventual al que son sujetos, a estos trabajadores indígenas no se les hacen efectivos los derechos más elementales de la Ley Federal del Trabajo, como son los considerados en los artículos 64 (referente a la contabilización de la hora de comida como hora de trabajo cuando el trabajador no puede ir a su casa a comer), 69 (relativo al pago del séptimo día), 77 (derecho a vacaciones), 80 (derecho a prima vacacional) 87 (pago de aguinaldo), 117 (reparto de utilidades), ni los artículos comprendidos entre el 279 al 284 (sobre los derechos en general de los trabajadores del campo). Incluso, para el caso de las horas extras, en algunos ranchos son obligatorias, no voluntarias.

Pese a esto, no hay organización sindical que defienda a los jornaleros indígenas y los oriente, aunque todos pagan cuota sindical a algún sindicato del estado. Los intentos que hubo para organizarlos en forma independiente no fueron reconocidos por el gobierno, sino por el contrario, fueron reprimidos y ahora que existe la posibilidad de que este reconocimiento se lleve a cabo, las organizaciones del lugar han dado prioridad a las demandas que buscan la urbanización de las colonias populares.

La reproducción cultural y de la identidad entre los migrantes indígenas

Desde el punto de vista de su cultura, la situación de migrantes de estos indígenas los ha colocado en una nueva fase de su proceso de aculturación, que se da fundamentalmente mediante la imposición de pautas y normas culturales ajenas al grupo, o bien, mediante el despojo de elementos tradicionales de su cultura que para la cultura dominante resultan disfuncionales. En ambos casos, los cambios se suscitan en una dinámica tal que rebasan la capacidad de respuesta o apropiación del grupo, ocasionándole trastornos y desequilibrios en su modo tradicional de vida

En este aspecto, lo primero que salta a la vista es el patrón de asentamiento concentrado, en donde es común que los productores impongan el hacinamiento. Esta forma de concentrar a indígenas originarios de distintos pueblos e incluso de distinta etnia, en reducidos espacios, agudiza los conflictos interétnicos, obstaculiza la participación de las personas en los grupos asistenciales que se organizan sobre la base de la comunidad de origen y elimina la posibilidad de reproducir las formas tradicionales de organización como las mayordomías y el tequio. Incluso, esta situación ha dado pie a revueltas con saldos trágicos.

Otro aspecto es la alteración de la alimentación basada en los frijoles con cebolla, tortillas de maíz, salsa, berros, hongos, hierbas y verduras silvestres, café y un poco de carne, ya que en San Quintín, estos alimentos son eliminados y en su lugar aparece el alimento "rápido", el alimento "chatarra" compuesto por pastas, aceite, golosinas, refrescos, etcétera.

En cuanto al idioma, existe una transformación parcial o la pérdida completa de la lengua materna; ya sea porque se empiezan a constituir híbridos durante la migración, ya sea porque al ser de distinto origen étnico requieren una tercera lengua para comunicarse o ya sea porque simplemente los padres prefieren no enseñar a sus hijos el idioma para que, como ellos mismos lo afirman: "no sufran, como nosotros sufrimos".

En sus formas tradicionales de curarse también existe una tendencia al olvido absoluto de las plantas medicinales, primero porque en San Quintín no existe la misma variedad de plantas silvestres que en Oaxaca y las condiciones climáticas impiden su cultivo y, segundo, por la presión de la cultura dominante que menosprecia el uso de esas plantas e impone directa o indirectamente el empleo de medicamentos industrializados.

Por último, en lo religioso, los mixtecos en San Quintín se encuentran expuestos a un sinnúmero de sectas religiosas que han logrado incorporar a sus iglesias, contingentes importantes de indígenas. Esta penetración religiosa, como es sabido, introduce conflictos entre los migrantes y deteriora su cohesión al deteriorar su identidad étnica.

Entre los indígenas migrantes existe una tendencia de mimetización en medio de la sociedad anfitriona, para lo cual desechan pautas culturales que consideran obstáculo para la integración, dejando de transmitir su idioma materno a los hijos y adoptando la racionalidad mestiza, así como los hábitos consumistas y la búsqueda de reconocimiento entre el mundo no indígena; tal es su necesidad de supervivencia, en su circunstancia estacional, que el ser indio les resulta una dificultad para sobrevivir y algunos están dispuestos y en proceso de dejar de serlo, incluso sirviendo de instrumento para el control de otros indígenas. Éste es el dramático caso de los camperos, comisarios de origen indígena que son contratados por los productores para vigilar los campamentos y quienes frecuentemente maltratan a sus paisanos, les exigen que hablen español y les destruyen sus temascales.

Pese a todas las anteriores agresiones y desequilibrios que sufre la cultura de los migrantes mixtecos en San Quintín, Baja California, podemos identificar un proceso de reafirmación de su identidad entre aquellos migrantes que han adquirido cierta estabilidad y residencia en la región, población que empieza a ser mayoritaria.

Dicho proceso, sin embargo, no se da a través de un retorno a la cultura original, sino, por una parte, a través de la adaptación de algunos aspectos de ésta a las condiciones de la zona receptora como estrategia para sobrevivir en su nueva condición, igualmente mísera, pero de asalariados; y por otra parte, a través de la adopción funcional de elementos de la cultura anfitriona.

Este fenómeno se presenta principalmente en los espacios conquistados por los propios mixtecos, quienes han construido nichos en donde fortalecen sus sentidos de grupo e identidad, en donde subsisten rasgos tradicionales de su cultura, adoptando un patrón de asentamiento más voluntario. Se trata de conglomerados por familia, etnia o pueblo, que disponen del espacio habitacional de una manera más propia y libre. En el caso de la vivienda triqui por ejemplo, es común encontrar en su interior el telar de cintura, la vestimenta tradicional y en su exterior el baño de vapor o temascal.

Es en estos barrios en donde resurgen los cargos de mayordomo, el tequio y el empleo de plantas medicinales. Es allí en donde se hace común el mecapal elaborado con ixtle recogido de la pizca del tomate, los tenates con palma traída desde Oaxaca o bien hechos con plástico, los juguetes de madera, los bordados y los sombreros de plástico; es en estos asentamientos donde se aprecian las cocinas de carrizo que vienen a solucionar el problema del humo en el interior de la vivienda; y es entre estos jornaleros donde empieza a retomarse la tradición musical y sobre su base empiezan a expresar sus problemas como proletarios agrícolas en Baja California:

> Muerte, muerte ingrata ¿por qué te llevas mi gente?
> ¿No sabes que allá en su pueblo le esperan padre y parientes?[9]

Sin embargo, en aquellos sitios donde tiene lugar la reafirmación de la identidad a través de procesos de adaptación y adopción de elementos culturales, el aspecto organizativo no se refuncionaliza de manera importante, ya que entre los indígenas migrantes de origen mixteco procedentes de distintos pueblos, existe una desconfianza latente. Por esa razón, es importante la presencia de un proceso de reorganización que contrarreste la atomización del grupo y mengüe los conflictos

[9] Fragmento de la composición de José Juan Reyes, mixteco jornalero, que describe un accidente sucedido en 1985 en el que perdieron la vida 23 indígenas por las malas condiciones del transporte en que los trasladaban al trabajo.

interétnicos con el fin de recuperar los esquemas tradicionales de participación colectiva y democrática, readecuándolos a la nueva circunstancia de proletarios, imprimiéndoles una orientación sindical.

Organizaciones y movilizaciones

Antes de 1984, en San Quintín se llevaron a cabo algunas movilizaciones espontáneas que carecieron de un sentido organizado y permanente, razón por la cual la mayoría de ellas fracasó. En agosto de ese año empezó a construirse la primera organización de carácter independiente, que buscaba en primer lugar la sindicalización de los jornaleros; se trataba de la Central Independiente de Obreros Agrícolas y Campesinos. Sus antecedentes de organización en Sinaloa, los contactos ya establecidos con grupos de indígenas en aquel estado y el hecho de que los líderes fueran del mismo origen étnico, hicieron posible que a sólo un mes de haberse iniciado los trabajos de organización, se llevara a cabo el primer paro laboral, el cual tuvo una duración de dos días y como escenario los llamados campos Llamas y La Loma. La principal demanda de esta movilización, sin embargo, no era el aumento de salario ni el pago de los aguinaldos, simplemente se trataba de exigir mejores condiciones en la vivienda; demanda que no fue cumplida.

Hacia finales de ese mismo año, otra movilización que llevó a cabo esta misma organización, bloqueó la carretera traspeninsular durante doce horas; en esta ocasión se trataba de obtener de la empresa Canelos ABC, el pago de aguinaldos; era el mes de diciembre y el movimiento tuvo éxito.

En 1985, la misma empresa, junto con los ranchos Librado, Sabino y Santa Lucía, vieron detenidas sus labores por otro movimiento que buscaba en los primeros meses del cultivo de la fresa un pago más justo por cada caja cosechada del producto. En ese año, la organización desplazó su actividad hacia el sur del valle de San Quintín, emplazando por varias ocasiones al importante Rancho Los Pinos. En todos los casos hubo solución a los conflictos.

En 1986, la CIOAC empezó a avanzar hacia el norte del valle, deteniendo con la misma demanda y la exigencia de mejores condiciones de vida, las labores de tres ranchos conocidos como Galeras García, Hamilton y La Esperanza; en todos se obtuvo lo que se pedía, pero definitivamente la lección más importante la ofreció el movimiento en el rancho Hamilton, en donde las personas contratadas para boicotear la huelga terminaron uniéndose a ella, al percatarse que su situación era exactamente la misma que la de los trabajadores organizados.

Al año siguiente, nuevamente se tuvo que parar el trabajo en un rancho llamado El Aguaje del Burro para exigir un pago justo por la caja de fresa levantada. No obstante el éxito que venía teniendo la organización independiente de asalariados indígenas en ese mismo año y como resultado de la movilización, empezaron a surgir las primeras divisiones en la Central; los propietarios de El Aguaje del Burro, conocidos como los hermanos García, después de haber mandado golpear a algunos dirigentes sindicales de CIOAC, ofrecieron un millón de pesos por el asesinato de los mismos, entre los que se encontraba Maclovio Rojas. En ese mismo año, en plena lucha por predios para migrantes con asentamiento definitivo en la región, este joven mixteco, quien iniciaba su experiencia en la organización, murió atropellado. Razón por la cual, la colonia de mixtecos que se constituye como resultado de esa lucha toma su nombre.

En los años posteriores, al percatarse de que la tendencia al asentamiento definitivo se tornaba cada vez más predominante y al encontrar que la lucha por predios para las familias indígenas podía funcionar corporativamente, como una forma de allegarse militantes de la organización, la lucha por demandas laborales fue sustituida por la invasión de terrenos y la exigencia de dotación de servicios.[10] Los asentamientos definitivos, colonias o barrios, comienzan a multiplicarse y en ellos se empieza a observar una forma más libre de aglutinación, obedeciendo a su identificación por pueblos o por etnias; por ejemplo, surge la colonia Nueva Región Triqui, compuesta principalmente por miembros de esa etnia.

Con el crecimiento de la población migrante con residencia definitiva en el valle de San Quintín, la multiplicación de sus colonias y barrios y la conquista de nuevos nichos en donde se refuncionalizó el sentido de grupo e identidad, empiezan a revelarse expresiones diversas de organización, lo cual es, para algunos, la expresión de caudillismos ancestrales y, para otros, la expresión espontánea de la organización de un grupo heterogéneo. Lo único realmente cierto, es que de existir sólo una organización independiente en la región, a la fecha existen ocho organizaciones pequeñas, con miembros integrados por distintas razones: por ejemplo, en el ejido Zapata, que es un ejido mestizo, existe un Comité de Representantes Mixtecos, que funciona como Comité de Solidaridad para obtener algunos beneficios para las familias del mismo origen étnico en ese poblado; en Maneadero existe la Unión de Lucha Benito Juárez; en el Cañón Buenavista se encuentra el Movimiento Indígena de Unificación y Lucha Independiente; en la colonia Lázaro Cárdenas, el Movimiento de Unificación y Justicia Indígena; en la colonia Nueva Región Triqui, la Organización del Pueblo Triqui.

Por otra parte, algunas formas de organización tienen diferentes razones de integración; por ejemplo, la Central Independiente de Obreros Agrícolas y Campesinos integra triquis, mixtecos, zapotecos y mestizos en general, de distintas comunidades localizadas

[10] Esta situación ha mediatizado el desarrollo de la organización sindical; fenómeno sobre el cual, según algunos dirigentes indígenas, ha influido enormemente el surgimiento de los comités de solidaridad, que han cooptado a los mejores líderes, les han ofrecido un salario estable, pero han dado cauce institucional a sus iniciativas.

principalmente en torno a la colonia Guerrero; el Singoac, fracción expulsada de CIOAC, tiene la misma característica de organización que ésta, pero su ubicación es en torno a la colonia Lázaro Cárdenas; y por último, el Comité Social de Unificación Mixteca está integrado básicamente por indígenas de Santo Domingo Yosondama.

Ante el surgimiento de múltiples organizaciones, con dinámicas diferentes y razones de integración también distintas, aquellos que pretendían la consolidación de una sola Central, tuvieron que reconocer que dicha fragmentación los rebasaba y que lo más conveniente era echar a andar un proceso de organización de un frente amplio que respetara la identidad de cada grupo; este frente ha llevado hasta la fecha el nombre de Frente Mixteco-Zapoteco Binacional, en el cual se ha integrado ya la mayoría de los grupos señalados, así como organizaciones de mixtecos en los Estados Unidos y Oaxaca.

Bibliografía

Aguirre Beltrán, Gonzalo, 1957, *El proceso de aculturación*, México, Ediciones de la Casa Chata.

Arizpe, Lourdes, 1985, *Campesinado y migración*, México, SEP-Cultura.

Bendensky y Rodríguez, 1986, *Perfil regional y estructural*, México, Universidad Nacional Autónoma de México.

Benítez, Fernando, 1967, *Los indios de México*, tomo 1, México, Editorial Era.

Bonfil, Guillermo, 1982, *De políticas culturales y política cultural*. México, Edición del Museo de Culturas Populares-SEP.

Cárdenas, Rafael, 1987, *Principales actividades productivas en el área de la jurisdicción de CODEREQ*, ponencia presentada al I Simposium sobre Desarrollo Regional de San Quintín, San Quintín, Baja California, México.

Coordinadora para el Desarrollo Regional de San Quintín, 1987, *Informe 1987*, San Quintín, Baja California.

Consejo Estatal de Población, 1985, *Migración temporal*, Mexicali, Baja California.

Fairchild, Henry Pratt, 1949, *Diccionario de Sociología*, México, FCE.

Garduño, Everardo, Efraín García y Patricia Morán, 1990, *Mixtecos en Baja California; el caso de San Quintín. Baja California*, México, Universidad Autónoma de Baja California-Museo Regional Universitario, Serie Museo.

INI-Pronsjag, 1993, *Morbilidad por demanda de atención. Registro diario de consulta. Plan emergente de atención a la salud*, México, INI.

INEA (Instituto Nacional de Educación para los Adultos), 1986, *Jornaleros agrícolas migrantes y sus familias*, México, INEA.

La Voz de la Frontera, 1985, "Sobreexplotación de agua en San Quintín reconoce la SARH", *La Voz de la Frontera* (20 de enero), México.

Ley Federal del Trabajo, 1983, México, Editores Mexicanos Unidos.

Méndez y Mercado, Leticia Irene, 1985, *Migración. Decisión involuntaria*, México, INI.

Nolasco, Margarita, 1972, *Oaxaca indígena*, Oaxaca, México, Instituto de Investigaciones e Integración Social del Estado de Oaxaca.

——, 1980, *Aspectos sociales de la migración en México*, tomo II, México, SEP-INAH.

Oliveira, Orlandina de, y Claudio Stern, 1974, *Notas acerca de la teoría de las migraciones internas; aspectos sociológicos*, Segundo Seminario de Especialización en la Demografía, México.

——, 1994, *Los ejidatarios o el llamado sector campesino del norte*, México, Pronsjag.

——, 1994, *Concentrado de población en campamentos*, México, Pronsjag.

Ravioz, S. Robert, 1965, *Organización social de los mixtecos*, México, Ediciones del INI.

Rewis, Ruth, y Raúl Vigorito, 1979, *Transnacionales en América Latina. El complejo de frutas y legumbres en México*, México, Nueva Imagen.

Secretaría de Agricultura y Recursos Hidráulicos, 1986, *Programa de Desarrollo Rural*, Mexicali, Baja California, SARH.

——, Delegación Estatal en Baja California, Distrito de Desarrollo Rural 001, 1992, *Superficie sembrada de diferentes cultivos*, Mexicali, Baja California, SARH.

——, 1993, *Superficie sembrada de diferentes cultivos*, Mexicali, Baja California, SARH.

——, 1994, *Superficie sembrada de diferentes cultivos*, Mexicali, Baja California, SARH.

Secretaría de Hacienda y Crédito Público, 1972, *IX Censo General de Población*, México, SHCP.

Singer, Raúl, 1983, *Migraciones internas: consideraciones teóricas para su estudio*, México, Siglo XXI.

Stavenhagen, Rodolfo, 1978, *Clase, etnia y comunidad*, México, INI.

Stern, Claudio, y Fernando Cortez. 1977, *Hacia un modelo explicativo de las diferencias interregionales en los volúmenes de migración a la ciudad de México, 1900-1970*, México, Clacso.

Toscano, M. Alejandra, 1979, "Memorias sobre investigación demográfica en México", *Nexos*, núm. 19.

Jornaleros indígenas en el noroeste de México

Lourdes Sánchez Muñohierro

El desarrollo de la agricultura en el noroeste ha adquirido particularidades que la distinguen de la del resto del país. Se destaca el poder empresarial que permite contar con recursos de infraestructura y capital, así como la necesidad de grandes volúmenes de mano de obra asalariada proveniente de diferentes partes del país.

Año tras año miles de jornaleros de comunidades campesinas del centro y sur de México se trasladan a los campos agrícolas del noroeste, sea por temporadas o bien en busca de nuevos lugares de residencia. La presencia de grupos indígenas se va incrementando y en esa presenci destacan los mixtecos.

Las formas operativas de las grandes empresas agrícolas que actúan en los estados de Sinaloa, Sonora, Baja California y Baja California Sur lleva a homogeneizar sus procesos productivos; mestizos e indígenas son vistos exclusivamente como fuerza de trabajo; no obstante, se presentan condiciones que orillan a una mayor marginación a los integrantes de los grupos indígenas que acuden a laborar en esas empresas.

A continuación se presenta un marco general del desarrollo agrícola del noroeste de México, en particular de las formas más notables de operación de sus agroempresas centrándose en las condiciones de trabajo y de vida del jornalero que se contrata en ellas. Cabe aclarar que la especificidad de la problemática jornalera de los indígenas mixtecos se diluye en la problemática del conjunto de jornaleros, sin embargo su gran presencia numérica y su cohesión social y cultural le imprimen rasgos característicos a la vida de los trabajadores agrícolas del noroeste.

Para la elaboración del trabajo que a continuación se expone, se contó con la información y experiencia acumulada por el Programa Nacional de Solidaridad con Jornaleros Agrícolas (Pronsjag), por lo que más que un esfuerzo individual, lo que se presenta es un esfuerzo colectivo.

Jornaleros indígenas en el noroeste de México

En los últimos 50 años, el campo mexicano ha sufrido diversos cambios que han llevado a una marcada polarización de las unidades productivas que lo integran. Por una parte, la economía campesina sufre un constante deterioro que afecta incluso su capacidad de auto reproducción; por otra, el desarrollo de una agricultura comercial centrada en determinadas zonas del país se desenvuelve de acuerdo con la dimensión del mercado en donde todos los factores de la producción que intervienen, entran en la lógica del capital y las ganancias.

Hoy no se puede hablar de una competencia mercantil como el vínculo entre ambas economías. No de una competencia por mercados de productos, pues la producción campesina se encuentra tan afectada que no llega al mercado y, de hacerlo, sus volúmenes y tipo no corresponden a los que produce la economía comercial que reclama mercados que no incluyen al campesino. A la empresa agrícola le interesan los recursos naturales que aún no han sido devastados y que aún se hallan en manos de comunidades campesinas;

sus culturas y tecnologías no tienen importancia pues las considera inadecuadas y obsoletas. Lo que el capital reclama de las economías campesinas es la fuerza de trabajo, una mano de obra barata que por su condición de miseria no esté en posibilidad de cuestionar las condiciones de trabajo.

Bajo estas circunstancias, en el medio rural el mercado de trabajo adquiere diversas características que lo distinguen. Entre ellas sobresalen el tránsito de campesino a jornalero y la separación geográfica del origen de los actores del mercado.

Respecto del primer punto, se puede observar que en los últimos años se ha incrementado el número de los trabajadores asalariados en el campo, que van de su condición de productor directo apoyado en un ingreso extraordinario proveniente de la venta de su fuerza de trabajo, a jornalero cuya única posibilidad de vida es el trabajo asalariado. Fenómeno que se puede observar en las estadísticas oficiales (Sánchez y Arroyo, 1993). Por otra parte, algo que no se manifiesta directamente en estas estadísticas, es el cambio en la composición social de los jornaleros, esto es, el incremento constante de la población indígena en el trabajo asalariado.

La polarización de la agricultura conlleva a una creciente necesidad de búsqueda de ingresos por parte de la fuerza de trabajo originaria de las zonas de economía campesina, hacia las zonas que los requieren en cantidad y tiempo indicado por las economías comerciales. Este fenómeno obedece al desarrollo agrícola empresarial en áreas poco pobladas pero con grandes ventajas naturales y comerciales, zonas en donde se han concentrado las obras públicas de infraestructura y los capitales nacionales e internacionales, mientras que las regiones que fueron prósperas en la reproducción de comunidades enteras, se encuentran sobrepobladas, devastados sus recursos naturales y abandonadas de toda posibilidad de desarrollo propio y autosostenible.

En México, ambas economías se encuentran separadas por cientos y, en ocasiones, por miles de kilómetros, porque no se ha presentado el crecimiento de una economía campesina que en su desarrollo llegue a una economía empresarial; por el contrario, en México el deterioro de lo campesino sigue su marcha y la economía empresarial reclama lo que le interesa, distanciado de aquél como de algo que lo perjudica porque le recuerda un pasado del cual no se siente partícipe. Así, la ascendente proletarización del campesino se encuentra en un doble tránsito: de campesino a jornalero y de su lugar de origen a su destino de trabajo. Tránsito que implica la necesaria migración. Éstas son las características más notables que se observan hoy en día entre los jornaleros agrícolas en México.

El noroeste de México

Sin desconocer que el proceso de proletarización en el medio rural se extiende por todo el país, es en el noroeste donde se presenta con mayor fuerza. En los estados de Sinaloa, Sonora y las Baja Californias mexicanas, se conjugan las características del jornalero agrícola que se han señalado. En el noroeste se desarrolla una economía agrícola comercial que necesita fuerza de trabajo; estas entidades requieren miles de jornaleros que no se encuentran en sus poblados, por lo que recurren a otras fuentes: a jornaleros que se ven obligados a salir de sus comunidades de origen. Los jornaleros que acuden a estos campos son producto de la quiebra de las economías campesinas del país y gran parte de ellos son indígenas.

En efecto, en el noroeste se encuentran los valles de San Quintín, Vizcaíno, Santo Domingo, del Yaqui-Mayo, Culiacán, Sinaloa, Fuerte, Altar, Costa de Hermosillo, que constituyen los distritos de riego más ricos del país y justamente, parafraseando a Bassols Batalla (1992), estas planicies de riego son el corazón de toda esta región, hoy por hoy fuente de abastecimiento de diversos productos agrícolas entre los que destacan trigo y hortalizas. Igualmente, la existencia de zonas de pastizal y "ramonal" en Baja California, Sonora y Sinaloa, favorecen el desarrollo de la actividad ganadera en el noroeste y generan sustanciales excedentes de carne de res, cerdo y aves.

Además de suelos de gran riqueza agrícola y ganadera, la región dispone de importantes recursos acuíferos: en Baja California el río más importante es el Colorado; tiene una extensión de 96 kilómetros y es la principal fuente de agua en la entidad. Otros dos de menor relevancia proveen la presa Abelardo L. Rodríguez que se ubica en Tijuana. Debido a la escasez de este recurso, se construyeron los acueductos Mexicali-Tijuana y Valle de Guadalupe-Ensenada, este último en relación directa con los campos de cultivo. A pesar de la inexistencia de corrientes fluviales en Baja California Sur, del escarpado espinazo montañoso que hay en el estado, todos los años bajan caudalosas avenidas que se pierden en la arena y han formado un rico manto acuífero subterráneo que actualmente alimenta la importante zona agrícola en la entidad.

Organización del trabajo jornalero

En las grandes empresas agrícolas del noroeste, la organización del trabajo implica una planeación empresarial que incluye diversas etapas o niveles. Así, en un primer nivel se definen los cultivos que se trabajarán, el suministro de materias primas necesarias y la cantidad de tipo y mano de obra que se utilizará. Este nivel corresponde determinarlo a los propietarios y su equipo de ingenieros. Un segundo nivel es el de la organización de mano de obra e incluye la fase de reclutamiento de los jornaleros, así como los tiempos y las cargas de trabajo que deberán realizarse a lo largo de todo el ciclo vegetativo de los cultivos que desarrolla la empresa. Este nivel corresponde ejecutarlo a los mayordomos generales que, conjuntamente con los administradores, coordinan el trabajo de las cuadrillas. Un tercer nivel es el de la organización de los propios jornaleros en los campos de trabajo, la que con frecuencia escapa de la supervisión de los agentes de confianza de la empresa agrícola.

De estos tres niveles, interesa resaltar los que hacen referencia a la organización del trabajo en los campos, pues a través de ellos es posible acceder a la dinámica que se establece entre la empresa y los jornaleros agrícolas. En este sentido, una primera distinción que se debe realizar es que si bien las tareas mecanizadas son realizadas generalmente por personal de planta, principalmente mestizos lugareños, las labores manuales las ejecutan los jornaleros eventuales, entre quienes la presencia de los migrantes indígenas es notable.

En los campos, el trabajo se organiza por cuadrillas, esto es, por grupos de trabajo conformados por 20 o 50 jornaleros dirigidos por un jefe de cuadrilla o mayordomo; incluye además un anotador que es la persona responsable de registrar a los jornaleros que laboran en ella, así como de anotar la cantidad de trabajo realizado por cada jornalero; en algunos casos se cuenta con un aguador o "zorra" encargado del suministro de agua para los trabajadores; y uno o dos vaciadores cuya tarea consiste en recoger los baldes con los productos cosechados y vaciarlos en las góndolas o batangas que más tarde, al ser llenados, un camión o tractor arrastrará hasta los empaques.

Esta organización del trabajo por cuadrillas es utilizada para todas las tareas en el campo que requieren abundante mano de obra, lo mismo se integran para sembrar que para barbechar manualmente o para la cosecha. Existen cuadrillas integradas exclusivamente por adultos hombres o mujeres, otras que dependen de las labores por realizar, se integran con mujeres o niños exclusivamente y en tales casos, por lo menos en Baja California Sur, es común que sea una mujer quien asuma el mando de la cuadrilla. Lo más frecuente es observar cuadrillas mixtas en donde sexo y edad no hacen distinción de las tareas y cargas de trabajo que todos los jornaleros deben realizar.

La integración de cuadrillas mixtas reporta ventajas que el empresario agrícola aprecia pero que no en todos los casos reconoce. Una de ellas y quizás la más notable es la que concierne a la capacitación en el y para el trabajo; esto es, ante la ausencia de una capacitación expresa y planeada, el jornalero de reciente incorporación debe aprender las tareas agrícolas mediante la experiencia y conocimiento que le transmiten en forma directa sus compañeros de trabajo y, en el caso de los niños, sus padres y familiares en los campos de labranza. Otra de las ventajas, de implicaciones económicas más directas que la anterior, es el hecho de que la supervisión del trabajo de los miembros de la familia que no dominan el oficio, recae en primer término en sus padres y parientes, quienes son los responsables ante el jefe de cuadrilla de que se realicen adecuadamente las tareas asignadas, así como de cubrir las cargas de trabajo exigidas.

Esta forma de organización lleva, por una parte, a que el padre, la madre, el hermano mayor u otro pariente indique al niño o al jornalero con poca experiencia la forma correcta de realizar el trabajo y, por otra, a que en caso de que el nuevo jornalero, por su corta edad, falta de experiencia o simplemente por su capacidad física no logre cubrir las tareas planteadas, sean los jornaleros experimentados los que se encarguen de ayudarlo para que lo logre. De esta forma, el productor que paga salarios iguales a adultos, mujeres y a niños con o sin experiencia, se asegura de que la calidad y cantidad del trabajo realizado por ellos sea igual al que desempeñan los adultos experimentados.

De acuerdo con la encuesta levantada en 1993 por el Pronsjag en el valle de Culiacán, Sinaloa, 25 por ciento de los niños jornaleros trabajan en la misma cuadrilla que sus padres, 16 por ciento con algún familiar, esto es 41 por ciento de los niños labora con algún pariente cercano, porcentaje similar, 45.3 por ciento, a los niños entre los siete y ocho años que recién se incorporan como jornaleros. A mayor edad el niño se va valiendo por sus propios medios y entre los once o doce años, es capaz de responder él mismo a los requerimientos que exige el trabajo agrícola asalariado. En estos momentos el niño forma parte de la familia con las mismas responsabilidades que tiene cualquier adulto.

En la costa de Hermosillo, Sonora, en los campos vinícolas, la organización del trabajo que se imponen los propios jornaleros, en ocasiones, incluye la división de las tareas entre los integrantes de los núcleos familiares o de los grupos de amigos o paisanos de acuerdo con la capacidad y habilidad de cada uno de ellos. Así, las mujeres y los niños, por ejemplo, se encargan de cortar las racimos de uva y los hombres adultos de cargar las cajas; en los grupos de amigos, principalmente entre mujeres, el corte y el acarreo se reparte por medio de la rotación de turnos aligerando de esta forma lo pesado de las cargas de trabajo que en lo individual se deben cumplir. Cabe aclarar que estas formas organizativas no son las que se privilegian en la región, ya que por la preferencia que dan los empresarios agrícolas al trabajo individual, aparecen de manera esporádica.

En estas condiciones, el trabajo individual y la relación laboral que se mantiene con el contratante oculta la relación económica familiar o grupal que se establece, en donde el trabajo conjunto del grupo o de la familia lo determinan las relaciones formalmente individuales, disfrazando con ello un proceso de explotación que involucra a toda la familia o al grupo de jornaleros que desde su lugar de origen han actuado en forma colectiva.

Para el productor o empresario agrícola esta forma de organización, que como se ha señalado lo beneficia productivamente, implica un problema en potencia, pues al no lograr una división social del trabajo que despersonalice al jornalero a través del desmantelamiento de sus formas colectivas de trabajo, se expone a que esta organización no formal pueda trascender del apoyo colectivo en el trabajo a formas organizativas en defensa de sus derechos laborales.

Las labores en el campo

A los campos agrícolas del noroeste se llega a trabajar y las relaciones que entraña el proceso laboral involucran al conjunto de la familia. De tal manera que, independientemente de la edad o el sexo, los jornaleros se aplican a la tarea un promedio de ocho a diez horas diarias y durante ese tiempo deben cubrir una determinada cuota de trabajo.

A lo largo del día el jornalero siente el peso del sol sobre su espalda y la fuerte evaporación de las plantas al andar entre los surcos. Para el jornalero es preferible trabajar en los campos que utilizan el riego por goteo, porque impide el encharcamiento que provoca el riego por inundación pues en estos casos, a lo pesado del balde o de la caja en donde se recogen los productos, se suma tener que andar en medio de un barro chicloso que exige esfuerzos suplementarios al andar y al cargar.

Al inicio de la jornada el jefe de cuadrilla da la orden sobre el trabajo que hay que realizar. En el caso del corte del tomate, la orden puede ser cortar tomate "pintado", esto es, el que empieza a presentar color rojo en el cierre de la flor y que tenga determinado tamaño y consistencia. En algunas ocasiones el jefe de cuadrilla muestra el tipo de tomate que se debe cortar, al inicio de la temporada y para aquellos que no conocen la orden, pero lo normal es que entre los propios jornaleros se muestren las formas de trabajo. Por otra parte, el vaciador será el encargado en advertir a los trabajadores que no están cortando los productos adecuados.

Dado que en el noroeste se siembra una gran variedad de cultivos entre los que destacan el jitomate en primer lugar, seguido por pepino, fresa y chile, las cargas de trabajo relativas a cada uno de ellos son diferentes en cada caso e implican cierta especialización, tanto de sexo como de edad. Un ejemplo de ello es el caso del jitomate en el valle de San Quintín, que requiere de un mínimo de 15 a 20 distintas labores culturales, en donde un niño puede hacerse cargo de 15, como pizca, deshoje, hilado, amarrado y azadoneado, actividades en las que se desenvuelve con más soltura y logra mayores rendimientos. Así, en promedio puede cosechar 33 cubetas o botes, de los que puede llenar un mínimo de 30 y un máximo de 50 al día, o hacer nueve surcos de deshoje y 12 de hilado. Cantidades que dependen de la edad y experiencia laboral del niño, pero que son comparables a las que puede lograr cualquier adulto. En la fresa, un niño puede sembrar de dos a cinco surcos al día o cosechar entre siete y diez "cajitas", como ellos les llaman, así como 34 cubetas o botes de pepino, en jornadas de ocho horas y una sola intermedia de descanso para comer un bocado. Una vez que se incorpora toda la familia a las labores de cosecha, el rendimiento se incrementa, pues en la pizca de jitomate, por ejemplo, pueden llenar de 100 a 130 cubetas o botes en conjunto.

En el corte de uva industrial o de tolva que se cultiva en la costa de Hermosillo, Sonora, se forman cuadrillas de 25 trabajadores distribuidos de tres a cuatro por surco. Cada surco mide cuatro metros de ancho por 200 de largo, y a cada cuadrilla le corresponden de seis a ocho surcos por jornada. El corte de uva es personal. Cada jornalero mete su caja debajo de la mata y procura llenarla, lo que significa un peso de entre 25 y 30 kilos por caja. Luego debe llevarla hasta el camión con la tolva y verter su carga en ella.

Por su parte, los trabajadores que laboran en la naranja, también en la costa de Hermosillo, son un sector especializado que se aplica solamente a ese cultivo. La cosecha se realiza durante varios meses y se pizcan entre una y tres toneladas diarias por jornalero, lo que implica llenar cinco canastas por hora, con un peso aproximado de 70 kilos cada una.

Para el jornalero agrícola no existe seguridad en el trabajo; se contrata diariamente o por temporada, pero permanentemente se halla expuesto al desempleo. La duración de su permanencia en los campos depende del tipo de cultivo de que se trate, así como de las fluctuaciones del mercado de trabajo.

El sistema de salarios más frecuente en las agroempresas del noroeste es por tarea, jornada o por destajo. En el primer caso, se tiene la obligación de cumplir con una determinada labor, independientemente del tiempo que se tarde en realizarla. En el trabajo por jornada se paga un poco más del salario mínimo establecido en la región sin hacer distinción del tipo de labor y de las cargas de trabajo que se realicen. En el caso de ocuparse a destajo, el jornalero debe cumplir con una carga de trabajo sin que importe el tiempo que se lleve en lograrla. De acuerdo con datos del Pronsjag, en 1994 las percepciones por jornada que generan la poda y el corte de la vid en la costa de Hermosillo, Sonora, eran de 23.33 pesos. Asimismo, en el valle de Vizcaíno, en Baja California Sur, las actividades relacionadas con el cultivo del tomate se pagan a 22 pesos por jornada y a 18.50 en el valle de Culiacán, Sinaloa, por tareas de corte y pizca de diversas hortalizas además de tomate.

En algunas de las agroindustrias del Noroeste, como son los casos de Sinaloa y Sonora, existen dos tipos de trabajadores agrícolas, los de planta y los eventuales, y en ambas categorías hay trabajadores mestizos e indígenas. Para la mayoría de los productores la contratación de mano de obra indígena proveniente de otras zonas del país es altamente redituable, ya que los gastos que genera su traslado se ven plenamente recompensados una vez en los campos de cultivo. Debido al desconocimiento de sus derechos laborales, los indígenas trabajan jornadas extenuantes que exceden con creces las ocho horas, no se les paga séptimo día, ni utilidades ni aguinaldo y, en resumen, resultan más productivos en términos de costos de producción y de horas de trabajo, pero además, la presencia de estos jornaleros migrantes indígenas origina un abatimiento de los salarios ante el cual los trabajadores locales y los ya asentados no pueden menos que capitular.

Los pocos puestos de planta que precisan cargos de mayor especialización y responsabilidad en las agroindustrias del noroeste, generalmente son ocupados por trabajadores mestizos de la misma región o por mestizos migrantes asentados o no. Ellos son los empleados en el empaque, como conductores, maquinistas, tractoristas y capataces. En cambio, los trabajadores eventuales, entre los que se halla un gran número de indígenas migrantes, se ocupan en los campos de labranza y sobre ellos recaen las tareas más pesadas por el desgaste físico que implica su desarrollo. Empero, es sabido que algunos productores delegan el mando de las cuadrillas en las que participan indígenas en manos de un miembro de la misma etnia, ya que rasgos como el idioma o la misma organización para el trabajo, en tales casos, son el marco de referencia que propicia una mayor productividad. Estos trabajadores, desde luego, forman el grupo más numeroso y tan sólo en Sinaloa representan aproximadamente 96 por ciento, en tanto que en Sonora suman 91 por ciento de la mano de obra utilizada, de tal manera que las diferentes actividades agrícolas que se desarrollan recaen primordialmente en los trabajadores eventuales. Sin embargo, por lo que respecta a prestaciones, este enorme contingente de jornaleros se encuentra totalmente desprotegido.

Los trabajadores de planta son propiamente obreros agrícolas. Las actividades que realizan obligan a los productores a retener a algunos de ellos de manera permanente en sus campos y a concederles ciertas prestaciones como su registro de derechohabientes del IMSS, pago de séptimo día, prima vacacional y aguinaldo e incluso el patrón está obligado a proporcionarles una vivienda decorosa. Los trabajadores eventuales, en cambio, no cuentan siquiera con la certidumbre del empleo, menos todavía con prestación alguna, ya que los productores eluden cumplir con las prestaciones de ley correspondientes, escudados en el denominado "salario integral o compactado", en el que según los productores ya están considerados la parte proporcional del aguinaldo, el pago del séptimo día y la prima vacacional. En el caso de los trabajadores migrantes de algunos campos del valle de San Quintín, según datos del Pronsjag, en diciembre de 1991 recibieron una cantidad de entre 60 y 80 pesos por concepto de aguinaldo, otorgado según el número de talones de pago semanal que presentaba cada jornalero y que equivalía a cinco pesos cada uno.

Durante toda la jornada de trabajo se realizan las mismas actividades y su peso se deja sentir a medida que transcurre el día. Del frío de la madrugada se pasa al sol candente del medio día y por las tardes se tiene que soportar el fuerte viento. El trabajo está organizado de tal forma que obliga a que cada cuadrilla se dedique a la misma actividad durante toda la jornada y en algunas ocasiones ésta se prolonga por días, semanas e incluso meses. El trabajar durante diez horas y media al día, si se toma en cuenta el tiempo no registrado por los patrones, o sea el traslado desde los campamentos o colonias a los campos de cultivo y su retorno, así como lo pesado del trabajo al que se ve sujeto el jornalero, reclama todas sus energías, por lo que las tareas en las que puede participar después de la jornada se vuelven demasiado pesadas. Sus fuerzas se han quedado en los campos de cultivo.

Organización

Debido a que la presencia de jornaleros agrícolas en los campos del noroeste se constriñe a cortas temporadas, su organización laboral es incipiente; sin embargo, organizaciones gremiales oficiales como la CTM y la CNC mantienen un control efectivo sobre los trabajadores a través de diversos sindicatos, ya que su injerencia abarca tanto la contratación del jornalero como su permanencia en el trabajo y aun cuando el jornalero se contrata libremente, de inmediato debe registrarse en el sindicato a fin de que los líderes puedan descontar la cuota correspondiente desde el primer pago. En tal sentido, en el poblado Miguel Alemán, Sonora, por ejemplo, de acuerdo con información obtenida por el Pronsjag, en 1994 había en la costa de Hermosillo 12 600 trabajadores agrícolas afiliados al sindicato Salvador Alvarado que pertenece a la CNC. Éste cobra una cuota de 1.5 por ciento del salario semanal de cada jornalero agrícola, pero, a cambio, salvo los trabajadores de planta, el grueso de la población jornalera no recibe beneficio alguno.

En el valle de San Quintín, la organización más importante por su cobertura es el Sindicato Nacional del Campo, perteneciente a la CTM, cuyos agremiados sumaban unos 8 400 jornaleros, principalmente de los albergues, con 32.4 por ciento, según una encuesta levantada por el Pronsjag en 1991.

En contraposición a estos organismos oficiales, la organización independiente de los jornaleros agrícolas en el noroeste todavía no se consolida; aun así ya hay algunos ejemplos que dan cuenta de la movilización de estos trabajadores en la defensa de sus legítimos derechos: La Central Independiente de Obreros Agrícolas y Campesinos (CIOAC), surgida en 1983, mantiene una importante presencia entre los jornaleros del valle de San Quintín, pero extiende su cobertura a Mexicali, Tijuana y algunas colonias en Baja California, además de los estados de Sinaloa y Sonora en donde actúa principalmente con jornaleros indígenas. El Sindicato General de Obreros Agrícolas (Singoa), cuyas actividades se desenvuelven también en el valle de San Quintín, originalmente empezó en Sinaloa, pero diversos problemas con los sindicatos oficiales empujaron a sus líderes a Baja California, en donde actualmente laboran entre la población asentada en diversas colonias cercanas a los campos. En 1991, su comité ejecutivo se hallaba integrado por indígenas mixtecos, triquis y zapotecos. En el valle de Culiacán, Sinaloa, se encuentra asimismo CIOAC, organización que en promedio cuenta con unos diez mil afiliados por temporada. En la costa de Hermosillo, Sonora, el Partido de la Revolución Democrática ha impulsado la creación del sindicato independiente Emiliano Zapata, que aunque todavía no se consolidaba en abril de 1994, ya había despertado algunas expectativas entre los jornaleros agrícolas de esa entidad como alternativa del sindicato Salvador Alvarado.

Llama la atención igualmente la presencia de diversas organizaciones sociales y religiosas, en su mayoría provenientes de los Estados Unidos, que en mayor o menor medida pretenden modificar el modo de vida de las familias jornaleras a cambio de ganar adeptos para su causa.

Un ejemplo observado en el valle de San Quintín ilustra lo expuesto: en el diagnóstico realizado por el Pronsjag en 1991, de 1 362 trabajadores encuestados en los albergues para jornaleros migrantes, sólo 17.1 por ciento declaró pertenecer a algún tipo de organización; en las colonias, de 433 encuestados, 27.2 por ciento declaró la pertenencia. Estos porcentajes, a su vez, se dividen según sea el tipo de organización que manifiestan. Así, se tiene que en los albergues, de los que declararon estar organizados, 48.3 por ciento lo estaban en algún sindicato; 37.17 por ciento se identificaba con un grupo religioso y 14.53 por ciento con un partido político. En las colonias sobresale la organización sindical, que no obstante presentar serias dificultades, 83.6 por ciento de los organizados se declaró integrante de alguno de ellos; con las organizaciones políticas se identificó 7.4 por ciento y con alguna organización religiosa 8.4 por ciento.

Los jornaleros agrícolas

Entre los jornaleros agrícolas que laboran en las empresas del noroeste es posible realizar una primera tipología que implica al jornalero campesino que aún cuenta con un pedazo de tierra, sea ejidal, comunal o pequeña propiedad, y combina su actividad de productor directo con un ingreso obtenido como asalariado. O bien al jornalero proletario, es decir, el trabajador que no posee una parcela y tampoco tiene acceso a ella, de tal manera que su única fuente de ingreso es la venta de su fuerza de trabajo, principalmente como jornalero, o bien como albañil o como pequeño comerciante. En este sentido, en una encuesta levantada por el Pronsjag en febrero de 1992 en el valle de Culiacán, se observó que de un total de 8 369 personas, 53.81 por ciento declaró dedicarse a las tareas del campo, de ellos, 37.77 por ciento tiene acceso a la tierra en su lugar de origen como productor directo, mientras que 21.26 por ciento declaró dedicarse a otras actividades asalariadas, principalmente como albañiles o artesanos.

Al respecto, según datos del Pronsjag, el mayor número de campesinos jornaleros con acceso a la tierra se localiza en los estados de Guerrero y Oaxaca con 69.04 y 68.29 por ciento, respectivamente, porcentajes que resultan muy elevados si se confrontan con el de Sinaloa, por ejemplo, en donde los jornaleros que poseen tierras son 12.67 por ciento; sin embargo, en ambos casos el tamaño promedio de las parcelas es de dos a tres hectáreas por campesino, y los rendimientos logrados en los estados del sur son de aproximadamente 400 kilos de maíz y de 120 de frijol, principales cultivos de la economía campesina, todo lo cual permite entender su necesidad de migrar.

Otro elemento que permite caracterizar a los jornaleros del noroeste es su lugar de origen y en tal sentido la información disponible nos permite asegurar que un alto porcentaje de estos trabajadores son migrantes que provienen fundamentalmente de los estados del sur del país, así como de las zonas marginales de los estados del noroeste. En encuestas levantadas por el Pronsjag en el valle de San Quintín se encontró que 60.12 por ciento de los jornaleros provenían del estado de Oaxaca; 13.55 por ciento eran originarios de Baja California; 9.4 por ciento de Guerrero y el resto venía de otras entidades, incluyendo Sinaloa. Estas proporciones son muy semejantes a las observadas en el valle de Culiacán, pues aquí la población originaria de Oaxaca fue de 28.24 por ciento; 26.70 por ciento de Sinaloa, 23.21 por ciento de Guerrero y con porcentajes muy reducidos continuaron los oriundos de Durango, Guanajuato, Michoacán y otros estados del país.

No obstante las dificultades que entraña poder distinguir el carácter étnico de la población jornalera migrante, a partir de la información disponible es posible calcular que ésta equivale a un mínimo de entre 35 y 40 por ciento de la totalidad de los jornaleros, porcentaje que hace alusión exclusivamente a aquellas personas que declararon hablar alguna lengua indígena.

De acuerdo con este indicador, uno de los grupos étnicos con mayor presencia en los campos agrícolas del noroeste es el mixteco: 67.65 por ciento de la población indígena en Baja California hablaba esta lengua; en Sinaloa este porcentaje fue de 71 por ciento y en el valle de Vizcaíno, en Baja California Sur, se elevó hasta 81 por ciento. Le siguen en orden de importancia los hablantes de zapoteco, con 17 por ciento en Baja California, 4.5 por ciento en Vizcaíno y sólo 2.8 por ciento en Culiacán. Los hablantes de triqui con 9.5 por ciento en San Quintín, 9.2 por ciento en Vizcaíno y 4.3 por ciento en Sinaloa son el tercer grupo étnico más importante en el noroeste. Por último, en porcentajes que van de cinco a seis se encuentran otras lenguas.

En cuanto a la edad y sexo como elementos tipificadores de los jornaleros agrícolas en el noroeste, la incorporación de mujeres y niños al trabajo asalariado es una práctica común en los campos de cultivo y de acuerdo con la información obtenida por el Pronsjag, este fenómeno tiende a incrementarse. Así, por ejemplo, durante el ciclo productivo 1989-1990 en el valle de Culiacán, del total de la mano de obra empleada, 26.3 por ciento era de mujeres y para enero de 1992 este porcentaje se elevó a 33. En el valle de San Quintín durante la temporada 1991, se empleó 70 por ciento de las mujeres que se encontraban allí, lo que llegó a constituir 33 por ciento de la población ocupada en los campos. En 1990, en el poblado Miguel Alemán de la costa de Hermosillo, Sonora, 27.5 por ciento de los trabajadores eventuales agrícolas lo constituían mujeres y para 1992 el porcentaje se elevó a 28 por ciento. En diciembre de 1993 las mujeres que laboraban en los campos del valle de Vizcaíno, conformaban 27.60 por ciento.

Por su parte los niños comienzan a trabajar entre los siete y ocho años a pesar de que la ley prohíbe el trabajo de los menores de 14 años e incluso en estos casos se señala que la jornada de trabajo no debe exceder las seis horas. Sin embargo, la realidad es que a partir de los nueve años el niño es considerado formalmente como jornalero y su contratación depende más de su capacidad física que de su edad. En la temporada 1989-1990, el valle de Culiacán, 33.3 por ciento de la mano de obra ocupada lo constituían menores de 14 años, porcentaje muy similar al encontrado en San Quintín en donde la cantidad de niños empleados en labores agrícolas fue de 35.7 por ciento de la población ocupada. Asimismo, en el valle de Vizcaíno, en una encuesta levantada a finales de 1993, la mano de obra infantil empleada era de 24.44 por ciento.

Para la familia jornalera migrante, el trabajo de la mujer y del niño es parte de su vida interna, e incluso una necesidad para la reproducción social y económica del grupo familiar. Por parte de los productores, una primera respuesta para la contratación de menores se debe a la presión que los propios padres ejercen; sin embargo, como se ha mencionado, el productor estandariza los niveles de productividad mediante la obligación que adquieren los jornaleros adultos y experimentados sobre las cargas de trabajo que los niños deben cubrir, por lo que en la contratación de éstos influyen las necesidades de mano de obra que imprime el mercado de los productos que se cultivan.

Por lo general, la edad productiva de los jornaleros agrícolas va de los siete a los 40 años, aunque se ha observado que puede extenderse hasta los 50. Después de esta edad, prematuramente envejecidos, los jornaleros dejan de interesar a los productores y sin ninguna posibilidad de empleo se convierten en una carga económica para sus familiares, o son abandonados a su suerte orillados a la mendicidad para sobrevivir. En la costa de Hermosillo, por ejemplo, un grupo de aproximadamente 60 de estos jornaleros se había organizado para construir un pequeño albergue con materiales de desecho y sin servicios de ninguna clase, conocido como "La casa del anciano".

Un elemento más que permite caracterizar a los jornaleros y que en el caso del noroeste es determinante, es el referente a su movilidad o residencia, esto es, a los procesos migratorios.

Migración, elemento fundamental en el proceso de proletarización

El crecimiento de las agroindustrias asentadas en el noroeste y las diferentes labores agrícolas que lleva consigo la producción a gran escala, demandan miles de jornaleros que rebasa en la mayor parte de los casos la población local disponible, por lo que es necesario que estas agroempresas se surtan de mano de obra en otras entidades del país, generando con ello un fuerte proceso migratorio.

Si bien el proceso migratorio tiene su origen en la quiebra de las economías campesinas y la expulsión de la mano de obra excedente de estas localidades, este hecho por sí mismo no provocaría una migración rural-rural masiva como la que se presenta en el noroeste, de no ser por la existencia de productores que reclamen la fuerza de trabajo. Es posible observar que el proceso migratorio hacia los campos agrícolas del noroeste ha pasado por diversos momentos. A mediados del siglo XX las grandes plantaciones algodoneras de Sonora y Baja California, así como el desarrollo de la caña de azúcar en Sinaloa exigieron la incorporación de grandes contingentes de jornaleros y ante la falta de ellos en esos estados, fue necesario traerlos de otras entidades del país.

Este proceso es el vínculo entre las llamadas zonas de expulsión o de origen y las de atracción o de demandantes de trabajo. De esta forma el proceso de proletarización vincula una economía campesina a una economía altamente comercial. Tal combinación entre la necesidad de ingresos por parte del campesino empobrecido y la necesidad de los empresarios agrícolas de contar con mano de obra durante determinadas temporadas del año, ha llevado a que los procesos migratorios asuman características que permiten hacer diferencias entre los jornaleros de acuerdo con esos procesos.

Así es posible distinguir un jornalero que practica una migración pendular, esto es, que tiene un ciclo definido de migrar, que parte de su lugar de origen a los campos de trabajo del noroeste y que al término de la temporada, de cuatro o cinco meses, retornará nuevamente a su comunidad. Otro es aquel migrante que sale de su lugar de origen para recorrer diferentes zonas de trabajo a lo largo del año y con frecuencia sólo retorna a su localidad después de dos o tres años a fin de fortalecer sus lazos familiares y comunitarios para volver a migrar posteriormente; tal es el caso de los llamados "jornaleros golondrinos". Una tercera modalidad es la migración definitiva, o mejor dicho, un proceso de emigración que se presenta cuando el jornalero y su familia no ven posibilidades de poder sobrevivir en sus comunidades y salen a radicar definitivamente en las zonas agrícolas que presentan mejores oportunidades de empleo y de condiciones de vida.

En el caso, por ejemplo, del poblado Miguel Alemán, de la costa de Hermosillo, Sonora, 77 por ciento de la población económicamente activa se dedica a las tareas del campo, y no obstante ser una comunidad asentada definitivamente, 91 por ciento de los trabajadores permanentes son eventuales. La población existente aquí provee de mano de obra a los campos agrícolas aledaños y son trabajadores cuyo origen es migrante, fundamentalmente población mestiza originaria de los estados vecinos.

En Sinaloa se presenta un caso diferente, pues el grueso de la población jornalera es migrante pendular que durante los meses de octubre a mayo labora en los campos agrícolas del valle de Culiacán, al término de los cuales retorna a su lugar de origen o bien se incorpora a una ruta migratoria que incluye las planicies agrícolas de Sonora y Baja California. En este caso los productores son los que impulsan este tipo de migración pendular y no existe la intención de desarrollar los asentamientos permanentes como base del suministro de la fuerza de trabajo que requieren.

Un tercer caso que vale la pena mencionar, se presenta en el valle de San Quintín, en donde a partir de mediados de la década de los sesenta se da el auge agrícola de los cultivos de exportación y ante la escasez de población local se promueve la migración. Aquí los productores han propiciado el asentamiento definitivo de los jornaleros agrícolas para disponer de mano de obra cautiva, necesaria para contrarrestar las intenciones migratorias hacia los Estados Unidos de la población que llega a la zona o bien para garantizar la producción agrícola durante todo el año. De esta forma es posible observar en el valle la proliferación y el crecimiento de diversas colonias habitadas por migrantes, principalmente del estado de Oaxaca.

Lugar de origen y proceso de migración

Como se ha mencionado, gran número de los jornaleros migrantes que acuden a los campos del noroeste son originarios del sur del país, en donde las posibilidades de empleo y las condiciones de vida se agravaron en los últimos años.

Prácticamente desde que el noroeste empezó a repuntar como región agroproductora a gran escala, diferentes etnias fueron atraídas a los campos de cultivo. El mixteco, entre ellas, fue uno de los grupos más numerosos y sus primeros desplazamientos hacia estas agroindustrias se registran a partir de 1950, cuando el desarrollo de los distritos de riego de Sinaloa hicieron necesaria la "importación" de mano de obra de otras regiones del país. Tal es el caso, por ejemplo, de Oaxaca, en donde conforme a la información presentada por Conapo en 1990, el estado ocupa el segundo lugar en marginación. Al interior de la entidad se han detectado 45 municipios, como los principales expulsores de fuerza de trabajo hacia los campos agrícolas del noroeste, de los cuales 19 corresponden a la zona mixteca; 17 a los valles y nueve a la sierra sur. A su vez, esos municipios son los que presentan los más altos índices de marginación en el estado, lo que confirma la estrecha relación que hay entre pobreza y migración.

No obstante que el grupo mixteco trasciende las fronteras de Oaxaca e importantes asentamientos se ubican en los estados de Guerrero y Puebla, la región de la mixteca oaxaqueña es la que concentra el mayor número de habitantes. Esta zona abarca una superficie de 26 mil kilómetros cuadrados. De acuerdo con información censal de 1990, consignada en los *Cuadernos de demografía indígena* del INI, en el país existen 328 405 indígenas mixtecos, de los cuales 239 451, es decir, 72.91 por ciento, se localizan en el estado de Oaxaca.

Geográficamente la mixteca oaxaqueña se puede dividir en tres grandes regiones: la Mixteca de la Sierra o Mixteca Alta, integrada por los distritos de Juxtlahuaca, Teposcolula, Putla y Tlaxiaco; la Mixteca Baja constituida por los municipios de Silacayoapan, Huajuapan, Coixtlahuaca, Cuicatlán y Nochixtlán; y la Mixteca de la Costa, compuesta por los municipios de Juquila, Jamiltepec y Sola de Vega. De estas regiones, las que registran mayores niveles de migración hacia el noroeste son las mixtecas Alta y Baja, que comprenden áreas que se encuentran en la parte más abrupta de la sierra, con altos niveles de erosión y devastados recursos naturales, en tanto que la Mixteca de la costa, con relativamente menos problemas de erosión y con pequeños valles agrícolas, reporta menores niveles de migración (*cfr.* Pronsjag 1992).

Entre los factores que impelen a los jornaleros salir de sus comunidades de origen, sobresalen la falta de oportunidades de empleo, el agotamiento de las pequeñas parcelas y la ausencia de servicios y de apoyo gubernamental para mejorar las condiciones de vida y, aunque en menor proporción, también los motivos políticos obligan a la gente a buscar otros horizontes.

La información disponible para los valles de San Quintín, Vizcaíno y Sinaloa, indican que la falta de empleo ocupa el primer lugar entre los motivos de la migración, como lo declaró 90.46 por ciento de los encuestados; la improductividad de las parcelas y sus bajos rendimientos ocupan el segundo lugar con 7.0 por ciento de las respuestas; y el 2.54 por ciento restante declaró salir a causa de endeudamientos. Así, la búsqueda de oportunidades de trabajo y mejores ingresos, además de una pretensión de mejoría en las condiciones generales de vida, han sido las fuerzas propulsoras tanto de la migración interna, en este caso hacia el noroeste, como de la externa hacia los Estados Unidos.

En un principio, el proceso migratorio hacia el noroeste del país era esporádico y circunstancial, pero mediante el Programa Braceros hacia los Estados Unidos en los años 1954-1965, ocurrió en forma organizada y permanente. Incluso los productores del noroeste, ante la salida masiva de fuerza de trabajo, lograron establecer convenios con los gobiernos federal y estatales para que todo jornalero que se reclutara como bracero trabajara durante un periodo determinado en los campos agrícolas mexicanos. Tal fue el caso de los campos algodoneros de la costa de Hermosillo, Sonora, que en esa época requerían grandes contingentes de mano de obra para el levantamiento de sus cosechas, lo que llevó a la creación de una comisión mixta que construyó un albergue para jornaleros migrantes llamado "El Control"; más tarde, cuando los migrantes se radicaron definitivamente en el poblado Miguel Alemán y hubo una baja en el cultivo del algodón, el albergue fue abandonado.

Una vez que los jornaleros agrícolas del sur del país habían identificado las oportunidades de empleo en el noroeste y de que los productores reconocieran las ventajas de utilizar este tipo de fuerza de trabajo, se establecieron diversos mecanismos para el reclutamiento, de donde surgió un mercado de trabajo en el que la oferta y la demanda de empleo se encuentran separadas por cientos, y en ocasiones miles de kilómetros.

Inicialmente son los hombres jóvenes de la familia campesina los que incursionan en la migración y según las oportunidades encontradas, otros miembros del grupo familiar se animarán a acompañarlo generándose un proceso de "relevos" de diversos parientes que culmina cuando tarde o temprano se moviliza la familia entera. La migración, sea familiar o de hombres solos sigue dos rutas: una es la que el propio productor genera mediante un sistema de enganche y otra el movimiento que los jornaleros realizan por su propia cuenta una vez conocidos los lugares del noroeste que ofrecen empleo.

En el primer caso, el productor designa a un hombre de confianza, generalmente nativo de los lugares de origen de los jornaleros, para que acuda a estas comunidades a reclutar la mano de obra que requiere la temporada, haciendo uso de diversos medios, que bien pueden ser avisos difundidos en las radiodifusoras locales o a través de relaciones personales que el enganchador tiene en su zona de influencia, lo que lleva al establecimiento de una red de agentes reclutadores que en ocasiones comprende diversas localidades e incluso diversos municipios.

En el caso de la migración por cuenta y riesgo del propio jornalero, ésta puede ser en un grupo, que abarque varias familias de la misma localidad o en forma de familias extensas. En varios de estos casos se realiza una migración "escalonada": de Oaxaca se trasladan al estado de Morelos, de allí a San Luis Potosí o Jalisco y más tarde llegarán a los campos de Sinaloa, Sonora y Baja California. Así, los mixtecos que de suyo han sido viajeros constantes por tradición, han logrado encontrar su propio camino hacia el norte, y eventualmente, el migrar se convierte en un oficio y la principal fuente de ingresos de varias comunidades mixtecas.

De acuerdo con información del Pronsjag, en Sinaloa la práctica más socorrida es el sistema de enganche por parte del productor; sin embargo no deja de llamar la atención el incremento de la migración que el jornalero realiza por su cuenta. Para 1991, en una encuesta levantada en el valle de San Quintín los porcentajes de los que llegaron enganchados o por sus propios medios fueron de 16.82 y 83.18 por ciento, respectivamente, proporciones similares a las observadas en el valle de Vizcaíno en Baja California Sur, con 23.16 por ciento para los que llegaron por cuenta del productor y 76.84 por ciento para los que lo hicieron solos.

En las zonas de origen en Oaxaca, el proceso migratorio se inicia cuando la familia jornalera se traslada de sus comunidades a los centros de reclutamiento y enganche entre los que destacan las cabeceras distritales de Juxtlahuaca, Huajuapan y Ocotlán. Aquí se espera el arribo de los autobuses enviados por los productores, que por lo general inician el viaje con un enorme retraso, lo que obliga a las familias jornaleras a esperar la salida durante varios días en los que deben pernoctar a la orilla de los caminos o en las calles de los centros de reclutamiento.

Los preparativos para la migración incluyen una marcada división del trabajo entre la familia mixteca. La mujer es la responsable de la preparación de los alimentos que se consumirán durante el trayecto, lo que incluye la elaboración de 60 a 120 "totopos" o tortillas, hacer acopio de una dotación de frijoles, un cuarto de kilo de sal, otro tanto de chiles y un garrafón de seis litros de agua; tarea que le lleva de tres a cuatro días; además es la encargada de guardar sus pertenencias y conseguir que alguien, preferentemente un familiar, cuide su casa y que los animales de su propiedad sean aumentados y vigilados durante el tiempo que la familia pase fuera. El hombre, por su parte, es el responsable de hablar con el contratista y de conseguir el dinero que llevan durante el traslado y es quien se pone de acuerdo con el resto de los jefes de familia para tomar las decisiones que el grupo considere pertinentes.

Con frecuencia, al llegar a los centros de reclutamiento, los contratistas o enganchadores llevan consigo una lista con los nombres de los que deberán ser reclutados y en caso de que haya más trabajadores de los esperados, éstos son incluidos en el grupo inicial aunque haya sobrecupo en los camiones que los transportarán.

El traslado desde Oaxaca hasta los campos del noroeste del país dura aproximadamente tres días, durante los cuales son comunes las paradas por desperfectos en los autobuses, lo cual hace más prolongado el viaje. Las paradas se suceden tres, cuatro y hasta cinco veces durante todo el viaje. En el trayecto la gente consume alimentos que ellos mismos han elaborado, pero cuando la jornada se alarga, es necesario hacer gastos extras para el reaprovisionamiento. En algunos casos las comidas se hacen por cuenta de los productores o bien se asegura una cuota de 20 pesos diarios por familia; sin embargo, el tipo e irregularidad de la alimentación consumida, así como el cambio de climas ocasionan infecciones gastrointestinales, afecciones de las vías respiratorias y deshidrataciones, padecimientos que afectan más a niños y mujeres embarazadas.

En un taller de reflexión realizado con mujeres jornaleras migrantes mixtecas en San Martín Peras, Juxtlahuaca, Oaxaca, en junio de 1994, nueve participantes señalaron que muchos de los migrantes ignoran las condiciones en que van a viajar, lo que saben es producto de sus propias experiencias o de lo que les platican sus amistades. Lo único que les informa el contratista es el día en que van a salir, pero no dice en qué condiciones viajarán, ni siquiera cuánto les van a pagar. Por otra parte, indicaron que de tener dinero, comprarían medicina contra diarrea, vómito, dolor de cabeza, de muelas y estómago. En cuanto a comida, comprarían frijol enlatado, atún y chile en vinagre, leche, pan Bimbo, galletas y fruta de la región. Una de las principales preocupaciones de las mujeres mixtecas es la migración de los hombres solos que con frecuencia provoca la desintegración familiar, porque el hombre, cuando sale solo, busca otras mujeres, deja de apoyar económicamente a la familia y las esposas e hijos sufren por la ausencia del padre.

Para el jornalero agrícola las pésimas condiciones de transporte son uno más de los sacrificios que debe padecer para poder lograr un empleo que su comunidad de origen no le brinda; sin embargo, no por ello deja de demandar mayor seguridad y comodidad en su traslado a los campos agrícolas. Las formas de arribo a los campos agrícolas marcan diferencias en cuanto a las relaciones laborales que se establecen entre los jornaleros y sus patrones. Así, en el caso de los jornaleros enganchados, el patrón proporciona el transporte y a través de ello se establece la obligación del jornalero de trabajar toda la temporada para el patrón que lo llevó; de lo contrario, perderá la oportunidad de regresar a su comunidad en el transporte que contrata el productor. Es frecuente que grupos de jornaleros deban pasar varios días en espera de los camiones que los regresarán a sus hogares una vez terminada la temporada, lo que los obliga a realizar gastos que reducen sus posibilidades de ahorro.

El migrante que llega a los campos por sus propios medios debe negociar su contratación día a día o por semana, también ha de esperar a que haya un espacio libre en los albergues y al término de la temporada tampoco tiene derecho a ayuda alguna para regresar a su pueblo natal.

Condiciones de vida

En general, una vez que la familia jornalera ha llegado al noroeste, a la necesidad de conseguir empleo en los campos de cultivo se suma la de hacerse de un lugar para vivir mientras dura el trabajo. Y dado nuevamente el carácter migratorio de estos trabajadores, que los excluye prácticamente de las colonias de población asentada, los jornaleros y sus familias deben habitar en albergues propiedad de los patrones o construir sus viviendas por sus propios medios y en algunos casos permanecer a la intemperie en lugares cercanos a los campos durante el tiempo en que se ocupan.

Para la población indígena estas condiciones de vida son doblemente difíciles, pues aunadas a las dificultades que comparten con los demás jornaleros, deben soportar el desarraigo, la marginación extrema, la obligada aculturación y, sobre todo, la discriminación sistemática en todas las situaciones que viven. Un ejemplo de ello es la vivienda, en donde el hacinamiento, la promiscuidad e insalubridad del medio se conjugan cuando se trata de los migrantes indígenas, incluso existen rivalidades entre los propios indígenas, dependiendo del grupo étnico del que se trate. Así, las mujeres mixtecas se quejan de las purépechas porque no les permiten utilizar los servicios de lavaderos y letrinas que hay en los albergues; incluso las michoacanas tienen preferencia en los vehículos que hacen el trayecto de los albergues a los campos de cultivo y constantemente regañan a las mujeres mixtecas.

Las dimensiones de los albergues o campamentos que los productores destinan para el trabajador y sus familias dependen de la cantidad de mano de obra que emplea cada productor, pero de acuerdo con datos del Pronsjag, casi siempre el número de pobladores en los albergues es mucho mayor que en las colonias, salvo en la costa de Hermosillo, Sonora, en donde la población de las colonias en noviembre de 1990 era de 10 737 personas, contra 4 812 registradas en los campamentos de la zona.

En estos albergues lo mismo se encuentran jornaleros cuya permanencia en la región es eventual (migrantes que acuden sólo durante determinadas épocas del año), que jornaleros que ya se han asentado y que permanecen en los campamentos incluso después de que la temporada termina; sin embargo, no hay diferencias significativas en las condiciones de vida de ambos tipos de jornaleros. En principio, esta similitud se refleja en las condiciones de los albergues que en la mayoría de los casos son galerones divididos en pequeños cuartos de unos tres metros de ancho por cuatro de largo, por cuatro de alto, generalmente sin ventilación, construidos con materiales diversos y baratos, e inclusive de desecho, en donde la característica predominante es la ausencia casi total de servicios, situación que en conjunto contribuye al deterioro de las condiciones de vida y salud de los jornaleros.

En la mayoría de los campamentos no hay energía eléctrica en las viviendas, ni alumbrado público; predominan los pisos de tierra que propician polvaredas, encharcamientos y la reproducción de fauna nociva; asimismo es notable la falta de drenaje; en algunos albergues se cuenta con letrinas ubicadas sobre zanjas o canales improvisados de poca profundidad o inclusive con sanitarios, pero generalmente en tan malas condiciones de mantenimiento y limpieza, que los usuarios optan por el fecalismo al aire libre; igualmente faltan lugares para el aseo personal, por lo que la gente se baña en sus viviendas o en casetas improvisadas por ellos mismos; sin embargo, la carencia más significativa es el abastecimiento de agua potable, problema sólo parcialmente resuelto por los productores de la región.

Esta situación de miseria y carencia de servicios se encuentra, asimismo, en las colonias en donde se ha ubicado la población que ha decidido permanecer más o menos definitivamente en las entidades del noroeste e inclusive ha motivado una incipiente movilización de colonos en torno a demandas que atañen al mejoramiento de la vivienda y a la introducción de servicios.

En la encuesta levantada por el Pronsjag en 1991 en las colonias del valle de San Quintín, 47.65 por ciento de las casas tenía paredes de madera o de lámina de cartón; el 12.42 por ciento lo constituían casas con paredes de diversos materiales de desecho como plásticos, cartones y lonas, aunque también se encontró que 31.71 por ciento correspondía a familias de mayor antigüedad en la región que habían logrado construir viviendas con paredes de block, adobe o ladrillo. En los techos predominaban madera y láminas de cartón con 72.82 por ciento; 11.24 por ciento de las viviendas tenía techos de concreto, lámina de asbesto o zinc y el 15.94 restante estaba techado con materiales de desecho.

Otra de las características más generalizadas en las viviendas de los jornaleros son los pisos de tierra. En San Quintín, por ejemplo, en 69.63 por ciento de los casos eran de este material. Cifra que coincide con 60 por ciento registrado en el poblado Miguel Alemán en la costa de Hermosillo, Sonora, bajo el mismo rubro, en la denominada zona de invasión, en donde se concentra la mayoría de los jornaleros migrantes que llegan a la entidad.

Por otra parte, la carencia de servicios públicos en las zonas de asentamiento provisional de jornaleros limita la existencia de servicios sanitarios en las viviendas. Tan sólo en el valle de San Quintín, la falta de drenaje y las precarias condiciones económicas de los trabajadores, hacen que 94.18 por ciento de viviendas tengan letrinas de madera asentadas sobre pozos poco profundos, construidas por las mismas familias. El resto no contaba con eso siquiera.

En la costa de Hermosillo, Sonora, según datos del Pronsjag recabados en 1992, la situación era similar: no había agua, ni drenaje y predominaban las fosas sépticas en 88.7 por ciento de las viviendas encuestadas. Otros servicios, como energía eléctrica o alumbrado público y recolección de basura, son carencias que se suman a unas condiciones de vida en general mucho más difíciles que las que existen en las comunidades de origen, pero que estos jornaleros y sus familias deben afrontar en sus vivencias en el noroeste, no porque estén acostumbrados a ello, sino porque no les queda alternativa. Asimismo, ante el desfase cultural de la población indígena respecto de sus comunidades de origen, una vez en la región del noroeste hay cierta resistencia al uso adecuado de servicios públicos como baños, regaderas y lavaderos; cuando los hay, es habitual la defecación al aire libre y que el lavado de ropa o el aseo personal se haga en los canales de riego.

En ciertos casos algunos indígenas han logrado conseguir un predio donde asentarse de manera permanente y poco a poco han formado colonias en donde el carácter étnico de sus pobladores puede manifestarse más libremente, a despecho de la población mestiza. Sin embargo, son estos jornaleros asentados los que resienten más agudamente el desarraigo, porque la separación de su tierra natal es más o menos definitiva e implica la pérdida paulatina de sus nexos con ella. En cambio los migrantes pendulares y los "golondrinos", mantienen el vínculo que alimenta su identidad étnica, aunque entre éstos hay también algunos en proceso de asentamiento que se encuentran en una etapa intermedia.

Por otra parte, la división del trabajo en el seno de las familias migrantes indígenas se reproduce de forma muy similar a la de sus lugares de origen, salvo que, como se ha visto, la migración familiar conlleva la posibilidad de incorporación del mayor número de integrantes al trabajo asalariado, lo que redunda en un nuevo tipo de relaciones sociales entre ellos, pues además del esposo, ya también toman parte en las labores de los campos la madre y los hijos mayores. En esta nueva situación, las mujeres sufren un doble desgaste, porque además de las tareas de atención a la familia, deben desempeñar su papel como asalariadas. Igualmente los niños hacen su aportación al ingreso familiar y también deben contribuir a las tareas domésticas, aunque en estos casos, son las niñas quienes asumen la mayor responsabilidad, pues sobre ellas recae el cuidado de los hermanos más pequeños y prácticamente todo el trabajo de la casa mientras los demás se hallan en el campo. Sólo el hombre conserva su estatus original, amparado en que tales actividades "son cosas de mujeres".

Entre la familia migrante mixteca los roles de padre, madre e hijos se conservan casi intactos en las zonas de trabajo; así,

> la madre es la encargada de hacer la comida, lavar la ropa, bañar, cuidar, acariciar y educar a los hijos; el papá, cuando son chicos, acaricia a los hijos y cuando son grandecitos los manda a la escuela y les enseña a trabajar. En Culiacán no da tiempo de acariciar a los hijos, allá los niños se juntan con otros niños, aprenden otras costumbres, hablan feo, se ponen groseros y no respetan a los mayores, quienes los regañan y les pegan para educarlos. No obstante ello, el papá y la mamá son la autoridad de la familia y aunque los hijos trabajen no se pierde el respeto a esa autoridad (Pronsjag 1994).

En todos los casos, ya se trate de población asentada o no, los migrantes indígenas llevan consigo un acervo cultural y de formas organizativas internas que les permite la supervivencia como etnia. Pese a que en muchos casos el proceso de adaptación implique modificación de valores, costumbres, tradiciones e idioma, en el caso de los mixtecos el parentesco y el paisanaje, enriquecidos con tradiciones recogidas en su migrar, generan relaciones de solidaridad en las que se mezclan el ser mixteco y el ser migrante.

Estas relaciones, a su vez, han permitido la creación de organizaciones sociales y laborales de jornaleros agrícolas u organizaciones de colonos, en el caso de los migrantes asentados, como las que se perciben en Sinaloa con la Central Independiente de Obreros Agrícolas y en el valle de San Quintín con el Sindicato General de Obreros Agrícolas, respectivamente. También se han favorecido, aunque cada vez en menor medida, la reproducción de algunas festividades importantes llevadas a cabo a cientos de kilómetros de sus comunidades originales.

Ante la presión del mundo mestizo y la propia necesidad de convivencia, los indígenas migrantes deben ocultar su propia lengua y aprender una nueva, pues en caso contrario serán objeto de un abuso constante por parte de los no indígenas, debido a su desconocimiento del idioma español; sin embargo, al interior del grupo mixteco, es la lengua materna la que permite reproducir los lazos de identificación y de apoyo que se establecen entre ellos. Igualmente es común la tendencia a abandonar la vestimenta tradicional o a incorporar elementos ajenos a su indumentaria.

Los mixtecos se encuentran ante la posibilidad de pérdida de sus creencias religiosas y la adopción de otras ajenas, situación que ha propiciado algunos conflictos porque rompe la cohesión de la etnia al trastocar sus valores. En el noroeste, la presencia de innumerables sectas religiosas es notable y entre ellas sobresalen adventistas, pentecosteses, de la Puerta Abierta, testigos de Jehová y La Voz que Clama en el Desierto, quienes valiéndose del manejo de las lenguas indígenas y de acciones de carácter asistencialista, realizan una intensa campaña de proselitismo.

Dos aspectos más en que los mixtecos han podido salvaguardar relativamente sus costumbres son, por un lado, la adaptación de espacios habitacionales con técnicas tradicionales y empleando materiales que se encuentran en la zona y; por otro, la preparación de alimentos con las formas culturales tradicionales de sus poblados de origen, como es el uso del fogón, símbolo de la cultura indígena, así como la presencia del metate entre algunas familias, que más que un enser cotidiano, por su escasez en la región, se destina a la preparación de los alimentos rituales; mole y tamales para el "día de muertos" o la comida para un bautizo.

Es en la alimentación donde los jornaleros agrícolas gastan la mayor parte del ingreso familiar, lo que no significa un cambio cualitativo respecto del tipo de alimentación que tenían en sus comunidades de origen, sino que los precios de los productos son tan altos en el noroeste, que los salarios sólo alcanzan para comprar lo más indispensable y muchas veces es insuficiente para cubrir las necesidades de alimentación de todos los miembros de la familia. Tan sólo en el valle de San Quintín, según datos del Pronsjag, en 1991 la familia jornalera destinaba 70 por ciento de sus ingresos a la alimentación y en las demás entidades de la región los porcentajes son similares, como en la costa de Hermosillo, en Sonora, en donde el costo de los alimentos consume entre 50 y 60 por ciento del ingreso familiar. En la dieta de estos trabajadores predomina el consumo de maíz, frijol y chile y en menor proporción huevo y arroz. Alimentos como carne, aves, pescado, leche y fruta son consumidos ocasionalmente por los jornaleros e incluso hay veces en que las familias ayunan o solamente hacen una comida al día a fin de ahorrar la máxima cantidad.

La mala alimentación del jornalero y su familia se ilustra con la información disponible sobre los grados de desnutrición de los niños que llegaron al valle de Culiacán, en la temporada hortícola de 1992-1993, el Pronsjag evaluó 1 381 niños menores de cinco años; de ellos, 52.7 por ciento presentó algún grado de desnutrición y de este porcentaje, 52.6 por ciento correspondió a niños migrantes oaxaqueños, de los cuales 42.8 por ciento eran mixtecos.

Uno de los problemas que se relaciona directamente con la mala calidad de la alimentación de estos migrantes, es el abasto, insuficiente a pesar de la existencia de algunas tiendas Conasupo y de que en la mayoría de los campos de la región hay tendajones en manos de mayordomos, camperos e inclusive de jornaleros asentados que abastecen a los trabajadores y sus familias, quienes tienen un mercado cautivo en donde fían y por ello pueden hasta duplicar el precio de los productos. Una mujer mixteca que acude temporalmente al valle de Culiacán, relata que "a veces llega un señor con una camioneta a vendernos comida más barata, pero lo corren los de la tienda, que es del patrón. Si vamos a comprar a la ciudad también es más barato, pero no nos alcanza el tiempo para ir. En la tienda del campo nos fían y el día de raya pagamos entre 150 y 200 nuevos pesos a la semana" (Pronsjag, 1994).

El acceso a los servicios médicos es un gran problema para los jornaleros indígenas y sus familias ya que en el mejor de los casos se hace mediante un "sistema de pases" a las clínicas locales del IMSS. Esta medida sólo permite la atención ocasional, generalmente en casos extremos y cuando ocurre es muy frecuente que surjan problemas de discriminación disfrazados tras las barreras del idioma y las costumbres, que hacen más difícil la comunicación entre el médico y el paciente. El uso de la medicina tradicional resulta limitado en la región debido a la falta de los elementos necesarios, habituales en sus lugares de origen, con los que se pueden curar algunas enfermedades.

Dado que la mayoría de los campamentos donde se alojan los jornaleros se encuentran cerca de los campos de trabajo y lejos de las zonas en donde se ubican las clínicas o los centros de salud, la situación de estas familias migrantes se torna dramática cuando alguno de sus miembros se enferma o accidenta.

En tal sentido, en encuestas levantadas por el Pronsjag en diciembre de 1991, se detectó que en el valle de San Quintín los mayores porcentajes en cuanto a formas de atención médica a las que recurren los jornaleros agrícolas que laboran allí, correspondían en 34.41 por ciento de los casos a la atención en las clínicas móviles del IMSS y 30.88 por ciento a los que iban al médico particular; en tanto que 19.19 por ciento acudía a los centros de salud y el 15.52 por ciento restante recurría a farmacias, remedios caseros u otras formas de atención a la salud.

Las lumbalgias, las enfermedades degenerativas articulares, las dermatitis por contacto y micóticas y las heridas y traumatismos, todas ellas ocasionadas durante el proceso de trabajo, son los padecimientos más frecuentes de los jornaleros agrícolas, así como son comunes entre los niños las infecciones en las vías respiratorias y las enfermedades gastrointestinales como parasitosis, diarreas y deshidrataciones, en ocasiones severas. De igual manera, como las mujeres que laboran en los campos no cuentan con incapacidad en caso de gravidez, deben trabajar hasta el último momento y regresar casi inmediatamente después del parto; en tal situación, deben llevar con ellas al recién nacido o dejarlo en la vivienda al cuidado de otro hijo de corta edad. La información recabada en Sinaloa en el ciclo 1990-1991, reportó 745 embarazos y 52 abortos en 35 unidades agrícolas y 118 partos tuvieron que ser atendidos en los campos (Pronsjag, 1991b).

La falta de equipo adecuado y muchas veces la falta de capacitación para realizar trabajos de alto riesgo, como el uso de agroquímicos, exponen a los jornaleros a serios problemas de salud que van desde intoxicaciones y quemaduras hasta padecimientos irreversibles de fatales resultados. Por otra parte, aunque la mayoría de los jornaleros no manejen directamente los agroquímicos, están expuestos a ellos, ya que es frecuente que las avionetas fumiguen los campos cercanos a donde se encuentra gente trabajando. A pesar de que los efectos no se manifiestan de inmediato y del desconocimiento de las consecuencias de una exposición prolongada a los agroquímicos, los jornaleros toman sus propias medidas de seguridad; el testimonio de un grupo de jornaleras mixtecas es ilustrativo: "nos tapamos la boca con un trapo o corremos a la orilla del campo cuando viene la avioneta a fumigar". (Pronsjag, 1994).

Las condiciones migratorias, de trabajo y de pobreza, afectan negativamente las posibilidades de educación. La interrupción del ciclo escolar en sus lugares de origen para incorporarse a la ruta migratoria y al trabajo impide la continuación de los estudios de los niños jornaleros; por otra parte, el alto nivel de analfabetismo entre la población adulta se combina con el monolingüismo para dar un panorama desolador en este aspecto. En términos generales, se puede afirmar que en los principales centros de concentración jornalera del noroeste, el analfabetismo llega a 40 por ciento de la población jornalera y en el caso de los niños jornaleros es frecuente que interrumpan sus estudios en el segundo y tercer años de primaria. No obstante, el esfuerzo realizado hasta hoy por las instituciones educativas del país, aún no se logra contar con la infraestructura adecuada ni la elaboración y puesta en marcha de un modelo educativo que responda a las necesidades educativas de la familia jornalera, que tome en cuenta su condición de migrante, sus necesidades específicas de conocimiento y que pueda abrir nuevos horizontes de trabajo y de mejoramiento de sus condiciones de vida.

Consideraciones finales

Una primera consideración que hay que resaltar es el fuerte incremento del trabajo asalariado en el campo mexicano; este fenómeno que de tiempo atrás se ha desarrollado, en los últimos años ha impactado a los grupos indígenas del país y muy especialmente a la población mixteca. Estos hechos no han sido aún plenamente reconocidos por el conjunto de la sociedad, donde continúa viéndose al medio rural sólo como unidades productivas campesinas o empresariales, en el que los jornaleros conforman un sector desconocido y por consiguiente marginado.

Se debe reconocer que aún falta la construcción de un marco teórico consistente que permita la correcta conceptuación del fenómeno jornalero, la información empírica, por su parte, es escasa y su circulación limitada. La importancia de contar con estos dos elementos, teoría e información empírica, estriba en la posibilidad de construir políticas de atención al sector que trasciendan las medidas coyunturales e inmediatas y se planteen cambios estructurales a mediano y largo plazos.

Por otra parte, se debe impulsar el reconocimiento entre los propios jornaleros de su dimensión plural y nacional, de su necesaria identificación como un sector diferenciado dentro de la sociedad y sobre todo de su gran potencial en la transformación del sector rural del país.

Como indígena, el jornalero cada vez pierde con mayor celeridad el acceso a la tierra y para quien la posee, las posibilidades de sobrevivir de ella son más escasas día con día. Todo indica que el proceso migratorio como fase de su proletarización continuará. Sus límites aún no han sido definidos.

La cohesión social y cultural de la población indígena mixteca ha permitido que su incorporación al trabajo asalariado y al proceso migrante adquiera características que la distinguen y si bien en términos generales su condición indígena la orilla a la marginación y a la discriminación, también es verdad que gracias a su fuerte cultura, establece sólidos lazos de solidaridad interna que le permiten sortear, no sin grandes esfuerzos, los graves problemas a los que se enfrenta.

Para el mixteco, el migrar se ha convertido en una forma de vida, es hoy una herencia histórica transmitida de padres a hijos, de un grupo familiar a otro y en ello el parentesco, la vecindad y las costumbres permiten su reproducción social y el incremento de su propia cultura.

Por último, cabe señalar que si bien entre los jornaleros agrícolas que acuden al noroeste del país existe un importante sector indígena, donde los mixtecos parecen ser mayoría, no se debe olvidar que los jornaleros se enfrentan a un capital que tiende a homogeneizar las características laborales de sus trabajadores y que al interior de los propios grupos indígenas existen marcadas diferencias, por lo que resulta pertinente ahondar en las relaciones interétnicas que se presentan entre ellos a fin de avanzar en la constitución de un frente común como indígenas y como jornaleros.

Bibliografía

Bassols Batalla, Ángel, Felipe Torres Torres y Javier Delgadillo, 1992, *El abasto de alimentos en México*, México, Instituto de Investigaciones Económicas de la UNAM.

Comisión Nacional de la Población, 1990, *Indicadores socioeconómicos e índice de marginación en los municipios de México*, México, CONAPO.

Programa Nacional de Solidaridad con Jornaleros Agrícolas, 1991a, *Diagnóstico de las condiciones de vida y trabajo de los jornaleros agrícolas del valle de san Quintín*, B. C., México, Pronsjag.

——, 1991b, *Informe general*, Coordinación Estatal de Sinaloa, México, Pronsjag.

——, 1992, *Documento de población migrante* de los estados de Oaxaca y Guerrero hacia zonas de expulsión, México, Pronsjag.

Programa Nacional de Solidaridad con Jornaleros Agrícolas, 1994, Relatoría del taller de autodiagnóstico y programación realizado con mujeres jornaleras migrantes mixtecas, San Martín Peras, Juxtlahuaca, Oaxaca, México, Pronsjag.

Sánchez, L., y R. Arroyo, 1993, "Jornaleros agrícolas en México", en *Los pobres del campo*, Santiago de Chile, Flacso-Prealc.

Parte III

El quehacer trasnacional

Yerbas, limpias y cirugía: el cuidado de la salud entre los mixtecos de California[1]

Bonnie Bade

Soledad está recostada en el sofá manchado y rasgado, gimiendo quedamente y frotándose suavemente su abdomen. Su esposo está afuera hablando con Don Sabio, el curandero que había venido a la casa a sanar a Soledad. Soledad y su familia han estado en Madera, California, por tres años. Su esposo trabaja en los campos agrícolas y trae a casa un salario de 11 539 dólares por año. De la familia entera de ocho, solamente las dos hijas más jóvenes tienen condición legal, ya que nacieron en el Hospital de la Comunidad en Madera. Como "extranjera ilegal", Soledad califica para una tarjeta de Medi-Cal que la cubre solamente para servicios de "emergencia y relacionados al embarazo". Hoy, Soledad está tosiendo con sangre por tercera vez en este mes. Ella ya ha estado un par de veces en la sala de emergencias del hospital y las dos veces la enviaron a casa después de haber sido examinada por cinco minutos y haber recibido una receta médica para Maalox. El doctor, quien no habla ni español ni mixteco, nunca ha intentado decirle cuál es el problema que ella tiene. El dolor continúa y Soledad le pide a su esposo ir por Don Sabio, un curandero de su pueblo de origen, Ñuu Chucún en las montañas de Oaxaca. Las manos de Don Sabio están manchadas de verde de los dos meses pasados en los campos de jitomate en el Valle Central. Él presiona suavemente el abdomen de Soledad recitando una plegaria en mixteco a los espíritus del viento,

[1] Nota de los autores del libro: para un estudio más actualizado de la autora, véase Bade, 2004.

la lluvia, el sol y la tierra. Después de prender varias velas y rezar a los santos por dos horas mientras Soledad bebía un té de rue y camomila, él pone alcohol para frotar en un vaso y lo prende con fuego. Coloca la orilla del vaso en el abdomen de Soledad, justo debajo del esternón, extinguiendo el fuego y causando que la piel se levante hacia el vaso en forma de montículo. Soledad se lamenta pero no dice nada. Don Sabio intenta remover el mal que está adentro de ella, una aflicción enviada por un vecino envidioso quien también es de Ñuu Chucún. Al final de la ceremonia de curación, Soledad se siente exhausta pero el dolor adentro se ha ido.

En la sociedad global de hoy en día, las preocupaciones básicas como el cuidado de la salud son cada vez más complejas. En regiones multiculturales con un flujo trasnacional de migrantes, como el sudoeste de los Estados Unidos, las diferencias culturales respecto a la causa, el tratamiento y el significado de las enfermedades y otras condiciones de la salud afectan tanto a la búsqueda del cuidado de la salud, como a la provisión de servicios de la salud. Las barreras económicas y sociales se combinan con las diferencias culturales para marginar y limitar el cuidado clínico de la salud a ciertos grupos e individuos de la sociedad. Este estudio examina las diferencias, en cuanto a conceptos y prácticas fundamentales, entre diversos sistemas médicos practicados en California: uno institucionalizado y tecnológico, el otro secular e indígena. El estudio se enfoca en la manera en que los individuos, quienes disponen de distintos sistemas médicos, responden a ellos en el proceso del cuidado de su salud. Las diferencias en las creencias, comportamientos e idiomas, así como las discrepancias socioeconómicas, limitan las opciones de tratamiento clínico para los migrantes trasnacionales del México indígena.

Los migrantes mixtecos de Oaxaca, México, constituyen una comunidad indígena trasnacional que viaja a los campos agrícolas comerciales de California para emplearse principalmente como trabajadores agrícolas temporales. Los mixtecos representan una porción grande en la más reciente ola de migrantes nacidos en el extranjero, en el ciclo histórico de remplazo étnico que ha caracterizado a la industria agrícola –de un valor de 20 millones de dólares anuales– de California (Runsten y Zabin, 1989). Para las familias mixtecas, que en su mayoría tienen estado ilegal de inmigración, seguro médico limitado o inexistente y pocos recursos económicos, el cuidado clínico de la salud en California consiste, sobre todo, en servicios de emergencia y aquellos relacionados con el embarazo. Como consecuencia, las enfermedades crónicas como anemia, diabetes, desórdenes gastrointestinales y caries en los dientes, quedan sin tratarse, o bien, son diagnosticadas y tratadas como enfermedades etnoespecíficas por curanderos indígenas. A las condiciones difíciles de los mixtecos y otros inmigrantes étnicos en California se agregan, hoy en día, la economía deprimida en California y el creciente sentimiento antiinmigratorio entre los residentes legales y los líderes políticos.

Los mixtecos son una de las minorías indígenas más grandes en México. Muchos de los migrantes mixtecos en California son refugiados económicos cuyo pasado indígena rural es cultural, política y socialmente distinto del de otros mexicanos mestizos del centro norte de México, quienes en el pasado conformaron las principales corrientes de la fuerza laboral agrícola. De esta manera, los mixtecos representan un desafío especial para las agencias públicas de California: muchos hablan muy poco o no hablan español, menos aún el inglés y no saben escribir ni leer. Ellos conforman una minoría étnica extranjera de origen rural que comparte muchas características con los refugiados del sudeste asiático en California, como los hablantes de hmong y khmer. Sin embargo, a diferencia de estos grupos, los mixtecos mantienen lazos cercanos con sus comunidades de origen a través de la migración circular y, por lo tanto, viven en lo que esencialmente son "comunidades trasnacionales" (Kearney y Nagengast, 1989).

El proceso de cuidado de la salud del individuo, el cual significa buscar y obtener atención médica una vez que se ha determinado que existe enfermedad, está íntimamente entrelazado con la red socioeconómica de California. El diagnóstico clínico y las prácticas de tratamiento, el conseguir citas y los procedimientos de facturación, por ejemplo, representan actividades que reflejan la estructura médica burocrática que deben enfrentar los individuos que sufren de enfermedades en ese estado de la Unión Americana.

Los resultados de este estudio indican que los mixtecos frecuentemente escogen complementar el cuidado clínico de la salud que se les da en las instituciones de California, con tratamientos indígenas basados en definiciones conceptualmente distintas sobre la clasificación, causa y diagnóstico de enfermedades. Ellos practican un "cuidado de la salud transmédico" al cruzar las fronteras de cada sistema distinto para maximizar las opciones en el cuidado de la salud. Las medicinas recetadas y los tratamientos clínicos tecnológicamente sofisticados son complementados con yerbas, baños de vapor, masajes y ceremonias rituales de curación. Las formas y prácticas culturales mixtecas, por lo tanto, se combinan con la marginalidad social y económica de las comunidades mixtecas, tanto en México como en los Estados Unidos, para reafirmar la membresía y la identidad comunitarias y reforzar la distinción cultural, la cual desafía las teorías asimilacionistas del *melting pot* y provee mayores alternativas para lidiar con los problemas de la salud.

El cuidado de la salud mixteca en California

Investigando el proceso de cuidado de la salud: financiamiento y método

El trabajo de campo sobre el cual se basó este estudio se realizó entre febrero de 1992 y agosto de 1993. El financiamiento inicial para la investigación fue otorgado por becas de la Fundación Ford y UC-Mexus, ofrecidas por el Instituto de California para Estudios Rurales, el Centro de Estudios Chicanos de la Universidad de California, Santa Bárbara y la Universidad de California, Riverside.

Tanto en Oaxaca como en California, el método de trabajo etnográfico principal que se utilizó para el estudio fue el de observación participativa. En Oaxaca, viví en dos pueblos diferentes, participando en las ceremonias civiles y religiosas, ayudando en las tareas diarias y asistiendo a rituales de curación con el curandero local. Los datos cualitativos que se registraron en California provienen principalmente de mi participación en la vida diaria de más de veinte mujeres y sus familias. Me involucré en la vida de cinco mujeres en particular y pasé la mayoría del tiempo acompañandolas a citas médicas, oficinas de doctores, tiendas de abarrotes, escuelas y otras instituciones y agencias locales privadas y estatales. El ayudar a las mujeres, así como a los que proveen los servicios de salud, al traducir, llenar formas escritas en inglés y español, dar transportación, explicar los procedimientos y conceptos clínicos, negociar con los oficiales y ofrecer apoyo general en la adaptación a los detalles complejos y burocráticos de la estructura social de California, formaron las bases para el desarrollo de un lazo de confianza entre las mujeres sobre las que escribo.

Los datos cuantitativos utilizados en este documento se recogieron entre junio y agosto de 1993. El apoyo dado por el doctor James Grieshop del (entonces) Departamento de Ciencias Aplicadas sobre el Comportamiento de la Universidad de California en Davis y por la doctora Martha López de la Extensión Cooperativa de la Universidad de California en el condado de Madera, permitieron la escritura y distribución de un cuestionario de 159 preguntas en español a 109 mujeres mixtecas que estaban viviendo en Madera, California. Más de 38 pueblos mixtecos están representados en esta muestra.[2] Se tomó una muestra de la comunidad mixteca en Madera utilizando varios métodos: el método de muestreo por "bola de nieve", listas de direcciones de los estudiantes registrados en Educación para Migrantes en la escuela primaria local, contactos a través de las organizaciones mixtecas de ayuda propia y las redes de comadres. Las entrevistas fueron conducidas por tres mujeres hispanoparlantes de la comunidad de Madera. Cada entrevista duró un promedio de dos horas y las familias fueron compensadas por su tiempo con un certificado de regalo con valor de diez dólares y válido en la tienda local Lucky.

Escribí los cuestionarios después de haber pasado más de un año en el campo recogiendo datos cualitativos. Varios problemas, especialmente las diferencias del idioma, que surgieron en la elaboración y aplicación de cuestionarios para los migrantes mixtecos merecen discusión. Por razones lógicas, el español fue el idioma escogido para realizar las entrevistas debido a las dificultades con el mixteco escrito, la pronunciación y las diferencias en vocabulario entre los pueblos mixtecos de Oaxaca y la escasez de mujeres de habla mixteca, con suficientes habilidades de escritura y lectura para conducir las entrevistas.

Problemas de utilización

Existe información muy limitada respecto al estado de salud y a los patrones de utilización de servicios de salud entre las familias de trabajadores agrícolas migrantes. Algunos factores que caracterizan los problemas de salud entre los trabajadores agrícolas migrantes y la utilización de servicios de salud han sido documentados, como el

[2] En 1991 había un estimado de 25 a 40 mil mixtecos viviendo y trabajando en California. El estimado actual de 1994 es de 50 mil (Runsten y Kearney, 1994).

recurrir con gran frecuencia a las salas de emergencia y la alta incidencia de enfermedades respiratorias, enfermedades infecciosas, problemas nutritivos y enfermedades parasitarias (*cf.* Chávez *et al.*, 1986, Dever, 1991; Mines y Kearney, 1981). Sin embargo, falta información disponible acerca del comportamiento actual de búsqueda del cuidado de la salud entre las familias indígenas migrantes que tienen desventajas económicas en California. Esto se muestra en la naturaleza de los problemas experimentados tanto por la población migrante, que busca servicios, como por las burocracias e instituciones que proveen esos servicios. Los problemas que rodean a la provisión de servicios y a su utilización incluyen barreras internas y externas al complejo sistema de salud, en el cual deben operar los que buscan y los que proveen dichos servicios. El sistema de cuidado de la salud institucionalizado implica muchos pasos prescritos que debe seguir el que busca un servicio: encontrar, solicitar, calificar para, hacer citas, transportarse a, cumplir con y mantener contacto con una compleja red de agencias de provisión de cuidado de la salud.

Las barreras para el cuidado de la salud adecuado entre las familias mixtecas se manifiestan en la forma de problemas de transportación, diferencias de idioma, requisitos de calificación para ayuda, analfabetismo, falta de documentación, conceptos culturales y médicos diferentes mantenidos por los practicantes de medicina y los pacientes, llenado excesivo de formas y demandas inapropiadas de citas. Todos estos problemas aumentan y se agravan por la escasez económica, una característica predominante de la forma de vida de la fuerza laboral agrícola de temporada.

De acuerdo con la actual organización e implementación del sistema de provisión de cuidado médico, los problemas continuarán impidiendo la provisión eficiente y el acceso al cuidado de la salud, marginando a los mixtecos y confundiendo los programas de salud, clínicas y hospitales financiados en los ámbitos local, estatal y federal. La siguiente sección demostrará cómo ocurre esto, a través de los datos cualitativos y cuantitativos obtenidos en el campo.

Los datos cualitativos: cuatro experiencias de la salud de mujeres en California

Soledad

Soledad, una mujer de habla mixteca de las montañas de Oaxaca, tiene 38 años de edad y pelo negro largo, el cual ella arregla en una trenza gruesa sobre su espalda. Soledad tiene siete niños vivos, seis de los cuales comparten un dúplex de una recámara con ella y su esposo Juan, quien trabaja en los campos recogiendo los cultivos de temporada. Los jitomates comienzan en abril y, en mayo, la mayoría de los trabajadores dejan a sus familias en Madera para ir a Oregon a la cosecha de la fresa. Regresan a finales de junio para recoger jitomates de nuevo y luego las uvas de mesa en agosto. Hay unos cuantos cultivos que deben ser cuidados y recogidos en el ínterin, como cebollas y espárragos, pero el trabajo es esporádico y el salario familiar, cerca de 11 539 dólares anuales, se encuentra por debajo del nivel de pobreza establecido por el Registro Federal para una familia de ocho, que es de 23 470 anuales (tabla C).

Ángela, la hija mayor de Soledad de su matrimonio con Juan, tiene 12 años. Su salario, obtenido en las cosechas de fresa y uva, ha ayudado a pagar la deuda de cuatro mil dólares que la familia adquirió en su pueblo de origen, Ñuu Chucún, en donde el trabajo asalariado no existe y en donde los prestamistas locales tiburones cargan 20 por ciento de interés mensualmente. La ausencia de Ángela de la escuela no ha sido ignorada por el distrito escolar de California local, el cual ha iniciado acción legal en contra de la familia, amenazando con el encarcelamiento y multas altas. Ángela no quiere ir a la escuela; ella dice que prefiere ayudar a sus padres a pagar la deuda. Cuando no está trabajando, ella se queda en casa para ayudar a su madre a lavar la ropa de la familia en el lavabo del baño, ya que en el lavabo de la cocina no funciona el desagüe. Ángela también cuida de su hermana de 16 meses, cambiándole los pañales, dándole su mamila con una bebida de naranja y cargándola alrededor en su pequeña cadera. Ella dice que ya sabe todo aquello que la escuela le puede enseñar. Aprender a hacer buenas tortillas de maíz y mole es la prioridad en la lista de Ángela. Ella también escribe las líricas de canciones de amor populares y quiere casarse.

Soledad tiene siete meses en su décimo embarazo. La llevaron a la clínica local de salud para buscar cuidado prenatal, pero le negaron los servicios bajo la política de que cualquier mujer más allá de su primer trimestre de embarazo, quien no ha recibido cuidado todavía, es un individuo de "alto riesgo" y quien, por lo tanto, debe buscar cuidado prenatal con un médico privado o en el hospital del condado en Fresno. Sin transportación a aquellos lugares, Soledad decidió que el cuidado prenatal sería algo sin lo que tendría que vivir, así como lo hizo en sus embarazos anteriores. En Ñuu Chucún, Soledad perdió dos niños debido a calentura y diarrea antes de que alcanzaran el año de nacidos. En los campos de fresa de Oregon, ella sangró todo el día y la noche, y enterró a un feto de ocho meses de edad detrás del campo laboral.

Soledad ha estado en Madera cerca de tres años y finalmente ha llegado al punto de tener comunicación limitada en español. Habla mixteco, una lengua de la familia otomangue, cuyos parientes lingüísticos incluyen el chocho-popolocas, mazateco, chinanteco, cuicateco, ichcateco, amusgo y trique (Paddock, 1966, pp. 200, 226). Cuando nacieron sus primeros siete niños, una partera del pueblo le dio masajes en su abdomen durante el parto y le dio *yucu tachi* y *tuniu'u*, yerbas locales hechas en té que debía tomar para que "el bebé saliera más rápido", mientras Soledad se acuclillaba sobre varias cobijas y se sostenía por medio de una cuerda colgando de un madero atravesado arriba de ella. La partera le cobró dos pollos y algo de maíz por sus servicios. Todos los bebés que Soledad tuvo en México nacieron saludables y los partos duraron cerca de seis horas. En 1991 dio a luz a Guadalupe en el Hospital Comunitario de Madera. No le fue permitido pararse de la cama durante el parto y ella dice que, como consecuencia, el parto fue extremadamente doloroso y prolongado. Añade que si no fuese por la documentación de la niña para propósitos legales, ella se quedaría en casa para dar a luz, ya que tiene miedo de recostarse durante el parto.

Soledad y yo fuimos presentadas por un joven mixteco que trabaja para el distrito escolar haciendo visitas en el campus escolar y en las casas. Le dije que estaba trabajando con mujeres de Oaxaca en el área del cuidado de la salud y ofrecí ayudarle a llenar formas y lidiar con otros asuntos relacionados con la salud. Dos días después ella me llamó para decirme que la cara de Guadalupe estaba cubierta con granos rojos que abarcaban toda el área desde la boca hasta por debajo de los ojos. Soledad ya había pasado un huevo sobre el cuerpo de Guadalupe y lo había roto en un vaso para ver si la dolencia había sido causada por "mal de ojo". También le había dado a la niña té de camomila y había salpicado Siete Machos –agua de Florida con olor dulce que se vende en las farmacias mexicanas– sobre la frente, las muñecas y los pies de Guadalupe. Se arrepentía de haber llevado a Guadalupe a la iglesia el día anterior, en donde una mujer vieja de Oaxaca había comentado lo gorda y saludable que se veía la bebé. Esa noche a Guadalupe le dio fiebre y al día siguiente apareció el sarpullido alrededor de su boca. Su esposo le había advertido no sacar a la niña fuera de la casa. Soledad estaba agradecida de que él estaba en Oregon. En el caso de que el tratamiento con el huevo y la administración del té de camomila no fuesen suficientes, Soledad quería llevar a Guadalupe al doctor. Ella dijo que para poder curar a Guadalupe apropiadamente necesitaba una yerba, *yucu lota*, la cual crece en su pueblo en Oaxaca y que no está disponible en California. Fuimos a la clínica local presidida por un doctor privado, uno de los pocos en la ciudad que acepta a pacientes con Medi-Cal. El doctor recetó una pomada antibiótica, cuyo costo fue cubierto por Medi-Cal ya que Guadalupe nació en los Estados Unidos.

Mónica, de tres años de edad, fue con nosotros ya que su hermana mayor, Ángela, estaba trabajando junto con su padre. Los dientes frontales de Mónica se han deteriorado hasta ponerse negros, haciendo de su sonrisa brillante la mensajera irónica de la pobreza y la desnutrición. Ella duerme con su madre, hermano y hermanas sobre un tapete rasgado e infestado con pulgas en el dúplex de una recámara. Con los 325 dólares que tienen que pagar de renta al mes, la familia tiene poco dinero sobrante para comida y ropa. Sin embargo, están relativamente contentos, ya que antes compartían el mismo espacio con otras dos familias. La falta de alojamiento decente y barato en Madera y en otras ciudades en el valle de San Joaquín en donde se realiza trabajo agrícola hace víctimas a los niños, quienes carecen de un lugar apropiado para estudiar y dormir.

En un esfuerzo conjunto, Soledad y yo logramos encontrar un doctor de obstetricia y ginecología en Madera, quien acepta a un número limitado de pacientes con Medi-Cal. Aunque Soledad sigue sin documentos, bajo Medi-Cal ella califica para cuidado médico relacionado con el embarazo. La recepcionista le dio una forma, de tres páginas de largo y escrita en inglés, para que la llenara con su historial médico. Ya que Soledad no sabe ni leer ni escribir yo intenté ayudar traduciéndole los términos médicos en español. La primera pregunta se refería a una condición médica llamada "enfermedad del corazón/válvulas", seguida de "cáncer, alta presión arterial y enfermedades de los pulmones". Cuando le pregunté a Soledad en español si ella había tenido algún problema con su corazón, ella frotó con su mano derecha todo su abdomen, desde por debajo de los pechos hasta sus genitales diciendo: "sí, siempre me ha dolido por aquí, sobre todo cuando estoy embarazada". Yo no podía decidir si debía anotar "sí" o "no". Cuando le pregunté acerca del cáncer, me di cuenta de que es muy difícil explicar lo que significa el término, ya que la idea de "célula" sería un concepto completamente nuevo para ella. Lo de la alta presión arterial resultó ser una categoría igualmente oscura; tuve que describirle síntomas arbitrarios, como los desmayos y el mareo, lo que ocasionó que Soledad recordara enfermedades que no tenían nada que ver con la circulación, pero que ella había sufrido. Decidimos dejar el resto de la forma en blanco.

Cuando la enfermera mencionó su nombre, Soledad me pidió que la acompañara porque ella "no podía hablar o entender a esta gente". Fuimos a un cuarto de examen, en donde la enfermera le indicó a Soledad que se quitara toda la ropa y se pusiera una pequeña bata. La cara de Soledad se volvió blanca en anticipación de una vergüenza extrema, pero no dijo ni una palabra y procedió a desvestirse. Yo tenía mis manos llenas atendiendo a Mónica y a Guadalupe, quienes estaban abriendo aparadores y lloraban. Cuando el doctor vino le revisó las piernas a Soledad, las cuales estaban cubiertas con verrugas oscuras y horribles que ella dice haber tenido por años. Entonces él dijo en inglés que ella no sería su paciente si ésas no eran verrugas "regulares". Le prometí, en inglés, que Soledad se haría una biopsia lo más pronto posible, ya que él no ofreció hacer una él mismo. Saludó a Soledad en inglés y le dio la espalda para comenzar a preparase para el examen vaginal. Soledad me susurró que él era un doctor y que ella moriría de vergüenza. "En mi pueblo nosotros no hacemos esto", ella replicó, "un hombre no me miraría ahí". Procedí a explicarle que éste era su trabajo y que él miraba a las partes privadas de las mujeres todo el día y que las de ella no eran diferentes de las de otras mujeres. En ese momento el doctor le pidió que se recostara, pusiera los pies sobre los descansos, se moviera hacia la orilla de la mesa y abriera las piernas. Ella lo hizo, cubriendo sus lágrimas de vergüenza con su brazo.

En la siguiente cita de Soledad, el doctor le informó que su Papa-Nicolau había resultado "Clase 3". Esto no significó nada para Soledad, pero ella tenía miedo de preguntar lo que significaba y el doctor no le dio ninguna explicación. Yo tuve que explicarle que había algo que no estaba bien dentro de ella, mientras el doctor se preparaba para hacerle una colposcopía. Resultó que el procedimiento no está cubierto por Medi-Cal. Soledad recibió un recibo por 135 dólares y ella no sabía exactamente por qué.

En julio, un buen mes para trabajar ya que los jitomates están maduros, su esposo Juan ganó más de 600 dólares llenando, de rodillas, contenedores de cinco galones por 35 centavos de dólar por cubeta. Él tiene 48 años de edad y hay veces en las que puede llenar hasta 180 cubetas por día, cada una pesando cerca de 25 libras. Las carga de dos en dos al camión y las levanta por sobre su cabeza para que sean vaciadas por otro trabajador. En un día como ésos, él gana 61 dólares antes de impuestos. Pero el trabajo agrícola de temporada es esporádico y nunca está seguro si habrá trabajo para el día siguiente. A menudo, durante los domingos o los días cuando no hay trabajo, se reúne con amigos y comienza a beber. Durante esas ocasiones Soledad dice que él se gasta todo el dinero, incluso el dinero para la renta. Cuando ella se queja de ello, él la golpea generalmente en lugares en donde las marcas no podrán ser vistas, ya que ella ha llamado a la policía en ocasiones anteriores cuando eso ha sucedido. Sin el salario de él, ella no tiene ningún ingreso porque no puede trabajar al estar embarazada de ocho meses y con dos niñas en edad preescolar. Por lo que ella lo tolera, diciendo que las mujeres están hechas para sufrir.

En agosto, Soledad se quejó de fuertes dolores en su corazón. Yo ya sabía, por experiencias anteriores, que esto significaba dolores en su estómago o intestinos. Ella quería ir al hospital porque estaba asustada y el dolor era algo que jamás antes había experimentado. Dijo que sabía lo que estaba mal con ella, pero que sería difícil comunicarlo ya que no conocía los nombres en español de varias partes del cuerpo. Ella atribuía la enfermedad al hecho de que cuando lava la ropa de la familia, su estómago se moja con el agua. El lugar mojado se enfría y entonces un mal de aire se mete dentro de ella y ocasiona que su abdomen se tuerza de dolor. En el hospital, el doctor, quien habla solamente inglés, diagnosticó su problema como gastritis y le dio una receta para comprar Maalox. Cuando salimos, ella dijo que nunca ayudaba ir al doctor, que él sólo la ve a una y luego quiere que una gaste dinero. El Maalox no está cubierto por Medi-Cal, por lo que Soledad decidió mejor tolerar el dolor. Cuando llegamos a su casa comimos tortillas de maíz y huevos en salsa verde.

Soledad comenzó con los dolores del parto durante un día hábil, mientras su esposo y Ángela estaban recogiendo uvas de pasa. Ella sabía que yo pasaría a recogerla porque tenía una cita con la oficina de Mujeres y Niños Infantes (WIC). Me pidió que recogiera a Diana de la escuela, su hija de diez años de edad, ya que la pequeña Guadalupe no toleraría quedarse con alguien a quien no conociera. Sus contracciones ocurrían cada seis minutos. Después de hablar con Soledad por teléfono, las autoridades de la escuela dejaron que me llevara a Diana y corrimos a la casa. Diana cuidaría de Mónica y Guadalupe mientras yo llevaba a Soledad al hospital. Justo antes de salir, una persona del Programa de Educación para Migrantes se apareció para preguntar si el hijo de Soledad, Tomás, se había hecho su examen físico. Ella procedió a explicar que era ilegal que el hijo de Soledad asistiese a la escuela sin un examen físico. Soledad es demasiado respetuosa como para interrumpir, pero cuando otra contracción vino le dije a la mujer que Soledad tenía que ir al hospital. En ese momento, otra persona de la escuela de Diana llegó y le dijo a Soledad que era ilegal que Diana se quedara a cuidar en casa a una niña de tres años y a otra niña de año y medio porque Diana era muy pequeña. Soledad, entre contracciones y sus dientes apretados por el dolor, mintió a la mujer y dijo que las tres niñas se quedarían con el vecino de junto. La mujer me miró y dijo en inglés que ella sabía que los vecinos no se llevaban bien con Soledad y su familia. Soledad tuvo otra contracción y yo dije que había que llevar a Soledad al hospital de inmediato. "Sólo asegúrese que su esposo se quede en casa mañana, señora, por que esto es ilegal", insistió la mujer cuando ya nos íbamos. El décimo hijo de Soledad nació una hora después. Ella quiere tener "una operación" (liga de las dos trompas) para que sea el último.

Magdalena

Magdalena, su propio nombre habla de su destino. Ella tiene 22 años de edad y tiene unos ojos negros bonitos llenos de aceptación sumisa y humilde. Cuando nos conocimos, ella tenía seis meses de embarazo. Su primer niño, Jesús, tiene dos años de edad y no puede caminar, hablar, sentarse ni sostener su propia botella. Él nació en Oregon mientras Magdalena estaba cosechando fresas con su esposo. Ella trabajó hasta el momento del parto, pero no le dijo a su esposo los dolores que tenía porque temía que él reaccionara negativamente –él bebía mucho y frecuentemente le pegaba–. Ella había estado en trabajo de parto por doce horas cuando finalmente le dijo a su suegra, quien también la maltrataba, que necesitaba ir al hospital. Ellas consiguieron que las llevaran del campo laboral al hospital. Al encontrar que el cuello del útero se había dilatado solamente tres centímetros y al detectar peligro, los doctores decidieron hacerle una cesárea. Jesús nació con retardo mental severo; los ojos negros que heredó de su madre carecen de curiosidad.

Eventualmente, el esposo de Magdalena "la dejó", como dice ella; entonces ella vino a Madera en donde otras personas de su pueblo de Ñuu Chucún viven y trabajan. Ella no sabe leer ni escribir, pero sí puede escribir cuidadosamente su nombre en la parte de abajo de los cupones para comida que recibe del Programa para Mujeres y Niños Infantes (WIC). Los cupones le permiten comprar leche, frijoles, cereal, huevos, jugo o queso para Jesús. Dos años atrás, su madre murió durante el parto en Oaxaca, por lo que Magdalena también cuida de sus dos hermanas pequeñas de nueve y seis años de edad. La comida que ella recibe del WIC esencialmente alimenta a la familia entera, ya que Jesús sólo toma líquidos como fórmula, leche de arroz y sopa de pollo, los cuales él bebe en una mamila. Magdalena vive en un dúplex de dos recámaras que comparte con otras dos familias. Doce personas viven allí, seis adultos y seis niños. Pagan 575 dólares de renta al mes más los servicios. Los pisos y paredes se están deteriorando y proliferan las cucarachas. Hasta ocho hombres solteros duermen afuera en asientos de automóviles viejos y colchones. Enfrente de la puerta se acumulan botellas de cerveza y basura.

Magdalena encontró a otro hombre de su pueblo en Oaxaca, no mucho después de haber llegado a Madera. No se han casado, pero ella está esperando su bebé. Ella ha estado recibiendo cuidado prenatal en la clínica familiar local, pero un sonograma que se hizo durante el octavo mes reveló un crecimiento anormal, sobre la base del radio fémur-cabeza. La clínica la remitió al hospital del condado en Fresno, el Centro Médico del Valle, el cual tiene un departamento especial llamado Centro de Diagnóstico Prenatal (CDP) y que se ocupa específicamente de los embarazos de "alto riesgo". Se le pidió a Magdalena que visitara el CDP dos veces a la semana hasta el parto, lo que significaba que ella debería encontrar transporte a Fresno y a alguien que le cuidara a Jesús mientras ella salía. Ya que la escuela estaba fuera de sesiones, Juanita, la hermana de nueve años de

Magdalena, cuidaba a Jesús mientras yo llevaba a Magdalena en un recorrido de 30 millas para su cita.

En términos de los extensivos pasos y procesos prescritos por el hospital del condado contratado para servir a los pacientes prenatales con Medi-Cal, Magdalena tuvo suerte de haber sido remitida al CDP. El tiempo de espera y la visita en el CDP duran un total de una hora y media, en comparación con las cinco horas que se toman en la clínica regular de obstetricia y ginecología de abajo. Aún más importante, el CDP es atendido por un doctor principal y cuatro enfermeras, quienes trabajan en el CDP solamente vigilando los latidos del corazón y las contracciones uterinas. Generalmente, la paciente ve al mismo doctor en cada visita y es atendida por las mismas enfermeras. Esto contrasta fuertemente con la clínica prenatal regular, en donde una mujer tiene que ver al siguiente doctor disponible, el cual no siempre es el mismo de la última visita. En el CDP la calidad de la relación entre doctor y paciente puede comenzar a desarrollar elementos de confianza genuina. Magdalena, así como todas las demás mujeres con las que trabajé, prefieren mujeres obstetras.

Las visitas de los oficiales de salud y escolares, combinadas con las citas que nunca acaban en el Departamento de Salud, el Centro Médico del Valle, el pediatra local, el centro WIC, el Departamento de Bienestar y el Centro de Salud Familiar (para citar sólo a algunos), hacen que la vida de Magdalena esté muy ocupada y se vuelva complicada. La mayoría de las citas y visitas conciernen a su hijo Jesús, quien está discapacitado en su desarrollo. Aunque ella ha recibido mucha atención y apoyo, la presión para cumplir con las demandas hechas por las agencias externas, como horarios de citas y requisitos de calificación, se combinan con la inhabilidad de Magdalena para leer, escribir y manejar y resulta en un estado emocional constante de frustración, derrota y vulnerabilidad. A menudo es regañada por no haber llenado una forma a tiempo o por no llegar a una cita importante. Los individuos de las instituciones de salud y apoyo frecuentemente malinterpretan las limitaciones de Magdalena por indiferencia. La situación se complica aún más por el hecho de que Magdalena apenas está aprendiendo a hablar y a entender el español. El sistema de apoyo social de California orientado hacia la burocracia, con sus procedimientos y conceptos estrictos, contrasta fuertemente con la forma de vida rural de subsistencia y de ritmo lento en la que ella fue criada. La mayor parte de los pueblos en la región mixteca, incluyendo Ñuu Chucún, carecen o tienen formas muy rudimentarias de servicios básicos como caminos, telecomunicaciones, agua potable y servicios de salud. Aquellos servicios que sí existen, como la clínica de salud en Ñuu Chucún financiada por el gobierno, operan en una escala mucho menor que los servicios de salud y apoyo en los Estados Unidos. Desde la perspectiva de Magdalena, las dificultades encontradas al seguir la cadena de eventos prescritos en los que ella ha sido sumergida, a menudo sobrepasan los beneficios. Pero ella sabe que necesita apoyo, por lo que hace todo lo posible para mantenerlo.

Isabel

Isabel y yo nos conocemos desde hace cuatro años. El pasado agosto ella tuvo su tercer hijo. Los dos primeros nacieron en Baja California, en donde ella estuvo trabajando junto con su esposo en los campos de jitomate de San Quintín por cinco dólares al día. Los tres nacimientos han sido a través de cesáreas, la última de las cuales se llevó a cabo en el Centro Médico del Valle en Fresno. Ella ha amamantado a todos sus bebés.

Seis meses después de haber dado a luz a Joaquín, Isabel comenzó a sangrar fuertemente. Ella hizo una cita en la clínica de salud local de Livingston, en donde vive con su familia. Vio al mismo doctor que la había diagnosticado con diabetes gestacional –lo cual ella llama "sangre débil"– mientras estaba embarazada. Dijo que en la clínica el doctor "tomó un poco de mi sangre y me dijo que hiciera otra cita".

Cada visita a la clínica le cuesta 50 dólares. Ella no asistió a la siguiente cita porque su familia no tenía el dinero suficiente. Bernardino, su esposo, trabaja en un rancho de pollos seis días a la semana, nueve horas al día y trae a casa menos de 800 dólares al mes después de los impuestos y otras exenciones. Un total de seis semanas pasaron e Isabel seguía sangrando. La sangre estaba saliendo en bolas del tamaño de un puño.

Eventualmente, Isabel dejó de sangrar pero pronto terminó en el hospital de nuevo. Los doctores la diagnosticaron como extremadamente anémica, pero no tenían explicación alguna para el dolor severo que ella estaba experimentando a los lados y en el abdomen. La mantuvieron ahí por cinco días, examinándola para ver si tenía apendicitis, pero eventualmente la dejaron ir con una receta para ibuprofeno. Ya que el cuidado no fue clasificado como "relacionado con el embarazo" y, por lo tanto, no podría ser cubierto por Medi-Cal, Isabel recibió una cuenta por 3 865 dólares. Ella ha estado negociando desde hace un mes con su trabajadora social para que Medi-Cal cubra el costo, ya que ella fue allí por cuidado de emergencia. Cuando le pregunté lo que finalmente le habían dicho los doctores que estaba mal, ella replicó que no le dijeron nada, que simplemente sacaron sangre de su brazo. Ella se siente débil y tiene fuertes "dolores de estómago".

Dos meses después, Isabel comenzó a sangrar de nuevo. Pasé la noche en su casa y a la mañana siguiente ella despertó y anunció que había tenido un sueño. Ella soñó que estaba lavando nixtamal, o maíz hervido para tortillas, en el río de su pueblo en Oaxaca. Al otro lado del río una mujer vieja también estaba lavando nixtamal. El agua que salía fuera de la cubeta de maíz de la mujer anciana estaba blanca y limpia. Isabel volteó a ver su cubeta y el agua que salía de ella era de un rojo oscuro y el maíz tenía color rojo oscuro. Le dije que su sueño tenía que ver con su sangrado. Ella replicó que el sueño significaba que ella tenía que ir de regreso a Oaxaca. Ella tenía que ir al mismo lugar del río y hacer que un curandero la sanara. El curandero mataría a un pollo, recitaría oraciones de la Biblia y le daría las yerbas apropiadas para la cura. Le pregunté que cuándo iría, a lo cual ella contestó que la familia no podía costearlo y que no había nadie quien pudiese cuidar de sus niños.

Varias visitas más a la clínica local no habían parado el sangrado de Isabel, por lo que ella decidió ir a Clovis, en donde vería a una mujer curandera de su pueblo de Ñuu Yucu. La mujer realizó un ritual de curación en el que dio un masaje vigoroso a Isabel y la cepilló con yerbas especiales para hacerle una limpia mientras Isabel estaba recostada en una mesa. El cuarto estaba oscuro y calado y había velas encendidas alrededor. La mujer leyó un pasaje de la Biblia y le dio a Isabel té que había hecho con yerbas recolectadas especialmente. La curandera masticó un poco de ajo y chiles verdes, introdujo en su boca un poco de aguardiente o alcohol destilado y roció toda la mezcla sobre el abdomen, las manos, el cuello y la cara de Isabel. También le dio un masaje vigoroso al cuerpo de Isabel y le dio más té. Al día siguiente, Isabel paró de sangrar.

El mes pasado, Isabel comenzó a sangrar tanto que, durante una siesta de una hora, dejó la toalla sanitaria, su ropa interior y las sábanas de su cama empapadas de sangre. Le pidió a un vecino que la llevara a la sala de emergencia, en donde concluyeron que necesitaba "una operación", la cual resultó ser una "D y C" (dilatación y curación). Dejó a sus hijos de siete y seis años en casa para que esperaran al padre y se llevó al infante a la casa de su comadre. El sangrado paró por tres semanas. Cuando hablé con su esposo por teléfono la otra noche, Isabel ya había regresado de nuevo a la clínica, a una visita que le costó 50 dólares, porque el sangrado había comenzado de nuevo. Él me dijo: "Ellos cobran 50 dólares cada vez y todo lo que hacen es sacarle sangre. Eso es más dinero de lo que gano en un día de trabajo". En esta ocasión la clínica recomendó una histerectomía. Isabel teme que perderá su feminidad junto con su matriz y no ha ido a sus citas antes de la cirugía. Una enfermera llamó y le dijo que anotaría en su récord médico "no cumplimiento voluntario". Medi-Cal no está obligado a pagar en aquellos casos en los que el comportamiento del paciente es registrado de ese modo.

Rosa

Rosa, de treinta años, es madre de seis niños. Ella llegó a Madera con su esposo y sus niños en mayo de este año y se mudó a una casa rentada por la familia de seis de su hermana, otra familia de ocho y dos hermanas solteras menores. Diecisiete niños y siete adultos comparten una casa de tres recámaras y un baño que se renta por 750 dólares al mes más las utilidades. Las alfombras están rasgadas y sucias, el horno no trabaja y las cañerías tienen fugas constantemente. La familia de Rosa duerme en una esquina de la sala.

Rosa y su esposo dejaron detrás sus campos de maíz, casa y a sus padres en Ñuu Chucún, Oaxaca. Los pueblos rurales mixtecos generalmente tienen una o más tiendas pequeñas en donde se venden las necesidades, como artículos de baño, azúcar, café y leche en polvo. Los dueños de las tiendas y sus familias son, comparativamente, las personas más ricas del pueblo. La mayoría complementa sus salarios prestando dinero a las familias desesperadas con un interés de 20 por ciento al mes. Las familias como la de Rosa incurren en deudas porque localmente no hay trabajo disponible con el cual ganar dinero en efectivo. Como muchos niños mixtecos, Rosa nunca tuvo tiempo de ir a la escuela. Ella se quedó en casa para ayudar a su madre a lavar, moler maíz y atender a sus hermanos y hermanas. Su esposo Epifanio tenía que atender la yunta y, por lo tanto, nunca aprendió a leer y ni a escribir.

Después de adquirir una deuda de cuatro mil dólares con el comerciante del pueblo, la familia decidió venir a Madera. A través de contactos de su cuñado, Epifanio obtuvo trabajo en los campos de jitomate en junio. Ni Rosa ni su esposo saben como manejar, ni tienen un automóvil.

Rosa estaba embarazada de siete meses cuando nos conocimos. La clínica local la había clasificado como una paciente de "alto riesgo" porque ya había entrado en su tercer trimestre sin ningún cuidado prenatal y, por lo tanto, la habían remitido al Hospital del Condado de Fresno. La primera visita duró ocho horas. Rosa esperó en línea para completar los procesos de registro y de calificación antes de entrar en la sala de espera de ginecología y obstetricia. Ella insistió en que yo la acompañara a lo largo del proceso porque su español es pobre y le teme al hospital y a sus doctores. Debido a su condición anémica ella fue enviada a la Clínica de Diagnóstico Prenatal para observación más cercana. Esto significó que tendrá que encontrar transporte para ir a Fresno dos veces a la semana. Un vecino ofreció llevarla a Fresno por cinco dólares, pero Rosa dijo que no podía pagar diez dólares a la semana. Por tres semanas fuimos al PDC para vigilar los latidos de corazón del bebé y en agosto dio a luz a una niña pequeña. El parto salió bien y duró sólo cuatro horas. Era el noveno parto de Rosa; dos niños habían muerto en Oaxaca antes de llegar a los dos años de edad.

Dos semanas después del parto, Rosa me preguntó si tenía un horno que le pudiera dar. Ella había estado teniendo dolores de cabeza desde el parto y me dijo que necesitaba un baño de vapor. Le traje una carga de madera y su esposo la llevó al jardín de atrás de la casa para construir el *ni'i*. El *ni'i* es una estructura pequeña construida de ramas de madera amarradas con cuerda. Tiene la forma de una tienda de campaña para dos personas y tiene siete pies de largo y tres de ancho. Tres ramas forman arcos esparcidos cada dos pies, a lo largo de los cuales se amarran ramas de apoyo. En un extremo de la estructura se cava un hoyo y ahí se construye una hoguera. El fuego se apaga y los carbones calientes se cubren con una tapadera de metal, sobre la cual se apilan rocas. El marco de la estructura se cubre entonces con cajas de cartón desmanteladas, cobijas y restos de alfombras viejas. Rosa le había pedido a una anciana que "sabe curar" para que nos acompañara en el *ni'i*. Entonces fuimos afuera para recoger ramas pequeñas de un fresno. Las mujeres querían una yerba especial que crece en Oaxaca, llamada *yucu ni*, pero se conformaron con el fresno debido a la cualidad húmeda de las hojas. Atamos las ramas con hojas en pequeñas escobas, las cuales sostendríamos con nuestras manos y con las cuales nos daríamos palmadas en nuestros cuerpos desnudos adentro del *ni'i*. Nos quitamos toda la ropa y nos envolvimos con toallas. La mujer anciana envolvió apretadamente su brazo derecho en una toalla y luego la ató con pedazos de tela. Ella usaría esto para frotar vigorosamente todo el cuerpo de Rosa mientras estuviésemos en el baño de vapor. Las tres nos metimos dentro del *ni'i* y nos recostamos lado a lado. En la esquina de la estructura, Rosa había colocado una cubeta llena de agua y que tenía ruda (*Ruta graveolaus*) flotando en ella. Yo fui instruida para arrojar agua con un tazón sobre el carbón, del cual subió un vapor extremadamente caliente, lo que nos obligó a cubrirnos la boca con una toalla para poder respirar. Nos quedamos en el *ni'i* cerca de veinte minutos y luego descubrimos la apertura y descansamos. Seis de estos episodios tomaron cerca de cuatro horas. La anciana frotó a Rosa y le dio palmadas con las hojas de fresno. Fue una experiencia muy refrescante y vigorizante. Rosa repitió el *ni'i* cuatro veces más en un periodo de dos semanas. Sus dolores de cabeza cesaron y ella decidió que el tratamiento había funcionado.

Durante este tiempo los seis niños de Rosa se enfermaron de varicela. En mayo, todos menos el recién nacido habían sido vacunados contra las paperas, el sarampión y la rubéola. Cuando Rosa llevó a la recién nacida a su revisión de dos semanas, el doctor encontró que el bebé tenía una fiebre de 99.6 grados Fahrenheit. El doctor se preocupó y decidió que Rosa debía llevar a la niña al hospital para hacerle unas pruebas de sangre, ir a la farmacia a comprar medicina y regresar después de tres días para otra cita. Estos tres actos aparentemente simples, requeridos por el doctor, forzaron a Rosa a abandonar a tres niños en casa sin ninguna supervisión adulta y a faltar a otras dos citas que ella había hecho ese mismo día más tarde con el Departamento de Bienestar de la Autoridad Residencial. Rosa atribuyó la fiebre de la niña al hecho de que había estado durmiendo en una cobija. Ella insistió que "no hay nada de malo con su sangre". Pasamos el resto del día corriendo por ahí para cumplir los requisitos del doctor. En la cita siguiente, con los resultados de las pruebas de sangre, el doctor le dijo a Rosa que parara de darle la medicación a la niña, ya que el bebé simplemente había tenido fiebre.

Discusión

Las limitaciones que impone la pobreza sobre las condiciones de vida agravan todos los problemas ilustrados aquí. Muchos de los problemas identificados como el de transportación, el de cumplimiento y trabas burocráticas excesivas, afectan a la mayoría de los pobres en California que dependen de los programas de apoyo otorgados por el gobierno, sin que cuenten el origen o la nacionalidad de la persona. El grado de dependencia de estos programas está naturalmente conectado con la naturaleza del empleo. El trabajo agrícola no ofrece suficiente paga, seguridad de empleo o beneficios para apoyar a los trabajadores a lo largo del año. Durante el clímax de la cosecha en el valle Central, como la cosecha de jitomate en julio y agosto, los contratistas de fuerza laboral emplean a cientos de trabajadores en los campos. Para finales de septiembre y comienzos de octubre, aquellos que fueron incapaces de obtener trabajo en la cosecha de la aceituna se encuentran desempleados y deben esperar a la poda de las uvas, la cual no comienza sino hasta diciembre.

En Madera, la falta de residencias decentes y baratas y de transportación se añaden a la interfase en las culturas médicas con etiologías diferentes sobre enfermedades, modos de diagnóstico y prácticas preventivas y terapéuticas. Muchos de los problemas, como el "no cumplimiento" de Isabel, resultan de la falta de comunicación entre los proveedores de los servicios de salud y el paciente debido a que tienen diferentes vocabularios y explicaciones para las enfermedades. La diabetes y la anemia, por ejemplo, ocurren en frecuencias altas entre las mujeres mixtecas. De quince estudios de caso, todas sufrían una u otra enfermedad. Las mujeres describen su enfermedad como "sangre débil" y a menudo no les es posible adaptarse a las restricciones en la dieta debido a que deben compartir la comida y las responsabilidades de la preparación de comida con muchos otros individuos. Otros problemas de "no cumplimiento" resultan directamente de la escasez económica y de las limitaciones que ésta impone.

Los proveedores de servicios sociales y de salud han expresado su preocupación sobre las diferencias en el idioma y particularmente sobre los conceptos médicos diferentes. Muchos han experimentado frustración al tratar de explicar los diagnósticos o posibles tratamientos. Parte del problema descansa en las diferencias en el idioma; sin embargo, la confusión que resulta del uso de términos médicos especializados como ovum, Papa-Nicolau, gestación, etcétera, pueden ser evitados al emplear términos simples o más familiares para explicar los conceptos a los pacientes. Por mucho, el problema más grande que se observó resulta directamente del cargado sistema burocrático en el cual muchos procesos y procedimientos son repetidos una y otra vez. Esto no solamente requiere tiempo de los pacientes y de los proveedores del servicio de salud, sino que, más significativamente, es caro.

El sendero al cuidado de la salud en California

Las historias de Soledad, Isabel, Magdalena y Rosa no sólo ilustran las dificultades culturales y logísticas encontradas por los migrantes indígenas que buscan cuidado clínico de la salud en California, sino también las maneras en que ellos generan formas de cuidado de la salud alternativas que yacen fuera del sistema de cuidado de la salud institucionalizado en California. Los mixtecos practican un cuidado de la salud transmédico o un cuidado de la salud que emplea métodos y conceptos que yacen más allá de los confines tanto de la medicina clínica como indígena. Soledad, Isabel, Magdalena y Rosa navegan como "expertas en el sistema" tanto a través de la compleja carretera burocrática del cuidado clínico de la salud, como en las redes sociales y médicas informales, ampliando en el proceso sus opciones de tratamiento de la salud.

Los datos etnográficos cualitativos sugieren que los mixtecos dependen fuertemente del tratamiento propio y del tratamiento etnoespecífico o popular –curanderos, yerbas, masajes, baños de vapor– para reforzar las opciones de cuidado clínico de la salud y satisfacer de una manera mejor las necesidades médicas que ellos perciben tener. La pregunta que surge aquí es ¿por qué? ¿Se debe esto solamente a las diferencias en las creencias y prácticas médicas?, o ¿hay algún otro factor que determina directa o indirectamente esta tendencia? El sistema Medi-Cal, el seguro de salud establecido para los trabajadores agrícolas migrantes y cualquier individuo en desventaja económica en California, influye fuertemente en la decisión de tratamiento de la salud. La misma estructura del sistema de Medi-Cal dirige a los individuos con condiciones médicas a "elecciones" específicas de tratamientos que están cubiertos por Medi-Cal por sobre aquellos que no están cubiertos. El modelo presentado en la figura 1 traza los senderos a las opciones disponibles de tratamiento de la salud para los mixtecos con ingreso bajo. Las flechas indican el movimiento de los individuos hacia el cuidado de su salud. El diagrama no incluye todas las opciones disponibles, sino que se enfoca en aquellas opciones usadas generalmente por los trabajadores migrantes indígenas y sus familias que tienen desventaja económica y que viven en las ciudades agrícolas del valle central en California.

El sendero dibujado en el diagrama comienza en la "condición de la salud" que se refiere a una situación particular en la salud que ocurre en California, por ejemplo el sangrado uterino de Isabel cinco meses después del parto o los dolores de estómago de Soledad. Ambas mujeres tienen a su disposición una tarjeta de Medi-Cal para emergencias/situaciones relacionadas con el embarazo y, por lo tanto, pueden *1)* ir a una clínica local, hospital o doctor privado ("cuidado institucional") o *2)* escoger tratarse por sí mismas o buscar a un curandero ("cuidado no institucional"). Si la persona escoge cuidado institucional, tiene dos opciones disponibles para el pago de los servicios: pago en efectivo o a través de Medi-Cal. Su situación económica limita los servicios que se ofrecen por dinero en efectivo, a los tratamientos que se pueden pagar, como revisiones y tratamiento de síntomas, por ejemplo, medicina para una infección en el ojo. Este tipo de servicio puede ser obtenido en una de las muchas clínicas rurales que se encuentran en el valle central. A menudo, estas clínicas ofrecen opciones como pagos en una escala descendente y tienen honorarios de visita establecidos para satisfacer de una mejor manera las necesidades de los trabajadores agrícolas; sin embargo, como fue mencionado anteriormente, los gastos de subsistencia tienden a exceder los ingresos familiares y, por lo tanto, el cuidado clínico de la salud por un tiempo prolongado no se puede pagar. En el caso de Isabel, cada visita a la clínica local por su sangrado uterino de 50 dólares, más las medicinas recetadas, eran más de lo que ella podía pagar. Además, las biopsias y exámenes que ella necesitaba no estaban cubiertos por Medi-Cal. Medi-Cal la cubre por servicios de emergencia y aquellos relacionados al embarazo solamente. Ya que ella no estaba embarazada y los 60 días de cuidado postnatal habían pasado, ella calificaba solamente para cuidado de emergencia. Ella está literalmente forzada al tratamiento "en circuito", alternando entre el cuidado de emergencia y el no institucional así como su condición persista o disminuya en severidad. Cuando su condición empeora, ella busca el cuidado de emergencia; por ejemplo, va a la clínica u hospital en donde se le hacen una serie de exámenes y se le da alguna receta o es operada y se le deja ir. Más tarde, cuando el sangrado comienza de nuevo, ella recurre a su propia cultura y conocimientos médicos para tratar de aliviar el problema, el cual si vuelve a aparecer, la llevará de nuevo a la sala de emergencias. En el caso de los problemas gastrointestinales de Soledad (descritos en la introducción), ella había estado en la sala de emergencias dos veces antes de finalmente buscar al curandero de su pueblo. Su opción de tratamiento de cuidado de la salud es ir a algún lugar de México como Tijuana, la ciudad de México u Oaxaca en donde ella está familiarizada tanto con las formas institucionales de tratamiento como con las no institucionales. Muchas mujeres y sus familias de hecho hacen esto, aunque es caro hacer el viaje.[3] Más comúnmente, son los ancianos quienes dejan California para ir a México a tratar sus necesidades médicas.

[3] Dependiendo de la duración de la estancia, el viaje redondo (California a Oaxaca) cuesta entre uno y tres mil dólares a una familia de seis (Reyna Ventura Domínguez, comunicación personal).

Dos puntos importantes se destacan en el sendero hacia el cuidado de la salud de los individuos con bajo ingreso en California. Primero, las enfermedades que no están relacionadas con el embarazo, como molestias y dolores generales, enfermedades respiratorias y problemas gastrointestinales (vómito, diarrea), así como enfermedades crónicas como diabetes, artritis, asma y presión arterial alta: *1)* se quedan sin tratar, *2)* resultan en situaciones de emergencia o de cuidado urgente o *3)* son diagnosticadas y tratadas como enfermedades etnoespecíficas, como en los casos de Soledad, Isabel y Rosa.[4] Segundo, se debe de notar que la estructura burocrática de Medi-Cal impone cuidado de emergencia, uno de los tipos de cuidado médico más caros, a individuos con necesidades de cuidado de no emergencia que desean recibir atención clínica médica. Los casos de Isabel y Soledad ilustran la naturaleza cíclica de los senderos de cuidado médico, con tratamientos que alternan entre tratamiento por sí mismo, etnoespecífico y cuidado clínico por periodos extendidos de tiempo, así como las condiciones médicas persisten o no se responde al tratamiento prescrito.

[4] Ciertas enfermedades crónicas (por ejemplo, tuberculosis) y tipos de cuidado preventivo (por ejemplo, inmunizaciones para niños) tienen programas de apoyo financiados federalmente para todos.

FIGURA 1

SENDERO AL CUIDADO DE LA SALUD:

OPCIONES DE TRATAMIENTO DE LA SALUD PARA LOS MIXTECOS EN CALIFORNIA

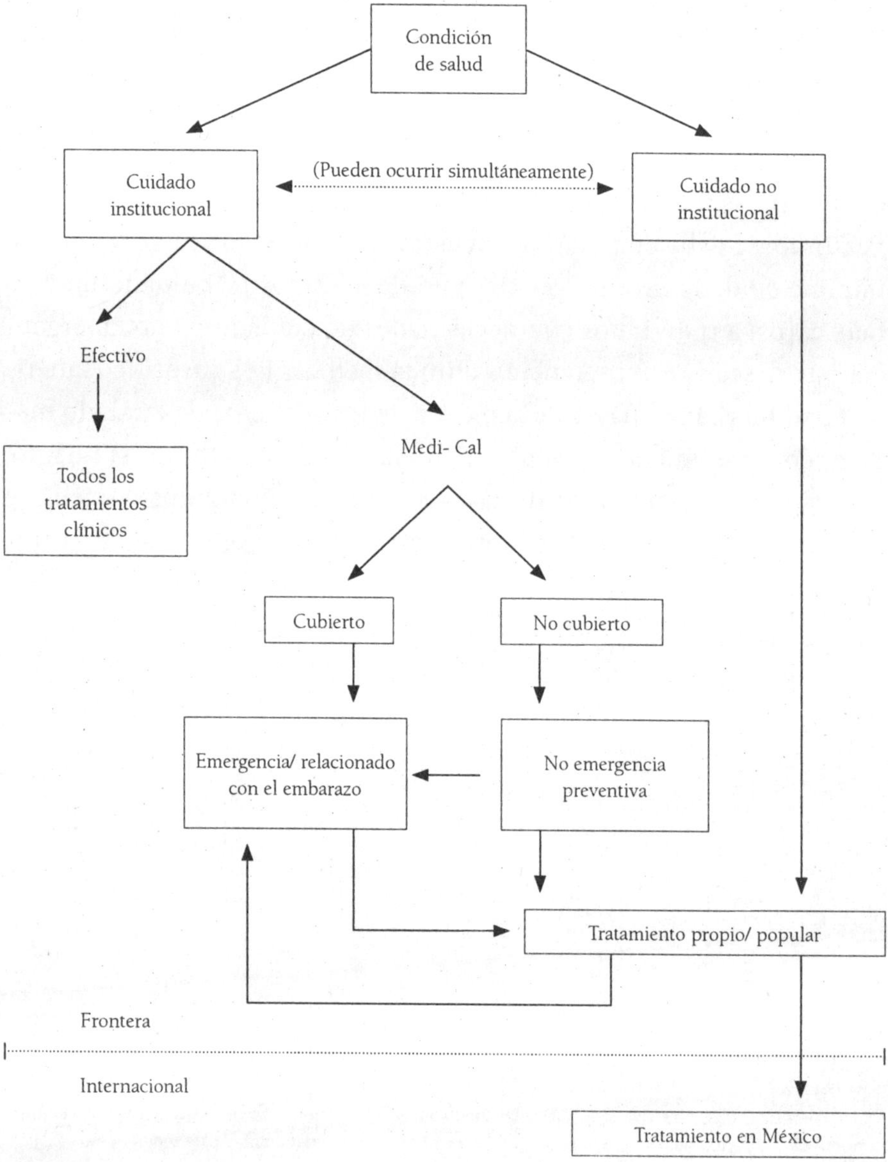

Los datos cuantitativos: enfermedades y opciones de tratamiento

Los datos cuantitativos registrados por el cuestionario realizado en Madera en el verano de 1993 parecen apoyar los patrones subrayados por el modelo del Sendero de Cuidado de la Salud (figura 1), lo que significa que los mixtecos dependen fuertemente de tratamientos propios, etnoespecíficos o populares para enfrentar los problemas de la salud. Los asuntos relevantes que se tratan en el cuestionario incluyen las barreras al cuidado de la salud, historias maternas de salud, historial de enfermedades, incluyendo enfermedades clínicas y etnoespecíficas y sus opciones de tratamiento correspondientes, y algunos datos demográficos. Desafortunadamente, los obstáculos de tiempo y presupuesto determinaron las pruebas y administración del cuestionario, el cual fue escrito por la autora después de un periodo de un año de experiencia en el campo.[5] Como se esperaba, la encuesta generó más preguntas que merecen una investigación futura. Los datos usados en las tablas y gráficas siguientes representan las respuestas a la sección sobre condiciones de la salud, enfermedades etnoespecíficas y opciones de tratamiento correspondientes.

Los cuadros 1 y 2 representan las opciones de tratamiento reportadas para las molestias etnoespecíficas y clínicas. Las enfermedades etnoespecíficas (cuadro 1) se refieren a las enfermedades o molestias que no son reconocidas formalmente por los practicantes biomédicos o del cuidado clínico de la salud. Las enfermedades etnoespecíficas reportadas fueron susto o espanto, empacho, aire, caída de mollera, espinilla, mal de ojo, mal puesto y latido, en orden descendiente de frecuencia. A

[5] El estudio de Mines y Kearney sobre la salud entre los trabajadores agrícolas en el condado de Tulare (1981) proveyó un modelo para la sección sobre condiciones de la salud.

los informantes se les preguntó si habían buscado tratamiento clínico, es decir, si habían ido a alguna institución médica como una clínica, hospital, doctor privado, etcétera; buscado tratamiento etnoespecífico, es decir, si habían visto a un curandero para la dolencia; o si se habían tratado a sí mismos. La categoría de tratamiento por sí mismo es el producto de combinar varias categorías en una sola, las cuales eran: "no ha buscado tratamiento médico", "ha tomado yerbas" y "ha tomado medicinas que no requieren receta" para la dolencia.

Este mismo procedimiento se siguió para la sección de dolencias clínicas, llamada "condiciones de la salud" en el cuestionario. Los datos para esta sección están registrados en el cuadro 2. A los informantes se les preguntó si sufrían de alguna condición particular en su salud, como dolores de dientes, dolores de estómago, diarrea, debilidad, etcétera y si era así, qué tipo de tratamiento –clínico, etnoespecífico, propio– habían utilizado. Las categorías "molestias y dolores, mental/estrés, dental, respiratoria/alergia, gastrointestinal y menstrual/urinaria" son el resultado de agrupar varias condiciones de la salud relacionadas entre sí. La categoría de molestias y dolores, por ejemplo, consiste en dolores de cabeza, dolores de espalda, molestias estomacales y dolores en el pecho; la categoría mental/estrés consiste en falta de energía, insomnio, nerviosismo, depresión, falta de apetito y coraje; la categoría dental en dolor de dientes, caries dental y pérdida de los dientes; la categoría respiratoria/alergia en falta de aire, tos, alergias, sarpullidos; la categoría gastrointestinal en diarrea, vómito, problemas de defecación; las categorías menstrual/urinaria y de obesidad corresponden a condiciones específicas en la salud que se identificaron.

CUADRO 1

OPCIONES DE TRATAMIENTO PARA ENFERMEDADES ETNOESPECÍFICAS REPORTADAS

Enfermedad	Casos reportados	Tratamiento clínico	Tratamiento etnoespecífico	Tratamiento propio*
Susto/espanto	38	6	17	15
Empacho	20	4	3	13
Aire	12	2	7	3
Caída de mollera	9	5	2	2
Espinilla	4	1	3	0
Mal de ojo	6	2	1	3
Mal puesto	2	2	0	0
Otros**	3	0	3	0
Todas las molestias etnoespecíficas	94***	22 (24%)	36 (38%)	36 (38%)

*El tratamiento propio incluye tres opciones: no buscó ningún cuidado, ha tomado yerbas, ha tomado medicinas farmacéuticas.

**Otras enfermedades etnoespecíficas reportadas fueron dolor de estómago, dolor de cabeza y latido.

***El número total de informantes fue de 109.

CUADRO 2

OPCIONES DE TRATAMIENTO PARA CONDICIONES CLÍNICAS REPORTADAS

Condición de la salud	Total	X**	Tratamiento clínico	Tratamiento etnoespecífico	Tratamiento propio
Molestias y dolores (4)*	211	53	38 (18%)	13 (6%)	160 (76%)
Mental/estrés (6)	150	25	15 (10)%	10 (7%)	125 (83%)
Dental (3)	137	46	70 (51%)	1 (1%)	66 (48%)
Respiratorio/alergia (4)	88	22	28 (32%)	4 (4%)	56 (64%)
Gastro-intestinal (3)	39	13	9 (23)%	2 (5%)	28 (72%)
Menstrual/ urinario (2)	28	14	16 (57%)	2 (7%)	10 (36%)
Obesidad (1)	7	7	1 (14%)	0	6 (86%)
Todas las molestias clínicas	660		177 (27%)	32 (5%)	451 (68%)

*Este número indica el número de molestias combinadas en cada categoría.

**El promedio de casos reportados en cada categoría entre el número de molestias por categoría.

Los cuadros muestran la relación entre el tipo de dolencia y la opción correspondiente de tratamiento. Las dolencias clínicas (cuadro 2) son las más comúnmente reportadas; sin embargo, los patrones de opciones de tratamiento difieren entre las dolencias clínicas y las dolencias populares y con respecto al tratamiento etnoespecífico y propio. Ambas tablas muestran que la gente depende considerablemente del tratamiento propio y etnoespecífico, en comparación con el tratamiento clínico, para todo tipo de dolencias etnoespecíficas y clínicas. Los datos también indican que el tratamiento propio juega un papel importante en el tratamiento de enfermedades clínicas; mientras que el tratamiento popular juega un papel más importante en el tratamiento de enfermedades etnoespecíficas.

Las tablas también muestran cuáles son las dolencias son comunes Susto y empacho son las dolencias etnoespecíficas más comúnmente reportadas (cuadro 1). El cuadro 2 enumera las dolencias clínicas en orden descendente en los casos reportados. Las enfermedades clínicas más comúnmente reportadas son las molestias y dolores, seguidas cercanamente de las dolencias dentales y luego de las enfermedades mentales y de estrés.[6]

Las gráficas circulares 1 y 2, muestran los tipos de tratamiento escogidos para dolencias etnoespecíficas y clínicas. El cuidado clínico fue buscado más o menos con la misma frecuencia tanto para las dolencias etnoespecíficas (24 por ciento) como para las dolencias clínicas (27 por ciento). Esto significa que independientemente del tipo de enfermedad o condición de la salud que se sufre –clínica o etnoespecífica– solamen-

[6] El cuadro enumera los problemas mentales/de estrés como más frecuentemente reportados que los problemas dentales, sin embargo, la columna X** revela que el promedio de casos reportados de dolencias dentales excede el de las dolencias mentales/de estrés. Los datos de la Encuesta de Salud en el condado de Tulare de Mines y Kearney también demuestra que los problemas dentales dominan las necesidades de salud de los trabajadores agrícolas migrantes.

te un cuarto de estos casos son tratados clínicamente. En contraste, cerca de tres cuartas partes de todas las dolencias, tanto etnoespecíficas (76 por ciento) como clínicas (73 por ciento) son tratadas con cuidado propio y etnoespecífico, lo que significa que los mixtecos dependen fuertemente de sus propios recursos, como yerbas, medicinas compradas, baños de vapor y curanderos, para enfrentar sus problemas de salud.

GRÁFICA 1

LAS OPCIONES DE TRATAMIENTO PARA LAS DOLENCIAS ETNOESPECÍFICAS

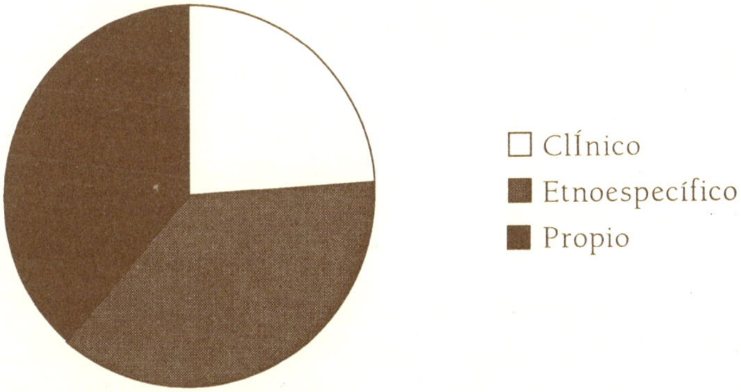

Esta gráfica circular representa las opciones de tratamiento para las dolencias etnoespecíficas. Un total de 94 dolencias etnoespecíficas fueron reportadas por 109 informantes. Veinticuatro por ciento (22) de las dolencias etnoespecíficas reportadas fueron tratadas clínicamente, 38 por ciento (36) de manera etnoespecífica y 38 por ciento (36) fueron tratadas por ellos mismos.

GRÁFICA 2

OPCIONES DE TRATAMIENTO PARA LAS DOLENCIAS CLÍNICAS

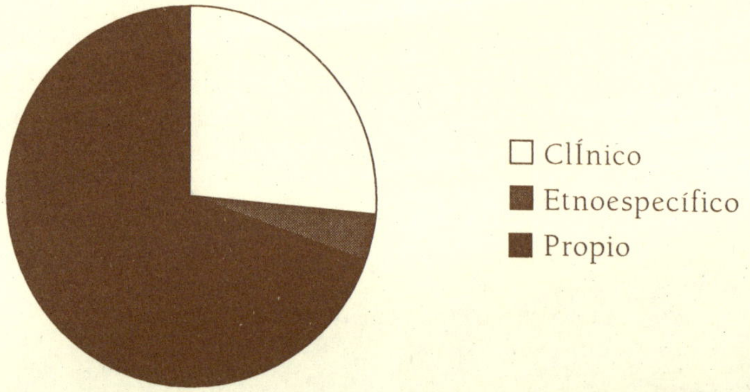

Esta gráfica circular representa las opciones de tratamiento reportadas para condiciones de la salud clínicamente reconocidas. Un total de 660 condiciones de salud fueron reportadas por los 109 informantes. De las dolencias clínicas reportadas, 27 por ciento (177) fueron tratadas clínicamente; cinco por ciento (32) de manera etnoespecífica; y 68 por ciento (451) de manera propia.

Al comparar las opciones de tratamiento propio y etnoespecífico para enfrentar dolencias etnoespecíficas y clínicas se revelan patrones diferentes. La gráfica 1 muestra que los tratamientos etnoespecífico y propio proveen opciones iguales de cuidado de la salud para dolencias etnoespecíficas o populares, como susto o empacho. En contraste, la gráfica 2 sobre las opciones de tratamiento para las dolencias clínicas, muestra que hay una mayor dependencia en el tratamiento propio (68 por ciento) que en cualquier otro tipo de cuidado para satisfacer las necesidades percibidas de cuidado de la salud. Cuando se comparan las opciones de tratamiento clínicas, propias y etnoespecíficas para condiciones específicas en la salud, como los problemas dentales o menstruales (cuadros 1 y 2), vemos que el cuidado clínico es preferido al cuidado etnoespecífico. En resumen, los datos cuantitativos representados en las tablas y gráficas muestran que el patrón general es una dependencia fuerte tanto en el tratamiento etnoespecífico como en el propio para satisfacer las necesidades de cuidado de la salud de las mujeres mixtecas en Madera.

La práctica del cuidado de salud transmédico

Respecto al cuidado de la salud, los mixtecos, como cualquier otro grupo, quieren "cobertura completa", lo que significa tener a su disposición el mayor número de opciones de tratamiento posibles. Por las razones políticas, económicas y sociales discutidas a lo largo de este artículo (por ejemplo, estado legal indocumentado, pobreza crónica, migración étnica), el cuidado clínico satisface apenas 25 por ciento de las necesidades de cuidado de la salud de las mujeres mixtecas. Para llenar este vacío y satisfacer sus necesidades médicas, las familias mixtecas complementan el cuidado clínico con el cuidado indígena. Los datos cualitativos revelan que las mujeres mixtecas explotan tantos tipos de cuidado de la salud como consideran necesarios o posibles, alternando, finalmente, entre los tratamientos propios y populares (como las yerbas y los baños de vapor) y los tratamientos clínicos (especialmente el cuidado en la sala de emergencia). Además, es significativo que muchos viajan a México para obtener tratamiento que no puede ser pagado o que no está disponible en California. Los datos revelan que las mujeres mixtecas y sus familias se mueven entre distintos sistemas de cuidado de la salud –con valores, métodos, idiomas y horarios diferentes– y a lo largo de diferentes senderos –con relaciones sociales y expectaciones de comportamiento diferentes– para atender sus necesidades médicas. Ésta es la práctica del cuidado de la salud "transmédica": "trans" significa "a través de, más allá de" y "entre". Cuando los mixtecos practican el cuidado de la salud en

California, ellos se mueven "a través de, más allá de y entre" no solamente sistemas médicos, sino también barreras sociales y lingüísticas y paisajes culturales y fronteras políticas. El movimiento implicado por el término "trans" se refiere no solamente a la naturaleza migrante del modo de vida de los mixtecos, también a los complejos sistemas algorítmicos –social, político y económico– en los cuales los mixtecos navegan para obtener cuidado de la salud.

Significado social y político del cuidado de la salud transmédico

El estudio del cuidado de la salud entre los trabajadores migrantes nacidos en el extranjero y de bajo ingreso en California involucra asuntos sociales y políticos complejos y volátiles como la inmigración nacional y las políticas fronterizas, las relaciones Estados Unidos-México, las políticas de salud nacional, los servicios sociales, los derechos civiles, la educación pública y la economía.

Varios de los programas de apoyo relevantes patrocinados local, estatal y federal proveen de apoyo a los pobres, mujeres y niños. Los programas especiales para satisfacer las necesidades legales, educativas y de salud de los migrantes étnicos incluyen Asistencia Legal Rural de California, Educación para Migrantes, Programa de Salud Dental para Niños y organizaciones locales de la Iglesia y de la comunidad como el Club de Leones y la Iglesia católica.[7] Medi-Cal ofrece apoyo de gran valor en situaciones de emergencia y relacionadas con el embarazo. El Programa para Mujeres y Niños Infantes (WIC) provee apoyo material y social al enseñar hábitos alimenticios y al ofrecer consultas para la planificación familiar, fórmula infantil y cupones de comida para productos básicos como leche, huevos, que-

[7] Es imposible enumerar aquí todos los programas locales, del condado, estatales y federales que apoyan a la población pobre o a los trabajadores agrícolas migrantes.

so, cereal, frijoles y jugos. Bajo las dificultades financieras presentes en el estado y, la mayoría de estos programas han perdido o están en peligro de perder su financiamiento.[8]

Las clínicas médicas financiadas privadamente en el ámbito local, por el condado, el estado o en el ámbito federal constituyen la fuente principal de cuidado de la salud clínica para las familias de los trabajadores agrícolas migrantes en California. La mayoría de éstas ofrecen programas de pagos flexibles, honorarios de visita fijos y de bajo costo y emplean a personal que habla español. Los mixtecos dependen de todas estas facilidades, junto con las facilidades mayores para el cuidado de la salud y los doctores que trabajan en ellas, para el tratamiento de enfermedades severas como fiebres, infecciones, diarrea e irritaciones en la piel, así como para asuntos ginecológicos.

Junto a la recesión económica que ha lastimado a la economía de California, el ambiente político actual para los hombres, mujeres y niños indocumentados en California es hostil y amenazador. Las tasas altas de desempleo, la subida vertiginosa del crimen, escuelas sobrepobladas y prisiones y hospitales llenos, alientan el miedo y la desconfianza hacia los trabajadores migrantes como la de los mixtecos cuya presencia es señalada. El gobernador actual está buscando cortar la ayuda médica a los indocumentados, rehusar otorgarles servicios de emergencia, prenatales, de parto y posnatales a miles de trabajadores que pagan impuestos. De acuerdo a los hallazgos de este estudio, los costos reales del cuidado de la salud que depende de Medi-Cal parecen provenir de la dependencia forzada al cuidado de emergencia, el cual tiene un costo económico muy alto, para satisfacer las necesidades

[8] Nota de los autores del libro: Las dificultades financieras del estado de California continúan en 2004 y todas las políticas sociales y de beneficencia encaran el peligro de ser reducidas o eliminadas. Esto requiere un cabildeo constante por parte de los grupos de interés en el Capitolio, lo cual demanda muchos recursos. La mayoría de los migrantes mixtecos carecen de acceso a esos recursos y a representatividad política, por lo que no pueden luchar por sus intereses y derechos.

crónicas de salud de aquellos que no tienen seguros y quienes no pueden pagar cuidado clínico prolongado.

La relación histórica de dependencia mutua entre las economías de la Mixteca y California, así como la situación económica y política de Oaxaca, indican que los mixtecos continuarán migrando a los campos de agricultura del norte (*cf.* Hinojosa-Ojeda y Robinson, 1992; Kearney 1986; Runsten y Zabin, 1989; Wright, 1990). La marginalidad social, política y económica de los mixtecos que se manifiesta en su segregación en el mercado laboral y en la formación de enclaves mixtecos a lo largo de California, combinada con sus propias formas de identidad cultural distinta, como el idioma, las costumbres y las celebraciones religiosas, desafían los modelos de inmigración asimilacionistas del *melting pot*. La migración circular de largo plazo entre la Mixteca y California afectará y cambiará tanto a las comunidades mixtecas como a las de California; sin embargo, por varias razones sociales y culturales, los mixtecos que residen en California continuarán siendo étnicamente distintos de la cultura dominante. Los problemas en la provisión y consumo de los servicios de cuidado de la salud aumentarán no sólo por la pobreza, inaccesibilidad y el estado de inmigración, sino también por diferencias en la construcción cultural de etiologías de las enfermedades, tratamientos de cuidado de la salud y del funcionamiento del cuerpo humano. Los mixtecos, a diferencia de otros inmigrantes indígenas campesinos en los Estados Unidos como los khmer y los hmong, continuarán reforzando y refrescando su identidad étnica y formas culturales a través de la migración circular. Por estas razones, los que diseñan las políticas no pueden asumir que los problemas alrededor de la provisión de cuidado de la salud a los grupos étnicos migrantes como los mixtecos serán resueltos con su asimilación; un paradigma que espera que los mixtecos adopten por completo el modelo biomédico del cuerpo humano y de la salud.

Los problemas en torno a la utilización del servicio de cuidado de la salud entre las familias mixtecas en California se deben, en parte, a la pobreza crónica y a la represión política en Oaxaca y continuarán hasta que haya un mejoramiento considerable de las oportunidades económicas en Oaxaca. Cualquier intento de resolver los problemas de utilización y acceso a los servicios de cuidado de la salud en California debe, por lo tanto, incluir y conjuntar ambos sistemas de cuidado de la salud de la Mixteca, el institucional y el indígena.

Redes de subsistencia

Los mixtecos en California aumentan sus opciones de cuidado de la salud, más allá de los límites del cuidado clínico disponible, al recurrir a opciones culturales cultivadas y mantenidas bajo condiciones como distancias largas, migración a largo plazo y marginalidad socioeconómica. Los recursos culturales involucran, en esencia, una telaraña de redes sociales cultivadas en niveles individuales y de comunidad. Las redes de compadres y comadres, establecidas en los pueblos de origen o en los campamentos y los poblados en la ruta migratoria, junto con las redes de migración basadas en los pueblos, sirven para proveer apoyo y reforzar la identidad. A través de esas redes, los días de los santos patronos y otras festividades religiosas y eventos culturales son celebradas y compartidas lejos de casa. Además, estas redes sirven para darle a las familias acceso a residencia, empleo y oportunidades de cuidado de la salud.

En el proceso de migración a largo plazo y a través de largas distancias de los mixtecos y en el contexto de la crisis económica mexicana, los conflictos locales sobre tierras en la Mixteca y la discriminación histórica de los indígenas, muchas comunidades mixtecas han respondido formando organizaciones de ayuda propia como medios de autodefensa y autodefinición. Hay varias organizaciones políticas mixtecas en California. La Organización de Benito Juárez (ACBJ) de Fresno y Arvin, la Organización del Pueblo Explotado y Oprimido (OPEO) de Livingston y Kerman, los Mixtecos Unidos de Oaxaca (MUO) de Livingston y Madera, el Comité Cívico Popular Mixteco de Vista y San José y Mixtecos en California (MICA) de Madera son algunos de los grupos de ayuda propia que enfrentan los problemas de discriminación, explotación, salud, derechos humanos y supervivencia cultural. Estos grupos son políticamente sofisticados, binacionales y panindígenas y forman alianzas con otros grupos indígenas oaxaqueños involucrados en la migración trasnacional como los zapotecos, triquis, mixes y chatinos, así como con los grupos nativos americanos en los Estados Unidos.

Como con los cuerpos políticos locales en la Mixteca, las organizaciones de ayuda propia en California son principalmente manejadas por hombres, aunque las mujeres están jugando un papel cada vez importante en la representación política de las comunidades indígenas mesoamericanas. Negociando en los ámbitos local, estatal y nacional tanto en Oaxaca como en California, los grupos de ayuda propia han tenido éxito en convertirse en una voz poderosa para los mixtecos en las áreas de desarrollo económico, derechos humanos, derechos laborales y determinación cultural, tanto en Oaxaca como en California. Varios grupos de ayuda propia han escrito y obtenido fondos y financiamiento de instituciones mexicanas y norteamericanas para el desarrollo de microindustrias en la Mixteca y la formación de proyectos laborales y culturales, entre otros. Estos grupos han establecido útiles redes binacionales académicas y profesionales y tienen juntas abiertas regulares para discutir e implementar futuros proyectos. Ciertamente, cualquier intento para resolver los problemas del cuidado de la salud entre los mixtecos en California debe hacerse a través de negociaciones que incluyan no solamente representantes de los gobiernos de México y de los Estados Unidos, sino también los grupos mixtecos organizados de ayuda propia y las comunidades mixtecas de Oaxaca. Las soluciones que involucren el apoyo de formas indígenas de cuidado de la salud necesitarán conexiones formales e informales con la comunidad trasnacional mixteca así como con los curanderos mixtecos locales y trasnacionales.

Bibliografía

Bade, Bonnie, 2004, "Alive and Well: The Generation of Alternative to Biomedical Health Care by Mixtec Migrant Families in California", en *Indigenous Mexican Migrants in the United States*, Jonathan A. Fox y Gaspar Rivera-Salgado, La Jolla, Center for U.S.-Mexican Studies y Center for Comparative Immigration Studies, University of California, San Diego.

Chávez, Leo R, 1988, *Immigration Reform and Undocumented Immigrants: A Question of Rights and Wrongs*, ponencia presentada en las Reuniones Anuales de la Asociación Americana de Antropología.

Kearney, Michael, 1986, "Integration of the Mixteca and the Western U.S.-Mexico Region Via Migratory Wage Labor", en *Regional Impacts of U.S.-Mexican Relations*, Serie de Monografías, núm. 16 del Center for U.S.-Mexican Studies, San Diego, University of California.

——y Carole Nagengast, 1989, *Anthropological Perspectives on Transnational Communities in Rural California*, Grupo de Trabajo sobre Trabajo Agrícola y Pobreza Rural, Documento de Trabajo núm. 3 del Instituto de California para Estudios Rurales.

Paddock, John, 1966, *Ancient Oaxaca*, Stanford, Stanford University Press.

Mines, Richard, y Michael Kearney, 1981, *The Health of Tulare County Farmworkers: A Report of 1981 Survey and Ethnographic Research for the Tulare County Department of Health*.

Runsten, David, 1991, "The Effects of the Free Trade Agreement", en *California Rural Report* 3:2, Davis, California Institute for Rural Studies.

——y Michael Kearney, 1994, *A Survey of Oaxacan Village Networks in California Agriculture*, Davis, California Institute for Rural Studies.

——y Carol Zabin, 1989, *Oaxacan Migrants in California Agriculture: A New Cycle of Poverty*, Davis, California Institute for Rural Studies.

Wright, Angus, 1990, *The Death of Ramon González: The Modern Agricultural Dilemma*, Austin, University of Texas Press.

Anexo

PUEBLOS MIXTECOS REPRESENTADOS EN MADERA, CALIFORNIA

1	Santa Cruz de Bravo	20	San Bartolo Salinas
2	Santiago Naranjas	21	Santa María Asunción
3	Santa Catarina Noltepec	22	Santo Domingo Tonalá
4	Santa María Tindu	23	Santiago Yucuyachi
5	San Miguel Aguacate	24	Santa Rosa de Lima
6	San Jerónimo Progreso	25	Santiago Tamazola
7	San Mateo Tunuchi	26	San Francisco Tlapancingo
8	San Francisco Higos	27	Guadalupe de Ramírez
9	San Miguel Cuevas	28	Santos Reyes Tepejillo
10	Oaxaca de de Juárez	29	Reforma
11	San José Sabinillo	30	San Lázaro Etla
12	Santa María Yucunicoso	31	Chalcaltongo de Hidalgo
13	San Isidro Tezoatla	32	San Martín del Estado
14	Ixantepec Nieves	33	San Agustín Atenango
15	Tecomaxtlahuaca	34	Santa María Linda
16	Yucuquimi de Ocampo	35	Yetla de Juárez
17	San Juan Mixtepec	36	San Miguel el Grande
18	Asunción Atoyaquillo	37	San Sebastián del Monte
19	San Francisco Paxtlahuaca	38	San Juan Diquiyu

Las políticas de identidad entre migrantes jóvenes mexicanos en California

Sylvia Escárcega

Chicanos marchan hacia al capitolio, quinientos pupilos asistieron al rally por el reconocimiento étnico en la escuela Sacramento Bee. 3 de febrero, 1994.

A principios de 1994 varios estudiantes de la preparatoria en Davis, California marcharon, junto con otros estudiantes de varios condados, hacia el Capitolio del estado en Sacramento. De acuerdo con el *Sacramento Bee*, el periódico local de mayor circulación, el propósito era demandar la no discriminación en la educación, clases sobre historia y cultura mexicana y chicana, aumento del número de maestros latinos y más programas que tratasen la historia chicana en las escuelas públicas y privadas. El periódico caracterizó la marcha básicamente como un evento chicano, mientras que reportó que los estudiantes chicanos "insistieron enfáticamente que no se les llamara 'hispanos'". También se reportó que varias imágenes emblemáticas de la "conciencia chicana" se usaron en la marcha: fotografías y dibujos del líder del primer sindicato de los trabajadores agrícolas en los Estados Unidos (United Farm Workers of America), César Chávez; el Moratorio Chicano en Los Ángeles (1970) durante el cual los chicanos se opusieron a la guerra en Vietnam y la discriminación en los Estados Unidos; el Tratado Guadalupe Hidalgo (1848), por medio del cual México tuvo que ceder sus territorios del norte a los Estados Unidos y fijar su frontera norte en los ríos Bravo y Gila; la bandera mexicana; la virgen de Guadalupe; e imágenes de Emiliano Zapata, el líder del movimiento agrario por justicia social durante la Revolución mexicana de 1910-1919.[1] Se registró, asimismo, la presencia de artistas como el grupo azteca Poxteca Maquil Tonatiu[2] y otros grupos más contemporáneos de música rap (*Sacramento Bee*, 3 de febrero de 1994).

En entrevistas personales que conduje en un periodo de un año con algunos de los estudiantes que participaron en la marcha, éstos se autoidentificaron continuamente como "mexicanos",[3] "chicanos" o "méxicoamericanos",[4] pero nunca de una manera intercambiable. En ninguna ocasión se identificaron como "hispanos"[5] o "latinos".[6] Al llamarlo un "evento chicano", el periódico prácticamente ignoró todas las otras identidades y tipos de conciencia política representadas en la marcha. Ciertamente, la variedad de símbolos expresados, que

[1] Las explicaciones son mías. El periódico no explicó el significado de los emblemas.

[2] Este grupo de danzantes recoge la tradición de los concheros en la ciudad de México.

[3] En este trabajo, "mexicano/a" se refiere a aquellos que tienen ciudadanía mexicana y reclaman una nacionalidad mexicana. Obviamente esta categoría, como muchas otras, es una construcción esencializada que oscurece otras identidades y ciudadanías de los migrantes (grupo étnico, comunidad, religión, familia, etcétera). Sin embargo, la nacionalidad sí parece proveer una identidad común en la vida diaria de los migrantes. La utilizan para diferenciarse de los chicanos, los mexicoamericanos y otros grupos nacionales como se explicará posteriormente.

[4] "México-americano" en el contexto de California es una categoría utilizada por personas que reconocen una descendencia mexicana y que no quieren ser identificadas como "chicanos", una identidad que está sumamente politizada en su opinión.

[5] Éste es un buen ejemplo de cómo los migrantes se posicionan de diferentes maneras. Si bien no existe una definición única para la categoría "hispano", ésta puede ser utilizada para identificar una identidad en común entre personas provenientes de las ex colonias españolas en América o como una legitimación del ser "mestizo", "ladino" o "mulato". Pero también se le ve de manera más negativa como una categoría de identidad "pro blanca" (Muñoz, 1989, pp. 182-185) o como un término burocrático utilizado en censos por las instituciones gubernamentales. La insistencia de los estudiantes en *no* ser llamados "hispanos" por los medios de comunicación, refleja la posición política del MECHA. En entrevistas personales que conduje con estudiantes que se autoidentifican como "mexicanos", éstos utilizaron el término "hispano" sólo para hablar de sus experiencias históricas comunes con otros latinoamericanos.

[6] La categoría "latino" es utilizada por gente de descendencia de las ex colonias españolas en América para denotar un sentido de solidaridad que atraviesa líneas étnicas y nacionales (Gutiérrez, 1995, p. 217, nota 1).

provienen tanto de la historia y cultura de México como de las experiencias en los Estados Unidos, han sido apropiados, resignificados e incluso institucionalizados en el movimiento chicano para representarse a sí mismos ante la sociedad racista de los Estados Unidos. Después de años de lucha por reconocimiento y mayor representatividad, los medios de comunicación y el público californiano reconocen estos símbolos como "chicanos" y tienen, más o menos, una idea de lo que pueden significar. Sin embargo, estos símbolos no son interpretados de la misma manera por aquellos quienes son equivocadamente agrupados en la categoría de "chicanos". Los símbolos culturales que forman las identidades o la forma de identificación de un grupo no son escogidos al azar y tienen contextos históricos específicos, a la vez que pueden contener mensajes políticos diversos. Cuando los símbolos culturales son usados con fines específicos, sus significados pueden ser renegociados y transformados. El poder que tiene un grupo, en comparación con otro, de imponer sus propias interpretaciones en otros grupos, nos revela mucho acerca de las dinámicas en la creación de las identidades. Más aún, el éxito que tiene una identidad política de contraponerse a otras es también medida del grado de aceptación y resistencia que tiene el grupo ante identidades consideradas *mainstream* (principales o comunes).

Tanto para el periódico, como para muchas de sus audiencias, la marcha había sido organizada por y para los jóvenes chicanos, quienes como "ciudadanos menores" y miembros de un grupo "racial" minoritario reconocido oficialmente,[7] tienen voces y derechos como actores

[7] Para una discusión acerca de si los chicanos/as y mexicoamericanos pertenecen a un grupo racial minoritario o a un grupo étnico véase Skerry, 1993. Las instituciones dominantes de la sociedad norteamericana definen a los chicanos y méxico-americanos como grupos raciales minoritarios que, como tales, han sufrido de discriminación, sin tomar en cuenta ni la "realidad" biológica ni la diversidad cultural entre ellos (11, 15-16). Es importante hacer notar que los chicanos/as, en particular, han retomado este significado racial y lo han desarrollado a través del concepto de "la raza".

políticos (limitados pero aceptados). La marcha no fue un evento aislado dentro de la historia estadunidense y debe ser contextualizada dentro de los varios esfuerzos organizados por el MEChA (Movimiento Estudiantil Chicano de Aztlán) desde 1987 alrededor de la no discriminación y representación efectiva en las escuelas.[8] Sin embargo, el propósito colectivo de la marcha enmascaró el hecho de que: *1)* varios de los participantes no se identifican como chicanos, ni con la conciencia o movimiento chicanos; *2)* estos otros participantes fueron también actores políticos importantes en la marcha. Al agruparlos a todos dentro de la categoría "chicanos", el artículo de prensa los desposeyó de voz, representación política y de sus diferencias culturales. La exclusión en el periódico no es un caso que ocurre simplemente en los medios de comunicación o en las instituciones del estado. Dentro de la política de identidad del movimiento chicano hay una apropiación y se privilegian ciertas identificaciones y símbolos que terminan por excluir las experiencias e identidades de los migrantes mexicanos[9] recientes, mestizos e indígenas, que tienen culturas diferentes.

Similarmente, mucha de la literatura académica en torno de este tema, presupone una transformación no problemática de "migrantes mexicanos ilegales" a "mexicoamericanos", "chicanos" o "latinos" una vez que se establece o consigue la ciudadanía estadunidense. Aunque la migración ha sido objeto de estudio desde varios modelos teóricos, todavía no se han publicado trabajos de tipo antropológico

[8] Carlos Muñoz dice que desde 1987 la League for Revolutionary Struggle (LRS) ha sido instrumento para movilizar, durante las actividades anuales de primavera, el apoyo de MEChA, en todo el estado, para las marchas y rallies hacia el Capitolio estatal que demandan la igualdad educacional para los estudiantes de color (1989, p. 186). No sé si la marcha de febrero fue parte de este esfuerzo conjunto y coordinado, pero sí hay que entenderla como parte de las movilizaciones ocurridas desde la fundación del movimiento en 1969.

[9] En este trabajo utilizo la palabra *migrante* y no inmigrante o emigrante porque es necesario reconocer que los migrantes no necesariamente pierden sus conexiones con el lugar de origen, ni se asientan en un solo lugar, como se ha mostrado en este volumen. Sólo uso la palabra inmigrante cuando es así utilizada por otros en títulos y referencias, y en esos casos se subraya.

e histórico que expliquen la política de identidad entre migrantes mexicanos recientes en sus relaciones con otros grupos de origen mexicano en los Estados Unidos, las fronteras y en los espacios trasnacionales.[10] Los mexicanos migrantes, mestizos e indígenas, han sido participantes activos en el movimiento político chicano, sin asumir necesariamente una identidad chicana, impactando las políticas de identidad y culturales de otros grupos étnicos y recreando su propia identidad en nuevas formas. Por lo tanto, es necesario ver a la identidad étnica no como una herencia cultural que está disponible para su activación selectiva, sino como algo que surge, se transforma y es negociado para formar sentidos, identificaciones y alianzas de manera específica en contextos racistas y discriminatorios.

Mi estudio parte de la presuposición de que en la migración hay una ruptura en el fenómeno de la naturalización entre lugar e identidad, abriendo las posibilidades de la creación de nuevas identidades. El lugar de origen (por ejemplo, la nación o la comunidad) sigue siendo importante porque los migrantes sienten la necesidad de expresar pertenencia a un lugar, al mismo tiempo que hay la necesidad de definir a aquellos "otros" en los nuevos contextos sociales (Gupta, 1992; Gupta y Ferguson, 1992). En los espacios trasnacionales, la nación sigue siendo una promesa ambigua de comunidad y continuidad (Anderson, 1992; Appadurai, 1993), mientras que la comunidad sigue siendo la matriz cultural. Sin embargo, la migración desterritorializa y desnacionaliza y vuelve a territorializar y nacionalizar experiencias, haciendo posible, o casi inevitable, la formación de nuevas identidades. La etnicidad, por lo tanto, siendo aquello desde lo cual las naciones son imaginadas, emerge como una fuente significativa de identificación, legitimación, autentificación y afiliación entre los migrantes.

[10] Desde que escribí este capítulo han aparecido otros trabajos que retoman este tema, como el de D. Gutiérrez (1995) y Vigil (1997).

En este trabajo primero discuto cómo ha sido analizada, en la literatura antropológica, la transformación de la identidad entre los migrantes mexicanos a Estados Unidos. En esta sección enfatizo los problemas que existen en dicha literatura al presuponer que la identidad étnica debe ser simplemente vista como un epifenómeno de la clase social. Después examino brevemente cómo son conceptuadas las identidades chicanas y méxico-americanas para proveer el contexto discursivo de mi estudio de caso. En la tercera y cuarta secciones, con base en entrevistas con jóvenes migrantes mexicanos en California y en las discusiones teóricas de Stuart Hall y Pierre Nora, propongo que el análisis de memorias colectivas y personales en conjunto con análisis de experiencias vividas, nos pueden ayudar a entender de una forma más profunda la dinámica de las políticas de identidad. Esto es particularmente de interés para la literatura sobre migración ya que ésta ha tendido a estudiar la transformación de la identidad simplemente como una consecuencia de las experiencias migratorias y decisiones personales en un contexto de asimilación, aparentemente inevitable, y de relaciones capitalistas hegemónicas. La memoria es, de hecho, algo valuable con lo cual los actores reinterpretan sus experiencias pasadas y es creada en el proceso de recordar. Sin lugar a dudas, la memoria depende de su contexto histórico: las fuerzas sociales, políticas, culturales y económicas impactan significativamente el qué y el cómo se recuerda. Sin embargo, la memoria no responde simplemente a fuerzas existentes de asimilación y relaciones capitalistas, sino también a decisiones estratégicas de reinterpretación, que son influidas por el género y la nacionalidad. Vista así, la memoria puede constituir una fuerza contrahegemónica.

Mi objetivo a largo plazo es entender el rol y lugar de los pueblos indígenas y los discursos sobre el "ser indígena" en la formación de las identidades migrantes mexicanas, por lo que en la última sección hago una breve reflexión sobre la etnicidad en contextos trasnacionales. Esto es particularmente interesante en el contexto de California en donde existen identidades como la chicana y la méxicoamericana que están formuladas parcialmente en una representación del "ser indígena". Pero también es importante entender las nuevas relaciones que se dan entre los diferentes grupos indígenas que se encuentran en Estados Unidos. A pesar de que los datos principales en este estudio provienen del trabajo de campo realizado entre migrantes mestizos, mi intención es explicar cómo nos pueden ayudar a entender la experiencia de los migrantes indígenas en California. Los pueblos indígenas, en su mayoría mixtecos y zapotecos del estado de Oaxaca, han migrado en gran número y formado establecimientos y comunidades trasnacionales.[11] En las imaginaciones mestiza y chicana, los mixtecos, zapotecos, triques, "aztecas", mayas, etcétera son, en conjunto, parte de su pasado colectivo. Especialmente emblemático para la imaginación chicana es el pasado "azteca". Los mexicas, provenientes en la mitología de un lugar llamado Aztlán, siguen siendo después de 500 años el grupo indígena que domina la imaginación del mestizo/a y chicano/a que busca sus orígenes prehispánicos y preanglosajones en danzas "aztecas". Poco se recuerda que los demás grupos indígenas que habitan en México, poco se llegaron a identificar con el pueblo conquistador: ya sea mexica, español, francés o anglosajón. Como futura línea de investigación me interesa ver cuál es la respuesta de los migrantes indígenas a los discursos y políticas de identidad en California.

La identidad de los migrantes mexicanos vista por la literatura antropológica

Los estudios sobre migración mexicana a los Estados Unidos han retratado a los migrantes como un grupo nacional homogéneo sin reconocer

[11] Véase la introducción a este volumen para una discusión al respecto y otras referencias.

los diversos orígenes culturales y el aspecto dinámico de sus culturas. Algunos autores trataron de superar esta limitación al enfocarse en los procesos de asimilación y adaptación de los migrantes a la sociedad estadunidense y analizar los efectos de estos procesos en la imagen sobre sí mismos y la conciencia de los migrantes, privilegiando una perspectiva de clase a través de la cual explicar la etnicidad y la identidad. Más bien, la mayoría de los análisis sobre identidad y relaciones interétnicas se han realizado con ayuda de teorías y pruebas psicológicas en escuelas, se han enfocado hacia el problema de las pandillas en las grandes urbes o en las políticas de inmigración y sus efectos en el mercado laboral, haciendo sin duda aportes importantes (véase Baca Zinn, 1980; Browning y O. de la Garza, 1986; Bustamante, 1983; García, 1981; Keefe y Padilla, 1987; Massey *et al*., 1987; Matute-Bianchi, 1986; Mines y Anzaldua, 1982; Ogbu, 1991; Portes y Bach, 1985; Portes y Zhou, 1993; Saragoza, 1982; Skerry, 1993; Suárez-Orozco y Suárez-Orozco, 1993; Thomas, 1985).[12] Uno de los problemas prevalecientes en muchos de estos estudios es que se entiende al "asimilacionismo" como un fenómeno inevitable y no en su dimensión discursiva como un proyecto del estado de construcción de nación (Omi y Winant, 1986). Por ello se asume que la transformación étnica del inmigrante, en un proceso unilineal, sería el resultado de su integración a la economía y sociedad estadunidenses y si esa transformación se retrasaba o dificultaba, era debido a los procesos económicos que obligaban a los inmigrantes a refugiarse en una etnicidad "negativa".

Utilizando la idea desarrollada por Larissa Lomnitz (1976) sobre las redes rurales de migrantes con componentes urbanos, Michael Kearney (1986, 1991) formuló un modelo para entender las fuerzas

[12] Cabe destacar, sin embargo, un interesante estudio histórico sobre relaciones interétnicas realizado por Leonard (1992) sobre los punjabi mexicoamericanos de California. En él se discute cómo se fue conformando una nueva identidad a partir de las relaciones interétnicas, las dinámicas en el estado y las respuestas de varias generaciones a ese fenómeno.

que conforman a una comunidad migrante y que provienen de varios *mileux* económicos, políticos, sociales y culturales y que afectan la formación de diversas identidades. Aparte de los procesos de producción, reproducción y circulación de gente, excedentes, información, servicios y bienes que articulan la comunidad "subdesarrollada" y el local capitalista, el modelo explica que la diferenciación cultural ocurre como resultado de cambios en la posición de clase y del lugar de residencia. Kearney argumenta que la exaltación de la identidad étnica en estos contextos se puede explicar como una forma de consolidar las redes articulantes y como una respuesta, casi natural, frente a los cambios en la clase social. Para él, la identidad étnica no es algo restringido por fronteras nacionales, sino algo que ha sido redefinido por el reordenamiento del capitalismo tardío (Nagengast y Kearney, 1990). Como consecuencia, su modelo asume que la resistencia y la lucha étnica es una expresión de conflictos de clase social y no explica (aunque se reconozca) cómo es que la clase social no es una experiencia universal sino algo que es experimentado diferenciadamente por personas que se encuentran en diversas posiciones estructurales, dentro de uno o varios sistemas de estructuras y jerarquías raciales, de género, sociales, legales, sexuales, generacionales, religiosas, etcétera (véase Foley, 1990).

Los estudios de la migración trasnacional, que han florecido en la década de los noventa, van más allá de la comprensión del fenómeno étnico como una consecuencia estructural al reconocer la habilidad que tienen las comunidades para desafiar el poder de definición del Estado-nación (Glick Schiller *et al.*, 1992; Kearney, 1990b; Kearney y Nagengast, 1989; Smith, M., 1994). La recreación de la identidad étnica entre los migrantes mexicanos se ve como una de las respuestas o estrategias de supervivencia en la "edad del trasnacionalismo". En estos estudios, la etnicidad se convierte en un capital simbólico que puede ser utilizado en la construcción de una comunidad para defensa frente a otras ideologías y prácticas hegemónicas. Pero la resistencia étnica es entendida, de nuevo, simplemente como una expresión del conflicto de clase que surge en la red migratoria debido a la influencia de las dinámicas del mercado laboral y las políticas de inmigración. Sin embargo, se reconoce que la etnicidad, así como el género, la edad, la religión, etcétera, determinan cómo se experimenta diferenciadamente la posición de clase.

Los problemas que surgen al conceptuar las comunidades como algo dado y específico y con fronteras fijas, llevó a Roger Rouse (1991, 1992) a desafiar la noción de la "comunidad migrante trasnacional" con el argumento de que el capitalismo tardío ha reconfigurado un espacio social diferente que no corresponde a las imágenes existentes de comunidad. Para él, la migración como un movimiento entre lugares, no es un movimiento de un conjunto de relaciones a otro, ni de una cultura distinta a otra, ni de un medio social a otro. La cultura que se forma en el espacio configurado por la migración trasnacional no proporciona vínculos íntimos entre "gente" y "lugar". Rouse argumenta que la circulación continua de gente, dinero, bienes e información ha creado un "circuito migrante trasnacional" en el cual varios asentamientos permanentes y temporales se han entretejido entrañablemente.[13] En este circuito, el migrante se convierte en un sujeto inmerso en una clase social *específica* (por ejemplo, hombres o mujeres proletarios), así como en una clase de ciudadano y consumidor *específico* (bueno o malo). Las políticas de identidad (las presuposiciones que existen acerca de la persona, la colectividad y la organización de la experiencia social) que emergen en los circuitos son respuestas a los procesos del capitalismo tardío mediadas necesariamente por la

[13] De manera similar, Basch *et al.* (1994, p. 7) dicen que las comunidades migrantes trasnacionales "forjan y sostienen relaciones sociales con muchas hebras o ramales que enlazan sus sociedades de origen y asentamiento" (traducción mía).

cultura y ligadas a las ideologías y prácticas materiales del gobierno dominado por la burguesía. El modelo de Rouse no tiene cabida para prácticas o formas de resistencia contrahegemónicas que pueden ser motivadas por las políticas de identidad, porque, para él, éstas oscurecen las diferencias de clase y la explotación y terminan por reproducir la lógica cultural del capitalismo. Por lo tanto concluye que la etnicidad no es necesariamente una fuerza de oposición de resistencia. Aunque el autor reconoce que el sistema capitalista no es automáticamente exitoso en la disciplina del ciudadano, provocando conflictos, sí lo asume como algo hegemónico que termina por regular las relaciones interétnicas.

En su obra reciente, D. Gutiérrez (1995) hace un estudio crítico sobre las relaciones intraétnicas entre migrantes mexicanos y ciudadanos estadunidenses de ascendencia mexicana, sobre todo activistas políticos. En él explora, desde una perspectiva histórica, las respuestas étnicas a la migración revelando cómo ven los mexicanos su propia identidad cultural y política, alianzas nacionales y el rol que juegan en la sociedad norteamericana. Uno de los aspectos interesantes de esta obra es que pone atención a cómo los chicanos y mexicoamericanos han maniobrado y desafiado las estructuras sociales y culturales proponiendo alternativas políticas, utilizando la etnicidad como una estrategia ideológica.

Siendo la etnicidad una dimensión importante de la identidad de los migrantes (Corbett *et al.*, 1992) y de las políticas de identidad trasnacionales, cómo y por qué se configura tiene que ser examinado histórica y etnográficamente. La etnicidad es un arma que puede generar nuevos espacios políticos y revitalizar y reinventar las culturas desde abajo y desde dinámicas que no obedecen necesariamente a procesos socioeconómicos (véase Anderson, 1992; Appadurai, 1993; Gupta, 1992), por lo que puede propiciar procesos contrahegemónicos y transformativos.

Los discursos étnicos chicanos y mexico-americanos

Como es bien sabido, la atención pública y política hacia la migración a los Estados Unidos tiende a aumentar dramáticamente durante periodos de inestabilidad y recesión económica (por ejemplo, en las décadas de 1890, 1920, 1950, 1970 y 1990). Ha estado acompañada por mayor discriminación y pronunciamientos antiinmigrantes en contra de las poblaciones "hispánicas" y otras minorías étnicas, sin importar su ciudadanía. En la era de los derechos civiles, los activistas mexico-americanos/as comenzaron a reconocer las conexiones entre su estatus como ciudadanos de segunda (o inmigrantes sin derechos) y las cuestiones de la migración. Para 1977 estas cuestiones se volvieron tan prominentes para el activismo político de este grupo y para los chicanos/as, que se organizó la Primera Conferencia Nacional Chicano/Latino sobre Inmigración y Política Pública en San Antonio, Texas. Para Gutiérrez (1995), la conferencia fue particularmente importante porque demandó, por primera vez, que se respetaran los derechos civiles y humanos de los migrantes mexicanos a los Estados Unidos y, además, enseñó la fuerza del movimiento chicano para influir en las percepciones de los mexicoamericanos acerca de lo sobresaliente de su identidad étnica y su importancia para el activismo político.

Hacia fines de los sesenta, varios mexicoamericanos habían comenzado a promover una nueva identidad chicana basada en fuertes fronteras étnicas con la cultura angloamericana. Las políticas de identidad de los chicanos se consolidaron e institucionalizaron en el Chicano Power Movement, un movimiento con un discurso nacionalista que intentaba "rescatar" un pasado indígena para definir los orígenes culturales del suroeste. El término chicano se había utilizado anteriormente como un concepto peyorativo para referirse a los trabajadores de clase social baja de ascendencia mexicana. Fue reapropiado y glorificado para representar la historia de la opresión racial y discriminación de estos grupos en los Estados Unidos. Rosa Linda Fregoso (1993) argumenta que el concepto se biologizó a tal grado que la membresía basada en la "autenticidad racial" sigue sin debatirse hoy en día: si alguien se ve físicamente "blanco", entonces su autoidentificación como chicano se cuestiona. La identidad del miembro de "la raza" es un chicano que lucha por sus derechos y los de su pueblo en contra de la dominación blanca (angloamericana y española). Para la autora, este discurso, por un lado utiliza el género y la biología para naturalizar una identidad y constituir memorias colectivas centradas en la conquista española y en la conquista del suroeste (de los Estados Unidos); y por otro lado, intenta construir un linaje hacia el centro de México reclamando Aztlán[14] (véase también Chabram y Fregoso 1990). El movimiento chicano que surgió en California es visto como un movimiento de la clase trabajadora por "identidad y poder". La dimensión étnica motivó, según Gutiérrez (1995), a incorporar en su agenda política las necesidades y los problemas de otros migrantes mexicanos, considerados "Chicanos-in-the-making".

Para los mexicoamericanos que rechazaron la política étnica de los chicanos, la migración también constituía un asunto fundamental para sus luchas por mejorar su estatus ya que para el sistema político estadunidense había una distinción clara entre "ciudadanos americanos" y "nacionales mexicanos", haciéndolos a estos últimos, ciudadanos de segunda clase.

Las entrevistas con jóvenes migrantes mexicanos/as

En este trabajo se presentan los resultados preliminares de entrevistas personales sin estructurar con 12 jóvenes migrantes mexicanos

[14] En la imaginación chicana, Aztlán es la supuesta zona de origen de los aztecas (mexicas) y, por lo tanto, del pueblo mexicano. Se dice que está en algún lugar del suroeste americano, por lo que los chicanos, entonces, se convertirían en los descendientes de una civilización antigua y nativa con derechos a ella y al territorio.

recientes y dos entrevistas en grupo sin estructurar que se realizaron durante el primer semestre de 1994 en Davis, California. No se pretende llegar a conclusiones generales y se debe tomar en cuenta que el enfoque en experiencias particulares sólo nos deja ver, a través de lentes específicos, las fuerzas mayores que dan forma e informan el sentido del ser; pero, al mismo tiempo, nos dejan ver cómo las personas experimentan esas fuerzas (Abu-Lughod, 1993). La conclusión principal es que el énfasis y la posibilidad de "recuperar" la historia y la cultura como fuente de la solidaridad entre los jóvenes migrantes mexicanos y los chicanos, abre las puertas para desafiar y negociar las identidades representadas en actos políticos y en los emblemas empleados para significar dichos actos. La "matriz" del conocimiento histórico entre los migrantes es la memoria personal reconformada por las experiencias migratorias y la configuración de una nueva memoria colectiva. El espacio en el que se negocian las memorias personales y colectivas es el "lugar" en donde se efectúan las políticas de identidad.

Mi estudio parte de la idea de que las identidades nunca son definiciones coherentes, homogéneas, fijas, contenidas o autónomas del ser, sino que las identidades individuales y colectivas se forman y transforman a través de prácticas sociales en configuraciones históricas particulares y, como resultado, las diferentes confluencias de ideologías de clase, género, raza, etnicidad, edad, ciudadanía, nacionalidad, sexualidad, etcétera, son diferentes en cada persona. Específicamente, me he enfocado al estudio del uso diferente entre mujeres y hombres de idiomas de clase, raza/etnicidad y género en sus discursos sobre la identidad mexicana desde el punto de vista de algunos jóvenes migrantes a los Estados Unidos. Entiendo estos idiomas[15] de identidad

[15] "Idioma" se refiere al compuesto de representaciones descriptivas cuyos significados varían en tiempo y lugar. Este término captura la naturaleza discursiva de las representaciones y su naturaleza fluida y cambiante.

como irreducibles el uno al otro y en relación con los otros discursos hegemónicos y contrahegemónicos tanto en los Estados Unidos como en México. En la medida en que estos idiomas de identidad son expresados verbalmente en contextos sociales, me refiero a ellos como discursos.

Entré en contacto con este grupo por primera vez como ayudante de su maestro de historia mundial. Mi responsabilidad era enseñarles el material en español. Así estuve trabajando un año (de 1992 a 1993) con ellos y después los ayudé en otras materias de una manera más indirecta por seis meses. Durante las primeras entrevistas era obvio que los jóvenes entablaron un diálogo conmigo como su "maestra" y como alguien que les podría ayudar a legitimar sus demandas por un curso de historia y cultura (pues me veían como una conexión con la administración escolar).[16] Cuando consiguieron sus demandas, esos jóvenes se mostraron más abiertos y menos interesados en platicar sobre lo que estaba pasando en la escuela y más sobre ellos mismos. En este trabajo intenté tomar en cuenta que los jóvenes se estaban definiendo también en comparación conmigo y no solamente en su relación y experiencia en el movimiento con los chicanos/as.

Todos los entrevistados se consideraban a sí mismos como "mexicanos" y "mestizos" y habían migrado a los Estados Unidos recientemente. La mitad eran mujeres y la otra mitad hombres. Algunos vinieron con sus padres, madres y hermanos; otros no, sin embargo tienen familiares viviendo en Davis o áreas cercanas. Sus edades iban de 17 a 19 años. Algunos venían de áreas rurales y otros de áreas urbanas, pero todos ellos migraron desde el centro de México hacía

[16] Uno de los participantes de MEChA, un estudiante universitario, cuestionó mi interés por los migrantes porque yo no era "una marxista". Esto provocó un diálogo interesante en varias ocasiones durante dos años sobre "la necesidad" de tener no nada más una solidaridad de clase, sino también una experiencia de explotación como requisito para la participación política.

aproximadamente tres o cuatro años. El nivel educativo que alcanzaron en México varía: los que vinieron de las ciudades terminaron al menos la secundaria antes de migrar; en cambio, los que vinieron de áreas rurales acabaron solamente la primaria antes de migrar. Todos cruzaron por primera vez la frontera sin documentarse y la mayoría tenía sus papeles en trámite gracias a la ayuda de familiares que estaban establecidos en los Estados Unidos. Las experiencias de los padres eran diferentes de las de las madres: la mayoría de los padres trabajaba o trabajó en "el campo" solamente. En cambio, las madres también tenían experiencia en el servicio doméstico o en restaurantes y hoteles. Las entrevistas personales se realizaron en las casas y departamentos de los migrantes y las entrevistas de grupo en la escuela preparatoria local.

Durante la siguiente semana a la marcha de 1994 a Sacramento, los administradores de la preparatoria local respondieron organizando una "Reunión sobre Estudios Chicanos"[17] a la que estaban invitados los chicanos y los mexicanos para discutir el establecimiento de un curso sobre la historia y cultura de México. Dado que los chicanos/as han reclamado la historia y cultura de México como su origen, ante la sociedad norteamericana se presentan como sus intérpretes y representantes. La confusión, deliberada o no, de las palabras "chicano/a" y "mexicano/a" ha motivado a que se ignoren varios intereses diversos y que existen dentro del grupo calificado como "chicano". En la reunión algunos de los estudiantes mexicanos se quejaron y querían que se separara la historia/cultura de México de la historia/cultura chicana. Sin embargo, la mayoría de los estu-

[17] La sección de MEChA en la Universidad de California, Davis, había estado organizando y trabajando con los estudiantes de preparatoria desde el comienzo del año escolar 1993-1994. Cuando los estudiantes se volvieron más militantes, los administradores escolares se preocuparon y finalmente prohibieron la entrada a los miembros de MEChA a la preparatoria. Por ello no estuvieron presentes en la reunión, pero habían aconsejado a los estudiantes previamente.

diantes pensaban que esa distinción era innecesaria argumentando que "todos somos la misma gente". Los intereses de los mexicanos migrantes recientes tienden a ser los más diversos y aun así hay diferencias entre ellos mismos. No obstante, los migrantes recientes no tienen muchas veces ni el acceso a los foros políticos ni a los recursos con que cuentan otros grupos, dificultando que sus voces sean escuchadas. Después del debate acerca de lo que se debería enseñar y quién lo haría, la administración escolar decidió que se enseñarían las dos perspectivas. Este debate sobre el contenido de la futura clase continuó durante nuestras entrevistas.

Las opiniones de los estudiantes mexicanos durante la reunión en la escuela no estaban divididas predominantemente por cuestiones de nacionalidad y ciudadanía *vis-à-vis* los chicanos y mexicoamericanos,[18] pero sí por la exposición a la educación formal y a la identidad de género de los migrantes. En este estudio me refiero a nivel educativo o escolaridad simplemente como un indicativo del tiempo en que los migrantes estuvieron expuestos a la influencia de la ideología nacionalista mexicana y a su discurso oficial de la historia. En esta ideología, las fronteras de la nación corresponden a las fronteras políticas de los países y los migrantes, especialmente a los Estados Unidos, son considerados "traidores" por haber abandonado, aparentemente, a familia y nación. Esto no significa que los migrantes internalizan esta idea, pero sí los lleva a preguntarse cómo es su identificación con México. Sobre todo porque al llegar a California se encuentran con una variedad de discursos sobre lo que es ser mexicano y quién puede reclamar a México como referente histórico y cultural. Ahora bien, la diferencias que perciben los migrantes entre ellos y los demás grupos que tienen ascendencia mexicana se

[18] Cabe decir que los mexico-americanos tienden a favorecer la ciudadanía como elemento que los diferencia de otros migrantes (*cfr.* Gutiérrez, 1995).

explican por la cercanía o lejanía que hay con el referente. Dentro del grupo de entrevistados había diversas opiniones y disposiciones en cuanto a los chicanos/as y sus discursos que, en este caso, estaban influidas por dos factores: la escolaridad formal en México y la identidad de género.

La conciencia histórica fue motivo de solidaridad y conflicto entre los estudiantes entrevistados. En la reunión en la preparatoria los estudiantes que habían estado más expuestos a la influencia de la educación mexicana expresaron que los chicanos eran diferentes porque tienen "una manera diferente de pensar sobre la historia de México", pero que su historia también es diferente por que "sus padres ya nacieron aquí en los Estados Unidos". Estos estudiantes continuamente cuestionaron las interpretaciones de MECHA y los "mechistas".[19] Mientras que otros estudiantes con menor escolaridad formal en México percibían muy poca diferencia entre su historia y la de los chicanos, sí expresaron que había diferencias debidas a que los chicanos habían nacido en los Estados Unidos: "Ellos [chicanos] se creen diferentes y actúan diferente a nosotros… pero todos tenemos la misma historia, todos somos iguales porque venimos de México y somos de la misma raza". Esta última perspectiva es compartida por el MECHA. Uno de los activistas de este grupo me dijo: "Todos somos los mismos y debemos de unirnos en las luchas por nuestros derechos. Nosotros tenemos la misma historia de opresión de clase y racial".[20] La queja de los estudiantes mexicanos que identificaron una historia común con los chicanos era que, en general, ellos los trataban con arrogancia "porque los mexicanos sabemos poco inglés", pero que los chicanos mechistas los trataban mejor por que "ellos saben que todos venimos de los aztecas".

[19] Cuando uno de los maestros de historia, cuyo padre había trabajado cercanamente a César Chávez, dio su interpretación de la historia chicana, los mexicanos recientes no lo cuestionaron. Posteriormente me dijeron que él era "anglo", por eso tenía una visión más objetiva.

[20] Mi traducción.

En el caso de los estudiantes con menor escolaridad en México, la historia y el origen común de un pasado indígena eran factores importantes de solidaridad, si no con todos los chicanos, sí con los chicanos mechistas. Muchos de los migrantes recientes parecían haber aceptado el discurso e interpretación de la historia del MEChA sin mayor debate. De hecho, cuando les pedí que me dieran su versión de la historia de México, hicieron una crítica constante a la explotación racial y de clase, tal como el movimiento chicano reduce su historia. En el caso de los estudiantes con mayor escolaridad en México, la historia diferente entre los grupos era motivo de conflicto, mas no un motivo para dejar de participar en la lucha política por una mejor educación. En general, los migrantes mexicanos perciben que los chicanos actúan diferente de ellos porque "se han agringado", "no son ni de aquí ni de allá". Es decir, piensan que los chicanos han perdido su conexión con la cultura mexicana, pero tampoco se han podido identificar completamente con la cultura estadunidense. Este discurso es muy similar a la ideología nacionalista mexicana que ve al migrante con despecho por haber cruzado fronteras físicas y culturales.

Las diferencias de género fueron importantes entre el grupo de migrantes recientes con menor escolaridad en México, sobre todo en la interpretación del rol de la cultura. Las mujeres no estaban siempre dispuestas a aceptar las posiciones de los chicanos/as o del MEChA. Ellas me expresaron que las diferencias entre los mexicanos y los chicanos eran debidas a los valores culturales de los grupos. Aunque pensaban que los mexicanos y los chicanos eran "iguales" por compartir una historia común, "los chicanos vienen a ser diferentes de uno porque tienen diferentes valores y modos de ser... por eso es que no nos llevamos muy bien con ellos". En esta opinión concordaban con las otras estudiantes mexicanas con mayor escolaridad en México. Ha sido ampliamente discutido en la literatura cómo las ideologías nacionalistas retratan a las mujeres como las guardianas de las tradiciones y cultura de la familia y de la nación; y cómo estas ideas son uno de los legados mas persistentes de dicha ideología. Por ello no es sorprendente encontrar que las mujeres den importancia a los valores culturales como parte de su identidad o que tengan posiciones diferentes de las de sus compañeros de lucha. Pero no hay que pensar, como ha sido sugerido por algunas feministas, que las mujeres mexicanas y chicanas, debido a sus fuertes lazos con la familia y las actividades domésticas, se identifican en primer lugar con su identidad de género a expensas de su identidad étnica (*cfr.* Baca Zinn, 1980). Esta posición asume que las mujeres no tienen intereses políticos fuera de la problemática familiar y que lo doméstico/familiar no está entrelazado con cuestiones étnicas, raciales, de clase, etcétera. Por una parte, las mujeres migrantes entrevistadas eran tan activas políticamente como los hombres y, de hecho, en muchos de los ámbitos de activismo político, las mujeres predominaban. Si bien es cierto, en gran parte motivadas porque en las actividades escolares y "clubs" para "hispánicos" que se realizan en muchas preparatorias ellas pueden socializar sin el permiso o supervisión estrecha de sus padres (véase también Foley, 1990).

Por otro lado, todas las mujeres migrantes con menor escolaridad preferían identificarse como mexicanas y no como mujeres y de hecho sentían una mayor identificación con los chicanos que con las chicanas.[21] Cuando les pregunté si se identificaban con una raza específica, me respondieron que tenían la misma raza que los chicanos; cuando les pregunte cuál era esa raza común, se sintieron confundidas por mi pregunta y me dijeron que ellas eran mexicanas y que el identificarse con una sola raza, promovería el racismo y la discriminación hacia ellas. Cada vez que los mechistas

[21] De manera similar, las chicanas preferían ser identificadas como "la raza" y no como mujeres.

hacían referencia a "la raza" ellas manifestaban su descontento mirando a otras compañeras o hablando entre sí de manera reprobatoria. Sólo entre los hombres con menor escolaridad oí referencias continuas a ser de "la raza". Mientras que las mujeres reconocían la importancia de tener solidaridad en términos de discriminación racial con los chicanos "por la historia de discriminación racial de los campesinos", no se sentían cómodas con la idea de luchar por una sola raza; le daban mayor significado a la historia común que a la idea de un origen común.

En este evento, los discursos sobre identidad empleados por los chicanos en el MEChA responden a ideologías de clase, género y raza que caracterizan al movimiento chicano. Estas ideologías tuvieron diferentes respuestas por parte de los migrantes mexicanos recientes. Al final muchas de las mujeres terminaron por abandonar el movimiento y otros hombres se rehusaron a participar porque sus voces no eran escuchadas. Fueron los hombres con menor escolaridad los que adoptaron fuertemente el discurso y movimiento chicano. Inclusive, uno de ellos se convirtió en un líder "instantáneo" durante la marcha al Capitolio de Sacramento.

Para concluir esta sección me gustaría relatar otro incidente que ilustra en qué consistían las diferencias fundamentales entre los hombres migrantes mexicanos recientes y los chicanos. Cuando se preguntó a los estudiantes qué querían que fuese incluido en el futuro curso sobre historia y cultura, estos migrantes se rehusaron a que el curso se llamara "Historia y cultura chicana". Manifestaron su deseo de saber más sobre los pachucos y César Chávez, pero no querían olvidar a Benito Juárez y los otros "indios" que viven en el presente en México. Por ello, sería un error pensar que su conciencia histórica se convierte en una simple imagen de la chicana. Además, esto nos invita a pensar sobre el rol que juega el indígena en la imaginación histórica de los migrantes; cuáles serían las respuestas del migrante indígena mexicano ante ello; y cómo serían negociados los puentes de identificación y solidaridad entre grupos. Víctor Clark Alfaro (en este volumen y 1989), Kearney (1995) y Nagengast y Kearney (1990) hacen referencia, por ejemplo, a la importancia que toma la lucha por los derechos humanos para los migrantes indígenas.

Identidad, discursos y memoria

De conformidad con la teoría crítica, estudios culturales, teorías feministas, el posestructuralismo y los estudios de la migración trasnacional, entre otros, hemos entendido que las identidades y las culturas viajan y cruzan fronteras, espacial y temporalmente (no están centradas en un solo territorio o solamente en el pasado). Las identidades están, pues, en continuo flujo: lo que significa ser un mexicano/a, indígena o mestizo/a, cambia de un sistema socioespacial a otro y dichas definiciones siempre son resistidas y desafiadas interna y externamente, ya que la definición del ser siempre ocurre en relación con el "otro". Aunque las identidades se forman a partir de las prácticas sociales inmersas en diferentes sistemas y jerarquías de clase, raza, etnicidad, ciudadanía, religiosidad, etcétera, no podemos asumir que las identidades simplemente reflejan ciertas formaciones socioeconómicas y sus discursos. Experiencias como la migración, sobre todo, permiten a la persona crear y adoptar (pues cuando llegan a otro lugar, ya hay una(s) identidad(es) asignadas a ellas desde antes) identidades múltiples. Dado que la autodefinición ocurre siempre en relación con "otros", presentes y pasados, estas definiciones son siempre resistidas y desafiadas, como lo he ilustrado en mi estudio de caso.

La crisis presente en antropología nos ha forzado a reevaluar y a desarrollar nuevas estructuras analíticas para intentar aprehender las "culturas" sin tener que hacerlo con categorías abstractas, universales, generales y fijas. A pesar de que todavía tenemos que usar categorías tradicionales como clase, género, raza, etcétera que fijan y congelan las experiencias personales, podemos darles un sentido de historicidad y enfatizar su carácter dinámico a través del estudio de su confluencia en discursos particulares. Stuart Hall argumenta que las identidades son continuamente perturbadas y recentradas por la historia, la cultura y el poder:

> Lejos de estar basadas en la simple "recuperación" del pasado, el cual está esperando a ser encontrado y el cual, cuando es encontrado, asegurará nuestro sentido del ser en la eternidad, las identidades son los nombres que damos a las diferentes formas en que somos posicionados por, y nos posicionamos dentro de, las narrativas del pasado.
>
> El pasado continúa hablándonos. Pero ya no continúa dirigiéndose a nosotros como un "pasado" simple y hecho, ya que nuestra relación hacia él, como la relación del niño con la madre, se da siempre-ya "después de la ruptura". Siempre es construido a través de la memoria, la fantasía, la narrativa y el mito. Las identidades culturales son puntos de identificación, los puntos inestables de la identificación o suturas, los cuales están hechos, dentro de los discursos de la historia y la cultura. No son una esencia sino un *posicionamiento.* Por lo tanto, siempre hay una política de la identidad, una política de posición [...] (1994, pp. 394-395). (Énfasis original; traducción mía).

Si la identidad no está fija en el pasado, entonces, pregunta Hall, ¿cómo podemos entender la formación de la identidad? Las identidades, según él, deben entenderse a través de la duplicidad de la similitud y la diferencia, es decir, en la relación dialógica entre la continuidad y la ruptura (1994, pp. 195-196). Las identidades no solamente encarnan una continuidad percibida con el pasado, sino son también transformadas concientemente manipulando historia, memoria, símbolos y cultura. Las experiencias como la migración proveen a las personas y grupos un sentido de diferencia doble, por lo menos: un sentido de diferencia con la comunidad de origen y un sentido de diferencia en relación con las nuevas comunidades ("no son ni de aquí ni de allá"). Estos sentidos de diferencia no están fijos ni son completos y acabados, sino que siguen incorporando, de manera estratégica y arbitraria, otros significados y significantes adicionales y complementarios provenientes de diversas fuentes (1994, p. 397).

Pierre Nora (1989) argumenta que nuestra memoria contemporánea se compone de imágenes discontinuas del pasado y que no puede ser comparada con la historia (narraciones oficiales) la cual es una memoria colectiva integrada, dictatorial; una memoria sin un pasado que está inventando la tradición constantemente. Entonces, es en la memoria (en el acto de recordar) y no en la historia (oficial), en donde las identidades están fortificadas. Para él, la memoria es sobre todo importante para las identidades de los grupos minoritarios quienes no tienen los recursos o el poder para imponer sus propias interpretaciones históricas. Por ello Nora dice que la memoria es un capital individual, incorporado en ciertos sitios donde todavía existe un sentido de continuidad histórica, pero, al mismo tiempo, es manipulable y susceptible de ser deformado en el proceso de interpretación del pasado y del origen del ser. De acuerdo con esta interpretación, como los migrantes mexicanos no tienen las formas para institucionalizar y legitimar su historia y pasado colectivo en los Estados Unidos, se refugiarían entonces en la memoria personal para poder dar sentido a sus experiencias. Sin embargo, como lo indica Hall, la creación de la historia y el mantenimiento de una memoria colectivas también son factores cruciales en la formación y políticas de la identidad. En el caso de los migrantes mexicanos, estando lejos de la ideología nacionalista, hegemónica y homogeneizante de México, utilizan la memoria colectiva para recordar y reinterpretar su historia y así definir una identidad y posición *vis-à-vis* el nuevo contexto e identidades *mainstream* y alternativas (como la chicana). Por una parte, retoman el discurso de la historia de la opresión racial y de clase que han sufrido los mexicanos en México y en Estados Unidos, y, por otra, recuerdan que la herencia indígena de los mexicanos no se limita al pasado azteca, sino que está informada por la situación de los indígenas del presente.

Al estudiar discursos personales sobre la identidad, uno no solamente está estudiando la memoria individual, sino también cómo la memoria está continuamente influida por otros discursos y experiencias. La memoria siempre está situada dentro de procesos históricos específicos, es decir, está influida por los arreglos de poder cambiantes de los medios sociales. Los discursos sobre la identidad mexicana de los migrantes parten de memorias individuales y establecen relaciones de poder con otros discursos institucionalizados y no institucionalizados para formar memorias colectivas e historias alternativas. En el caso específico de este trabajo, en los discursos de los jóvenes migrantes mexicanos se han estudiado las similitudes y diferencias en relación con uno de los discursos oficiales chicanos en el cual se ha fijado una historia oficial para todos los chicanos (y de pasada, para los mexicoamericanos y mexicanos), prestando atención a cómo se tiene que negociar la memoria.

En contextos trasnacionales, es crucial mantener una separación analítica del proceso de la formación de la identidad y las políticas de identidad para poder entender cómo se van naturalizando y produciendo discursos hegemónicos y contrahegemónicos. Además, se necesitan nuevos conceptos teóricos para analizar las continuidades y rupturas en las historias colectivas de desplazamiento, desterritorializacion y reterritorialización de las "raíces y rutas" de la identidad y la formación de la conciencia y la solidaridad entre los desplazados (Gliroy en Clifford, 1994, p. 308). Clifford (1994), por ejemplo, propone el concepto de diáspora para entender el desplazamiento, el movimiento y el trasnacionalismo, enfatizando que también hay que ver cómo la diáspora y su lenguaje vienen a significar luchas políticas por definir lo local como una comunidad distintiva. Stefano Varese también ha propuesto utilizar el concepto de diáspora para entender las especificidades de la migración indígena trasnacional.

Por otro lado, también es necesario entender por qué la etnicidad es importante en la política de identidad de los migrantes. La etnicidad es simplemente una entre todas las identidades sociales posibles (Hannerz, 1992; Comaroff y Comaroff, 1992), entonces cabe preguntarse por qué la etnicidad importa y aparece convincente en los contextos trasnacionales y de transformación. Miyoshi (1993) dice provocativamente que ante el decline del Estado-nación, el "neoetnicismo" emerge como un agente conveniente para forjar nuevos derechos y obligaciones por su "simplicidad y reductivismo brutos", mientras que el nacionalismo se convierte simplemente en un mito nostálgico y sentimental de la comunidad. Sin embargo, es necesario observar que si bien la identidad étnica (o nacional o de género o de clase social) necesariamente simplifica referentes y significados históricos y culturales para formar un sentido común de diferencia, el proceso de formación de la identidad étnica y las políticas de la identidad son muy complejos. La etnicidad no es nada más un refugio en contra de las ideologías asimilacionistas tanto del Estado-nación como de otros grupos dominantes. Como Brackette Williams (1989) observa, la formación de la identidad conlleva una redistribución de obligaciones y derechos en contextos donde hay relaciones de poder desiguales (véase también Gupta y Ferguson, 1992; Malkki, 1992). La etnicidad implica una negociación de la ciudadanía en contextos donde no hay muchas vías posibles para reclamarla y abre las puertas a coaliciones y alianzas para desafiar los grupos dominantes dentro de los estados-nación (Alonso, 1994; M.P. Smith, 1994).

La migración indígena mixteca y la lucha por los derechos humanos

Las comunidades de la Mixteca han tenido una larga trayectoria de migración y desplazamiento tanto dentro de México como en los Estados Unidos, reteniendo lazos importantes en sus comunidades, donde quiera que estén, a través de asociaciones, organizaciones, obligaciones de tequio, remesas, obligaciones en la mayordomía, etcétera. A principios de los noventa algunos de estos migrantes formaron el Frente Mixteco-Zapoteco Binacional, posteriormente Frente Indígena Oaxaqueño Binacional (FIOB)[22] conectando a varias comunidades indígenas en la Mixteca, Baja California y California para defender los derechos de los migrantes. Nagengast y Kearney (1990) argumentan que como resultado de la formación de este tipo de organizaciones y asociaciones ha comenzado a emerger un sentido de "etnicidad mixteca" comprehensivo que no existe en la Mixteca misma, en donde la identidad comunitaria es más fuerte (véase Barabás y Bartolomé, 1990). El Estado mexicano ha tratado de "domesticar" esta etnicidad mixteca emergente (y otras similares) a través de políticas transfronterizas y de agencias gubernamentales como la Oficina para las Comunidades Mexicanas en el Extranjero. Esta oficina se justificó como un intento de "reconstruir la cultura" y "recobrar la identidad mexicana" de los migrantes, chicanos y mexicoamericanos (M. P. Smith, 1994). Por su parte, el Instituto Nacional Indigenista también cruzó la frontera con proyectos para recrear la cultura indígena (Zabin *et al.*, 1993).

Al centro de las políticas de identidad de los mixtecos hay preguntas fundamentales: ¿Qué significa ser indígena, mixteco y mexicano? ¿Cuál es el lugar de los mixtecos en el Estado-nación y cuál es su ciudadanía? ¿Qué tipos de derechos tienen los indígenas migrantes? Si

[22] Véase Domínguez en este volumen.

bien estas preguntas han sido importantes en la migración hacia otros lugares de México (*cfr.* Nolasco, 1992), se vuelven aún más importantes ante la represión abierta de líderes y trabajadores indígenas tanto en Oaxaca, como en el norte de México y en la frontera con los Estados Unidos. Y más que propiciar una imagen negativa de lo indígena, recibida desde afuera, se refuerza la conciencia étnica. Pero, como lo he indicado en mi estudio, los migrantes continuamente se encuentran con diversas conciencias étnicas que, además, compiten por volverse dominantes con las que hay que negociar, no nada más una interpretación de la historia y la cultura, sino también una política y una lucha. Varese (1988) ha recalcado que lo particular y distintivo de la lucha étnica de los indígenas es que en ella se conceptúa la existencia de estados multiétnicos en los cuales, los pueblos indígenas tienen una ciudadanía legítima y derechos iguales; además, la autodeterminación y la autonomía se proponen como condiciones indispensables en la construcción de estos estados. Dado que la autodeterminación es uno de los derechos humanos fundamentales reconocidos internacionalmente, la lucha por los derechos humanos de los pueblos indígenas se vuelve el centro de la política de la etnicidad.

Bibliografía

Abu-Lughod, Lila, 1993, *Writing Women's Worlds. Bedouin Stories,* Berkeley, University of California Press.

Alonso, Ana María, 1994, "The Politics of Space, Time, and Substance: State Formation, Nationalism, and Ethnicity", *Annual Review of Anthropology,* 23, pp. 379-405.

Anderson, Benedict, 1992, "The New World Disorder", *New Left Review* 193, pp. 2-13.

Appadurai, Arjun, 1993, "Patriotism and its Futures", *Public Culture* 5 (3), pp. 411-429.

Baca Zinn, Maxine, 1980, "Gender and Ethnic Identity among Chicanos". *Frontiers*, 5(2), pp. 18-24.

Barabás, Alicia, y Miguel Bartolomé, 1990, *Etnicidad y pluralismo cultural. La dinámica étnica en Oaxaca*, México, D. F., Conaculta.

Basch, Linda, Nina Glick Schiller y Cristina Szanton Blanc, 1994, *Nations Unbound: Transnational Projects, Postcolonial Predicaments, and Deterritorialized Nation-States*, Amsterdam, Gordon and Breach.

Browning, Harley, y Rodolfo O. de la Garza (eds.), 1986, *Mexican Immigrants and Mexican Americans: An Evolving Relationship*, Austin, University of Texas Press.

Bustamante, Jorge A., 1983, "Mexican Migration: The Political Dynamics of Perceptions", en *US.-Mexico Relations: Economic and Social Aspects*. C. W. Reynolds y C. Tello (eds.), Stanford, Stanford University Press.

Chabram, Angie, y Rosa Linda Fregoso, 1990, "Chicano/a Cultural Representations: Reframing Alternative Critical Discourses", *Cultural Studies*, 4 (3), pp. 203-212.

Clark Alfaro, Víctor, 1989, *Los mixtecos en la frontera (Baja California)*, Mexicali, Universidad Autónoma de Baja California.

Clifford, James, 1994, "Diasporas", *Cultural Anthropology*, 9 (3), pp. 302-338.

Comaroff, John, y Jean Comaroff, 1992, *Ethnography and the Historical Imagination*. Boulder, San Francisco and Oxford, Westview Press.

Corbett, Jack, Murad A. Musalem, Othón Ríos y Héctor A. Vázquez (eds.), 1992, *Migración y etnicidad en Oaxaca*, Nashville, Vandervilt University Publications in Anthropology, 43.

Foley, Douglas E., 1990, *Learning Capitalist Culture. Deep in the Heart of Tejas*. Filadelfia: University of Pennsylvania Press.

Fregoso, Rosa Linda, 1993, *The Bronze Screen: Chicana and Chicano Film Culture*, Minneápolis y Londres, University of Minnesota Press.

Garcia, John, 1981, "Self-Identity Among the Mexican-Origin Population", *Social Science Quarterly*, 62, pp. 88-98.

Glick Schiller, Nina, Linda Basch y Cristina Blanc-Szanton, 1992, "Transnationalism: A New Analytic Framework for Understanding Migration", en *Towards a Transnational Perspective on Migration: Race, Class, Ethnicity, and*

Nationalism Reconsidered, Nina Glick Schiller, Linda Basch y Cristina Blanc-Szanton (eds.), Nueva York, New York Academy of Sciences.

Gupta, Akhil, 1992, "The Song of the Non-Aligned World: Transnational Identities and the Reinscription of Space in Late Capitalism", *Cultural Anthropology* 7 (1), pp. 63-77.

—— y James Ferguson, 1992, "Beyond 'Culture': Space, Identity, and the Politics of Difference", *Cultural Anthropology* 7 (1), pp. 6-23.

Gutiérrez, David G, 1995, *Walls and Mirrors. Mexican Americans, Mexican Immigrants, and the Politics of Ethnicity*, Berkeley, Los Ángeles, Londres, University of California Press.

Hall, Stuart, 1994, "Cultural Identity and Diaspora", en *Colonial Discourse and Post-Colonial Theory*, P. Williams y L. Chrisman (eds.), Nueva York, Columbia University Press, pp. 392-403.

Hannerz, Ulf, 1992, *Cultural Complexity: Studies in the Social Organization of Meaning*, Nueva York: Columbia University Press.

Hondagneu-Sotelo, Pierrete, 1994, *Gendered Transitions: Mexican Experiences of Immigration*, Berkeley, Los Ángeles y Londres, University of California Press.

Kearney, Michael, 1986, "From the Invisible Hand to Visible Feet: Anthropological Studies of Migration and Development", *Annual Review of Anthropology* 15, pp. 331-361.

——, 1991, "Borders and Boundaries of State and Self at the End of Empire", *Journal of Historical Sociology* 4 (1), pp. 52-74

——, 1995, "The Effects of Transnational Culture, Economy, and Migration on Mixtec Identity in Oaxacalifornia", en *The Bubbling Cauldron: Race, Ethnicity, and the Urban Crisis*, Michael P. Smith y J. Feagin (eds.), Minneápolis, University of Minnesota Press, pp. 226-243.

—— y Carole Nagengast, 1989, *Anthropological Perspectives on Transnational Communities in Rural California*, Davis, California Institute for Rural Studies, 3, Farm Labor and Rural Policy.

Keefe, Susan y Amado Padilla, 1987, *Chicano Ethnicity*, Albuquerque, University of New Mexico Press.

Leonard, Karen Isaksen, 1992, *Making Ethnic Choices: California's Punjabi Mexican Americans*, Filadelfia, Temple University Press.

Lomnitz, Larissa, 1976, "Migration and Networks in Latin America", en *Current Perspectives in Latin American Urban Research*, A. Portes y H. Browning (eds.), Austin, University of Texas Press, pp. 133-150.

Malkki, Lisa, 1992, *National Geographic: The Rooting of Peoples and the Territorialization of National Identity among Scholars and Refugees*, Cultural Anthropology 7 (1), pp. 24-44.

Massey, Douglas, Rafael Alarcón, Jorge Durand y Humberto González, 1987, *Return to Aztlán: The Social Process of International Migration from Western Mexico*, Berkeley, Los Ángeles y Londres, University of California Press.

Matute-Bianchi, M, 1986, "Ethnic Identities and Patterns of School Success and Failure Among Mexican-Descent and Japanese-American Students in a California High School: An Ethnographic Analysis", *American Journal of Education* 95 (1), pp. 233-255.

Mines, Richard y Ricardo Anzaldua, 1982, *New Migrants vs. Old Migrants: Alternative Labor Market Structures in the California Citrus Industry*, La Jolla, Monographs in U.S.-Mexican Studies, University of California at San Diego, 9.

Miyoshi, Masao, 1993, "A Borderless World? From Colonialism to Transnationalism and the Decline of the Nation-State", *Critical Inquiry* 19 (4), pp. 726-751.

Muñoz, Carlos Jr., 1989, *Youth, Identity, Power*, Londres y Nueva York, Verso.

Nagengast, Carole, y Michael Kearney, 1990, "Mixtec Ethnicity: Social Identity, Political Consciousness, and Political Activism", *Latin American Research Review* 25 (2), pp. 61-91.

Nolasco, Margarita, 1992, "Migración Indígena y Etnicidad", en *Migración y etnicidad en Oaxaca*, Jack Corbett, Murad A. Musalem, Othón Ríos y Héctor A. Vázquez (eds.), pp. 69-86; Nashville, Vandervilt University Publications in Anthropology, 43.

Nora, Pierre, 1989, "Between Memory and History: Les Lieux de Mémoire", *Representations*, 26, pp. 7-25.

Ogbu, John U., 1991, "Immigrant and Involuntary Minorities in Comparative Perspective", en *Minority Status and Schooling: A Comparative Study of Immi-*

grant and Involuntary Minorities, M. Gibson y John Ogbu (eds.), pp. 3-33, Nueva York, Garland.

Omi, Michael, y Howard Winant, 1986, *Racial Formation in the United States*, Nueva York, Routledge and Kegan Paul.

Portes, Alejandro, y Min Zhou, 1993, "The New Second Generation: Segmented Assimilation and its Variants", *The Annals of the American Academy of Political and Social Sciences*, 530, pp. 74-97.

—— y Robert L. Bach, 1985, *Latin Journey. Cuban and Mexican Immigrants in the United States*, Berkeley, Los Ángeles y Londres, University of California Press.

Rouse, Roger, 1991, "Mexican Migration and the Social Space of Postmodernism", *Diaspora* 1 (1), pp. 8-23.

——, 1995, "Questions of Identity: Personhood and Collectivity in Transnational Migration to the United States", *Critique of Anthropology* 15 (4), pp. 351-380.

Runsten, David, y Michael Kearney, 1994, *A Survey of Oaxacan Village Networks in California Agriculture*, Davis, CA, The California Institute for Rural Studies.

Saragoza, Alex M., 1982, "Mexican Children in the U.S.: the Central San Joaquin Valley", *De Colores* 6 (1-2), pp. 64-74.

Skerry, Peter, 1993, *Mexican Americans. The Ambivalent Minority*, Cambridge, Londres, Harvard University Press.

Smith, Michael Peter, 1994, "Can You Imagine? Transnational Migration and the Globalization of Grassroots Politics", *Social Text*, 39, pp. 15-33.

Suárez-Orozco, Marcelo, y Carole Suárez-Orozco, 1993, "The Cultural Psychology of Hispanic Immigrants: Implications for Educational Research", en *Renegotiating Cultural Diversity in American Schools*, P. Phelan y A. Davidson (eds.), Nueva York, Teachers College Press, pp. 108-138.

Thomas, R. J., 1985, *Citizenship, Gender, and Work: Social Organization of Industrial Agriculture*, Berkeley, Los Angeles, University of California Press.

Varese, Stefano, 1988, "Multiethnicity and Hegemonic Construction: Indian Plans and the Future", en *Ethnicities and Nations: Processes of Interethnic Rela-*

tions in Latin America, Remo Gudieri, Francesco Pellizzi y Stanley J. Tambiah (eds.), Austin: University of Texas Press, pp. 57-77.

Vigil, James Diego, 1997, *Personas Mexicanas: Chicano High Schoolers in a Changing Los Angeles*, Orlando, Harcourt Brace College.

Williams, Brackette, 1989, "A Class Act: Anthropology and the Race to Nation Across Ethnic Terrain", *Annual Review of Anthropology* 18, pp. 401-44.

Zabin, Carol, Michael Kearney, Anna Garcia, David Runsten y Carole Nagengast, 1993, *Mixtec Migrants in California Agriculture: A New Cycle of Poverty*, Davis, California Institute for Rural Studies.

Parte IV
Una reflexión sobre el trasnacionalismo indígena

Entre el tianguis y los designios neoimperiales: etnopolítica de la migración trasnacional indígena

Stefano Varese

La indianización de la población latina en los Estados Unidos

A partir de la década de los años setenta, y sobretodo en los ochenta y noventa, el flujo de migrantes mexicanos a los Estados Unidos se incrementó por nuevas olas de expatriados indígenas. A las regiones tradicionales de expulsión de trabajadores migrantes mestizos se fueron añadiendo poblaciones de microrregiones indígenas fundamentalmente de los estados de Michoacán, Guerrero y, en especial, Oaxaca. Un migrante de nuevo perfil étnico indio fue llenando las demandas del mercado laboral agrícola de los Estados Unidos y remplazando a las generaciones anteriores de migrantes mexicanos que se iban ubicando en nuevos sectores y nichos laborales. El proceso de "indianización" del mercado laboral agrícola y de algunos servicios de las áreas urbanas de California y de los estados del suroeste y del oeste de la Unión Americana, coincidía con el crecimiento y diversificación de la población migrante de origen latinoamericano y del Caribe hispanohablante. Esta población intencionalmente etiquetada con el aséptico término eurocéntrico de "hispanic" por la administración Reagan y por la Oficina del Censo de los Estados Unidos creció de 2.6 por ciento del total de la población en 1950, a 4.7 por ciento en 1970, y nueve por ciento en 1990 para ubicarse en 13 por ciento estimado de toda la población de los Estados Unidos para el año 2001 (Barry *et al.*, 1994, pp. 19-20). Actualmente las dirigencias políticas y los miembros de las comunidades empiezan a optar, entre dudas y ambigüedades, por el término "latino" para autodefinirse y descalificar políticamente la denominación gubernamental. Entre 1980 y 1990 esta población "latina" de California creció de 19 por ciento a 26 por ciento. En la ciudad de Los Ángeles el crecimiento latino ha asumido características vertiginosas: en los ochenta el número de residentes latinos del condado subió a 62 por ciento. Si esta tendencia continúa, para el año 2010 habrá en la ciudad de Los Ángeles más latinos que anglos (Barry *et al.*, 1994, p. 20). La Oficina del Censo de los Estados Unidos ha estimado que en 1990, 40 por ciento de los latinos (más de nueve millones de personas) nacieron afuera de los Estados Unidos, mientras que la mitad de los latinos que crecieron en California en las últimas décadas son de origen migratorio legal e indocumentado. Se trata de una población más joven que el promedio nacional (25.3 años en comparación con los 33.5 años del promedio nacional) (Barry *et al.*, 1994, p. 20).

Al clasificar y tipificar a esta vasta población de migrantes e inmigrantes a los Estados Unidos como "hispánicos" o "latinos" no se hace seguramente justicia a la inmensa diversidad etnicosocial de su origen y composición. Los latinos pueden compartir una región común de origen en Latinoamérica (México, Centroamérica, Sudamérica y el Caribe de habla española, Puerto Rico, Cuba y República Dominicana), pero sin duda no conforman una unidad social ni menos cultural. Sus culturas, hablas, estilos de vida, identidad etnicorracial, origen de clase, aspiraciones y preferencias políticas varían inmensamente, a pesar de los esfuerzos homogeneizadores de la Oficina del Censo y de las buenas intenciones de políticos que intentan construir plataformas comunes sobre la base de una imaginaria comunalidad de origen (Barry *et al.*, 1994, p. 21). Por debajo y concomitantemente a esta "latinización" de los migrantes e inmigrantes se ha estado dando el fenómeno socioétnico menos tangible, y sin duda no detectado por la oficinas del censo, de una creciente indianización. Se trata de un proceso social de desplazamiento territorial de los indígenas que ha aumentado dramáticamente durante las últimas tres o cuatro décadas, no sólo en México sino a lo largo de todo el hemisferio americano. Se han verificado movimientos demográficos masivos de los pueblos indígenas, de desenraizamiento territorial, manifestaciones de fenómenos de deportación económica y política que toman la forma de migraciones cíclicas a otras áreas rurales de mayores oportunidades de empleo, a centros urbanos y al extranjero. De esta manera las imágenes antropológicas convencionales de pueblos indígenas que viven en comunidades rurales agrícolas relativamente estables y aisladas del resto de la sociedad nacional, están siendo desafiadas por una nueva y compleja realidad transformada en la que indios de México, Centroamérica y América del Sur migran de manera creciente a los Estados Unidos como trabajadores rurales y urbanos, como deportados económicos y como refugiados políticos.

Obviamente la composición étnica de las comunidades estadunidenses de recepción llamadas latinas, chicanas, latinoamericanas, "mexican-american" o "hispanic" está cambiando drásticamente debido a la intrusión y presencia creciente de pueblos indios de América Latina. Indígenas mixtecos, zapotecos, chinantecos, triques, purépechas, kanjobales, quichés, keqchíes, mames, ixiles, garífunas, misquitos y hasta quechuas peruanos y quichuas ecuatorianos, para mencionar solamente a los más importantes, se están volviendo un componente sustancial de la llamada comunidad latina de los Estados Unidos (Altamirano, 1991, pp. 2-3; Zabin *et al*, 1993). No sorprende, por lo tanto, que exista un sentido generalizado de incomodidad y ambigüedad entre algunos miembros de las comunidades hispanohablantes latinas en relación con las varias denominaciones étnicas en uso que no definen ya con acierto a una realidad social crecientemente indoamericana percibida incluso como intrusa de una imaginada homogeneidad cultural mestiza.

Los datos estadísticos censales sobre los pueblos indígenas mexicanos que llegan a California y otros estados de la Unión Americana son escasos. Las estimaciones más recientes sobre migrantes indígenas oaxaqueños (mixtecos, triques, zapotecos) se deben a los estudios de Zabin, Kearney *et al.* (1993) y arrojan números de migrantes cíclicos a California de no menos de 30 mil y no más de 60 mil personas anuales. En esta misma colección de artículos David Runsten y Michael Kearney presentan los resultados de una encuesta censal realizada en los campos agrícolas de California en 1994 que nos da los datos más confiables sobre la dimensión demográfica de este fenómeno. Cualesquiera sean las precisiones numéricas que surjan de encuestas más cuidadosas y atentas a la dimensión étnica de la migración mexicana, es claro que la presencia indígena en la migración es un hecho masivo, con tendencia al crecimiento numérico y en expansión hacia grupos étnicos que hasta hace pocos años se consideraban relativamente estables en sus territorios de origen.

Para que se produzca y continúe reproduciendo un proceso masivo de migración trasnacional de poblaciones indígenas rurales milenariamente vinculadas a actividades agrícolas estables en sus propios territorios, es necesario que se dé un fenómeno acumulado de cambios estructurales en los dos extremos sociales y económicos del itinerario del migrante. Creo que no es suficiente reconocer la pobreza de las regiones de expulsión y la receptividad del mercado laboral agrícola norteamericano, ni la ambigüedad de la política fronteriza de los Estados Unidos, o la antigua porosidad no sólo institucional sino esencialmente cultural de la frontera binacional más transitada y más disputada del mundo. Me parece necesario analizar las razones profundas de un proyecto económico, social y político global que a partir de la década de los setenta, y aceleradamente en los noventa, ha implicado, por acción y por omisión, una progresiva agresión a las comunidades campesinas más pobres, a los indígenas, que finalmente son concebidos por los planificadores políticos como entidades totalmente prescindibles en programas de reacomodo y reacondicionamiento de la economía hemisférica y mundial llevados adelante en connivencia coordinada por el capital trasnacional y sus delegados nacionales tanto del sector privado como del público. Se puede argumentar que durante las cuatro últimas administraciones mexicanas han estado ausentes proyectos orgánicos de desarrollo rural dirigidos a los sectores más empobrecidos y que esta omisión, lejos de ser accidental, corresponde a un modelo de "posdesarrollo" o si se prefiere de "subdesarrollo combinado" en el que la producción agrícola de subsistencia y de mercado del pequeño campesino es descartada e intencionalmente desactivada. Es esta crítica del modelo de desarrollo –que se he dado por llamar neoliberal en los círculos internacionales o "liberalismo social" en el más recatado lenguaje político mexicano– que hace falta realizar para llegar a las causas profundas de la masiva deportación económica que ha sido impuesta a los pueblos indios de México y empezar a comprender las respuestas políticas organizadas que éstos están dando a los nuevos designios imperiales. En las páginas siguientes analizaré la situación económica de los indígenas de México haciendo una lectura crítica de le información oficial disponible. En el análisis me guiaré por algunos avances logrados por la crítica de la economía neoclásica formulada desde una perspectiva de la antropología ecológica. Me apoyo en esta dimensión ecológica porque es ésta, junto con la defensa de los derechos humanos, la perspectiva adoptada por las mismas organizaciones de migrantes indígenas en sus plataformas políticas. El ensayo concluirá precisamente con una revisión de las estrategias etnopolíticas de los migrantes indígenas.

Los economistas contra la naturaleza y la cultura

En un demoledor ensayo crítico sobre los economistas neoclásicos, que dominan el escenario mundial de los análisis y de las prácticas económicas, el biólogo Charles A. S. Hall (1992) propone la tesis de que decisiones fundamentales que afectan a millones de personas con frecuencia se basan en modelos económicos que, aunque expresados con elegancia y ampliamente aceptados, no tienen validez alguna. Muchos científicos encuentran esta arrogancia de la ideología sobre el método empírico, especialmente cuando afecta e tantas vidas humanas, totalmente inconsciente (Hall, 1992, p. 104). Las características físicas o naturales del sistema económico no son tomadas en cuenta por los economistas a tal punto que en casos extremos éstos llegan a afirmar que los recursos no son ofrecidos por la naturaleza sino por el ingenio humano y que "el mundo puede, en efecto, seguir avanzando sin recursos naturales" (Hall, 1992, p. 104). El desprecio por el mundo natural y el entorno ecológico es acompañado por una similar ignorancia en el campo de las culturas humanas. El desarrollo y el avance económico de regiones y países son evaluados en función de sus contribuciones estimadas al PNB (producto nacional bruto o producto interno bruto, PIB), un instrumento irrelevante para establecer la real dimensión de los problemas mundiales de hambre y miseria. El PNB es un indicador extremadamente parcial para la medición de las condiciones que contribuyen a la felicidad y al bienestar humanos, que deberían ser el objetivo de la actividad económica (Hall, 1992, p. 105). Pero más grave es el absoluto desinterés de le economía neoclásica (léase ahora neoliberal) por establecer los costos y beneficios reales de los modelos y proyectos de desarrollo que propugna e impone a los pueblos del mundo debido a su ignorancia e incapacidad de medir las transacciones que no ocurren en el mercado. De allí que no existan provisiones dentro del sistema (o simplemente método) del PNB para incluir la medición precisa de los beneficios económicos de ecosistemas que funcionan apropiadamente o viceversa, de su degradación ni de los sistemas culturales que son responsables de dichos ecosistemas. Estos sistemas no interactúan normalmente con el mercado, por lo tanto simplemente no se les toma en cuenta (Hall, 1992, p. 105). Ni menos interactúan abiertamente con el mercado, los conocimientos y prácticas culturales indígenas de producción, intercambio y consumo por lo que tampoco estos sistemas son considerados y medidos. La pérdida de capital cultural (o civilizatorio), de etnociencia y etnotécnicas y de ecosistemas enteros vinculados a las mismas no son incluidos en la pobre, esquemática y, sobre todo, ahistórica evaluación de los economistas.

Hall (1992) cita el caso del funcionamiento apropiado del ciclo hidrológico como una de las variables más importantes de la mayoría de las economías del mundo. Los campesinos no pagan a las nubes por sus servicios, pero en la medida en que las actividades humanas de otros sectores de la sociedad alteran el ciclo hidrológico, éstos se ven obligados a gastar casi todos sus ingresos para remediar el daño y tratar de reestablecer un funcionamiento hidrológico normal. Nada de esta información no monetarizada entra a la contabilidad de mercado de los análisis económicos: estas pérdidas del capital natural y las correspondientes reposiciones a través de inversiones en capital, cultural y gastos, simplemente son ignoradas por la economía neoclásica. Esto a pesar de que la depreciación de una fábrica, por ejemplo, se toma normalmente en cuenta para la estimación del PNB. Las políticas de desarrollo guiadas por este tipo de ideología se ponen como objetivo principal el aumento del PNB más que la satisfacción de las necesidades humanas básicas y con esto estimulan a políticos y empresarios a liquidar reservas (recursos: suelos, aguas, bosques, etcétera) aceleradamente para incrementar el flujo monetario. Como lo indica Repetto: "Cuando las inundaciones y las sequías prevalecen como resultado de la eliminación del efecto moderador de los bosques, el método del PNB no contabiliza las pérdidas. Paradójicamente, el PNB aumenta en la medida en que los pueblos y campos son destruidos por las inundaciones y posteriormente reconstruidos" (en Hall, 1992, p. 106).

De esta manera la economía neoliberal implícitamente argumenta a favor de la destrucción del "mundo natural" en tanto que es opuesto al "mundo desarrollado", debido a su exclusión de procesos no mercantiles y consecuentemente colabora en la destrucción de miles de economías no mercantiles (vastos espacios económicos del campesinado indígena) ya que los servicios "culturales" o "étnicos" de los ecosistemas (como el control de los ciclos hidrológicos, el mantenimiento y desarrollo de la biodiversidad genética en plantas y animales, y el manejo climático intencional) no están reflejados normalmente en el precio del mercado (Repetto en Hall, 1992, p. 107).

No ha de sorprendernos por lo tanto que la historia de las relaciones entre el campesinado indígena de México y los economistas-políticos del Estado empresarial haya sido compleja, llena de contradicciones y recorrida por oscilaciones extremas entre aparentes concesiones a la dimensión extraeconómica del mundo indígena, seguidas por compulsiones a someterse a la ideología de la economía neoclásica y asimilarse a su lógica. Sería injusto, obviamente, no reconocer en esta apretada síntesis las voces discordantes surgidas a favor de una visión menos "económica" del desarrollo económico del campesinado indígena, pero se ha tratado de expresiones de una cultura científico-académica subalterna con escasa capacidad organizativa para constituirse en una real fuerza contrahegemónica.[1] Todo esto fue cierto por lo menos hasta el 1 de enero de 1994 cuando la

[1] Claramente es obligatorio referirse al fundamental papel crítico de Guillermo Bonfil Batalla y al pequeño círculo de colegas, colaboradores y disidentes indígenas y no indígenas que han acompañado y continúan acompañando a este pensador mexicano aun después de su muerte. Quizás una de las líneas

insurgencia indígena zapatista produjo una movilización indígena masiva y nuevos alineamientos de la sociedad civil que están cambiando radicalmente el juego de fuerzas entre hegemonía y subalternidad. Pero veamos ahora las condiciones económicas y sociales de los pueblos indios de México en el marco de le crítica a la economía neoliberal para acercarnos de esta manera a una comprensión del fenómeno de la deportación india.

Los pueblos indios y la pobreza[2]

Los pueblos indígenas de México muestran de manera inequívoca los signos de pobreza y marginalidad. El 70 por ciento de los indígenas vive en municipios rurales, de éstos 96.5 por ciento habita en municipios clasificados por el Consejo Nacional de Población con alto y muy alto grado de marginalidad (INI, 1980 y 1990). Como contraparte de esta alta concentración de la población indígena en municipios pobres, solamente 3.5 por ciento de los indígenas vive en municipios de media o baja marginalidad. De todos los mexicanos que viven en municipios rurales con muy alto grado de marginalidad 41, por ciento son indígenas. El escenario se vuelve más dramático aun cuando se consideran aquellos municipios que concentran entre 70 por ciento y cien por ciento de hablantes de lengua indígena: aquí

de continuidad más fértiles producida por la visión alternativa de Bonfil se encuentre en los trabajos del biólogo cultural Víctor Manuel Toledo y sus colaboradores. Entre la intelectualidad indígena destaca el pensador y dirigente tojolabal Margarito Ruiz. Pero estoy seguro de que se quedan entre las líneas decenas de nombres importantísimos.

[2] Una parte de esta sección fue publicada como capítulo siete en el libro de Janvry, Alain *et al.*, 1995, *Reformas del sector agrícola y el campesinado en México*, Fondo Internacional de Desarrollo Agrícola (FIDA)/ Instituto Interamericano de Cooperación para la Agricultura (IICA), núm. 4, San José, Costa Rica. Los datos estadísticos fundamentales se refieren a la primera mitad de la década de los noventa, creo sin embargo en la validez analítica de esta información aunque pueda estar modificada en sus valores numéricos actuales (indicando posiblemente un mayor deterioro económico), fundamenta todavía las conclusiones a las que llego en este estudio.

376 municipios (censo de 1990) son todos de alto y muy alto grado de marginalidad.

Los indígenas asentados provisional o permanentemente en los municipios no rurales no se encuentran en mejor situación. Aunque no se disponga de información estadística desglosada por hablantes de lenguas indígenas, los estudios de caso indican que los indígenas de las ciudades o de las zonas agroempresariales (Sonora, Sinaloa, Baja California) se ubican en los estratos de extrema pobreza y ocupan posiciones sociales de gran vulnerabilidad, a lo que hay que añadir los efectos de la discriminación étnico-racial de la que son víctimas (INI, 1980, pp. 39-42). Se puede afirmar, en consecuencia, que hay una coincidencia precisa entre la condición étnica de indígena y la situación social de pobreza y marginalidad. Se trata de una equivalencia que tiene profundas raíces históricas que se remontan a la política explícita de subordinación económica y expropiación territorial a la que fueron sometidos los pueblos indios durante el dominio colonial. La restricción territorial establecida en la Colonia fue confirmada en la República y finalmente convertida en legalidad y fundamento de los procesos de restitución agraria iniciados por la Revolución de manera tal que la expropiación colonial se tomó como base factual para el reconocimiento legal de la comunidad indígena moderna (*cfr.* Presidencia de la República, 1991; INI, 1980).

Sobre esta base estructural de escasez o carencia de recursos se constituye la pobreza indígena a la que hoy que se añaden los efectos acumulados de la política de omisión o marginación del Estado en la provisión de bienes públicos a los municipios indígenas. Si se compara la información de la Encuesta Nacional Agropecuaria Ejidal de 1988 relativa a cinco estados con alta presencia indígena (Chiapas, Guerrero, Oaxaca, Yucatán y Veracruz) se puede observar que el acceso a los bienes públicos de las comunidades y ejidos indígenas es claramente inferior a aquel de los ejidos mestizos.

De los cinco estados analizados, Veracruz, Guerrero y Chiapas son los más contrastados en cuanto a presencia de población indígena, es decir que en estos tres estados hay una alta concentración de ejidos con población no indígena (89.7 por ciento en Veracruz, 83.1 por ciento en Guerrero y 68.6 por ciento en Chiapas) en comparación con ejidos y comunidades indígenas (6.3 por ciento en Veracruz, 6.6 por ciento en Guerrero y 21.7 por ciento en Chiapas). En el extremo opuesto está el estado de Yucatán donde la polarización entre ejidos/comunidades indígenas y no indígenas es bastante menor. Si comparamos el uso de la tierra encontramos que con la única excepción de Veracruz en todos los demás estados los ejidos/comunidades indígenas tienen más bosques que los no indígenas, lo que comprueba la hipótesis general de que los pueblos indígenas del país en general controlan más recursos forestales que el resto de la población campesina. En el resto de los indicadores de uso de las tierras no se notan constantes que diferencien radicalmente a los dos sectores poblacionales, salvo la excepción notable de que en Veracruz las comunidades indígenas no cuentan con irrigación, y el dato sobre el promedio de tamaño de las parcelas que indica que éstas son siempre más bajas en las comunidades indígenas, con la excepción de Yucatán.

En los indicadores de acceso y uso de tecnología y acceso a los bienes públicos es donde se observan diferencias notables entre ejidos/comunidades indígenas y ejidos no indígenas. En todos los estados, con la excepción de Yucatán, las comunidades indígenas tienen menor acceso y uso de tecnologías agrícolas. La tendencia es más evidente aún en el caso del crédito. En cuanto a los bienes públicos se observa una tendencia parecida. La asistencia técnica es siempre menor en las comunidades indígenas (con la excepción de Yucatán); de la misma manera el acceso a la electricidad es siempre menor para los indígenas, y lo mismo se observa para el servicio de agua potable (con la excepción de Chiapas y Yucatán). El área donde se evidencia con más claridad una distribución desigual de los bienes públicos es en las carreteras: hay una muy baja ejecución de carreteras de acceso a las comunidades indígenas (ninguna en el estado de Guerrero, muy bajas en Veracruz, Chiapas, Oaxaca, un poco más alta en Yucatán).

La pobreza, marginalidad y desigualdad que padecen los pueblos indígenas son fenómenos estructurales de larga duración histórica que se derivan no tanto de una falta de integración de los indígenas a la economía de mercado y al resto del cuerpo social del país, sino a una integración económica asimétrica y desigual, y a una relación política dependiente e intermediada (INI, 1990). Desigualdad de oportunidades económicas, falta de autonomía política, intermediación de los poderes locales caciquiles se han constituido en las condiciones que operan como diafragmas que regulan la circulación de los bienes materiales, culturales, la información y los servicios del Estado. Entre las comunidades indígenas y el mercado y entre las comunidades indígenas y el Estado se ha interpuesto históricamente la intermediación del poder económico y político caciquil local. Cuando los poderes públicos han extendido su cobertura hasta las comunidades indígenas ésta ha sido "...insuficiente en magnitud e intensidad, débil en su coordinación, incompleta... y con frecuencia inadecuada en sus métodos". Más aún cuando ha habido intervención estatal, ésta ha tendido a suplantar "...las iniciativas y responsabilidades que corresponden a los pueblos indígenas" creándose así hábitos de relaciones dependientes y paternalistas que impiden la generación de procesos gestativos independientes (Presidencia de la República, 1991, pp. 26-27).

Nota de estrategia analítica

En la identificación de la pobreza y marginalidad de los indígenas de México sigo los criterios introducidos por Coplamar, en 1962, adoptados por Conapo en 1985 y finalmente utilizados por el INI en 1989 (*cfr.* Conapo, 1982; Coplamar, sin fecha; INI, 1980). La noción de marginalidad usada identifica a los marginados como "aquellos grupos que han quedado al margen de las beneficios del desarrollo nacional y de los beneficios de la riqueza generada, pero no necesariamente al margen de la generación de esa riqueza ni mucho menos de las condiciones que la hacen posible". Los indicadores de marginalidad enfatizan la falta de servicios públicos, vivienda inadecuada, bajos niveles de escolaridad, analfabetismo, altos niveles de fecundidad, elevada expulsión de la población. Marginalidad, por lo tanto, es un criterio que permite analizar y evaluar la relación de la población indígena con indicadores de bienestar y de provisión de servicios públicos. En este marco analítico es importante revisar la relación de los pueblos indígenas con el Estado, tratando de distinguir cuáles han sido los condicionamientos objetivos que han limitado la provisión de servicios a las comunidades indígenas, de aquellos factores de tipo más bien ideológico y cultural que han distorsionado la relación entre el Estado, el resto de la comunidad nacional y los indígenas. Un primer factor de distorsión cultural es claramente detectable en la teoría y acción indigenista hasta mediados de la década de los ochenta cuando tendían a considerar a los indígenas no como actores económicos plenos con potencialidad de desarrollo en la economía de mercado, sino como sujetos relativamente pasivos, al margen de la economía de mercado, eminentemente entregados e una economía de autosubsistencia excluyente de otras actividades.

Los siguientes apartados analíticos caracterizan a las poblaciones indígenas en sus rasgos y tendencias demográficas, su distribución geográfico-administrativa, su relación con las zonas agroecológicas, sus territorios, la comunidad y el manejo y uso de los recursos. El análisis trata de identificar los recursos específicos de los pueblos indígenas, usando un concepto amplio de "recurso" que incluye no solamente a los recursos territoriales (naturales), sino a los recursos sociales, culturales y ecológico-culturales. Este proceso de identificación de los recursos étnicos de ninguna manera significa idealizar o "antropologizar" a los indígenas sino proponer una evaluación realista de los elementos que constituyen el "capital social y cultural" indígena que puede ser movilizado y utilizado para el proceso de "automodernización" y desarrollo que se busca. En este procedimiento de identificación de recursos étnicos es importante intentar producir paralelamente una "desindianización" de la economía indígena, es decir reconocer la larga relación histórica que ha existido entre la economía familiar y comunal indígena y la economía de mercado regional, nacional y global. Al mismo tiempo es importante tratar de identificar el modo particular (los modos particulares) de articulación de la economía indígena con el mercado (la dimensión étnica de la pobreza rural) porque es a la luz de esta identificación que se deben proponer las estrategias para atacar a la pobreza indígena y a una de sus consecuencias: la deportación económica. Algunas de las características específicamente indígenas que requieren atención son:

- la especial relación que las comunidades indígenas guardan con el medio ambiente (uso múltiple combinado de los recursos, la base milpera como síntesis de esta relación);
- la extremada diversificación económica de la comunidad indígena que en muchos casos se está tornando siempre más una comunidad rural en la que las actividades agrícolas pierden su importancia relativa frente a actividades propiamente no agrícolas;
- la generalizada situación de tenso equilibrio alcanzada por la mayoría de las comunidades indígenas en términos de diferenciación interna. En las comunidades indígenas se da un largo proceso histórico de conflicto entre mecanismos sociales e ideológicos que tien-

den a mantener y reproducir el igualitarismo (ideales y prácticas de reciprocidad) y las oportunidades de acumulación y diferenciación abiertas por el involucramiento en la economía de mercado;

- la vigencia y utilización en nuevas formas organizativas indígenas de los principios de reciprocidad e igualitarismo, trabajo colectivo, servicios comunitarios y manejo colectivo de los recursos.

Los pueblos indios y el Estado

México es un país de una enorme pluralidad ecológica y cultural en el que se entrelazan de manera compleja un sistema altamente variado de medio ambientes con una gran diversidad étnica y lingüística de su población. Entre ambas diversidades hay una milenaria correspondencia histórica que se expresa hoy en la complementariedad estructural existente entre el uso diversificado y múltiple del medio ambiente por parte de los pueblos indígenas y la diversidad ecosistémica culturalmente mantenida y reproducida por las actividades de uso de las comunidades. Contrariamente al proceso de creciente homogeneización ambiental y productiva que ha acompañado la expansión de la frontera agrícola y pecuaria en el país, se puede afirmar que la tendencia de los pueblos indígenas ha sido tratar de mantener en sus territorios comunales un manejo múltiple y combinado del medio que intenta acomodar las restricciones de acceso a recursos a las que fueron acorralados por un largo proceso histórico de expropiación territorial (*cfr.* Toledo, 1988, pp. 11-18 y Toledo, 1991).

Las historias particulares de los pueblos indígenas en sus relaciones con la administración colonial ibérica antes, y con las diferentes modalidades de gestión estatal republicana después, fueron definiendo una realidad social y étnica de suma complejidad en la que la gran mayoría de las unidades comunales discretas (la comunidad indígena y posteriormente los ejidos constituidos por población indígena) fueron restringidas a nichos ecológico-territoriales específicos a los cuales se fueron adaptando económica, social y culturalmente a lo largo de siglos.

Durante las últimas décadas, sin embargo, un constante incremento poblacional, aunado a crecientes presiones externas sobre la tenencia de las tierras, han provocado un exceso de demandas de las comunidades sobre sus propios recursos naturales, especialmente sobre las tierras agrícolas, la leña para combustible y en general sobre los recursos de acceso público preservados en las tierras del común. Modificaciones sustanciales en el aprovechamiento social de los recursos han tomado lugar en las comunidades especialmente en el sistema de uso de las tierras y los recursos comunales, nuevas modalidades de organización social dirigidas a la gestión comunal de los bienes empiezan a presionar sobre las formas tradicionales de manejo comunitario provocando alteraciones y conflictos intergeneracionales y de grupos que cuestionan y desafían tanto a la estructura corporada e igualitarista de la comunidad indígena como a la ideología que la sustenta.

Frente a las presiones económicas, al aumento de las demandas demográficas y a la escasez de recursos, las comunidades indígenas han emprendido el camino de la diversificación de actividades económicas extendiendo a la esfera de la vida económica una de sus características culturales más importantes: *la capacidad de uso múltiple o combinado del entorno.* Nuevas modalidades de utilización de los ámbitos urbanos nacionales e internacionales han entrado de manera creciente y extendida a formar parte de las estrategias de supervivencia de los indígenas que hoy migran cíclicamente a las ciudades y campos agroindustriales del país y de los Estados Unidos. En la actualidad se puede afirmar que los pueblos indígenas de México se constituyen como un sector en creciente, diferenciado y desigual proceso de articulación con los varios campos de la economía de mercado. Las comunidades rurales que conforman la mayoría de las etnias indígenas de México nos confrontan con un escenario social extremadamente dinámico y cambiante, que desafía las nociones antropológicas tradicionales de las sociedades indígenas mesoamericanas, que desde mediados de los años cincuenta han servido de paradigma analítico dominante. Las ideas de la cultura e identidad étnica de los indígenas mesoamericanos centradas alrededor de la "comunidad campesina corporada y auto contenida", según la clásica definición de Eric Wolf (1957, pp. 1-16; 1986, pp. 325-29),[3] y concebida como una sociedad fundamentalmente igualitaria que desde su reestructuración colonial se resiste a la dominación externa, requieren de una revisión crítica. Las instituciones esenciales de la comunidad india tal como el sistema jerárquico cívico-religioso (sistema de cargos) en el cual a través de sucesivos oficios y cargos cívico-ceremoniales los hombres adquieren autoridad llegando finalmente a formar parte del círculo de ancianos o "caracterizados" que gobiernan la comunidad, demandan un examen cuidadoso. Del mismo modo la función de nivelador socioeconómico del gasto cívico-ceremonial dispendioso asociado a esta fórmula indígena de gobierno que impediría la formación de clases y grupos sociales al interior de la comunidad, necesita ser revisada a la luz de las radicales transformaciones económicas y sociales que se están produciendo en el contexto social global del cual forman ya parte inextricable las comunidades indígenas.

Las visiones excesivamente antropológicas de los pueblos indígenas, sin proponérselo, sentaron las bases para estudios e interpretaciones de las comunidades indígenas de tipo "esencialista", a través de los que se intentaba encontrar en cada caso un tipo de sociedad

[3] Para una historia de las diferentes aplicaciones y debates antropológicos alrededor de las nociones de comunidad indígena campesina véase Hewitt de Alcántara, 1984.

campesina comunitaria en la que los principios de igualitarismo social, la ausencia de diferenciación interna y una lógica social de reciprocidad actuaban como mecanismos de protección frente al exterior, garantizando una cierta pureza del núcleo social indígena. En estas mismas líneas explicativas se insertaban las observaciones sobre las demás instituciones básicas de las sociedades indígenas de México: la reciprocidad simétrica en las prestaciones trabajo y servicios públicos donados voluntariamente por cada comunero a parientes y vecinos y al colectivo (la "manovuelta" y el "tequio"); la generosidad en el gasto cívico-ceremonial suntuario como mecanismo de "acumulación" de autoridad; y finalmente la empecinada resistencia de la comunidad a dejarse fragmentar por diferenciaciones clasistas.

En este marco interpretativo de la economía y organización social de las comunidades indígenas se desarrolló la acción indigenista del estado hasta principios de los setenta.[4] Una acción que se abocaba fundamentalmente a la asimilación de los pueblos indígenas a la sociedad y economía regional y nacional a través de intervenciones directas del estado en los campos de las actividades económicas, organizacionales y de gestión política de las comunidades. Promotores culturales indigenistas, maestros indígenas castellanizadores y funcionarios del INI se concentraban en la tarea de "desmarginalizar" a la comunidad conduciéndola por el camino de una supuesta modernización institucional que implica el progresivo abandono de las formas igualita-

[4] El Instituto Nacional Indigenista (INI) fue creado por el gobierno de México en 1948, ocho años después de la iniciativa del presidente Lázaro Cárdenas de convocar al Primer Congreso Indigenista Interamericano en Pátzcuaro, Michoacán, que sentó las bases en el continente de las políticas integracionistas de casi todos los países americanos. El INI se crea como organismo de investigación, consulta, ejecución e información. Su objetivo principal es investigar los problemas de las comunidades indígenas buscando soluciones a través de programas de desarrollo socioeconómico. Para su operación el INI cuenta desde el principio con centros coordinadores situados en las regiones de fuerte concentración india. Para principios de los sesenta el INI cuenta ya con 237 escuelas para indígenas y 350 maestros bilingües que atienden a 15 mil alumnos (Barre, 1983).

ristas y corporadas de matriz colonial y su sustitución, en cambio, por formas modernas de organización social y económica sustentadas sobre un mayor predominio del individualismo, de iniciativas personales desvinculadas de las limitaciones de la moral igualitarista de la comunidad. Para el indigenismo integracionista del INI del sexenio 1970-1975, la marginación de los pueblos indígenas debía ser resuelta a través del paso de las comunidades de una situación económica e institucional precapitalista a un régimen capitalista que permitiría la plena realización de todas las potencialidades sociales de los pueblos indígenas reprimidas por un sistema social obsoleto y disfuncional (véase Aguirre Beltrán, 1976a, 1976b, 1982).

A esta postura teórica y pragmática de "vía capitalista al desarrollo indígena" pugnada y conducida por el Estado le correspondió, hasta muy entrada la década de los ochenta, una visión más sociológica de las comunidades indígenas influida por los análisis marxistas del campesinado. En estos estudios la etnicidad india, por contraste y oposición a los planteamientos antropológicos, perdía toda relevancia y pasaba a ser una categoría secundaria y transitoria destinada a desaparecer en el proceso de integración de la población indígena al mercado capitalista (por la vía de la proletarización clasista), o en el caso hipotético de una transición a formas organizativas socialistas, pasando a constituir un remanente superestructural disfuncional en camino a la pérdida de significado social (Bartra, 1974; Díaz-Polanco, 1978; Guerrero, 1979).

Es en el medio de estos intensos debates en donde se ubican los varios cambios de política estatal indigenista y de desarrollo rural. Establecido como organismo de Estado a fines de la década de los cuarenta para dar continuidad a las iniciativas cardenistas de involucrar a la población indígena en el proceso de reforma agraria, el INI fue cumpliendo un papel de promoción y asistencia a las comunidades indígenas que eran visualizadas, en esencia, como entidades sociales y culturales carenciales y transitorias cuyo último objetivo debía ser la plena integración (o asimilación, dependiendo del momento) a la sociedad nacional mexicana. La función institucional del INI se concebía como la de un organismo que facilitaría el tránsito de las comunidades indígenas, de su condición de marginación y diferencia, a la de integración e igualdad. Durante las varias administraciones indigenistas que se sucedieron a partir de la gestión del presidente Luis Echeverría Alvárez (1970-1976) se hicieron siempre más evidentes niveles de contradicción ideológica y confusión analítica que afectaban por igual tanto a los organismos oficiales como a sus críticos desde los ámbitos académicos. La esfera de la diversidad cultural (como fenómeno del campo étnico) y aquella de la diferencia y desigualdad social (como fenómeno del campo de la economía y de la política) llegaron a confundirse de manera creciente en el discurso y en la práctica indigenista. El combate contra la desigualdad de los pueblos y comunidades indígenas era conducido por el indigenismo de manera eminente en el ámbito de la diversidad cultural. En actos de reiteradas desinterpretaciones de su realidad social y cultural, los indígenas eran invitados –o conminados– a dejar de ser indígenas y miembros activos de su propia etnicidad con el pretexto de que era su lealtad e identidad específica lo que los hacía pobres, marginales e inviables como entidades sociales modernas. Expresado de una manera sintética y un tanto caricaturesca se puede decir que para un sector importante del pensamiento y de la acción indigenista, ser indígena era sinónimo, y al mismo tiempo causa, de ser un pobre rural; consiguientemente la lucha contra la pobreza pasaba necesariamente a ser lucha contra la especificidad étnica, especialmente en aquellas manifestaciones que se vinculaban de manera directa al ámbito de la organización social y productiva.

Fue especialmente a partir del sexenio de De la Madrid (1982-1988) cuando algunos sectores de la política indigenista del Estado comenzaron a ser más permeables y a reformularse, sustancialmente aceptando una serie de revisiones críticas que habían empezado a producirse de manera esporádica ya en los años setenta (Warman, 1970) y que se incrementaron de manera importante en la segunda mitad de la década de los ochenta, cuando en el debate público intervinieron de manera activa los propios indígenas organizados (Barre, 1985; Mejía Piñeros y Sarmiento, 1987; Varese, 1986). La aparición en el escenario político por una parte de un interlocutor indígena organizado, elocuente y relativamente autónomo, y por la otra de un sector crítico de la sociedad civil intelectual que contaba con el apoyo y la confianza de las dirigencias indígenas, creó las condiciones para una revisión radical de le teoría y de la práctica indigenistas cuya expresión más concreta culminó al iniciarse la administración del presidente Carlos Salinas de Gortari con la reestructuración de la Dirección General del INI, la formulación de una política nacional de desarrollo de los pueblos indígenas (Programa Nacional de Desarrollo de los Pueblos Indígenas, 1991-1994), la reforma del artículo 4° de la Constitución y su anunciada Ley Reglamentaria, y finalmente la creación del nuevo organismo de la Procuraduría Agraria[5] encargado de resolver las disputas por la tierra y dar por concluido el reparto agrario en el marco de la reforma al artículo 27 constitucional.

A partir de 1992, sin embargo, fue tornándose evidente que la voluntad política de introducir cambios radicales de las relaciones entre el Estado y los pueblos indios, y las reformas institucionales conexas, correspondían de manera inequívoca al proyecto de modernización neoliberal del campo más que a un deseo de corregir viejas relaciones autoritarias y posibilitar desarrollos indígenas más autónomos.

[5] La reforma al artículo 4° constitucional reconoce y establece el carácter multiétnico y plurilingüe de México fijando las bases legales para ulteriores leyes reglamentarias relativas a los pueblos y comunidades indígenas. La Procuraduría Agraria tiene por mandato ejercer el reordenamiento agrario de las comunidades indígenas cuyo sistema de tenencia ha padecido de indefinición y carencia de reglamentación.

La propuesta gubernamental, en los hechos, dejaba translucir el objetivo principal de debilitar las instituciones corporadas indígenas, hacerlas inviables como unidades rurales de desarrollo y finalmente disolverlas, junto con las otras formas de tenencia social de la tierra, en el juego del libre mercado ahora abierto al capital trasnacional en el nuevo escenario instaurado por la firma con los Estados Unidos y Canadá del Tratado de Libre Comercio (TLC o NAFTA, North American Free Trade Agreement) y la ronda conclusiva y firma del GATT (General Agreement on Trade and Tariffs) y establecimiento del WTO (World Trade Organization). Es en este nuevo marco de reformulación conceptual y transformación institucional profunda que deben verse la formulación e implementación de políticas indigenistas de los varios sexenios de gobierno de México y asimismo las respuestas organizadas y espontáneas de los pueblos indios.

La política de los números

El Censo General de Población de 1990 indica que 7.9 por ciento de la población total del país habla una lengua indígena, es decir que de acuerdo con el exclusivo criterio de filiación lingüística hay en México en ese mismo año 6 411 972 indígenas.[6] La información estadística actualizada que proporciona el INEGI (Instituto Nacional de Estadística, Geografía e Informática) en su portal web indica que en 2003 había 8 984 152 ciudadanos de México que vivían en hogares con jefe o cónyuge hablante de lengua indígena.[7] Hay consenso entre la mayoría de los especialistas de que estas cifras censales no reflejan

[6] Para esta sección del estudio nos apoyamos en la siguiente información estadística y censal: Conapo, 1987; Instituto Nacional de Estadística, Geografía e Informática, 1992; INI, 1980 y 1988, 1990a, 1990b; INI-IBA, 1992; Valdés, 1989.

[7] http://www.inegi.gob.mx/estadistica/espanol/sociodem/indigena/ind_01.html/ consultado el 19 de mayo, 2003.

la verdadera dimensión demográfica de las etnias indígenas del país sea por omisión o subnumeración o por el propio proceso de autoocultamiento de los hablantes de lenguas nativas. Por otro lado el INI mismo reconoce que el simple criterio de autodesignación lingüística utilizado por los censos es insuficiente para cuantificar étnicamente a la población. Hay miles de pobladores indígenas mixtecos, zapotecos, nahuatlecos, chocholtecos, cuicatecos, etcétera, que habiendo perdido el uso de la lengua mantienen, sin embargo, rasgos eminentemente indígenas tales como identidad, patrimonio cultural, instituciones sociales, residencia territorial y patrones históricos de relación con los grupos no indígenas. El Programa Nacional de Desarrollo de los Pueblos Indígenas 1991-1994 (INI, 1990) señala que las cifras censales de indígenas en 1980 (nueve por ciento de la población total) constituyen el mínimo irreducible que permite ilustrar las condiciones de un universo mayor cuya magnitud no puede precisarse con los instrumentos estadísticos actuales. El mismo documento, elaborado antes de la publicación del Censo de 1990, hace una proyección del porcentaje poblacional indígena y concluye que para 1990 los indígenas representarían a más de siete millones de mexicanos. El cálculo erró por medio millón de personas: en vez de siete millones de indígenas, el Censo de 1990 arrojó 6.5 millones, aunque en 2003 había por lo menos 8 984 152 personas en hogares indígenas.

Tendencias demográficas

En términos históricos la población indígena de México muestra señales de recuperación demográfica constante, especialmente a partir del inicio del siglo. Se trata de una recuperación que se evidencia en los números absolutos: de dos millones en 1900 a casi siete millones en 1990 y casi nueve millones en 2000. En números relativos, sin embargo, la tendencia va en sentido inverso: mientras los pueblos indígenas constituían 17 por ciento de le población total en 1900, hoy en día son poco menos de ocho por ciento. Los estudios demográficos muestran que la población indígena en general tiene una tasa de crecimiento de 0.6 puntos porcentuales más del promedio nacional de 2.3 por ciento (Valdés, 1989, pp. 133-141; INI, 1990, pp. 14-15). De seguir esta tendencia demográfica, el descenso relativo de la población indígena se invertirá a fines de la primera década del siglo XXI. Las dirigencias políticas de las organizaciones indígenas de México sostienen que los datos censales falsifican le realidad étnica del país y que la subnumeración estadística corresponde a una manipulación política que quiere negar poder político y de negociación a las comunidades indígenas (Valdés, 1989; Mejía Piñeros y Sarmiento, 1987). Las organizaciones indígenas del país afirman que hay en México casi 16 millones de indígenas, 18.6 por ciento de la población total del país. Que esta afirmación esté basada o no sobre un relevantamiento estadístico serio y confiable no es un punto a discutirse; lo que parece fundamental tener presente es la voluntad política y la firme expresión de identidad étnica que este tipo de afirmaciones implican. El peso relativo de los pueblos indígenas en todo proyecto de desarrollo rural y nacional debería contar con este factor de identidad y voluntad política indígena.

Diversidad lingüística

Por primera vez en la historia censal moderna de México, el censo de 1990 registra todas las lenguas indígenas principales habladas en el país, más las lenguas mayas habladas por los miles de expatriados guatemaltecos afincados ya en la República, así como algunas de las variantes dialectales más importantes. El resultado de este esfuerzo clasificatorio es que en el censo aparecen 93 unidades lingüísticas y dialectales, más las categorías de "otras lenguas" y la de "insuficientemente especificada". Al desglosar la información se obtiene la siguiente composición: del total de 93 unidades lingüísticas, 29 son dialectos, seis son lenguas mayas guatemaltecas y 56 son las lenguas indígenas de México. Las ocho lenguas mayas guatemaltecas son habladas por 154 040 refugiados, y hay un total de 225 660 hablantes de lenguas indígenas "no suficientemente especificadas".

La variación numérica registrada en el censo de 1990 entre el número de hablantes de las varias lenguas es bastante grande: desde el náhuatl con un millón 200 mil hablantes (22.7 por ciento del total de hablantes de lenguas indígenas), hasta el kumiai de Baja California con 96 hablantes, o el cucapa de Baja California y Sonora con 136 hablantes. Solamente seis lenguas son habladas por más de 250 mil hablantes: el náhuatl (1 197'325), el maya peninsular (713 520), el mixteco (363 544), el zapoteco (360 690), el otomí (260 236) y el tzeltal (261 084). Estos seis grupos etnolingüísticos de más de 250 mil hablantes representan en conjunto 50.2 por ciento de toda la población indígena de México y se concentran en las áreas geográficas del centro y sureste del país, la zona caracterizada culturalmente como mesoamericana. Para el año 2000 el INEGI presenta las siguientes cifras:

náhuatll	1 448 936
maya	800 291
mixteco	437 873
zapoteco	421 796
tzotzil	297 561
otomí	291 722
tzeltal	284 826
totonaca	240 034
mazateco	214 477 [8]

[8] http://www.inegi.gob.mx/estadistica/espanol/sociodem/indigena/ind_02.html

Sumando las seis etnias indígenas más numerosas para ambos levantamientos censales (1990 y 2000): náhuatl, maya, mixteco, zapoteco, otomí y tzeltal se obtiene un crecimiento en números absolutos de 529 045 pobladores indígenas, es decir un crecimiento poblacional de cerca de 17 por ciento en diez años.

De toda la población indígena de más de cinco años, 15 por ciento es monolingüe en sus respectivas lenguas indígenas (836 224 personas).[9] Con respecto al censo de 1980 el número de monolingües se ha reducido en casi 200 mil personas, lo que indicaría por un lado los primeros efectos del esfuerzo masivo emprendido por el gobierno de México en el campo de la educación bilingüe bicultural durante la última década (Varese, 1983; INI, 1990, pp. 33-34), y por el otro confirmaría la hipótesis de la etnolingüística de que la disminución del monolingüismo no significa necesariamente una pérdida cultural y un indicador de asimilación, sino un mejor control y manejo, por parte de los hablantes indígenas, de las situaciones de interculturalidad. Hay que considerar, sin embargo, la posibilidad de sobrerrepresentación censal de la población monolingüe: en primer lugar porque muchos de los clasificados como bilingües pueden tener un dominio bastante parcial del castellano y en segundo lugar porque las respuestas al censo son emitidas por el jefe familiar y es precisamente entre las mujeres donde se concentra el monolingüismo.

Distribución geográfico-administrativa

El censo de 1990 indica que hay población indígena en todas las entidades y en casi todos los municipios de la República: sobre un total

[9] Según los datos del INEGI para2000 los monolingües en lenguas indígenas especificadas eran 1 002 236, lo que constituye 16.58 por ciento del total de hablantes de lenguas indígenas; si a este número se le añaden los 117 899 hablantes monolingües de lenguas indígenas no especificadas, el total sube a 1 120 135 que equivale a 18.53 por ciento del total de hablantes de lenguas indígenas, véase: http://www.inegi.gob.mx/estadistica/espanol/sociodem/indigena/ind_02.html.

nacional de 2 403 municipios hay presencia de hablantes de lenguas indígenas en 2 376 municipios. Una primera manera de comprender esta gran dispersión geográfico-administrativa es en función de la creciente movilidad espacial y cíclico-temporal de la población indígena que ejerce movimientos migratorios para aprovechar nichos en el mercado de trabajo rural y/o urbano tanto de regiones vecinas a su comunidad de residencia como a regiones distantes del país o de los Estados Unidos. Se trata, por lo tanto de un fenómeno de residencia temporal que no debe distorsionar el otro aspecto de carácter más estructural que indica que la mayoría de la población indígena vive en comunidades muy bien delimitadas social y territorialmente, con una tradición histórica secular de residencia en el mismo espacio al que identifican, reclaman y defienden como propio. En este sentido las regiones de gran concentración permanente de población indígena (que reúnen 86 por ciento del total de indígenas) se ubican en 11 estados, eminentemente en el centro y sureste del país. En orden decreciente éstos son: Oaxaca (que reúne 17 por ciento de toda la población indígena censada en el país), Veracruz (12 por ciento), Chiapas (nueve por ciento), Yucatán (nueve por ciento), Puebla (nueve por ciento), México (siete por ciento), Hidalgo (seis por ciento), Guerrero (cinco por ciento), Distrito Federal (cuatro por ciento), San Luis Potosí (cuatro por ciento) y Michoacán (dos por ciento) (INI, 1980).

Si se desglosa la información sobre los pueblos indígenas a escala estatal por rango de presencia de hablantes de lenguas indígenas, se observa que el rango de alta concentración de dichos hablantes (70 por ciento a 100 por ciento) se encuentraespacialmente en una cuarta parte de los municipios localizados en el centro y sur del país.[10]

[10] Se utilizan los mismos rangos de presencia de hablantes de lenguas indígenas establecidos por el INI en sus documentos, INI, 1980, 1990: el primer rango, de cero a nueve por ciento indica *presencia nula o reducida* de indígenas; el rango de 10 a 30 por ciento, *presencia considerable*; de 31 a 69 por ciento *alta concentración* y de 70 a 100 por ciento *eminentemente indígena*.

De un total de 2 376 municipios, 15.8 por ciento (376) está constituido por entidades municipales *eminentemente indígenas;* 9.9 por ciento (236) está conformado por entidades de *concentración indígena;* 8.5 por ciento (202) por entidades de considerable presencia indígena, y finalmente 66.8 por ciento (1 589) por entidades de *reducida presencia indígena.* Si se agregan los municipios de los dos rangos de más alta concentración indígena (31-69 por ciento con 70-100 por ciento) se puede observar que los estados con mayor número de municipios con población indígena son, en orden de magnitud decreciente, los siguientes: Oaxaca con 293 municipios de alta y muy alta concentración indígena; Yucatán con 96; Puebla con 59; Veracruz con 42; y Chiapas con 39. Estos cinco estados del país concentran 97.8 por ciento del total de municipios con estas características.

Es importante notar que la distribución de la población indígena por municipio es indicativa de la larga relación histórica político-administrativa de los pueblos indígenas con el estado. El municipio libre mexicano, a pesar de constituir la base autónoma de la organización política, administrativa y territorial de los estados y de la federación, en la práctica ha estado sometido a los varios niveles de poder del gobierno federal, de los gobiernos estatales y de los caciques regionales (Bailón Corres, 1985, pp. 173-200). Desde la primera Constitución Política del Estado mexicano independiente en 1825, el gobierno federal se confronta con la resistencia y autonomía de grandes números de poblaciones rurales que tradicionalmente han tenido autoridades elegidas democráticamente y reconocidas como tales por el régimen colonial: las llamadas "repúblicas o ayuntamientos de indios". Por más de siglo y medio las comunidades indias se han enfrentado a los varios poderes estatales y caciquiles en una lucha, a veces extremadamente violenta, por el mantenimiento de la autonomía india del ayuntamiento y del municipio. A través de medidas político-administrativas, de manejos arbitrarios de los recursos fiscales y de manipulación electoral, el municipio se ha transformado en uno de los ámbitos político-sociales más conflictivos de la estructura administrativa del país. Es en el campo de la política municipal donde tradicionalmente el Estado ha ejercido tutelaje y clientelismo político. Es muy probable que un análisis cuantitativo de la distribución real del poder municipal en los municipios mayoritariamente indígenas revelaría que éste se ha concentrado históricamente en el sector mestizo minoritario o caciquil.

Es obvio que desde la perspectiva de un desarrollo indígena autónomo y autosostenido, la unidad administrativa municipal sufre estas graves distorsiones que la hacen poco viable, a escala masiva, como mecanismo de gestión e incluso de simple canalización de recursos federales, si es que no es sometido a una profunda reforma institucional y democratizadora. Tal parecería haber sido el caso de muchos de los recursos financieros distribuidos por el Programa Nacional de Solidaridad (Pronasol) instituido por el gobierno federal para atenuar los efectos de la eliminación de otras formas de subsidios y "redes de protección social". Por otra parte, la misma distancia administrativa de municipios indígenas de escasa importancia demograficoelectoral permite un manejo relativamente independiente de los pocos fondos federales que llegan a filtrar los diafragmas de la administración indigenista. Informes verbales de administradores de la oficina estatal de la Secretaría de Desarrollo Social (Sedesol) en el estado de Oaxaca indican que en la región de la Mixteca era común que los fondos de Pronasol distribuidos a la municipalidad fueran usados para facilitar los gastos de viaje y "coyotaje" de los migrantes a las agroempresas del noroeste del país y a los Estados Unidos.

La relación rural-urbana y la migración

Contrariamente a la tendencia nacional de las últimas décadas de incremento constante de la población urbana a causa de las migraciones del campo a la ciudad, la población indígena de México sigue manteniendo un carácter eminentemente rural. El 70 por ciento de los indígenas vive en municipios rurales, en contraste con el resto de la población nacional que sólo en 30 por ciento habita en municipios rurales.[11] El Programa Nacional INI 91-94 afirma que "uno de cada seis habitantes del medio rural es indígena" y que debido a la mayor tasa relativa de migración rural-urbana de la población no indígena es posible pronosticar un proceso de "indigenización" creciente del medio rural mexicano. Los pueblos indígenas, de esta manera, constituyen "un componente central del México rural" (INI, 1990; Warman, 1980, pp. cap. III). En 1980 se captaron censalmente cerca de 550 mil indígenas (10.61 por ciento del total) residentes en regiones de México distintas de sus lugares de origen. Esta cifra no incluye a los indígenas que migran a los Estados Unidos de Norteamérica sobre los cuales no hay información estadística oficial y que sin embargo constituyen un grupo importante y en constante crecimiento.[12]

En las grandes ciudades del país se encuentran importantes núcleos de residentes indígenas. En 1960 había 306 mil hablantes de 40 lenguas indígenas en el Distrito Federal, que sin embargo registró sola-

[11] Para esta sección del trabajo se usan los datos del INI (1980) que se basan en la información censal de 1980 y los análisis de Conapo, 1986, Coordinación General del Plan Nacional de Zonas Deprimidas y Grupos Marginados, 1982, Conafo, 1969. Estimamos que no ha habido cambios sustanciales entre los datos analizados por el INI (1960) hace aproximadamente 40 años y la información última captada por el censo de 1990. A manera de prueba hemos aplicado la misma metodología usada por el INI (1980) al estado de Oaxaca y hemos obtenido, para la población indígena en municipios rurales, resultados bastante parecidos: población indígena en municipios rurales del estado de Oaxaca en 1980: 48.4 vs. 46.5 en 1990.

[12] Las estimaciones de cantidad de migrantes indígenas a los Estados Unidos son aún muy precarias. Las organizaciones de migrantes mixtecos y zapotecos en California tales como la Asociación Cívica Benito Juárez, Comité Cívico Popular Mixteco, Organización del Pueblo Explotado y Oprimido, Unidad Mixteca y el Frente Indígena Binacional Oaxaqueño (ex Frente Binacional Mixteco-Zapoteco) que reúne a varias organizaciones regionales de indígenas oaxaqueños en California y en Oaxaca, sostienen que hay entre 30 mil y 60 mil indígenas oaxaqueños trabajando de manera estacional en los campos de California (comunicación personal de Juan Martínez y Filemón López de la Asociación Cívica Benito Juárez), véase también Kearney y Nagengast, 1989; Zabin, 1992. Véanse otras contribuciones en este mismo volumen para tener una información estadística actualizada basada en encuestas realizadas en California.

mente 111 562 indígenas para 1990. En 1980 había 47 mil indígenas en las ciudades fronterizas, 28 mil en Guadalajara y 24 mil en Monterrey. La migración circular estacional de los pueblos indígenas es un hecho sustancial de la sociedad, economía y cultura de las etnias indias. Tampoco es un fenómeno reciente: los mixtecos oaxaqueños, a fines del siglo XIX, migraban estacionalmente a las plantaciones de Veracruz (Sarmiento, 1989). Otros grupos indígenas han estado involucrados por décadas en las migraciones estacionales a fincas cafetaleras, a los campos cañeros o más recientemente a los campos de las agroempresas del noroeste del país.

Según encuestas levantadas por el Programa Nacional de Solidaridad con Jornaleros Agrícolas (Pronsjag)[13] durante la temporada 1991-1992, en el valle de Culiacán, 51 por ciento de los 45 559 jornaleros provenían de los estados de Oaxaca y Guerrero. Mientras que 70 por ciento de los jornaleros que se encontraban en Baja California provenían de municipios de alta concentración indígena de los mismos estados. Sobre una muestra total de 7 699 jornaleros entrevistados en el valle de San Quintín, Baja California, 44 por ciento eran indígenas del estado de Oaxaca desglosados de la siguiente manera por grupo etnolingüístico: 67.7 por ciento mixtecos, 16 por ciento zapotecos y 11 por ciento triquis. Entre la misma muestra un porcentaje relativamente alto era monolingüe: 11.3 por ciento, lo que de alguna manera contradice el argumento de que sólo el campesino indígena del estrato medio tiende a migrar. Es posible que estemos observando los primeros indicios de un incremento de migración estacional del sector más pobre de las comunidades indígenas (Pronasol, 1991).

Ya desde la información censal de 1990 hay indicios de que algunos de los grupos indígenas más numerosos del centro y sur del país tie-

[13] Véase Lourdes Sánchez Muñohierro, 1992, Secretaría de Programación y Presupuesto, Pronsjag 1991. Véase el capítulo de Lourdes Sánchez Muñohierro en este mismo volumen

nen un alto grado de movilidad geográfica; de hecho se puede afirmar que algunas etnias indias han generado ya una diáspora cíclica que abandona su territorio para ubicarse en el mercado laboral temporal. En orden decreciente de magnitud los cinco grupos indígenas que tienen el más alto número de sus miembros afuera de sus propios territorios étnicos son: zapotecos con 16.2 por ciento de su población expatriada; mixtecos con 14.9 por ciento; mazatecos con 12.7 por ciento; mazahuas con 10.6 por ciento y purépechas con 8.2 por ciento.[14] Según el Programa Nacional INI 91-94: "La fuerza de trabajo indígena es central en la viabilidad de los cultivos agroindustriales más importantes" (1990, p. 14). De hecho se puede afirmar que la participación de la población indígena en los circuitos migratorios regionales, nacionales e internacionales forma ya parte integral de una estrategia de diversificación y complementariedad de ingresos que es de alguna manera coherente con la característica indígena esencial de ecoeconomía de uso múltiple y combinado del medio (en este caso también social).

Territorio: estructura de manejo y economía

Aproximadamente cuatro millones y medio de indígenas mexicanos (70 por ciento) viven en zonas rurales del país y fundamentan su subsistencia en las actividades primarias a través de relaciones muy especializadas con la tierra y los recursos naturales de su entorno territorial. Este sólido vínculo cultural-ambiental, que responde a miles de años de adaptación e interrelación de los pueblos indígenas con el medio natural del país, se apoya en la existencia de "las tres diversidades" señaladas por los científicos ambientales y sociales de México: la diversidad ecológica (decenas de ambientes naturales distintos); la diversidad

[14] Cálculos basados en INI/IDAI, 1991.

biológica (decenas de miles de especies vegetales y animales); y la diversidad cultural (decenas de culturas y lenguas indígenas), (Argueta, 1980; véase también Toledo, 1969). Durante varias décadas, sin embargo, el proyecto estatal asimilacionista que subestimó y se opuso al mantenimiento de la diversidad etnicocultural y lingüística del país, implícita o declaradamente fomentó un proceso análogo de homogeneización de las diversidades ecológico-biológicas de México. La transformación de la diversidad bioambiental (ecosistemas generalizados mantenidos y reproducidos por los campesinos indígenas) y su sustitución por ecosistemas especializados de monocultivos, deforestación para pastizales ganaderos, agresión tecnológica en contra de los policultivos y finalmente imposición poco discriminada de agentes químicos para el control de pestes y el incremento productivo, condujeron por años a una progresiva homogeneización ambiental.[15]

Hoy existen indicios de que un lento cambio en las actitudes y apreciaciones en relación con los recursos ambientales de los territorios indígenas y sus prácticas productivas, empieza a abrirse paso en la sociedad civil y entre contados administradores de los organismos indigenistas, aunque en las otras instituciones del sector agrario dominen todavía tendencias remanentes de la "revolución verde" y sus propuestas tecnológicas. Las zonas indígenas, clasificadas hasta hace algunos años como mal dotadas de recursos, marginales e inviables en términos productivos, empiezan a ser reinterpretadas como áreas

[15] La crítica a la agricultura mecanizada moderna tiene ya más de veinte años en México y se empezó a generar a partir de los biólogos y ecologistas, más que de los agrónomos, sobre los estudios de los propios investigadores estadunidenses como D. Pimentel, quien en 1973 publicara en *Science* el artículo "Food Production and the Energy Crisis". El descubrimiento de que el índice energético (energía obtenida sobre energía invertida) de la producción de maíz en los campos de los Estados Unidos había perdido 22 por ciento en 25 años, fue introducido como variable analítica en el caso de la agricultura tecnificada de México, llegándose a la conclusión de que la necesidad de gran inversión de energía se debía a un "modelo agrícola basado en el forzamiento ecológico que producen extensos monocultivos mantenidos por medio de grandes insumos de energía fósil (petróleo empleado en maquinarias, bombas, fertilizantes y pesticidas químicos)" (Toledo, 1969, pp. 31-37).

de potencial adecuado y de recursos naturales mejor preservados (INI, 1990). Lo anterior debido tanto a una menor penetración relativa de la frontera agropecuaria moderna en los territorios indígenas de menor acceso, como a la antigua y estrecha relación que los pueblos indígenas guardan con su ambiente, lo que les ha permitido un uso y aprovechamiento menos destructivo y más eficaz. El mismo Programa Nacional INI 91-94 señala que los conocimientos indígenas sobre la naturaleza incluyen a millares de especies biológicas, así como el conocimiento de las redes complejas de interrelaciones entre los múltiples componentes de los ecosistemas. Es esta larga tradición histórica de relación de los indígenas con el medio ambiente la que ha hecho de México uno de los ocho centros primarios del mundo de domesticación de un gran número de plantas (1990, pp. 17-19).[16]

Sin embargo es innegable que daños ecológicos graves, y a veces irreversibles, han tenido lugar en muchos territorios indígenas. Los factores múltiples y combinados causantes de este deterioro incluyen: la reducción territorial, el incremento demográfico que resulta en sobreexplotación, el sobrepastoreo de especies menores, la extracción externa de los recursos por parte de no indígenas (extracción de madera, intrusión de ganadería extensiva), la sustitución

[16] Una reciente recopilación de los estudios más importantes realizados en el campo de la etnobotánica y etnoagronomía de los indígenas de México, revela la enorme riqueza de los conocimientos y prácticas culturales de las etnias indias. Citaremos sólo algunos ejemplos: los tzeltales de Chiapas pueden distinguir 500 especies de plantas, los mayas de Yucatán reconocen 900, los purépechas de Pátzcuaro alrededor de 300, los huaves de Oaxaca 400. Con base en 33 estudios de etnobotánica realizados entre 18 grupos de indígenas y campesinos, se estima que hay unas cinco mil especies útiles manejadas. Los chinantecos de la región de Ojitlén, Oaxaca, distinguen, con base en el suelo, siete unidades básicas medio ambientales, cada una de las cuales con diferentes vocaciones y usos. De los 16 tipos de suelos reconocidos bajo el sistema FAO-UNESCO en la cuenca de Pátzcuaro, Michoacán, los purépechas tienen nombre para 15 de ellos reconociendo los mismos horizontes edáficos de los investigadores. Algunos sistemas agrícolas y hortícolas indígenas constituyen formas altamente eficientes en términos de rendimientos, permanencia y conservación ambiental: el sistema "marceño" desarrollado por los chontales de Tabasco produce entre ocho y diez toneladas de maíz por hectárea (entre los rendimientos más altos conocidos en México) a las orillas de los ríos en un período de solamente tres meses (véase Toledo, 1969, pp. 100-103).

de selvas por monocultivos agroindustriales y pastos exógenos, la apertura de carreteras para explotación forestal sin los debidos cuidados para evitar la erosión. La creciente conciencia ambientalista que está tomando forma en importantes sectores de la sociedad civil y del Estado, aunada a una fuerte militancia de las organizaciones indígenas en el campo de la lucha ecológica, abren posibilidades importantes para la integración de la dimensión ecológica (en particular etnoecológica) en los proyectos de autonomía y desarrollo rural en territorios indígenas.[17]

Territorio, comunidad y residencia

La relación entre los pueblos indígenas y sus territorios tiene significados e implicaciones mucho más complejas que la simple definición legal del régimen de propiedad y tenencia de los suelos. La territorialidad de los pueblos indígenas encierra milenios de residencia en espacios marcados indeleblemente por la historia y la cultura de cada pueblo, en los que cada accidente geográfico tiene nombre y memoria, en los que cada alteración del paisaje corresponde a actos voluntarios del pueblo indígena para ejercer su acción de civilización y de negociación con la naturaleza. Hay centenares de pueblos indígenas de México que están asentados en el mismo lugar donde sus antepasados fundaron el pueblo por primera vez hace 2 500 años. Hay sistemas de mercado indígenas que se han instalado en el mismo lugar cada semana durante los últimos tres mil años. En estos milenarios "días de plaza" o "de mercado", en estos "tianguis" se vuelven a reencontrar y

[17] Algunas de las organizaciones indígenas más importantes y activas que surgieron a principios de los años ochenta centraron su plataforma política sobre la defensa de sus recursos naturales: los chinantecos, mixes y zapotecos de Oaxaca fundaron organizaciones de peso en el debate político regional y nacional sobre el manejo de los recursos naturales de los pueblos indígenas y el papel del Estado y la iniciativa privada en estas actividades: véase Mejía Piñeros y Sarmiento, 1987; Gerez Fernández, 1991.

a comerciar pueblos que así lo han hecho por siglos, indistintamente de quien gobernara la provincia, o el país, o de cual sistema económico estuviera dominando el entorno. Las mismas variedades de maíz que fueron domesticadas por primera vez por indígenas mexicanos hace más de nueve mil años siguen siendo cultivadas en las mismas tierras de Tehuacán, Puebla, o Oaxaca por campesinos indígenas que descienden directamente de esos primeros cultivadores. El maíz, la tecnología de la milpa y las otras tecnologías agrícolas, las miles de variedades de plantas domesticadas y cultivadas por los indígenas mexicanos, pasaron a través de los siglos por agresiones e imposiciones de gran poder transformador. La más importante de todas fue la derivada de la invasión europea que sistemáticamente, durante el primer siglo de colonización, intentó suplantar los cultivos nativos por los importados. Sin embargo, una empecinada voluntad de resistencia de los pueblos indígenas, de lealtad a la propia tradición cultural, de confianza en la racionalidad de las propias soluciones productivas, evitó el colapso total de estos pueblos, posibilitó su lenta recuperación demográfica y su presencia contemporánea en el escenario de México en condición de comunidades con potenciales específicos de viabilidad en el mundo contemporáneo.

El paisaje territorial, marcado por siglos de interacción cultural, bautizado con centenares de nombres étnicos, defendido contra las invasiones y expropiaciones, muchas veces perdido ante caciques, terratenientes u otras comunidades a su vez expoliadas, es lo que el campesino indígena identifica como la propia comunidad. No un simple pedazo de tierra anónimo, sin historia ni cultura, que sirve para cultivar un producto que con suerte llega al mercado. En las tierras comunales indígenas hay más que certificados de tenencia de la República, títulos primordiales reconocidos por la Corona de España, ruinas de los antiguos que testimonian en contra de la solución de continuidad cultural: en estas tierras están sobre todo sepultados los muertos y las placentas de los nuevos vivos. Sobre estas tierras circulan libremente los "nahuales" que dan identidad, sentido de pertenencia y continuidad a una vida que, afuera del propio territorio, amenaza con perder direccionalidad. A estas tierras se vuelve, incluso desde California o Chicago, para celebrar cada año la fiesta de renovación de pertenencia. Esto es más que una suma de "mecates" o "almudes" o hectáreas de suelo para cultivar y de recursos para aprovechar, ésta es la propia patria que establece derechos especiales de ciudadanía, deberes sociales exigentes, demandas y ofertas de solidaridad y, sobre todo, ofrece un lugar y un espacio social seguro –aunque extremadamente pobre– en el que vivir, aun en las épocas de las peores crisis.

Tenencia y uso de recursos y tierras

Existen en México alrededor de dos mil comunidades indígenas oficialmente reconocidas y tituladas con aproximadamente 16 millones de hectáreas, es decir ocho por ciento del territorio nacional. Hay además un número no precisado de los 29 504 ejidos nacionales que dotan de tierras a comunidades indígenas. En gran parte de las comunidades y ejidos indígenas, sin embargo, no existe una correlación favorable entre cantidad de tierras y población campesina. En la mayoría de las comunidades y ejidos de indígenas predomina el minifundismo. Las cantidades originales de tierras con las que fueron dotados por la reforma agraria o las que lograron defender y mantener en posesión a través de los siglos, resultan frecuentemente insuficientes para dar cabida a las nuevas generaciones campesinas que se incorporan al cultivo y al manejo de los recursos (INI, 1990). Con mucha frecuencia áreas importantes de las tierras comunales han sido invadidas por agricultores o ganaderos no indígenas, mientras que otras porciones territoriales pueden estar parcialmente perdidas por arrendamientos, medianías y aparcerías y entregadas a personas ajenas a la comunidad. Otra situación que con frecuencia causa el abandono o inutilización de las tierras se relaciona con los conflictos limítrofes que ocurren con comunidades o pueblos vecinos.

El gobierno de México, a través del INI y de la Procuraduría Agraria, reconoce que hay un grave problema de indefinición agraria en el sector étnico de la población nacional, lo cual constituye un obstáculo para el uso y aprovechamiento de las tierras y recursos de los territorios indígenas (Presidencia de la República, 1991) y para la implementación de políticas sistemáticas de desarrollo rural. La ausencia de una formal definición agraria afecta profundamente a los pueblos indígenas. En principio, no existe ningún mecanismo legal que reglamente a la comunidad indígena como una forma específica de propiedad de la tierra. Desde la promulgación de la reforma agraria la comunidad indígena ha sido tratada, por analogía, como una propiedad ejidal. El derecho de la comunidad para definir el uso y la distribución de sus tierras y recursos, sin embargo, no ha sido regulado oficialmente y carece, por lo tanto, de sanción gubernamental. El derecho consuetudinario y tradicional de cada grupo indígena regula estos aspectos con bastante eficacia al interior de la comunidad, pero no puede funcionar en relaciones intracomunales ni en las relaciones de la comunidad con el resto de la sociedad regional y menos en aquellas relaciones que se dan con los organismos del Estado. La carencia comunal de documentación oficial de sus propias posesiones, de sus límites territoriales y del reconocimiento de sus autoridades, causa un estado permanente de inseguridad de la entidad social indígena frente al Estado y a la sociedad restante no facilitándole a sus miembros, tanto individuales como colectivos, el ser sujetos de atención de los organismos estatales de desarrollo y menos aún sujetos de crédito.

Esta condición de semilegalidad e indocumentación de miles de comunidades y millones de comuneros indígenas debería haber sido resuelta por el gobierno de México con legislación y reglamentaciones específicas tales como la modificación del artículo 4° constitucional que reconoce y protege oficialmente a los pueblos y comunidades indígenas y compromete al Ejecutivo federal a emitir una legislación reglamentaria sobre los pueblos y comunidades étnicas. Sin embargo, dicha reglamentación no ha sido ni consultada con los indígenas ni promulgada debido también a la fuerte oposición de las organizaciones políticas indígenas que a partir de la insurgencia zapatista de enero de 1994 se han opuesto a toda forma de legislación indigenista que no sea consultada y que no cuente con la plena participación de organizaciones indígenas representativas (véase Convención Nacional Electoral Indígena, 1994, pp. 4-5).[18] Por otro lado, desde la insurgencia zapataista de 1994 el INI y otras instancias estatales han tratado de remediar este grave vacío legislativo a través del apaciguamiento político-financiero de un número seleccionado de comunidades que son sujetas de una agresiva política de apoyo financiero y técnico e través de los Fondos Regionales de Solidaridad, Procampo (Programa de Apoyo Directo al Campo), Procede (Programa de Certificación de Derechos Ejidales y Titulación de Solares Urbanos) y Progresa (Programa de Educación, Salud y Alimentación).[19]

[18] Desde esta primera posición de los pueblos indígenas de México tomada inmediatamente después de la insurrección zapatista han ocurrido centenares de congresos, encuentros, movilizaciones, acciones de resistencia política, negociaciones y propuestas indígenas ante la sociedad política y la sociedad civil de México; sin embargo, se puede afirmar que el logro "político-legal-jurídico" más importante del movimiento de los pueblos indígenas de México para su autonomía y autodeterminación fue la firma en 1996 de los Acuerdos de Paz de San Andrés Larráinzar entre el Ejército Zapatista de Liberación Nacional y el Gobierno Federal de México. Como se sabe, una versión desvirtuada y mutilada de los Acuerdos de San Andrés fue aprobada como ley por el Congreso de la República en abril de 2001 y rechazada por el EZLN y la gran mayoría de las organizaciones indígenas nacionales e internacionales (véase Stephen, 2002).

[19] La información concentrada al mes de diciembre de 1991 indica que el INI había concedido un monto total de 74 364 280 000 000 a 3 592 comunidades y ejidos indígenas; de estos créditos se había empezado a recuperar ya 19.6 1 por ciento (INI, 1992).

Uso múltiple combinado y la base milpera

Más allá de la compleja y extensa discusión teórico-política sobre la economía campesina de los indígenas de México, hay consenso sobre el hecho de que la producción indígena tiende o aspira a ser relativamente autosuficiente.[20] La familia campesina indígena consume una porción sustancial de su propia producción y trata de producir gran parte de los bienes que necesita. La característica concomitante de esta producción es que se trata de un proceso basado predominantemente en el trabajo familiar, con mínimos requerimientos de aportes laborales externos, que en general son obtenidos a través de mecanismos institucionales indígenas basados en los principios de reciprocidad que garantizan la retribución pospuesta de cantidades análogas de trabajo en el momento oportuno.

Análisis etnográficos más detallados revelan que la "lógica de reciprocidad" no se aplica indiscriminadamente a todos los miembros de la comunidad, sino que se ejerce a través de claras y conocidas líneas familiares y de parentesco según reglas que tienden a segmentar a la comunidad en grupos con intereses económicos y sociales particulares. Si bien la actividad agrícola tiende a ser dominante en la unidad familiar indígena, la economía (y la subsistencia) se basa en la combinación de varias prácticas que pueden incluir la recolección de plantas e insectos, la caza, la pesca, la cría de animales domésticos de traspatio, de ganado menor y mayor, la producción de pequeña industria y artesanía, el comercio al interior de la comunidad o en el sistema regional de mercado y la venta de mano de obra estacional o intermitente en el mercado laboral agrícola o urbano. En este senti-

[20] Existe abundante literatura sobre este tema en general y menos sobre los casos concretos de los pueblos indígenas de México; basamos estos párrafos sobre los aportes de Toledo *et al.*, 1976; Toledo *et al.*, 1985; y Toledo, 1990.

do se puede afirmar que tanto la unidad familiar indígena, como la comunidad que la contiene, constituyen unidades económicas diversificadas en las que se combinan distintas estrategias de producción y actividad económica en un calendario anual (y en ciclos vitales individuales y familiares variados) en el que se intenta maximizar la disponibilidad de la mano de obra familiar y del parentesco para ciertos momentos claves de la actividad agrícola. Esta economía de autoabasto se apoya fundamentalmente en el eje de producción milpera, en el aprovechamiento múltiple y combinado de los recursos naturales y en la creciente diversificación de actividades económicas que han ido transformando a la comunidad indígena de una entidad eminentemente agrícola, a una unidad rural de actividades productivas múltiples y combinadas.

Ninguna de las características indicadas hasta aquí, sin embargo, distingue con demasiada nitidez a la economía y a la cultura indígena de la que han desarrollado los campesinos no indígenas de infrasubsistencia y subsistencia: estos últimos practican una cultura económica esencialmente similar. Las estrategias campesinas para una economía de la autosubsistencia se parecen a todo lo largo y ancho del México rural y constituyen el carácter genérico de las prácticas sociales del campesinado pobre. Prácticas que fueron aprendidas, por otra parte, en la misma escuela secular de marginación económica. Lo específico y peculiarmente étnico, aquello que pertenece con exclusividad a los pueblos indígenas y que les ha permitido enriquecer sus estrategias de resistencia y resolver con relativo éxito su reproducción cohesionada como etnias culturalmente diferenciadas, apegadas con insistencia a sus territorios, debe ser buscado en la compleja función práctica y simbólica de la actividad milpera como eje del sistema de relaciones sociales, de pertenencia y de identidad étnico-comunitaria. La insistencia indígena en la actividad milpera, en cultivar empecinadamente, año tras año, las escasas hectáreas o mecates de maíz, frijol, calabaza, contra toda aparente racionalidad económica, debe ser entendida como la acción que da acceso al individuo (y a su familia) a la comunidad, a la red social comunitaria, y lo mantiene como parte integral de la misma. Milpa, para un indígena, significa pertenencia a su comunidad, es acceso cíclicamente renovado a la seguridad de formar parte de un cuerpo social que reafirma su identidad (y la pertenencia a esa identidad) a través de ceremonias periódicas que fundamentalmente simbolizan el vínculo entre la pertenencia solidaria a un espacio patrimonial que se usufructúa en la producción individual y familiar, y el colectivo que lo posee, lo protege y lo defiende. Si no se tiene la milpa, si año tras año, por los azares de la migración, se deja de cultivarla, cuando ni siquiera la esposa puede ocuparse de ella o ningún otro miembro de la familia pueda asumirla, el sentido asignado y atribuido de pertenencia a la comunidad se debilitará hasta eventualmente perderse. El sentido compartido de pertenencia comunal podrá atenuarse durante un tiempo de incumplimiento y ausencia. Las remesas de dinero reponen los gastos de los servicios comunales y el "tequio", algunos de los "cargos" de los niveles inferiores pueden ser sufragados por el mismo sistema, el cumplimiento de la "mayordomía" puede ser postergado durante algunos años, pero es finalmente el retorno o no a la tierra milpera lo que define la pertenencia a la comunidad o su abandono definitivo. Ese sentido y sentimiento de "pertenencia distante" que tanto caracteriza al migrante indígena en las ciudades de México o en los Estados Unidos, en contraste con el migrante rural no indígena, se relaciona precisamente con esta manera particular de enraizamiento a la propia tierra y sociedad comunal.

La actividad milpera indígena sintetiza y genera, por lo tanto, un conjunto de subproductos intangibles que exceden de sobra la dimensión puramente económica: la milpa es seguro y paradigma de pertenencia; es ámbito que genera y por donde transita información culturalmente codificada; es espacio de reproducción social; es índice sintético de identidad. La milpa indígena es en este sentido un recurso cultural y debe ser considerada como un bien del capital organizacional de la comunidad.

Análisis aparte merecería el complejo papel que juega la mujer en la economía política de la comunidad indígena. En las comunidades, producción y reproducción social se integran, tanto a través de las instituciones económicas, como a través de la importante vida ceremonial (que en el colectivo indígena es siempre expresión política). Hombres y mujeres tienen responsabilidades y obligaciones particulares en las actividades ceremoniales que son complementarias y no podrían ser ejecutadas sin la participación de ambos. El trabajo familiar femenino (y para el efecto el de los niños) tiene una función esencial para apoyar a los hombres cuando tienen que cumplir con cargos cívico-políticos en el municipio y la comunidad: son las mujeres las que tienen que reclutar trabajadores entre la red de parientes y compadres; son ellas las que tienen que remplazar el trabajo masculino en la unidad familiar cuando el hombre tiene que cumplir con un "cargo", o cuando se ausenta como migrante.[21] En comunidades donde el nivel de responsabilidad económica femenina se incrementa, debido tanto a las ausencias temporales masculinas, como por ejemplo al incremento de la productividad artesanal de las mujeres, está teniendo lugar un lento y difícil proceso de expansión de la participación política femenina. Pero no cabe duda de que al alto nivel de autoridad que las mujeres indígenas tienen en cuanto a la reproducción social, no le corresponde por cierto un análogo poder político en el campo de la producción, aunque ésta recaiga de manera creciente sobre ellas.

En el aspecto agroecológico la milpa y las estrategias de uso múltiple de los recursos naturales, de los nichos ecológicos y de los ecosistemas,

[21] Véase en particular Stephen, 1988 y 1991.

en realidad representan dos aspectos complementarios de un único sistema productivo cuyo principio esencial consiste en reproducir en la parcela de cultivo (y mantener y reproducir en los otros ámbitos de actividad agroecológica) la misma arquitectura de diversificación combinada de varias especies en un espacio reducido que se encuentra de manera natural en el entorno no cultivado.

La estructura de la milpa indígena mesoamericana ha sido estudiada por la antropología desde los años cincuenta y posteriormente por los ecólogos culturales como parte de un conjunto de prácticas agroecológicas sostenibles que empezaron a observarse en varias regiones indígenas del mundo. Eric Wolf sintetizó las características de la milpa mesoamericana llamándola la "tríada sagrada" en la que maíz, frijol y calabaza, sembrados de manera entremezclada en el mismo lote de tierra, logran varios propósitos de preservación ecológica, de productividad, de diversificación alimentaria. El cultivo combinado de las tres plantas diversifica, complementa y compensa las demandas nutricionales sobre los suelos (el frijol que se planta junto el maíz y se enreda sobre la misma planta retorna nitrógeno al suelo que a su vez es absorbido por el maíz). La combinación en un espacio concentrado de muchas variedades reduce los riesgos de pestes. La cobertura de follaje que se obtiene con la siembra de la calabaza rastrera protege al suelo tanto del aumento excesivo de temperatura como del impacto directo de las lluvias reduciéndose así la erosión y el proceso de mineralización. A través del cultivo y del manejo intencional de la diversidad biótica el campesino indígena crea en la milpa una réplica productiva de esa misma diversidad ambiental del entorno.[22] La milpa de esta manera se mimetiza con el ambiente, más

[22] La combinación alimentaria del maíz transformado en tortilla, el frijol, el chile, la calabaza fresca, endulzada o de semillas secas, más las verduras asociadas espontáneamente al crecimiento de la milpa, la docena de llamados "quelites", a los que hay que añadir los insectos "chapulines", "chicatanas", gusanos, constituye un reflejo, a nivel de consumo, de la misma diversidad de la milpa. Esta combinación alimentaria

que confrontarse con él. El ambiente transformado (agroecosistema) se distancia menos del ambiente natural (conjunto de ecosistemas en sus etapas de sucesión) como resultado de la manipulación campesina indígena que mantiene y favorece la heterogeneidad del espacio y la diversidad biológica y se opone y evita la especialización de los espacios naturales y de las actividades productivas. Es por esto que el productor indígena no es exclusivamente un agricultor, ni menos un agricultor especializado. Finalmente las estrategias de diversificación productiva y agroecológica protegen a la economía familiar indígena tanto de los cambios y riesgos ambientales como de las fluctuaciones del mercado (Toledo, 1990, p. 55).

En condiciones normales una hectárea y media de tierra de temporal sembrada con el sistema de policultivo milpero (cultivo asociado básico de maíz, frijol y calabaza) rinde los alimentos esenciales mínimos de un año para una familia de cinco personas. Esta misma parcela requiere un promedio de 50 jornales de trabajo anuales en las zonas templada húmeda y subhúmeda y 80 jornales en las zonas tropical húmeda y subhúmeda (por el trabajo de deshierbe) o un máximo de otros 50 jornales si es que se necesita tumbar y quemar el monte primario (véase Pérez Ruiz, 1992, 1994).[23]

El resultado de este manejo múltiple y combinado del ambiente por parte del campesino indígena se encuentra reflejado, de alguna manera, en el paisaje ecológico nacional. No es accidental que

---

ha sido analizada bromatológicamente por el Instituto Nacional de Nutrición de México, resultando una dieta extremadamente completa en carbohidratos, proteínas y vitaminas, con una escasez relativa de grasas que pueden ser obtenidas tanto a través de productos vegetales como aguacates, cacahuates, o por grasas de animales domésticos y silvestres.

[23] Los mismos datos básicos son manejados por el personal del INIFA, Instituto Nacional de Investigaciones Forestales y Agropecuarias de la SARH, comunicación personal. Obviamente existe una cantidad extensa de variables que hacen muy difícil establecer una generalización válida para todas las zonas ecoagrológicas y todos los grupos indígenas del país. Así por ejemplo el estudio de CEPAL (1982) ubica a una familia campesina en la categoría de infrasubsistencia ("potencial productivo de la unidad es insuficiente para la alimentación familiar") cuando maneja una superficie arable de temporal de cuatro hectáreas.

70 por ciento de las áreas forestales del país (bosques templados y selvas tropicales) se encuentren aún bajo control y protección de comunidades indígenas y ejidos y que en algunas de las regiones indígenas se manifiesten bajos niveles relativos de daño ambiental. Cada año 700 mil hectáreas de bosques templados y tropicales del país se pierden por deforestación y expansión de la ganadería empresarial, mientras que 11 de las principales cuencas del país están fuertemente contaminadas por actividades agroindustriales y 500 mil hectáreas (diez por ciento del total de la agricultura hidráulica en México) han sido perdidas por la sobreexplotación de los mantos acuíferos de la agricultura comercial (Toledo, 1991, pp. 27-28). El "ambientalismo indígena" no puede ser interpretado exclusivamente como una modalidad de ecologismo por omisión, que manifiesta más la ausencia de inversiones y de desarrollo que el ejercicio voluntario de una política de racionalidad ecológica. Se trata, con toda probabilidad, de las dos cosas a la vez. Lo obvio, sin embargo, es que las pocas selvas tropicales que quedan en el país (Lacandona, Chimalapas, Quintana Roo) han sido salvadas por el manejo tradicional indígena, y más recientemente por planes y proyectos indígenas de manejo productivo racional.[24]

Al mismo tiempo es necesario moderar estas afirmaciones reconociendo que algunas de las regiones indígenas han sufrido el enorme impacto histórico de la devastación ecológica causada por los factores

[24] En octubre de 1991 las comunidades indígenas zoques de San Miguel y Santa María Chimalapa fundaron el Comité Nacional por la Defensa de los Chimalapas con vista a gestionar ante el gobierno federal la creación de un Área Natural Protegida para las selvas de sus territorios comunales. En junio de 1992, con la colaboración de grupos de ecologistas nacionales, los zoques presentaron al gobierno una propuesta para la creación de la "Primera Reserva Campesina en los Chimalapas". Este proyecto de desarrollo indígena campesino combina de manera innovadora las nociones de desarrollo rural con la conservación ambiental, proponiendo la autorregulación participativa en el uso del suelo, el establecimiento de proyectos experimentales de producción silvícola y pecuaria y la formulación de un Plan de Manejo de la Reserva Campesina. Los comuneros zoques expresan con toda firmeza su crítica a cierta visión desarrollista "...estrecha y torpe... [que se afana] por implantar una modernización obsoleta y anti-ecológica... Para el mundo que hoy está obligado a enfrentar una

combinados de reducción del espacio territorial, incremento demográfico, introducción indiscriminada de especies y tecnologías no apropiadas y/o demandas productivas ecológicamente insostenibles (el ejemplo extremo sería la región de las mixtecas Alta y Baja de Oaxaca y Puebla). Es decir que resulta fundamental distinguir con claridad el deterioro ambiental causado por la "racionalidad" de la economía de mercado del nivel de daño y alteración ecológica implícito en la racionalidad económica, de la producción indígena y finalmente los distintos grados y modalidades de articulación de las unidades productivas indígenas campesinas con la economía de mercado. Una aplicación de la noción de la *tragedy of the commons* no discriminada por estratos sociales, niveles de interacción con el mercado y carga histórica heredada de manejo ambiental, no solamente es inválida sino que descalifica por entero el proyecto de civilización agraria indígena de Mesoamérica.

Las alternativas de la memoria cultural

En la categoría analítica de la interacción con el mercado obviamente hay que incluir las ausencias temporales de los comuneros causadas por la venta de la fuerza de trabajo en regiones distantes: la migración a ciudades, a fincas regionales o al circuito nacional e internacional de las agroempresas del noroeste y los Estados Unidos. La respuesta a la pobreza por salida migratoria y semiproletarización, con la consiguiente disminución de ciudadanos comuneros, significa en esencia una pérdida de recursos sociales para la comunidad, un deterioro del

severa situación de 'recursos limitados', nadie es más requerido que ese sector social que durante siglos ha sobrevivido mediante el manejo riguroso de la escasez: el campesinado" (Comité por la Defensa de los Chimalapas, 1992). El mismo tipo de preocupación ecológica se expresa e implementa en algunos de los proyectos productivos multicomunales indígenas más exitosos tales como Uzachi, Unión de Comunidades Forestales Zapotecos-Chinanteca de la Sierra Juárez de Oaxaca; la empresa forestal de los "Pueblos Mancomunados" del distrito de Ixtlán, Oaxaca; los productores cafetaleros orgánicos mames de Chiapas, Ismam (Indígenas de la Sierra Madre de Motozintla) y la "Unión de Uniones Ejidales Pajal Ya Kak'tic" de Chiapas.

sistema social, de la gestión y control colectivo de los recursos, un debilitamiento de la capacidad de liderazgo (ya que tienden a migrar preferentemente los hombres de los estratos medios con capacidad de iniciativa). En este orden de causas exógenas hay que buscar los factores complementarios (eminentemente sociales y políticos) de una espiral de deterioro ecológico y productivo de ciertas regiones étnicas cuyos fundamentos endógenos (reducción del espacio productivo, incremento poblacional) se han ido acumulando durante décadas. La expatriación (deportación económica) periódica masiva con todas sus consecuencias de debilitamiento del cuerpo social, sin embargo, no causa el derrumbe del "estado" comunal indígena, fundamentalmente porque las ausencias de los migrantes no significan el abandono definitivo y le desresponsabilización del individuo de sus derechos y deberes ciudadanos. Por reiterados que sean los viajes migratorios, por grande que sea la participación de los miembros familiares en los trayectos de migración, por distantes que sean los campos de trabajo (California, Oregon, Washington, Illinois o Alaska en los Estados Unidos), el migrante indígena concibe y maneja sus salidas de la comunidad como ausencias siempre provisionales que no lo desvinculan de la red de relaciones sociales y políticas de su comunidad, que no lo privan de su pertenencia. Paradójicamente los migrantes, en sus ausencias y en sus retornos, reconfirman con fuerza e insistencia su pertenencia a la comunidad cumpliendo estrictamente con los deberes ceremoniales, usando fielmente la red de relaciones sociales de la comunidad expatriada (es solamente a través de ella que se puede migrar eficaz y económicamente), comprometiéndose solidariamente con la gestión social, económica y política de la colectividad, reinvirtiendo, en suma, el gasto social en la misma comunidad.[25]

[25] Un ejemplo de este tipo de solidaridad se encuentra en la iniciativa de 1992 del Frente Mixteco-Zapoteco Binacional (coalición de ocho organizaciones de migrantes indígenas en California y Oregon) de organizar

Es en estas líneas de análisis de una economía campesina indígena compleja, con su énfasis en la producción agrícola de autoconsumo basada en formas simbióticas de asociación con la naturaleza y la diversificación de las fuentes de ingreso, que debe constituirse el punto inicial de partida de cualquier plan de desarrollo rural indígena que aspire a crear las bases estructurales de las autonomías comunales, regionales y eventualmente étnicas. Las estrategias para la producción de excedentes susceptibles de entrar en la economía de mercado deben ser establecidas después de haber reforzado (o recuperado si así fuera el caso) y garantizado la reproducción de una sólida base milpera de autoabasto (Toledo, 1991, 57). Esta base milpera debe ser considerada como el mínimo irreducible de la economía familiar y comunal indígena y de su sistema social cualesquiera sean los planes alternativos y complementarios de diversificación productiva agrícola o económica en general, incluyendo el factor de la migración. Se trata de una red de seguridad esencial que cumple, al mismo tiempo, varias funciones de orden social, cultural y ecológico. Para la familia indígena tener maíz almacenado en la troje al final de la estación de cosecha es tener la garantía de que se puedan superar todas las otras crisis. Si no se cuenta con esta reserva hay que valerse de otros recursos, o hay que emigrar, a veces en masa.[26] Pero la base milpera, como se ha visto, es mucho más: es uno de los ejes sobre los cuales se estructura y opera la red social de la comunidad. Apoyarla significa reforzar uno de los capitales organizacionales más importantes de la población indígena y consecuentemen-

un sistema de apoyo para el desarrollo rural de sus comunidades de origen que incluye la búsqueda de fondos en los Estados Unidos y en México, el uso de ahorros propios y la movilización de ayuda técnica endógena y externa (véase Frente Mixteco-Zapoteco Binacional, 1992). Véase a este respecto dos excelentes estudios: Velasco Ortiz (2002) y Besserer (1991).

[26] Por otra parte esta estrategia no vendría sino a confirmar la centralidad del maíz en la economía no solamente de los indígenas sino de todos los campesinos pobres: "Maiz is central in the economy of the poor households. Nearly 90% of agricultural produce consists of maiz while between 40% to 60% of household food expenditures is incurred for maiz..." (World Bank, 1986).

te garantizar que las intervenciones externas para viabilizar formas de desarrollo se den a partir de un sólido anclaje cultural.

Propugnar el apoyo y el refuerzo de la base milpera como condición mínima previa a las otras propuestas de desarrollo no significa una sobrevaloración extemporánea de prácticas culturales indígenas consideradas como patrimonio nacional a salvarse. Se trata, en cambio, de reconocer el carácter de recurso cultural utilizable de esta característica esencial de la población indígena para dar paso al proceso de "automodernización" de la economía familiar y comunal del campesinado indígena. La realidad estadística del país nos confronta con el hecho descarnado de que por lo menos 70 por ciento de la población indígena finca su subsistencia en las actividades primarias diversificadas, y dentro de éstas en primer lugar la milpera para autoabasto. Con frecuencia se agrega a esta producción el cultivo de algunos productos comerciales para la obtención de dinero. Se sabe que 65 por ciento de los productores de café (el más importante renglón de las exportaciones agropecuarias del país hasta 1989) son indígenas que aportan 30 por ciento de la producción. A este producto de exportación hay que agregar otros como el cacao y la vainilla; y frutales y otros cultivos comerciales entre los que destacan el amaranto, varios tipos de maguey y nopales, la jícama y por lo menos otras cincuenta plantas "nativas" mexicanas cuyas posibles aplicaciones y desarrollo tecnológico aún está por hacerse.

La escuela política del exilio

El análisis anterior constituye el marco de la economía política de los pueblos indígenas de México en los albores del siglo XXI. Y éste, por lo tanto, es el contexto del que emerge y en el que encuentra sustento y razón la migración nacional y transnacional de los pueblos indios. Los escasos datos cuantitativos oficiales de que se dispone indican que 15 y 16 por ciento de mixtecos y zapotecos respectivamente migran al interior del país (véase INI, 1990, p. 14); es posible inferir de manera prudente que un porcentaje similar migra a los Estados Unidos, con lo cual se tendría una cantidad estimada de un tercio de estos dos pueblos indígenas en estado de expatriación cíclica y semipermanente. Los mixtecos, junto con los zapotecos, los triques, los chinantecos, los mixes, los mazatecos y los purépechas de Michoacán constituyen las primeras etnias indígenas que han tomado la opción de la diáspora trasnacional cíclica y masiva como una solución extrema a su propia supervivencia. Una lectura minuciosa del análisis socioeconómico que presentamos que seguramente nos indicará en el futuro otras regiones étnicas empezarán a expulsar masivamente a sus propios pueblos en los próximos años, si no se producen cambios radicales en el proyecto económico y social del país por la propia decisión sensata de las clases políticas dominantes o por la iniciativa organizada de los indígenas y otros sectores solidarios de la sociedad civil.

Es claro, sin embargo, que ningún proyecto de autonomía, autodeterminación y de desarrollo e independencia económica indígena en los ámbitos comunal, regional, étnico o multiétnico podrá sostenerse sin el correspondiente proceso de democratización política local y nacional que han estado demandando con insistencia las sociedades civiles mexicanas indígenas y mestiza. Hay que reconocer también que las demandas indígenas de independencia, autodeterminación, respeto a los derechos étnicos y humanos y de reformulación profunda de las estructuras político-administrativas del Estado, expresadas en el lenguaje correspondiente a cada época, son tan antiguas como la relación colonial misma. Desde las primeras guerras y rebeliones indias de principios del siglo XVI hasta la insurrección zapatista de Chiapas en vísperas del tercer milenio, pasando por largos periodos de resistencia y oposición clandestina, los indígenas han luchado permanentemente por el restablecimiento de su soberanía. Si hay una novedad en esta politización indígena es el propio descubrimiento del fenómeno por parte de la sociedad nacional que lo había ocultado permanentemente con su soberbia etnocéntrica y su arrogancia racista.

Las luchas políticas de los migrantes indígenas oaxaqueños a California se insertan en esta secular tradición de resistencia y de propuestas sociales alternativas y soberanas. Desde los ochenta los migrantes mixtecos en California se han organizado en varias asociaciones de defensa de sus derechos humanos, laborales y culturales. La experiencia de desplazamiento trasnacional y transestatal de estos campesinos indígenas expatriados de sus comunidades corporativas al mundo de las agroempresas y de la economía neoliberal global, cuajó en una agudización y radicalización de su conciencia étnica y política. La deportación a un espacio político-nacional diferente con fuertes característica trasnacionales, la reagrupación de miembros de diferentes aldeas mixtecas percibidas tradicionalmente de manera fragmentada y parroquial, en una nueva "comunidad" multimixteca o étnicamente mixteca, la experiencia de una sistemática discriminación etnicoracial, no sólo por parte de los californianos, sino de los otros migrantes mestizos mexicanos, han creado las condiciones para una reconstrucción simbólica de la comunidad etnopolítica mixteca en el exilio.[27] Ya en 1991 las asociaciones mixtecas de California se unieron con unas veinte asociaciones de migrantes zapotecos del área de Los Ángeles y formaron el Frente Mixteco-Zapoteco Binacional. Tanto las asociaciones mixtecas como posteriormente el FM-ZB en distintas ocasiones lograron entrevistarse con los gobernadores del estado de Oaxaca ante los cuales presentaron denuncias y demandas precisas en relación con

[27] Me apoyo en esta sección de mi análisis en los trabajos de Michael Kearney (1992, 1996) sobre los migrantes mixtecos, en especial su libro *Reconceptualizing the Peasantry* en donde sintetiza los análisis fundamentales de la migración oaxaqueña a los Estados Unidos realizados por él en los últimos años. Para la discusión sobre el poder simbólico de la comunidad véase Cohen, 1985.

sus necesidades tanto en California como en Oaxaca. En un indiscutible signo de la importancia política de estas organizaciones indígenas, tres gobernadores del estado de Oaxaca y el candidato presidencial del partido de oposición, PRD, ingeniero Cuauhtémoc Cárdenas, visitaron el Frente. En una de las confrontaciones con el representante ante el gobierno federal del estado de Oaxaca, miembros del FM-ZB en el territorio mixteco secuestraron al funcionario y lo retuvieron hasta obtener un compromiso escrito de cumplimiento a viejas demandas y promesas incumplidas.

La radicalización política de los migrantes mixtecos se expresa no sólo en el campo de las demandas económicas y sociales y en las exigencias de que tanto las autoridades mexicanas como las norteamericanas respeten los derechos humanos y laborales de los trabajadores indígenas migrantes en los Estados Unidos y en México, sino también en el campo propiamente de los "derechos étnicos". Me perece que éstos pueden ser entendidos como los derechos específicos de los pueblos indígenas migrantes trasnacionales a establecer relaciones cualitativamente distintas con los gobiernos que ejercen soberanía parcial y limitada sobre los espacios (territoriales y sociales) ocupados cíclicamente por los indígenas de la diáspora. En 1994 otros pueblos indígenas migrantes presentes en el estado de California, chinantecos, chatinos, mixes y triques, solicitaron su ingreso al FM-ZB que tuvo que cambiar su nombre para hacerlo más inclusivo, al de Frente Indígena Oaxaqueño Binacional (FIOB) que aceptará entre sus filas a cualquiera de las 16 etnias indias de Oaxaca.[28]

De los múltiples aspectos del proceso de etnopolitización que se está dando entre los migrantes indígenas a California, deseo señalar sola-

[28] Laura Velasco Ortiz presenta un cuadro exhaustivo de 13 organizaciones de migrantes oaxaqueños en la frontera entre California y Baja California, además del FIOB. Todas estas organizaciones tienen objetivos de derechos humanos y laborales, derechos políticos y culturales y objetivos de desarrollo (2002, p. 141).

mente algunas tendencias que creo simbolizan los notables avances en el campo del análisis político y de la elaboración de una moderna ideología panindígena libre tanto de vicios fundamentalistas como de chauvinismos étnicos. A partir de 1992 el FM-ZB comienza a promover el establecimiento en Oaxaca del Centro de Desarrollo Regional Indígena (Cedri), cuyos miembros son varias comunidades indígenas de Oaxaca y sus correspondientes "comunidades en el exilio o en la diáspora" en California. El objetivo principal del Cedri era replantear en el estado de Oaxaca las relaciones entre las comunidades indígenas de la diáspora y el gobierno. En el plano inmediato el Cedri buscaba avanzar en el estudio y la promoción de los recursos bióticos y tecnológicos indígenas para substraerse a la dependencia financiera y tecnológica fomentada intencionalmente por el desarrollismo oficial. A través de sus vínculos trasnacionales la organización buscaba apoyo financiero y técnico internacional para lograr mayor autonomía frente al poder de cooptación de los organismos gubernamentales de México (Kearney, 1992, pp. 5-6). El principio fundamental que sustenta esta iniciativa de la diáspora mixteco-zapoteca es que la soberanía y autodeterminación de las etnias indias tiene que construirse a partir del redescubrimiento de la originalidad e independencia de los conocimientos, tecnologías, soluciones y propuestas de los pueblos indígenas. La estrategia consiste en desplazar intencionalmente el debate político (de la economía política) con el Estado a un nuevo espacio discursivo que los tecnócratas del Estado y del partido no conocen ni controlan, empezando, de esta manera, a dejar de jugar un papel subordinado y reactivo para construir, en cambio, la bases de una contra-hegemonía activa. Este "desplazamiento discursivo, (Kearney, 1992, p. 6) cuestiona las mismas premisas implícitas de todo desarrollismo de los economistas neoclásicos/neoliberales, es decir la hipótesis eurocéntrica de un evolucionismo social unilineal. El mundo y la historia no se reducen exclusivamente a dos opciones: subdesarrollo (y/o no desarrollado) y desarrollo, según la definición autoritaria e incuestionable de los economistas del Banco Mundial y del Fondo Monetario Internacional (y sus sacristanes locales). En lugar de esta visión histórica monopolizadora y exclusivista del Estado-nación ahora al servicio del proyecto de globalización trasnacional, los campesinos indígenas recuperan el milenario arte mesoamericano de la coexistencia creativa en la diversidad[29] y ofrecen la posibilidad de "historias múltiples", de proyectos sociales y de civilización alternativos y complementarios en los que la adopción de tecnologías, estructuras organizativas, productivas, de circulación y consumo no tiene que significar el desplazamiento y la muerte de fórmulas previas sino un proceso de adaptación y convivencia creativa. Ésta es la verdadera propuesta democrática de los pueblos indios de México: no la simple reforma legalista de fórmulas y juegos electorales, sin duda importantes, sino la revisión radical de las formas múltiples de convivencia posibles entre proyectos sociales diferentes, compatibles y complementarios.

A fines de diciembre de 1993 el FM-ZB realizó su primer Congreso General Extraordinario en Los Ángeles, California, en el que participaron delegados de las once organizaciones que integraban el Frente. A los pocos días del Congreso el FM-ZB fue sorprendido como el resto de México y del mundo por las noticias de la insurrección zapatista maya en Chiapas y emitió las siguientes declaraciones:

> A quince días de haber concluido el congreso, nuestros hermanos indígenas mayas del estado de Chiapas dijeron BASTA levantándose en armas en contra del gobierno para exigir las ancestrales demandas de los pueblos indígenas: JUSTICIA, LIBERTAD y DEMOCRACIA *(El Tequio, 1994)*.[30]

[29] Esta característica civilizatoria de los pueblos mesoamericanos fue señalada brillantemente hace casi cincuenta años por Eric Wolf en su clásico estudio *The Sons of the Shaking Earth* (1959).
[30] *El Tequio* es un boletín informativo del FIOB (llamado en 1994 FM-ZB).

> No nos extraña lo que acontece en Chiapas. Nuestra experiencia [...] nos da la razón para apoyar totalmente las demandas que los hermanos chiapanecos han presentado a través del Ejército Zapatista de Liberación Nacional (EZLN). Es entendible que en Chiapas se hubieran tenido que utilizar las armas como uno de los últimos recursos legítimos de nuestros pueblos para conseguir justicia, democracia y respeto a nuestros Derechos Humanos [...] las vías no violentas utilizadas por nosotros en el pasado siempre fueron rechazadas como aquí lo documentamos en nuestra propia experiencia [...] nuestra realidad demanda de nosotros nuestra entera solidaridad con la plataforma que enarbola el EZLN [...] (FM-ZB, 1994).

La segunda declaración del Frente Mixteco-Zapoteco Binacional continúa con un análisis detallado de varios artículos constitucionales (3, 4, 27, 115, 123) que afectan profundamente las relaciones de los pueblos indígenas con el Estado. Se trata de una crítica de la política indigenista de cooptación y represión ejercida por los organismos estatales y por el partido oficial, así como de una severa objeción a la política económica, social y cultural emprendida por México. El Frente encuentra que las propuestas gubernamentales implícitas en la modificación del artículo 4° constitucional tienen un "tono estrechamente culturalista", no responden a "nuestra situación de pluriculturalidad como trabajadores indígenas migrantes insertos en una economía trasnacional". Los indígenas migramos por el "colapso ecológico de nuestros territorios... por la histórica y deficiente administración de los recursos naturales del Estado mexicano... [por] la crisis económica que ha generado esa misma administración en la que nunca se tomó en cuenta la sabiduría de nuestros pueblos asentados en sus territorios milenarios..." (1994a, p. 2).

La Declaración propone y demanda la creación de "regiones pluriétnicas" en las que los pueblos indígenas ejercerán su propia autodeterminación y establecerán una relación autónoma con el Estado nacional mexicano. Entre los puntos conclusivos el Frente pide el más amplio apoyo de todas las organizaciones indígenas de México y del continente para establecer una lucha unitaria de todos los pueblos indígenas en los que los objetivos específicos de cada pueblo y los generales de todos los indios puedan ser logrados (1994a, p. 4).

El día 10 de abril de 1994 a las 10 de la mañana una marcha convocada por los indígenas oaxaqueños del Frente recorrió la calle Lorena, la Avenida César Chávez, la calle Mission hasta llegar al monumento a Zapata en el Lincoln Park de Los Ángeles, California. La convocatoria mixteco-zapoteca, así como el "BASTA" de los mayas zapatistas de Chiapas, han sido escuchados por los mexicanoamericanos, los chicanos, los latinos y los otros desposeídos políticos y económicos de los Estados Unidos. Es posible que contrariamente al optimismo de los profetas del neoliberalismo modernizador estas voces del "BASTA" iniciadas desde el fondo de la selva Lacandona, la Mixteca desertificada y los campos de trabajo de las agroempresas mexicanas y californianas resuenen en otros oídos, en otras mentes y se sumen en una voluntad de cambio difícil de contener.

Bibliografía

Aguirre Beltrán, Gonzalo, 1976, *Seis años de acción indigenista. México (1970-1976)*, México, INI.

——, 1982, *El proceso de aculturación*, México, Ediciones de la Casa Chata.

——, 1976, *Obra polémica*, México, SEP/INAH.

Altamirano, Teófilo, 1991, "Pastores quechuas en el oeste Norteamericano", *América indígena*, pp. 2-3.

Argueta, Arturo, 1980, "Demografía indígena y medio ambiente", en INI, *Cuaderno Nacional, 1980*, México, INI.

Bailón Corres, Moisés Jaime, 1985, "Reforma municipal e ingresos municipales en Oaxaca", *Estudios Municipales*, revista bimestral del Centro Nacional de Estudios Municipales, año IV, núm. 21, pp. 173-200.

Barre, Marie-Chantal, 1983, *Ideologías indigenistas y movimientos indios*, Siglo XXI, México.

Barry, Tom *et al.*, 1994, *Crossing the Line. Immigrants, Economic Integration, and Drug Enforcement on the U.S-Mexico Border*, Albuquerque, N. M., Resource Center Press.

Bartra, Roger, 1974, "El problema indígena y la ideología indigenista", *Revista Mexicana de Sociología*, núm. 3, año XXXVI, vol. XXXVI, pp. 459-482.

Besserer, Federico, 1991, *Moisés Cruz. Historia de un transmigrante*, México, Universidad Autónoma de Sinaloa/Universidad Autónoma Metropolitana, Iztapalapa.

CEPAL, 1982, *Economía campesina y agricultura empresarial (tipología de productores del agro mexicano)*, México, Siglo XXI.

Conafo, 1969, *Estudio socioeconómico y demográfico del subsistema de ciudades, Oaxaca*, México.

Conapo, 1986, *Indicadores de fecundidad, marginación y ruralidad por entidad federativa*, México.

——, 1987, *Indicadores sobre marginalidad, fecundidad y ruralidad*, México.

Convención Nacional Electoral Indígena, 1994, *Declaración de los pueblos indios de México en torno a la respuesta del gobierno al* EZLN *(Primera etapa del diálogo de Chiapas)*, México, D. F. (mimeo).

Coordinación General del Plan Nacional de Zonas Deprimidas y Grupos Marginados, 1982, *Geografía de la marginación. Necesidades esenciales en México*. núm. 5, México, y Siglo XXI.

Janvry, Alain de, *et al.*, 1995, *Reformas del sector agrícola y el campesinado en México*, San José, Costa Rica, Fondo Internacional de Desarrollo Agrícola (FIDA)/ Instituto Interamericano de Cooperación para la Agricultura (IICA), núm. 4.

Díaz-Polanco, Héctor, 1978, "Indigenismo, populismo y marxismo", *Nueva Antropología*, núm. 9, año III, pp. 7-31.

El Tequio. La Voz Indígena Migrante en California, boletín informativo del Frente Mixteco-Zapoteco Binacional, núm. 9, vol. 1, marzo, 1994.

Frente Mixteco-Zapoteco Binacional, 1992, *El Centro de desarrollo rural indígena*, documento presentado al INI (mimeo).

——, 1994, "Declaración Pública del Frente Mixteco-Zapoteco Binacional", *El Tequio* (suplemento), Región Mixteca y Zapoteca de Oaxaca, Valle de San Quintín (Baja California) y el estado de California, E.U., febrero.

Gerez Fernández, Patricia, 1991, "Movimientos sociales ambientalistas en México", en Armando Bartra *et al.*, *Los nuevos sujetos del desarrollo rural*, Cuadernos Desarrollo de Base 2, México, ADN Editores.

Guerrero, Javier, 1979, "La cuestión indígena y el indigenismo", en *Indigenismo, modernización y marginalidad. Una revisión crítica*, México, Juan Pablo ed.

Hall, Charles A. S. 1992, "Economic Development or Developing Economics: what are our Priorities?", en Mohan K. Wali (ed.), *Ecosystem Rehabilitation*, vol. I, Policy Issues. The Hague, The Netherlands, SPB Academic Publishing.

Hewitt de Alcántara, Cynthia, 1984, *Anthropological Perspectives on Rural Mexico*, Londres, Routledge and Kegan Paul.

Instituto Nacional de Estadística, Geografía e Informática, 1992, *XI Censo General de Población y Vivienda*, México, INEGI.

Instituto Nacional Indigenista, 1960, *Cuaderno Nacional*, México, INI.

——, 1980, *Cuaderno Nacional 1980*, México, INI.

——, 1988, *Proyecto de investigación básica para la acción Indigenista*, coordinación: Maya Lorena Pérez Ruíz, autores Arturo Warman y Arturo Argueta, México, INI.

——, 1990, *Programa Nacional de Desarrollo de los Pueblos Indígenas, 1991-1994*, México, INI.

——, 1992, *Concentrado General de Fondos Regionales de Solidaridad*, México, INI.

——, 1992. *Cuadernos de Demografía Indígena, 1990*, México, INI-INBA.

Kearney, Michael, y Carol Nagengast, 1989, *Anthropological Perspectives on Transnational Communities in Rural California*, Working Group on Farm Labor and Rural Poverty, Working Paper 3, Davis, California Institute for Rural Studies.

——, 1992, *Beyond the Limits of the Nation-state: Popular Organizations and Transnational Mixtecs and Zapotecs Migrants*, presentado en American Anthropological Association, Annual Meeting (mimeo).

——, 1996, *Reconceptualizing the Peasantry,* Boulder, Westview Press, Cohen, Anthony, P. 1985, *The Symbolic Construction of Community,* Londres-Nueva York, Ellis Horwood Limited, Chichester, Tavistock Publications.

Mejía Piñeros, María Consuelo, y Sergio Sarmiento Silva, 1987, *La lucha indígena, un reto a la ortodoxia,* México, Instituto de Investigaciones Sociales, UNAM.

Pérez Ruiz, Maya L., 1992, *El futuro de la milpa: dinámica de la organización social y familiar,* Seminario sobre la Modernización de la Milpa en Yucatán, Utopía o Realidad, Mérida, México, 1992.

——, 1994, "Unidades de producción y estrategias de reproducción económica", en X. Hernández (ed.), *La dinámica de la milpa maya en Yucatán,* México, Universidad Autónoma de Chapingo.

Presidencia de la República, 1991, Iniciativa del Presidente de la República Carlos Salinas de Gortari para Reformar el Artículo 27 de la Constitución Política de los Estados Unidos Mexicanos, *Explicación de motivos,* México.

Programa Nacional de Solidaridad con Jornaleros Agrícolas (Pronasol), 1991, *Diagnóstico de las condiciones de vida y trabajo de los jornaleros agrícolas del Valle de San Quintín, B. C.* México, Pronasol.

Repetto, R., 1988, *The Forest for the Tree? Government Policies and the Misuse of Forest Resource,* Washington, D. C., World Resource Institute.

Sánchez Muñohierro, Lourdes, 1992, *El tránsito perpetuo: los jornaleros agrícolas.* Programa Nacional de Solidaridad con Jornaleros Agrícolas e INI (mimeo).

Sarmiento, Ignacio, 1989, *Tendencias y características de la migración en la Mixteca de Oaxaca,* México, Universidad Autónoma Benito Juárez de Oaxaca-UABJO (mimeo).

Secretaría de Programación y Presupuesto-Pronsjag, 1991, *Población migrante de los estados de Oaxaca y Guerrero hacia las zonas de atracción,* México, Pronsjag.

Stephen, Lynn, 1988, *Production, Social Reproduction, and Gender Roles in Zapotec Craft Production,* ponencia presentada en the International Congress of Americanists, 4-8 de julio, Amsterdam (mimeo).

——, 1991, *Zapotec Women,* Austin, University of Texas Press.

——, 2002, *Zapata Lives! Histories and Cultural Politics in Southern Mexico,* Berkeley, University of California Press.

Toledo V. M., 1969. *Naturaleza, producción, cultura. Ensayos de ecología política,* Xalapa, México, Universidad Veracruzana

——, 1988, "Los campesinos, la sociedad rural y la cuestión ecológica", *Ecología Política I*, 11-18.

——, 1990, "The Ecological Rationality of Pesant Production", en Miguel Altieri y S. Hecht (eds.), *Agroecology and Small Farm Development*, CRC Press.

——, 1991, *La ecología, los campesinos y el artículo 27,* México, Centro de Ecología, UNAM.

Toledo, V.M. *et al.* 1976, "Uso múltiple del ecosistema: estrategias de ecodesarrollo", en *Ciencia y desarrollo,* 11, 33.

Toledo, V. M., J. Carabias, C. Mapes y C. Toledo, 1985, *Ecología y autosuficiencia alimentaria,* México, Siglo XXI.

Valdés María, 1989, *El perfil demográfico de los indios mexicanos,* México, Siglo XXI.

Varese, Stefano (ed.), 1983, *Indígenas y educación en México,* México, Centro de Estudios Educativos.

——, 1986, "Multiethnicity and Hegemonic Construction: Indian Plans and the Future", en Remo Guidieri, Francesco Pellizzi y Stanley J. Tombiah (eds.), *Ethnicities and Nations. Process of Interethnic Relations in Latin America, Southeast Asia and the Pacific,* Austin, University of Texas Press.

Velasco Ortiz, Laura, 2002, *El regreso a la comunidad: migración indígena y agentes étnicos,* México, El Colegio de México/El Colegio de la Frontera Norte.

Warman, Arturo, 1970, "Todos santos y todos difuntos", en Guillermo Bonfil Batalla *et al.*, *De eso que llaman antropología mexicana,* México, Nuestro Tiempo.

——, 1980, Capítulo III, en INI, *Cuaderno Nacional 1980,* México, INI.

Wolf, Eric R., 1957, "Closed Corporate Communities in Mesoamerica and Java", *Southwestern Journal of Anthropology,* 13 (1), pp. 1-16.

——, 1959, *The Sons of the Shaking Earth,* Chicago, University of Chicago Press.

——, 1986, "The Vicissitudes of the Closed Corporate Peasant Community", *American Ethnologist* 13, pp. 325-29.

World Bank, 1986, *Mexico Strategy Proposal for Regional/Rural Development in the Disadvantaged States,* World Bank document, vol. 2, Annexes.

Zabin, Carol (coord.), 1992, *Migración oaxaqueña a los campos agrícolas de California*, San Diego, Center for US-Mexican Studies, UC San Diego/INI/CIRS.

Zabin, Carol, Michael Kearney, Ana García, David Runsten y Carole Nagengast, 1993, *A New Cycle of Poverty. Mixtec Migrants in California Agriculture*, Davis, California Institute for Rural Studies.

Sitios de internet

http://www.inegi.gob.mx/estadistica/espanol/sociodem/indigena/ind_01.html
http://www.inegi.gob.mx/estadistica/espanol/sociodem/indigena/ind_02.html
http://www.inegi.gob.mx/estadistica/espanol/sociodem/indigena/ind_05.html

Notas sobre los autores

Bonnie Bade es antropóloga médica y su trabajo se enfoca a la salud y el cuidado de la salud entre los trabajadores agrícolas, trabajo agrícola en California, migración trasnacional, etnomedicina, México indígena, etnobotánica y comunidades mixtecas en California la región fronteriza de San Diego /Tijuana y Oaxaca. Recibió su doctorado en antropología cultural en la Universidad de California, Riverside en 1994. Su tesis se titula *Sweathbaths, Sacrifice, and Surgery: The Practice of Transnational Health Care by Mixtec Families in California*. Actualmente es profesora de antropología médica en el Center for Border and Regional Affairs de la California State University en San Marcos.

Juan Julián Caballero nació en la comunidad mixteca de San Antonio Huitepec, Zaachila, Oaxaca. Estudió Normal Básica para profesor de educación primaria, licenciatura en etnolingüística (CIESAS) y maestría en educación por la Universidad Pedagógica Nacional (UPN), Unidad Ajusco, D. F. Actualmente está inscrito en el Programa de Doctorado sobre Estudios de América Indígena en la Facultad de Arqueología de la Universidad de Leiden, Holanda. Ha participado como conferencista en diversos eventos nacionales e internacionales sobre temas de educación indígena, lenguas indígenas y otros de carácter cultural. Es miembro activo de asociaciones civiles: Escritores en Lenguas Indígenas, A. C., Seminario de Experiencias Indígenas, A. C., Centro de Investigación y Difusión "Ñuu Savi", A. C. y *Ve'e Tu'un Savi*, A. C. (Academia de la Lengua Mixteca). Ha publicado artículos sobre temas de educación, cultura y lenguas indígenas en revistas y libros. Su experiencia como docente bilingüe data de 1967 y a partir de 1990 es profesor investigador del CIESAS y asesor académico en la unidad UPN de Oaxaca, Oaxaca.

Víctor Clark Alfaro estudió la maestría en antropología social en la Universidad Iberoamericana, plantel ciudad de México y realizó estudios de doctorado en sociología en la Universidad de California, San Diego. Ha sido profesor en la Universidad Autónoma de Baja California. Es activista de los derechos humanos desde hace 20 años, director del Centro Binacional de Derechos Humanos en Tijuana y desde 1999 profesor visitante en el Centro de Estudios Latinoamericanos en la Universidad Estatal de San Diego, California. Es autor de numerosos ensayos sobre temas indígenas, migratorios y fronterizos.

Rufino Domínguez Santos nació en *Nuu yucu* (San Miguel Cuevas), Juxtlahuaca, Oaxaca, en 1964 y es indígena de *Ñuu Savi* (pueblo de la lluvia, mixteco). En 1979 comenzó a formar una comunidad de base en su pueblo a fin de organizar a la gente para buscar una salida pacífica a los conflictos por los límites territoriales que había con una población vecina. Tras una ardua lucha de más de un año (en la que hubo muertos, encarcelados y amenazas contra los activistas por parte del gobierno local) se logró derrocar al cacique local; desde entonces hasta ahora continúa haciendo lo mismo. En octubre de 2001 fue reconocido en los Estados Unidos por la Fundación Ford en contraparte con el Instituto de Abogacía y la Universidad de Nueva York Robert F. Wagner Graduate School of Public Service con el premio "Leadership for a Changing World" (Liderazgo por un mundo cambiante). En diciembre de ese mismo año fue nombrado unánimemente coordinador general del Frente Indígena Oaxaqueño Binacional (FIOB) ante más de cien delegados en la IV Asamblea General Binacional, celebrada en Tijuana, Baja California. En septiembre de 2002 fue reconocido con el premio "Héroe Local del Año" por Valley Public Television y Union Bank of California durante el mes de la herencia hispana.

Sylvia Escárcega es historiadora y antropóloga cultural. Ha realizado trabajos sobre migración trasnacional e identidad en California y la Mixteca, etnohistoria del chocolate en Oaxaca y acueductos coloniales y prehispánicos en México. Desde 1997 su trabajo se ha enfocado en la conformación de lo que es ser indígena en las luchas por los derechos humanos, dentro del contexto del movimiento indígena en Oaxaca, en el ámbito nacional en México y en el internacional en las Naciones Unidas. Actualmente está realizando una investigación sobre el mismo tema en el ámbito trasnacional en Chicago. Estudió la licenciatura en historia en la Universidad Iberoamericana, México, D. F., la maestría y el doctorado en antropología cultural en la Universidad de California, en Davis. Ha participado como asistente voluntaria de organizaciones indígenas mexicanas en el Grupo de Trabajo sobre Poblaciones Indígenas de las Naciones Unidas. Actualmente es profesora de antropología en DePaul University, Chicago, e investigadora asociada en el Indigenous Research Center for the Americas en la Universidad de California, en Davis, California.

Jonathan Fox es profesor de Estudios Latinoamericanos y Latinos en la Universidad de California en Santa Cruz. Ha realizado investigaciones sobre democratización, pobreza, desarrollo rural, medio ambiente, movimientos sociales y organizaciones civiles en México; migración y coaliciones trasnacionales en México y los Estados Unidos, y las políticas del Banco Mundial. Obtuvo su doctorado en el Massachusetts Institute of Technology. Es autor de *The Politics of Food in Mexico: State Power and Social Mobilization* (1992), además de numerosos artículos y es coautor de *Decentralization and Rural Development in Mexico* (1996). Es compilador, junto con Gaspar Rivera-Salgado, del libro *Indígenas migrantes mexicanos en los Estados Unidos* (2004, en inglés y en español. Para las ponencias véase www.lals.ucsc.edu/conference). Sus otras compilaciones recientes incluyen *Cross-Border Dialogues: Mexico-US Social Movement Networking* (con David Brooks, 2002) y Demanding Accountability: Civil Society Claims an the World Bank Inspection Panel (con Dana Clark y Kay Treakle, 2003, por aparecer). Recientemente ha publicado en varias revistas académicas mexicanas como la *Revista Mexicana de Sociología, Política y Gobierno* y *Foro Internacional*. También colabora en proyectos de investigación-acción con el Frente Indígena Oaxaqueño Binacional, Transparencia (Oaxaca) y el Bank Information Center (Washington, D. C.).

Everardo Garduño Ruiz obtuvo su maestría en antropología sociocultural en Arizona State University. Sus intereses de investigación son el impacto cultural y social del desarrollo sobre los pueblos indígenas en el norte de México con un enfoque en la migración mixteca y el decline demográfico de los yumans. También está interesado en la representación visual de la investigación antropológica y la investigación antropológica visual. Sus publicaciones incluyen un libro sobre los yumans de Baja California titulado *En dónde se mete el sol: historia y situación actual de los indígenas de Baja California*; y un libro en coautoría titulado *Mixtecos en Baja California. El caso de San Quintín*. Recientemente publicó "Practicing Anthropology Among the Migrant Indians in Baja California" en la revista académica *Practicing*

Anthropology. Everardo también ha realizado varias producciones de video y colaborado como productor y anunciador en "Culturas en Movimiento", un programa semanal de televisión de la Universidad de Baja California. Actualmente está concluyendo su doctorado en antropología en la Arizona State University.

Michael Kearney es antropólogo y su trabajo en antropología práctica en Oaxaca y las Californias se enfoca a la creación de organizaciones indígenas trasnacionales efectivas para el mejoramiento de los recursos naturales, culturales y políticos. Entre sus numerosas publicaciones destacan: *Reconceptualizing the Peasantry: Anthropology in Global Perspective* (1996); "The Local and Global: The Anthropology of Globalization and Transnationalism" en el *Annual Review of Anthropology* (1995); "Latin America's Indigenous Peoples Today: Changing Identities and Forms of Resistance in Global Context", escrito con Stefano Varese en el libro *Capital, Power and Inequality in Latin America* (1995, editado por R. Harris y S. Halebsky); "The Effects of Transnational Culture, Economy, and Migration on Mixtec Identity in Oaxacalifornia", en el libro *The Bubbling Caldron: Race, Ethnicity, and the Urban Crisis* (1995; editado por M. P. Smith y J. R. Feagin). Actualmente es profesor de Antropología en la Universidad de California en Riverside.

Lourdes Sánchez Muñohierro es licenciada en historia y ha realizado numerosos trabajos sobre jornaleros agrícolas en el norte de México, entre ellos, *Los niños jornaleros en el Valle de San Quintín, B. C.* y *El tránsito perpetuo: los jornaleros migrantes*. También ha participado en coloquios sobre migrantes con ponencias como "La educación en el marco de la interculturalidad y la migración". Por varios años ha sido coordinadora general del Programa Nacional con Jornaleros Agrícolas de la Secretaría de Desarrollo Social (Sedesol).

Manuel Ríos Morales se reconoce como *béné xhon, béné lu Yaá,* es decir, zapoteco de la Sierra Norte de Oaxaca y nació en la comunidad de Zoogocho, Oaxaca, México. Vivió hasta los doce años en su comunidad natal donde cursó estudios de educación primaria. Posteriormente emigró para poder realizar sus estudios profesionales. Inicia su formación profesional como profesor normalista y como parte de la política integracionista de los indígenas al Estado mexicano estudia licenciatura en integración social en Oaxac;, tiene un diplomado en Estudios de Desarrollo Comunitario realizado en Haifa, Israel, y es maestro en ciencias sociales por el CIESAS. Actualmente es alumno del Programa de Doctorado en Estudios de América Indígena de la Universidad de Leiden, Holanda. Ha sido docente y coordinador de distintos programas de Formación de Profesionistas Indígenas y ha publicado temas y reflexiones desde una visión interna sobre la relación entre migración y educación, autonomía zapoteca y usos y costumbres, el papel de la escritura en lenguas indígenas y la reconstrucción de los procesos identitarios entre los zapotecos de la Sierra Norte. Actualmente es profesor investigador del Centro de Investigaciones y Estudios Superiores en Antropología Social (CIESAS) en la Unidad Istmo Oaxaca y asesor académico de la Universidad Pedagógica Nacional en la ciudad de Oaxaca.

David Runsten ha hecho investigación sobre agricultura en los tres países del Tratado de Libre Comercio (o NAFTA), enfocándose a la producción de frutos y verduras y el potencial de los productores de pequeña escala para participar en los mercados de alto valor. También ha fungido como consultor en una gran variedad de organizaciones en los Estados Unidos y Latinoamérica. Fue director de investigación del California Institute for Rural Studies por seis años, en donde creó el Farm Labor and Rural Poverty Program. Este programa ha llevado a cabo investigaciones en asociación con una variedad de organizaciones comunitarias, uniones laborales y proveedores de servicios para los trabajadores agrícolas. Ha estado trabajando en la Universidad de California en Los Ángeles, desde hace seis años y conduce investigaciones sobre desarrollo rural y migración en México, California y Centroamérica. Actualmente es director e investigador principal asociado del centro North American Integration and Development (NAID) y supervisa investigación para Los Angeles Alliance for a New Economy (LAANE), en donde está llevando a cabo una encuesta amplia sobre el impacto en los salarios de Los Ángeles. También trabaja en la creación de un instrumento para análisis de impacto de equidad (Equity Impact Analysis) para proyectos de desarrollo local.

Stefano Varese, antropólogo social con investigaciones en la Amazonia, la región andina, Centroamérica, México y California. Es profesor titular en el Departamento de Native American Studies de la Universidad de California, Davis. Sus áreas de interés se centran en los movimientos político-culturales de las poblaciones indígenas de Latinoamérica. En los últimos años se ha concentrado en el estudio de las diásporas indígenas, los migrantes indígenas trasnacionales y los derechos humanos de las comunidades y pueblos indígenas. Entre sus trabajos están los libros *La sal de los cerros* (Lima, 1968 y 1974; traducido como *Salt of the Mountain*, 2002), *Indígenas y Educación en México* (1983), *Proyectos étnicos y proyectos nacionales* (1984), *Pueblos indios, soberanía y globalismo* (1996) y más de un centenar de artículos. Actualmente está terminando un libro para la University of Oklahoma Press con el título de *Witness to Sovereignty*.

Índice

La ruta mixteca, editado por la Dirección General de Publicaciones y Fomento Editorial, se terminó de imprimir en septiembre de 2004, en los talleres de Formación Gráfica, S.A. de C.V., Matamoros 112, col. Raúl Romero, 57630, Ciudad Nezahualcóyotl, Estado de México. Para su composición se usó tipo Berkeley Old Style Book de 11.6/16. El tiro consta de mil ejemplares impresos en papel cultural de 90 grs. Diseño y formación: Germán Montalvo-Estudio/Fabiola Wong. Coordinador editorial: Juan Mario Pérez Martínez. Cuidaron la edición: Patricia Parada y Patricia Zama.